C++ Para Leigos

Folha de Cola

Entender e executar programação em C++, que é o padrão para linguagens orientadas a objetos, é mais fácil quando você conhece as expressões, as declarações e os operadores para efetuar cálculos.

Expressões e Declarações em Programação C++

Para efetuar um cálculo no programa C++, você precisa de uma expressão. Uma expressão é uma instrução que possui um valor e um tipo. No programa C++, uma declaração é uma instrução que define uma variável ou é o "tanque de segurança" para algum tipo de valor, como um número ou caractere.

Expressões

As expressões tomam uma das seguintes formas:

```
objName                         // para um objeto simples
operator expression             // para operadores unários
expr1 operator expr2            // para operadores binários
expr1 ? expr2 : expr3           // para o operador ternário
funcName([argument list]);      // para chamadas de função
```

Expressões Literais

Uma literal é uma forma de expressão constante. Os vários tipos de literais são definidos na seguinte tabela literal.

Exemplo	Tipo
1	int
1L	long int
1LL	long long int
1.0	double
1.0F	float
'1'	char
"a string"	char* (automaticamente terminado por um caractere nulo)
L "a string"	wchar_t*
u8 "this is a UTF-8 string with a UTF-8 character: \u2018"	char8_t*
u "this is a UTF-16 string with a UTF-16 character: \u2018"	char16_t*
U "this is a UTF-32 string with a UTF-32 character: \U00002018"	char32_t*
true, false	bool
0b101	binary (padrão C++ 2014)

Para Leigos: A série de livros para iniciantes que mais vende no mundo.

C++ Para Leigos

Folha de Cola

Declarações

Declarações são tipos intrínsecos e definidos pelo usuário. Os tipos intrínsecos são:

```
[<signed | unsigned >]char
[<signed | unsigned >]wchar_t
[<signed | unsigned>] [<short | long | long long>] int
float
[long] double
bool
```

As declarações têm um destes formatos:

```
[<extern|static>][const] type var[=expression];      // variável
[<extern|static>][const] type array[size][={list}];  // array
[const] type object[(argument list)];                // objeto
[const] type object [= {argument list}];             // alternativo
[const] type * [const] ptr[=pointer expression];     // ponteiro
type& refName = object;                              // referência
type fnName([argument list]);                        // função
```

A palavra-chave auto pode ser usada se C++ determinar o tipo de variável sozinho.

```
auto var = 1L;              // o tipo de var é long int
```

A palavra-chave decltype extrai o tipo de uma expressão. Esse tipo pode ser usado quando um nome de tipo for usado. Por exemplo, o seguinte exemplo usa decltype para declarar a segunda variável com o mesmo tipo de uma variável existente.

```
decltype(var1) var2; // o tipo de var2 é o mesmo de var1
```

Uma definição de função tem o seguinte formato:

```
// função simples
[<inline|constexpr>] type fnName(argument list) {...}
// função de membro definida fora da classe
[inline] type Class::func(argument list) [const] {...}
// construtores/destrutores também podem ser definidos fora da
classe
Class::Class([argument list]) {...}
Class::~Class() {...}
//construtores/destrutores podem ser excluídos ou padronizados
// no lugar de definição
Class::Class([argument list]) = <delete|default>;
Class::~Class() = <delete|default>;
```

Para Leigos: A série de livros para iniciantes que mais vende no mundo.

C++ Para Leigos®
Copyright © 2016 da Starlin Alta Editora e Consultoria Eireli. ISBN: 978-85-7608-996-4

Translated from original C++ For Dummies®, 7th Edition by Stephen R. Davis. Copyright © 2014 by John Wiley & Sons, Inc. ISBN 978-1-118-82377-4. This translation is published and sold by permission of John Wiley & Sons, Inc., the owner of all rights to publish and sell the same. PORTUGUESE language edition published by Starlin Alta Editora e Consultoria Eireli, Copyright © 2016 by Starlin Alta Editora e Consultoria Eireli.

Todos os direitos estão reservados e protegidos por Lei. Nenhuma parte deste livro, sem autorização prévia por escrito da editora, poderá ser reproduzida ou transmitida. A violação dos Direitos Autorais é crime estabelecido na Lei nº 9.610/98 e com punição de acordo com o artigo 184 do Código Penal.

A editora não se responsabiliza pelo conteúdo da obra, formulada exclusivamente pelo(s) autor(es).

Marcas Registradas: Todos os termos mencionados e reconhecidos como Marca Registrada e/ou Comercial são de responsabilidade de seus proprietários. A editora informa não estar associada a nenhum produto e/ou fornecedor apresentado no livro.

Impresso no Brasil — 1ª Edição, 2016 - Edição revisada conforme o Acordo Ortográfico da Língua Portuguesa de 2009.

Obra disponível para venda corporativa e/ou personalizada. Para mais informações, fale com projetos@altabooks.com.br

Produção Editorial	Gerência Editorial	Marketing Editorial	Gerência de Captação e Contratação de Obras	Vendas Atacado e Varejo
Editora Alta Books	Anderson Vieira	Silas Amaro marketing@altabooks.com.br	J. A. Rugeri autoria@altabooks.com.br	Daniele Fonseca Viviane Paiva comercial@altabooks.com.br
Produtor Editorial Claudia Braga Thiê Alves	**Supervisão de Qualidade Editorial** Sergio de Souza			**Ouvidoria** ouvidoria@altabooks.com.br
Produtor Editorial (Design) Aurélio Corrêa	**Assistente Editorial** Carolina Giannini			

| **Equipe Editorial** | Bianca Teodoro
Christian Danniel | Izabelli Carvalho
Jessica Carvalho | Juliana de Oliveira
Renan Castro | |

Tradução	Copidesque	Revisão Gramatical	Revisão Técnica	Diagramação
Welington Nascimento	Vivian Sbravatti	Ana Paula da Fonseca	André Samento Professor de Engenharia da Universidade Estácio de Sá	Claudio Frota

Erratas e arquivos de apoio: No site da editora relatamos, com a devida correção, qualquer erro encontrado em nossos livros, bem como disponibilizamos arquivos de apoio se aplicáveis à obra em questão.

Acesse o site www.altabooks.com.br e procure pelo título do livro desejado para ter acesso às erratas, aos arquivos de apoio e/ou a outros conteúdos aplicáveis à obra.

Suporte Técnico: A obra é comercializada na forma em que está, sem direito a suporte técnico ou orientação pessoal/exclusiva ao leitor.

Dados Internacionais de Catalogação na Publicação (CIP)
Vagner Rodolfo CRB-8/9410

D264c   Davis, Stephen R., 1956-
          C++ para leigos / Stephen R. Davis ; traduzido por Welington Nascimento. - Rio de Janeiro : Alta Books, 2016.
          472 p. : il. ; 17cm x 24cm.

          Tradução de: C++ For Dummies, 7th Edition
          Inclui índice.
          ISBN: 978-85-7608-996-4

          1. Computação. 2. Linguagem de programação. 3. C++ (Linguagem de programação para computadores). I. Nascimento, Welington. II. Título.

                                          CDD 005.133
                                          CDU 004.33

Rua Viúva Cláudio, 291 — Bairro Industrial do Jacaré
CEP: 20.970-031 — Rio de Janeiro (RJ)
Tels.: (21) 3278-8069 / 3278-8419
www.altabooks.com.br — altabooks@altabooks.com.br
www.facebook.com/altabooks — www.instagram.com/altabooks

por Stephen R. Davis

Rio de Janeiro, 2016

Sobre o autor

Stephen R. Davis, CISSP (também conhecido como "Randy") vive com sua esposa e dois cachorros em Corpus Christi, Texas. Randy tem três filhos e dois netos, com mais um a caminho (netos, não filhos). Randy desenvolve aplicações baseadas em navegadores para a Agency Consulting Group.

Dedicatória

Para Janet, o amor da minha vida.

Reconhecimentos do Autor

Eu acho muito estranho que apenas um nome apareça na capa do livro, especialmente um livro como este. Na verdade, muitas pessoas contribuem para a criação de um livro *Para Leigos*. Desde o início, o editor de aquisições Constance Santisteban, o editor de projeto Pat O' Brien e minha agente, Claudette More, estiveram envolvidos em guiar e modelar o conteúdo do livro. Durante o desenvolvimento das sete edições deste livro, eu me vi envolvido em edições, correções e sugestões de um grupo de editores, revisores e revisores técnicos — este livro teria sido um trabalho pobre se não fosse pelo envolvimento deles. E nada teria feito ele ser impresso sem a ajuda de Suzanne Thomas, que coordenou a primeira e a segunda edição do livro, Susan Pink, que trabalhou na terceira e na sexta edição, Katie Feltman que trabalhou na sexta edição e Danny Kalev, que fez a revisão técnica da sexta e da sétima edição. Contudo, um nome aparece na capa e aquele nome deve assumir responsabilidade por imprecisões no texto.

Finalmente, um resumo da atividade animal na minha casa. Para aqueles que não leram meus outros livros, eu deveria avisá-los que isso se tornou uma característica frequente em meus livros *Para Leigos*.

Eu me mudei para a "cidade grande" em 2005, o que significou ter que dar meus cachorros Chester e Sadie. Eu tentei manter nossos dois grandes Dogues, Monty e Bonnie, mas eles eram demais para o quintal. Nós fomos obrigados a dá-los também. Eu me casei com minha namorada da escola em 2011 e me mudei de Dallas para minha cidade natal, Corpus Christi, o que me levou a adotar um novo par de cachorros (ou melhor, eles me adotaram). Jack é um cachorro preto e teimoso de raça indefinida. Dizem que Scruffy era um dachshund muito peludo mas você não consegue notar pela sua aparência já que ele fica tosado a maior parte do tempo.

Sumário Resumido

Introdução *1*

Parte I: Começando com Programação em C++ *7*
Capítulo 1: Escrevendo Seu Primeiro Programa em C++ 9
Capítulo 2: Declarando Variáveis Constantemente 33
Capítulo 3: Efetuando Operações Matemáticas 49
Capítulo 4: Efetuando Operações Lógicas 57
Capítulo 5: Controlando o Fluxo do Programa 71

Parte II: Como se Tornar um Programador Funcional *89*
Capítulo 6: Criando Funções 91
Capítulo 7: Armazenando Sequências em Arrays 109
Capítulo 8: Uma Primeira Olhada nos Ponteiros em C++ 127
Capítulo 9: Uma Segunda Olhada nos Ponteiros em C++ 143
Capítulo 10: O Pré-processador C++ 161

Parte III: Introdução às Classes *175*
Capítulo 11: Examinando a Programação Orientada a Objeto 177
Capítulo 12: Adicionando Classes em C++ 183
Capítulo 13: Aponte e Encare os Objetos 199
Capítulo 14: Protegendo Membros: Não Perturbe 217
Capítulo 15: Amor, Por Que Você me Constrói, Apenas Para me Destruir? 225
Capítulo 16: Fazendo Argumentos Construtivos 237
Capítulo 17: Os Construtores de Cópia e de Movimento 259
Capítulo 18: Membros Estáticos: Será que Amaciante de Roupa Pode Ajudar? 273

Parte IV: Herança *283*
Capítulo 19: Herdando uma Classe 285
Capítulo 20: Examinando Funções de Membro Virtuais: Elas São Reais? 295
Capítulo 21: Fatorando Classes 305

Parte V: Segurança *315*
Capítulo 22: Um Novo Operador de Atribuição, Caso
  Você Decida Aceitá-lo 317

Capítulo 23: Usando o Fluxo de I/O 329
Capítulo 24: Tratamento de Erros — Exceções 351
Capítulo 25: Herdando Heranças Múltiplas 361
Capítulo 26: Templates Tentadores em C++ 373
Capítulo 27: Padronizando na Biblioteca Padrão de Gabaritos (STL) 383
Capítulo 28: Escrevendo Código a Prova de Hackers 395

Parte VI: A Parte dos Dez 421

Capítulo 29: 10 Maneiras de Evitar Adicionar Bugs ao Seu Programa 423
Capítulo 30: 10 Maneiras de Proteger Seus Programas dos Hackers 431

Índice 447

Sumário

Introdução ***1***
    Sobre Este Livro 1
    Ícones Usados Neste Livro 4
    Além do Livro 4
    De Lá Para Cá, Daqui Para Lá 5

Parte I: Começando com Programação em C++ ***7***

    Capítulo 1: Escrevendo Seu Primeiro Programa em C++............9
        Dominando Conceitos de C++ 10
        Instalando o Code::Blocks 11
            Windows 12
            Linux Ubuntu 14
            Macintosh 16
        Criando Seu Primeiro Programa em C++ 20
            Criando um projeto 20
            Inserindo código em C++ 22
            Trapaceando 23
            Construindo seu programa 25
        Executando Seu Programa 26
        Analisando o Programa Escrito 27
            Examinando a estrutura de todos os programas C++ 27
            Explicando o código-fonte com comentários 28
            Baseando os programas em instruções C++ 29
            Escrevendo declarações 29
            Produzindo uma saída 30
        Calculando Expressões 30
            Armazenando os resultados de uma expressão 31
            Examinando o restante do programa Conversion 31

    Capítulo 2: Declarando Variáveis Constantemente 33
        Declarando Variáveis 34
        Declarando Tipos Diferentes de Variáveis 34
            Analisando as limitações dos inteiros em C++ 35
            Resolvendo o problema do arredondamento 36
            Olhando para os limites dos números de ponto flutuante 37
        Declarando Tipos de Variáveis 39
            Tipos de constantes 40
            A Variação dos Tipos Numéricos 41
            Caracteres especiais 42
        Grandes Carregamentos na Estrada do Char 43
        Estes Cálculos São Lógicos Mesmo? 44

Expressões em Modo Misto 45
Declarações Automáticas 46

Capítulo 3: Efetuando Operações Matemáticas 49
Efetuando Aritmética Binária Simples 50
Decompondo as Expressões 51
Determinando a Ordem das Operações 51
Efetuando Operações Unárias 52
Utilizando os Operadores de Atribuição 54

Capítulo 4: Efetuando Operações Lógicas 57
Por Que Mexer com Operações Lógicas? 58
Usando os Operadores Lógicos Simples 58
    Armazenando valores lógicos 59
    Usando variáveis lógicas int 61
    Tome cuidado ao efetuar operações lógicas em
        variáveis de ponto flutuante 61
Expressando Números Binários 63
    O sistema numérico decimal 63
    Outros sistemas numéricos 64
    O sistema numérico binário 64
Efetuando Operações Lógicas Bitwise 66
    Os operadores bit a bit 67
    Usando os operadores bitwise 68
    Um teste simples 69

Capítulo 5: Controlando o Fluxo do Programa 71
Controlando o Fluxo de Programa com os Comandos
    de Seleção (Branch) 72
Executando Loops em um Programa 74
    Fazendo o loop enquanto a condição for verdadeira 74
    Usando o recurso autoincremento/autodecremento 76
    Usando o loop for 77
    Evitando o temido loop infinito 80
    Cada um com seu for 81
    Aplicando controles de loop especiais 82
Comandos de Controle Aninhados 85
Mudando para um Assunto Diferente? 86

Parte II: Como se Tornar um Programador Funcional 89

Capítulo 6: Criando Funções 91
Escrevendo e Usando uma Função 92
    Definindo nossa primeira função 94
    Definindo a função sumSequence() 94
    Chamando a função sumSequence() 95
    Dividir e conquistar 95
Entendendo os Detalhes das Funções 95
    Entendendo funções simples 96

　　　　Entendendo funções com argumentos 97
　　　　Sobrecarregando Nomes de Funções 100
　　　　Definindo Protótipos de Função 102
　　　　Estabelecendo Argumentos 103
　　　　Passagem por Valor e Passagem por Referência 105
　　　　Tipos de Armazenamento da Variável 106

Capítulo 7: Armazenando Sequências em Arrays 109
　　　　Formando os Argumentos para os Arrays 109
　　　　　　Usando um array 111
　　　　　　Inicializando um array 114
　　　　　　Indo longe demais no array 115
　　　　　　Formando loops for baseados em intervalo 116
　　　　　　Definindo e usando arrays de arrays 116
　　　　Usando Arrays de Caracteres 117
　　　　　　Criando um array de caracteres 117
　　　　　　Criando uma string de caracteres 118
　　　　Manipulando Strings com Caractere 120
　　　　Adicionando Funções de Biblioteca 122
　　　　Abrindo Espaço para Strings Grandes 124

Capítulo 8: Uma Primeira Olhada nos Ponteiros em C++ 127
　　　　Tamanho da Variável 127
　　　　O Que É um Endereço? 129
　　　　　　Operadores de Endereço 129
　　　　Usando Variáveis Ponteiro 131
　　　　　　Usando tipos diferentes de ponteiros 132
　　　　Passando Ponteiros para as Funções 133
　　　　　　Passagem por valor 133
　　　　　　Passagem por ponteiro 134
　　　　　　Passagem por referência 134
　　　　A Constante Irritação de const 135
　　　　Utilizando o bloco de memória chamado Heap 137
　　　　　　Escopo limitado 137
　　　　　　Examinando o problema de escopo 139
　　　　　　Gerando uma solução usando o heap 139

Capítulo 9: Uma Segunda Olhada nos Ponteiros em C++ 143
　　　　Definindo Operações em
　　　　　　Variáveis Ponteiro 143
　　　　　　Reexaminando arrays do ponto de vista das variáveis ponteiro 144
　　　　　　Aplicando operadores ao endereço de um array 146
　　　　　　Expandindo operações de ponteiro para uma string 147
　　　　　　Justificando a manipulação de string baseada em ponteiro 149
　　　　　　Aplicando operadores aos tipos de ponteiro além de char 150
　　　　E Quando Não É um Ponteiro? 152
　　　　Declarando e Usando Arrays de Ponteiros 153
　　　　　　Utilizando arrays de strings de caractere 154
　　　　　　Acessando os argumentos para main() 156

Capítulo 10: O Pré-processador C++ 161
O Que É um Pré-processador? 161
Incluindo Arquivos 162
#Definindo Coisas 165
    Ok, que tal não #definir coisas? 168
    Enumerando outras opções 169
Incluindo Itens #Se Eu Disser Sim 171
Objetos Definidos Intrinsecamente 172
Typedef 174

Parte III: Introdução às Classes 175

Capítulo 11: Examinando a Programação Orientada a Objeto 177
Abstraindo o Forno de Micro-ondas 177
    Preparando nachos funcionais 178
    Preparando nachos orientados a objeto 179
Classificando os Fornos de Micro-ondas 179
Por Que Classificar? 180

Capítulo 12: Adicionando Classes em C++ 183
Apresentando a Classe 183
    O Formato de uma Classe 184
Acessando os Membros de uma Classe 185
Ativando Nossos Objetos 185
    Simulando objetos do mundo real 186
    Por que se preocupar com
    funções membro? 186
Adicionando uma Função membro 187
Chamando uma Função Membro 188
    Acessando outros membros a partir de uma função membro 190
Resolução do Escopo (E Eu Não Quero Saber se Seu
    Telescópio Funciona Bem) 191
Definindo uma Função
    Membro na Classe 193
Mantendo uma Função Membro depois da Classe 195
Sobrecarregando Funções Membro 196

Capítulo 13: Aponte e Encare os Objetos 199
Declarando Arrays de Objetos 199
    Declarando Ponteiros para Objetos 200
    Derreferenciando um ponteiro objeto 201
    Apontando com o operador seta 202
Passando Objetos para as Funções 202
    Chamando uma função com um valor objeto 203
    Chamando uma função com um ponteiro para objeto 204
    Chamando uma função com o uso do operador de referência 206
Por Que se Incomodar com Ponteiros ou Referências? 207
    Voltando para o Heap 207
    Alocando Arrays de Objetos no heap 208

Quando a memória está alocada para você 209
Conexão com Listas Ligadas 209
    Efetuando outras operações em umalista ligada 211
    Conectando com um programa LinkedListData 211
Um Fio de Esperança: Uma Lista de Contêineres
Ligados à Biblioteca C++ 215

Capítulo 14: Protegendo Membros: Não Perturbe 217
Protegendo Membros 217
    Por que você precisa de membros protegidos 218
    Descobrindo como os membros protegidos funcionam 218
Criando um Argumento para Uso com Membros Protegidos 220
    Protegendo o estado interno da classe 220
    Usando uma classe com uma interface limitada 221
Dando a Funções Não-Membros Acesso aos Membros Protegidos 221

Capítulo 15: Amor, Por Que Você me Constrói, Apenas Para me Destruir? 225
Criando Objetos 225
Usando Construtores 226
    Construindo um objeto único 227
    Construindo objetos múltiplos 228
    Construindo um duplex 229
Dissecando um Destrutor 231
    Por que você precisa do destrutor 231
    Trabalhando com destrutores 232

Capítulo 16: Fazendo Argumentos Construtivos 237
Equipando os Construtores com Argumentos 238
Usando um construtor 238
Exigindo Muito do Ajudante: Sobrecarregando o Construtor 240
Estabelecendo Construtores Padrões 243
Construindo Membros de Classe 245
    Construindo um membro de dados complexo 245
    Construindo um membro de dados constante 251
Reconstruindo a Ordem de Construção 251
    Objetos locais construídos em ordem 252
    Objetos estáticos construídos apenas uma vez 252
    Todos os objetos globais construídos antes de main() 253
    Os objetos globais não são construídos em uma ordem fixa 254
    Membros construídos na ordem em que são declarados 255
    Destrutores destroem na ordem inversa dos construtores 256
Construindo Arrays 256
Construtores como uma Forma de Conversão 257

Capítulo 17: Os Construtores de Cópia e de Movimento 259
Copiando um Objeto 259
    Por que você precisa do construtor de cópia 260
    Usando o construtor de cópia 260

O Construtor de Cópia Automático 262
Criando Cópias Superficiais versus Cópias Profundas 263
Um Longo Caminho até os Temporários 267
    Evitando temporários, permanentemente 268
    O construtor de movimento 269

Capítulo 18: Membros Estáticos: Será que Amaciante de Roupa Pode Ajudar? 273

Definindo Um Membro Estático 273
    Por que você precisa de membros estáticos 274
    Usando membros estáticos 274
    Referindo-se aos membros de dados estáticos 275
    Usos para membros de dados estáticos 276
Declarando Funções Membro Estáticas 277
Mas Sobre o Que É isso Afinal? 280

Parte IV: Herança 283

Capítulo 19: Herdando uma Classe 285

Eu Preciso da Minha Herança? 286
Como uma Classe Herda? 287
    Usando uma subclasse 289
    Construindo uma subclasse 290
    Destruindo uma subclasse 291
    Herdando construtores 291
Tendo um Relacionamento TEM_UM 292

Capítulo 20: Examinando Funções de Membro Virtuais: Elas São Reais? 295

Por Que Você Precisa de Polimorfismo 298
Como o Polimorfismo Funciona 299
Quando Não É uma Função Virtual? 300
Considerando Observações Virtuais 302

Capítulo 21: Fatorando Classes 305

Fatorando 305
Implementando Classes Abstratas 309
    Descrevendo o conceito de classe abstrata 310
    Criando uma classe honesta a partir de uma classe abstrata ... 312
    Passando classes abstratas 312

Parte V: Segurança 315

Capítulo 22: Um Novo Operador de Atribuição, Caso Você Decida Aceitá-lo 317

Comparando Operadores com Funções 317
Inserindo um Novo Operador 318

Criar Cópias Superficiais É um Grande Problema 319
Sobrecarregando o Operador de Atribuição 320
Sobrecarregando o Operador de Índice... 325
O Construtor e o Operador de Movimento 326

Capítulo 23: Usando o Fluxo de I/O 329
Como Funciona o Fluxo de I/O 329
    Objetos de fluxo padrão... 330
Fluxo de Entrada/Saída 331
    Modos de abertura... 333
    Ei, arquivo, em qual posição você está? 334
    Você pode me mostrar um exemplo? 334
Outros Métodos das Classes de Fluxo 337
    Lendo e escrevendo fluxos diretamente.................................. 339
    Controlando formatos 341
    Qual o problema com endl?... 343
    Posicionando o ponteiro dentro de um arquivo..................... 343
Usando as Subclasses stringstream... 344
Manipulando os Manipuladores... 347

Capítulo 24: Tratamento de Erros — Exceções 351
Justificando um Mecanismo de Erro Novo? 353
Examinando o Mecanismo de Exceção 354
Que Tipos de Coisas Eu Posso Lançar?.. 357
Apenas Passando.. 359

Capítulo 25: Herdando Heranças Múltiplas 361
Descrevendo o Mecanismo de Herança Múltipla 361
Acertando as Ambiguidades de Herança... 363
Adicionando Herança Virtual... 364
Construindo Objetos de Herança Múltipla.. 370
Expressando uma Opinião Contrária.. 371

Capítulo 26: Templates Tentadores em C++...373
Generalizando uma Função em um Gabarito(Template)..................... 374
Modelos de Classe 376
Dicas para Usar Gabaritos 379
Instanciações de Modelo Externo 380
Implementando uma Lista Inicializadora... 380

Capítulo 27: Padronizando na Biblioteca Padrão de Gabaritos (STL)..383
O Contêiner string... 384
Iterando as Listas 389
    Abrindo caminho por uma lista 390
    Operações em uma lista inteira 392
    Você pode me mostrar um exemplo? 392

Capítulo 28: Escrevendo Código a Prova de Hackers 395
Entendendo os Motivos dos Hackers 395
Entendendo Injeção de Código 398
    Examinando um exemplo de injeção de SQL 398
    Evitando injeção de código 400
Estourando Buffers por Diversão e Lucro 401
    Posso ver um exemplo? 401
    Como uma chamada empilha? 404
    Hackeando BufferOverflow 408
    Evitando estouro de buffer — primeira tentativa 412
    Evitando estouro de buffer — segunda tentativa 413
    Outro argumento para a classe string 416
    Por que não usar funções string sempre? 417

Parte VI: A Parte dos Dez 421

Capítulo 29: 10 Maneiras de Evitar Adicionar Bugs ao Seu Programa 423
Habilitando Todos os Avisos e Mensagens de Erro 423
Adote um Estilo de Código Limpo e Consistente 424
Limite a Visibilidade 425
Comente Seu Código Enquanto Você o Escreve 426
Verifique Cada Passo Pelo Menos Uma Vez 427
Evite Operadores Sobrecarregados 427
Controle o Heap Sistematicamente 427
Use Exceções para Tratar Erros 428
Declare Destrutores Virtuais 428
Evite Herança Múltipla 430

Capítulo 30: 10 Maneiras de Proteger Seus Programas dos Hackers 431
Não Tire Conclusões sobre a Entrada de Usuário 432
Tratando Falhas com Elegância 433
Mantendo um Log do Programa 434
Siga um Bom Processo de Desenvolvimento 435
Implemente um Bom Controle de Versão 436
Autentique os Usuários com Segurança 437
Gerencie Sessões Remotas 440
Complique Seu Código 441
Assine Seu Código com um Certificado Digital 444
Use Criptografia Sempre Que Necessário 445

Índice 447

Introdução

*B*em-vindos ao *C++ Para Leigos, Tradução da 7ª Edição*. Pense neste livro como "Edição Essencial do Leitor", trazendo até você tudo que você precisa saber sobre começar a programar sem aquele papo chato.

Sobre Este Livro

C++ Para Leigos é uma introdução a linguagem C++. Eu começo do início (por onde mais?) e apresento dos conceitos novos até técnicas mais sofisticadas. Não suponho que você possua nenhum conhecimento prévio (pelo menos, não em programação).

Este livro é cheio de exemplos. Cada conceito é documentado em inúmeros trechos e diversos programas completos.

Diferente dos outros livros, *C++ Para Leigos* considera o "porquê" tão importante quanto o "como". Os recursos de C++ são como uma peça de quebra-cabeça. Em vez de apenas apresentar os recursos, eu acho importante que você entenda como eles se encaixam. Você também pode usar o livro como uma referência: se quiser entender mais sobre Templates (Gabaritos), pule para o Capítulo 26. Cada capítulo contém referências necessárias para os capítulos anteriores caso você não leia os capítulos em sequência.

C++ Para Leigos não considera um sistema operacional específico. É tão prático para programadores Macintosh ou Linux quanto para desenvolvedores Windows. O livro não aborda nem programação Windows nem .NET.

Você tem que dominar uma poderosa linguagem de programação, como C++, mesmo que seu primeiro plano seja se tornar um programador da aplicação Windows ou .NET. Quando você terminar *C++ Para Leigos*, estará apto a continuar na sua área de especialização, qualquer que seja.

Em uma época tão moderna cheia de hackers, aprender programação defensiva é importante, mesmo para iniciantes, então eu abordo conceitos importantes para prevenir que seu programa seja hackeado.

O que é C++?

C++ é uma linguagem padrão de baixo nível e orientada a objeto. Sendo uma linguagem de baixo nível parecida e compatível com seu antecessor C, C++ pode gerar programas muito rápidos e eficientes. Geralmente é usada para criação de jogos, software de gráficos, controle de hardware e outras aplicações em que o desempenho realmente conta.

Como uma linguagem orientada a objeto, C++ tem o poder e a agilidade de escrever programas em grande escala. C++ é uma das linguagens de programação mais populares para todos os tipos de programas. A maioria dos programas que você usa em seu computador todos os dias são escritos em C++ (ou seu subconjunto, a linguagem C).

C++ foi certificada como padrão 99,9% puro, o que faz ela ser uma linguagem portátil. Um compilador padrão C++ existe na maioria dos sistemas operacionais. Algumas versões suportam extensões da linguagem básica — principalmente, Visual Studio e Visual Studio Express da Microsoft incluem um compilador C++ que implementa várias extensões que permite que seus programas interajam melhor com outras linguagens .NET. Apesar disso, seria melhor se os alunos aprendessem o padrão C++ primeiro. Aprender as extensões é fácil, uma vez que você domine o básico demonstrado aqui.

Quando eu descrevo uma mensagem que você vê na tela, ela aparece desta forma:

```
Hi mom!
```

Além disso, a lista de códigos aparece assim:

```
// algum programa
int main()
{
    ...
}
```

Se você está entrando nesses programas manualmente, você precisa inserir o texto exatamente como é mostrado, com uma exceção: a quantidade de *espaços em branco* (espaços, tabulações, e linhas novas) não é relevante. Você não pode colocar um espaço no meio de uma palavra-chave, mas você não precisa se preocupar em inserir espaços a mais ou a menos.

Porém, diferenciar maiúsculas e minúsculas É importantíssimo. Se ele diz int, ele não está dizendo Int ou INT!

As palavras reservadas do C++ normalmente são baseadas em palavras inglesas com sentidos parecidos. Isso pode dificultar a leitura de uma frase contendo inglês e C++, caso não haja um pouco de assistência. Para dar uma mãozinha, os nomes dos comandos e funções em C++ aparecem em fonte diferente, `deste jeito`. Além disso, os nomes das funções são sempre seguidos de parênteses aberto e fechado, como `myFavoriteFunction()`. Os argumentos para a função só são mencionados quando há uma necessidade específica de facilitar a leitura.

Às vezes, irei lhe pedir pra usar comandos de menu, como File ⇨ Open. Essa instrução quer dizer para usar o teclado ou mouse para abrir o menu File e escolher a opção Open.

Cada recurso novo é introduzido como resposta para estas três perguntas:

- *O que* é este recurso novo?
- *Por que* ele foi introduzido na linguagem?
- *Como* ele funciona?

Pedaços pequenos de código estão espalhados pelos capítulos. Cada um demonstra um recurso recém-introduzido ou destaca algum ponto importante. Esses trechos podem não estar completos e certamente não fazem nada de relevante. No entanto, cada conceito é demonstrado em, pelo menos, um programa funcional para que você pode executar e brincar no seu próprio computador.

Um programa do mundo real pode tomar muitas páginas. Porém, ver tal programa é uma ferramenta didaticamente importante para qualquer leitor. Eu incluí uma série de programas junto com uma explicação de como eles funcionam.

Eu uso um programa simples que chamo de BUDGET. O programa começa a vida como um simples e orientado funcionalmente BUDGET1. Esse programa mantém um conjunto de contas bancarias simples, corrente e poupança. O leitor é motivado a revisar esse programa no final da Parte II. A versão seguinte, BUDGET2, adiciona os conceitos de orientação a objeto apresentados na Parte III. Os exemplos vão evoluindo, usando mais e mais recursos da linguagem, até terminar em BUDGET5, que você deve revisar após dominar todos os capítulos no livro. Os programas BUDGET estão incluídos com o código-fonte do livro disponível para download em `www.altabooks.com.br`, procurando pelo título do livro.

Ícones Usados Neste Livro

Área técnica que você pode pular em uma primeira leitura.

As dicas destacam um ponto que pode poupar muito tempo e esforço.

Lembre-se disso. É importante.

Lembre-se disso, também. Ele pode espionar quando você menos esperar e gerar um daqueles bugs difíceis de encontrar.

Esse ícone sinaliza algumas adições de 2011 na linguagem comparada ao padrão anterior (conhecido como C++ 2003). Se você já é familiarizado com C++ e algo parece completamente novo ou se algo não funciona com sua versão atual das ferramentas C++, pode ser por causa da adição de 2011.

Esse ícone sinaliza adições propostas ao padrão C++ 2014. Esses recursos não estão implementados no Code::Blocks/gcc que está disponível até o momento desta escrita. Talvez eles estejam disponíveis em www.codeblocks.org até você ler isto.

Além do Livro

C++ Para Leigos inclui estes serviços online de fácil download:

- Você pode acessar a Folha de Cola Online, através do endereço: www.altabooks.com.br. Procure pelo título do livro/ISBN. Na página da obra, em nosso site, faça o download completo da Folha de Cola, bem como de erratas e possíveis arquivos de apoio. Os iniciantes vão querer imprimir e deixar de fácil acesso enquanto lê todos os capítulos. Como o socialismo assustador, eventualmente, a sintaxe C++ vai se tornar sua segunda língua e você não precisará mais da folha de cola.

Introdução **5**

- O código-fonte para todos os exemplos no livro podem ser baixados no site da editora www.altabooks.com.br, procurando pelo título do livro. Os programas estão organizados pelo número do capítulo. Eu incluí um arquivo de projeto para Code::Blocks (mais sobre ele na próxima parte, e explico os arquivos de projeto no Capítulo 1).

- Este livro usa o ambiente Code::Blocks de código-fonte e o compilador C++ GCC de graça. A versão do Code::Blocks usada na escrita deste livro (Versão 13.12) está disponível para download em www.codeblocks.org/downloads/source/5. Eu incluí versões para o Windows (2000 e posteriores) e Macintosh (10.6 e posteriores). As versões para o Linux estão disponíveis online também. O Capítulo 1 contém instruções de como baixar e instalar o Code::Blocks. Você pode encontrar versões mais recentes de Code::Blocks e versões para diferentes versões do Linux em www.codeblocks.org/downloads/binaries.

- Os sites indicados estão em inglês e a editora não se responsabiliza pelo conteúdo, material ou permanência de sites de terceiros.

Se você realmente for em www.codeblocks.org, certifique-se de baixar uma versão que possua o compilador gcc.

Se você já possui um compilador C++ instalado em seu computador que você prefere usar, fique à vontade contanto que seja compatível com o padrão C++ (a maioria é). Nem todos os compiladores implementaram o padrão 2011 ainda, então eu sinalizei essas extensões no livro. Além disso, se você usar um compilador diferente, sua tela não se parecerá muito com as figuras do livro.

Não recomendo usar os pacotes Visual Studio ou Visual Studio Express com este livro. Ele contém muitas extensões designadas para serem compatíveis com o .NET Framework. Uma vez que você aprenda C++ no Code::Blocks, você pode aprender programação .NET no Visual Studio.

De Lá Para Cá, Daqui Para Lá

Descobrir uma nova linguagem de programação não é um esporte muito sensacional. Tentarei tornar o menos doloroso possível, mas você tem que ligar seu computador e mergulhar de cabeça na programação. Aqueça bem os dedos, abra bem a lombada do livro para que ele fique na horizontal perto do seu teclado (e para que você não tenha como devolver para a livraria), e mergulhe.

Se você encontrar um problema, primeiro verifique no questionário de perguntas frequentes (FAQ) em www.stephendavis.com — em inglês.

Parte I

começando com Programação em C++

Nesta parte...

✔ Explicando a construção dos blocos

✔ Declarando variáveis

✔ Definindo operadores matemáticos

✔ Usando operadores lógicos

Capítulo 1

Escrevendo Seu Primeiro Programa em C++

Neste capítulo
- Descobrindo C++
- Instalando o Code::Blocks no Windows, Linux Ubuntu ou Macintosh OS X
- Criando seu primeiro programa em C++
- Executando seu programa

*E*ntão, cá estamos: ninguém mais além de você e eu. Nada para fazer, exceto começar. Mas vale esclarecer alguns conceitos fundamentais.

Um computador é uma máquina magnificamente rápida, mas incrivelmente estúpida. Um computador pode fazer qualquer coisa que você pedir (dentro do possível), mas ele faz *exatamente* o que foi pedido — nada a mais e nada a menos.

Talvez, infelizmente para nós, os computadores não entendam nenhuma linguagem humana adequada — eles também não falam inglês. Ah, já sei o que eu você vai dizer: "já vi computadores que entendiam inglês". O que você realmente viu foi um computador executando um *programa* que entendia inglês moderadamente.

Os computadores entendem uma linguagem geralmente chamada de *linguagem de computação* ou *linguagem de máquina*. É possível, mas extremamente difícil para os seres humanos falarem linguagem de máquina. Entretanto, computadores e humanos deram um jeito de se entender usando linguagens intermediárias como C++. Os humanos podem falar C++ (mais ou menos), e C++ pode ser convertido em linguagem de máquina para que o computador entenda.

Dominando Conceitos de C++

Um programa C++ é um arquivo de texto contendo uma sequência de comandos C++ unidos de acordo com as regras da gramática C++. Esse arquivo de texto é conhecido como *arquivo-fonte* (provavelmente porque é a fonte de todos os problemas). Um arquivo-fonte C++ geralmente recebe a extensão .CPP assim como um arquivo do Adobe Acrobat termina em .PDF ou um arquivo batch do MS-DOS (se lembra disso?) termina em .BAT.

O objetivo de programar em C++ é escrever uma sequência de comandos que podem ser convertidos em um programa de linguagem de máquina que realmente *faz* o que queremos. Essa conversão é chamada de *compilação* e é função do compilador. O código de máquina que você escreveu tem que ser combinado com configurações e instruções de desmontagem e algumas rotinas padrões de bibliotecas em um processo chamado *ligação*. Juntos, compilar e ligar são conhecidos como *construir*. Os arquivos de *máquina executáveis* gerados recebem a extensão .EXE no Windows. Eles não recebem nenhuma extensão em específico no Linux ou no Macintosh.

Isso parece bem fácil — então qual o problema? Prossiga.

Para escrever um programa, você necessita de dois programas específicos. Um (um editor) é o que você usa para escrever seu código enquanto você executa seu arquivo-fonte .CPP. O outro (um compilador) converte seu arquivo-fonte em um arquivo de máquina executável que carrega seus comandos reais (abrir uma planilha, emitir ruídos estranhos, rebater asteroides na órbita, o que quer que seja).

Hoje em dia, os desenvolvedores de ferramenta normalmente associam compilador e editor em um único pacote — um *ambiente de desenvolvimento*. Após terminar de inserir os comandos que criam seu programa, você necessita somente clicar em um botão para construir o arquivo executável.

Felizmente, existem ambientes de domínio público em C++. Eu uso um deles neste livro — o ambiente Code::Blocks. Esse editor funcionará com muitos compiladores diferentes. Mas a versão do Code::Blocks associada ao compilador GNU gcc usada para escrever este livro está disponível para download no Windows, no Macintosh e em várias versões do Linux, como descrito na parte de instalação deste capítulo.

Apesar do Code::Blocks ser de domínio público, há um incentivo para que você pague uma pequena taxa para apoiar seu desenvolvimento contínuo. Você não *tem que* pagar para usar Code::Blocks, mas você pode contribuir para a causa, se quiser. Veja o site do Code::Blocks para mais detalhes.

Capítulo 1: Escrevendo Seu Primeiro Programa em C++

Eu testei os programas deste livro no Code::Blocks 13.12 que vem com a versão 4.7.1 do gcc incluído. Essa versão do gcc implementa a maioria dos padrões C++ 2011.

Você pode usar versões diferentes do gcc ou compiladores diferentes, se você preferir, mas talvez eles não implementem o padrão 2011 por completo. Por esse motivo, as extensões 2011 estão marcadas com o ícone '11 ao lado.

O compilador gcc não implementava nenhuma das extensões adicionadas ao padrão C++ 2014 enquanto eu escrevi este livro, mas eu o incluí, onde aplicável, porque algum dia ele será.

Tudo bem, eu admito: este livro é um pouco centrado no Windows. Eu testei todos os programas do livro no Windows 2000/XP/Vista/7/8, Linux Ubuntu e Macintosh OS X. Eu aponto as diferenças entre os sistemas operacionais no texto.

Além disso, eu incluo instruções de instalação para cada um dos sistemas operacionais acima neste capítulo. As versões do Code::Blocks e do gcc estão disponíveis para outras versões do Linux e do Macintosh OS. Os programas devem funcionar com essas também.

O pacote Code::Blocks/gcc gera programas de 32 bits, mas não suporta facilmente criar programas em janelas. Os programas deste livro são executados a partir de um prompt de linha de comando e escrevem para a linha de comando. Tão entediante quanto isso parece ser, eu recomendo que você trabalhe primeiro pelos exemplos deste livro para aprender C++ antes de lidar com desenvolvimento em janelas. Programação em C++ e no Windows são duas coisas distintas e (para o bem da sua sanidade) devem permanecer assim na sua mente.

Siga os passos na próxima seção para instalar o Code::Blocks e montar seu primeiro programa em C++. O objetivo desse programa é converter um valor de temperatura inserido pelo usuário de grau Celsius para Fahrenheit.

Instalando o Code::Blocks

O site www.codeblocks.org possuía a versão mais recente do ambiente Code::Blocks na época desta escrita para Windows, Linux Ubuntu e Macintosh OS X 10.6 ou posterior. Siga as instruções de instalação que se aplicam ao seu sistema operacional abaixo.

Parte I: Começando com Programação em C++

Windows

O ambiente Code::Blocks vem em um arquivo executável de fácil instalação que é compatível com todas as versões do Windows após o Windows 2000. Eis um resumo da instalação do ambiente:

1. **Faça o download do executável `codeblocks-13.12.mingw-setup.exe` em `www.codeblocks.org/downloads/source/5`.**

   Salve o executável em sua área de trabalho ou em algum lugar fácil de encontrar.

   A versão 4.71 do compilador GCC está incluída. Essa não é a versão mais nova mas é a recomendada pelo Code::Blocks. Se você quiser a versão 4.81 mais atualizada e com pequenos bugs, você pode fazer o download e instalar `codeblocks-13.12.mingwsetup-TDM-GCC-481.exe`. Eu testei os programas deste livro com as duas versões mas usei a versão 4.71 para esta escrita.

2. **Clique duas vezes no programa após o download completo.**

3. **Dependendo da versão do Windows que você estiver usando, pode aparecer o tradicional aviso pop-up "Um programa não identificado quer acessar o seu computador". Se for o caso, clique em Permitir para iniciar a instalação.**

4. **Clique em Next depois de fechar todas as aplicações abertas como você foi avisado na caixa de diálogo Welcome do Code::Blocks Setup Wizard.**

5. **Leia o End User License Agreement (mais conhecido como EULA) e então clique I agree se você puder viver sob essas condições.**

   Na verdade, você não tem muitas opções — o pacote não será instalado se você não aceitar. Presumindo que você *realmente* clique em OK, o Code::Blocks abre uma caixa de diálogo mostrando as opções de instalação. As opções padrão estão corretas.

6. **Clique no botão Next.**

   O programa de instalação permite que você instale somente um subconjunto dos recursos. Você precisa selecionar ao menos Default Install e o MinGW Compiler Suite. O padrão é instalar tudo — é a melhor opção.

   Se o MinGW Compiler Suite não estiver nas opções, você deve ter instalado a versão do Code::Blocks que não inclui o gcc. Essa versão não funcionará corretamente.

Capítulo 1: Escrevendo Seu Primeiro Programa em C++

7. **Clique Install e aceite o Destination Folder padrão.**

   O Code::Blocks começa a copiar um grande número de arquivos para o seu disco rígido. Depois, ele pergunta "Do you want to run Code::Blocks now?"

8. **Clique Yes para iniciar o Code::Blocks.**

   O Code::Blocks perguntará qual compilador você pretende usar. O padrão GNU GCC Compiler é a seleção adequada.

9. **Dentro de Code::Blocks, escolha Settings ⇨ Compiler.**

10. **Selecione a aba Compiler Flags.**

11. **Certifique-se de selecionar as três opções, como mostra a Figura 1-1:**

    - Enable All Compiler Warnings
    - Have g++ Follow the Coming C++0x ISO C++ Language Standard
    - Have g++ Follow the C++11 ISO C++ Language Standard

    O padrão C++ 2011 era para ser o padrão C++ 2008 ou 2009. Como não estava claro, o padrão ficou conhecido como o padrão $0x$. Ele não foi completamente aceito até 2011. No gcc, C++ 0x e C++ 11 se referem ao mesmo padrão.

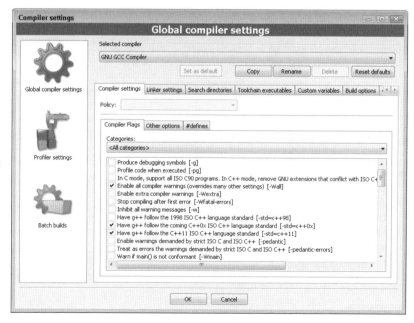

Figura 1-1: Verifique se as opções Enable All Compiler Warnings e C++ 2011 estão marcadas.

12. **Selecione a aba Toolchain Executables. Ela deve se parecer com a Figura 1-2.**

    O local padrão para o compilador gcc é o subdiretório `MinGW\bin` dentro do diretório Code::Blocks

    Se o local padrão estiver vazio, então Code::Blocks não sabe onde o compilador gcc está e não será possível montar seus programas. Certifique-se de fazer o download da versão do Code::Blocks que contém o gcc e de incluir o MinGW durante a instalação. Se você estiver usando um compilador gcc existente que você já tenha instalado, você deverá indicar ao Code::Blocks onde ele está localizado no seu disco rígido.

13. **Feche a caixa de diálogo Settings.**

14. **Clique em Next na caixa de diálogo Code::Blocks Setup e depois em Finish para completar o programa de configuração.**

    O programa de configuração fecha.

Linux Ubuntu

O Code::Blocks não contém o gcc no Linux, portanto a instalação é um processo de dois passos. Primeiro, você precisa instalar o gcc. Somente depois você poderá instalar o Code::Blocks.

Figura 1-2: Verifique se o diretório de instalação do compilador está correto.

Instalando o gcc

O compilador gcc está disponível para o Linux. Siga estes passos para instalá-lo:

1. **Insira os comandos seguintes em um prompt de comando:**

   ```
   sudo apt-get update
   sudo apt-get upgrade
   sudo apt-get install g++
   ```

   A distribuição padrão do Linux Ubuntu contém um compilador GNU C, mas ele não possui as extensões C++ e, em especial, as extensões padrões do C++ 2011. Os dois primeiros comandos atualizam e melhoram os recursos que você já possui. O terceiro comando instala o C++.

2. **Insira o comando seguinte em um prompt de comando:**

   ```
   gcc --version
   ```

   Meu Ubuntu 13.04 fez o download da versão 4.7.3 do GNU C++. Tudo ocorrerá bem com a versão 4.7.1 em diante. Se você tiver uma versão mais antiga, talvez alguns dos recursos do C++ 2011 não funcionem corretamente, caso contrário, está tudo certo.

Se você estiver usando o Linux Debian, os comandos são os mesmos. Se você estiver usando o Linux Red Hat, substitua o comando `apt-get` por yum para que você fique com

```
sudo yum install g++
```

Instalando o Code::Blocks

Felizmente, para todos nós, uma versão pronta para Ubuntu do Code::Blocks está disponível no Ubuntu Software Center. Muitas outras versões do Linux possuem algo parecido com o Software Center. Siga estes passos para instalar o Code::Blocks:

1. **Clique no ícone Software Center na área de trabalho do Ubuntu.**

2. **Selecione Code::Blocks na lista de programas disponíveis.**

   O processo de instalação começará.

   O Code::Blocks procura pelo compilador C++ no seu disco rígido. Ele deve encontrá-lo sem nenhum problema, mas, caso contrário, execute os seguintes passos.

3. **Inicie o Code::Blocks.**

4. Selecione Settings ⇨ Compiler.

5. Selecione a aba Compiler Flags.

6. Certifique-se que as três opções estão selecionados como mostra a Figura 1-1:

    - Enable All Compiler Warnings

    - Have g++ Follow the Coming C++0x ISO C++ Language Standard

    - Have g++ Follow the C++11 ISO C++ Language Standard

7. Selecione a aba Toolchain Executables.

8. Selecione o botão "...".

9. Navegue para */usr*, a menos que você tenha instalado seu compilador gcc em outro lugar além do local padrão */user/bin*.

10. O "C compiler" deve ser o gcc, o "C++ compiler" deve ser g++ e o "Linker for dynamics libs" deve ser g++.

11. Selecione OK para fechar a caixa de diálogo.

Macintosh

A versão do Code::Blocks do Macintosh depende da distribuição do Xcode da Apple para seu compilador. Eu dividi a instalação em três partes por esse motivo.

Instalando o Xcode

Xcode é um pacote de desenvolvimento grátis oferecido pela Apple que você precisará. Siga estes passos para instalá-lo primeiro:

1. **Abra o navegador Safari e vá para** `http://developer.apple.com`.

2. **Clique em Download Xcode para obter a versão mais recente.**

    A caixa de diálogo de download do Xcode abrirá como mostra a Figura 1-3.

Capítulo 1: Escrevendo Seu Primeiro Programa em C++

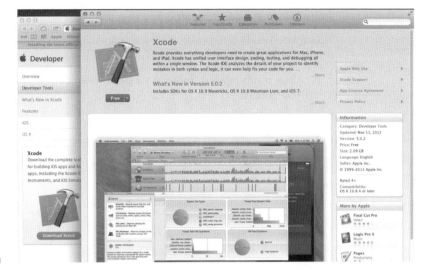

Figura 1-3: A caixa de diálogo de download do Xcode permite que você instale o Xcode de graça.

3. Clique no ícone Free e selecione Install App. Clique novamente.

4. Insira sua senha de sistema (a que você usa para entrar quando seu Macintosh inicia).

O ícone muda para Installing.

O download e a instalação tomam algum tempo, já que o Xcode possui um pouco mais de 2GB até o momento desta escrita.

Instalando as Ferramentas de Linha de Comando

Como o Xcode é muito grande, você poderia achar que ele possui tudo que você precisa, mas você estaria errado. Você precisa de mais um pacote da Apple para deixar você feliz e obter um compilador gcc funcionando no seu Macintosh. Siga estes passos para instalar a Ferramenta de Linha de Comando para o Xcode:

1. **Abra o navegador Safari e vá para `http://developer.apple.com/downloads`.**

    Uma inscrição deve ser feita como Apple Developer ID. Vá em frente e faça — é de graça.

2. **Procure por Command Line Tools for Xcode. Selecione a aplicação como mostra a Figura 1-4. Clique no ícone Download.**

3. **Dê um duplo clique no pacote mpkg para fazer o download e instalá-lo.**

4. **Aceite todas as opções pré-definidas.**

    A instalação deve terminar com Installation Was Successful.

Parte I: Começando com Programação em C++

Instalando o Code::Blocks

Agora, você poderá terminar sua instalação fazendo o download do editor Code::Blocks:

1. **Abra o navegador Safari e vá para www.codeblocks.org/downloads.**

2. **Clique em Downloads ➪ Binaries.**

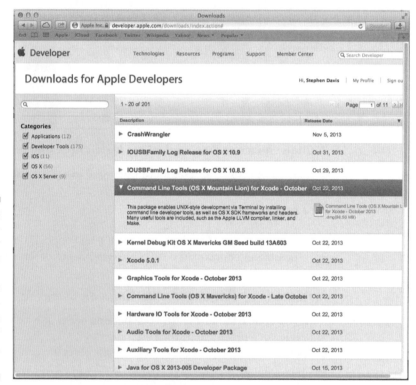

Figura 1-4: Você precisa instalar o Xcode e o Command Line Tools for Xcode para obter o compilador gcc para Macintosh.

3. **Clique em Mac OS X.**

4. **Selecione os sites BerliOS ou Sourceforge.net para a versão mais recente.**

    Na época em que este livro foi escrito, o mais recente era CodeBlocks-13.12-mac.zip.

5. **Instale o arquivo Zip dentro da pasta Applications.**

    Se você nunca instalou uma aplicação de sites de terceiros, talvez tenha que seguir estes passos extras antes de prosseguir:

    a. *Clique em System Preferences.*

    b. *Clique em Security and Privacy.*

Capítulo 1: Escrevendo Seu Primeiro Programa em C++

c. Clique no cadeado no canto esquerdo da caixa de diálogo para permitir mudanças.

d. Clique em Allow Applications Downloaded from: Anywhere, como mostra a Figura 1-5.

Ao completar a instalação do Code::Blocks, você pode retornar a esta caixa de diálogo e restaurar as configurações para Mac Apple Store.

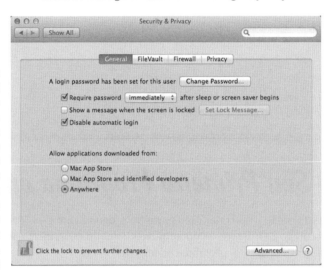

Figura 1-5: Você precisará permitir a instalação de aplicações de terceiros antes de instalar o Code::Blocks no seu Macintosh.

6. **Dê um duplo clique no ícone Code::Blocks.**

   Na primeira vez que fizer isso, o Mac OS perguntará "Are you sure you want to open it?"

7. **Selecione Don't Warn Me When Opening Applications on This Disk Image e clique em Open.**

   O Code::Blocks iniciará e encontrará o compilador gcc instalado com o Command Line Tools.

8. **Selecione o compilador gcc como mostra a Figura 1-6. Clique em Set as Default e então clique em OK para iniciar Code::Blocks.**

   Code::Blocks abrirá com uma página de anúncios seguidos de um menu no topo da caixa de diálogo.

9. **Selecione Settings ⇨ Compiler, e então clique em Have g++ Follow the Coming C++0x ISO C++ Language Standard. Clique em OK para fechar a caixa de diálogo.**

   Agora você está pronto para executar seu primeiro programa em C++.

Parte I: Começando com Programação em C++

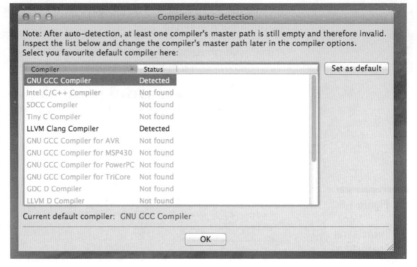

Figura 1-6: Code::Blocks encontra o compilador gcc automaticamente na primeira vez em que é executado.

Criando Seu Primeiro Programa em C++

Nesta seção, você criará seu primeiro programa em C++. Você inserirá o código C++ dentro de um arquivo chamado CONVERT.CPP e então o converterá em um programa executável.

Criando um projeto

O primeiro passo para criar um programa em C++ é criar algo chamado de projeto. Um *projeto* informa ao Code::Blocks os nomes que os arquivos-fontes .CPP possuem e qual tipo de programa criar. A maioria dos programas no livro consistem em um único arquivo-fonte e são de estilo linha de comando:

1. Inicie a ferramenta Code::Blocks.

2. No Code::Blocks, vá em File ➪ New ➪ Project.

3. Selecione o ícone Console Application e clique em Go.

4. Selecione C++ como a linguagem que você quer usar na próxima caixa de diálogo. Clique em Next.

    O Code::Blocks e o gcc também suportam programas mais antigos em C.

5. Em Folder to Build Project In field, selecione o ícone "...".

6. Clique em Computer e então no drive C: no Windows.

    Você deve selecionar Desktop no Linux e Macintosh.

Capítulo 1: Escrevendo Seu Primeiro Programa em C++   21

7. **Selecione o botão Make New Folder na parte debaixo na esquerda da tela.**

8. **Nomeie a pasta nova como `CPP_Programs_from_Book`.**

   O resultado deve ficar como mostra a Figura 1-7.

Figura 1-7: Coloque seu projeto na pasta C:\CPP_Programs_from_Book no Windows.

9. **No campo Project Title, digite o nome do projeto, nesse caso** *Conversion*.

   A Figura 1-8 mostra como a tela deve ficar no Windows. A versão do Linux e do Macintosh são iguais, exceto pelo caminho.

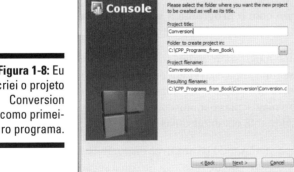

Figura 1-8: Eu criei o projeto Conversion como primeiro programa.

22 Parte I: Começando com Programação em C++

10. **Clique em Next.**

    A próxima caixa de diálogo lhe dá a opção de criar uma aplicação pra teste ou versão final. O padrão está bom.

11. **Clique em Finish para criar o projeto Conversion.**

Inserindo código em C++

O projeto Conversion que o Code::Blocks cria possui um arquivo único e padrão main.cpp que mostra a mensagem "Hello, world". O próximo passo é entrar no nosso programa:

1. **Na caixa de diálogo Management à esquerda, dê um duplo clique em *main.cpp*, que está abaixo de Sources, que está abaixo de Conversion.**

   O Code::Blocks abre o programa vazio main.cpp que foi criado no editor de código, como mostra a Figura 1-9.

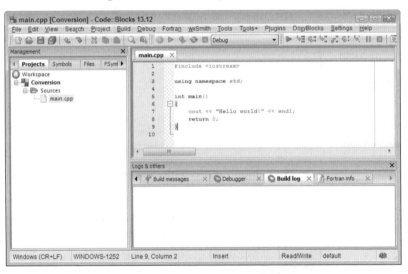

Figura 1-9: A caixa de diálogo Management mostra a estrutura do diretório para todos os programas disponíveis.

2. **Edite *main.cpp* com o programa a seguir exatamente como descrito.**

   Não se preocupe muito sobre indentação ou espaçamento, não é algo crítico se uma linha estiver endentada dois ou três espaços ou se há um ou dois espaços entre duas palavras. No entanto, C++ diferencia entre maiúsculas e minúsculas, portanto, você precisa se certificar que tudo está em minúsculas.

   Você pode trapacear usando os arquivos disponibilizados em www.altabooks.com.br, como mostra a próxima seção.

Capítulo 1: Escrevendo Seu Primeiro Programa em C++

```
//
// Conversion - Programa que converte temperatura de
//               graus Celsius para Fahrenheit:
//               Fahrenheit = Celsius * (212 - 32)/100 + 32
//
#include <cstdio>
#include <cstdlib>
#include <iostream>
using namespace std;

int main(int nNumberofArgs, char* pszArgs[])
{
    // insere a temperatura em Celsius
    int celsius;
    cout << "Enter the temperature in Celsius:";
    cin >> celsius;

    // calcula o fator de conversão de Celsius
    // para Fahrenheit
    int factor;
    factor = 212 - 32;

    // usa o fator de conversão para converter Celsius
    // para valores em Fahrenheit
    int fahrenheit;
    fahrenheit = factor * celsius/100 + 32;

    // exibe os resultados (seguido por um NewLine)
    cout << "Fahrenheit value is:";
    cout << fahrenheit << endl;

    // espera até o usuário estar pronto para fechar o programa
    // para permitir que ele veja os resultados
    cout << "Press Enter to continue..." << endl;
    cin.ignore(10, '\n');
    cin.get();
    return 0;
}
```

3. **Vá para File ⇨ Save para salvar o arquivo-fonte.**

Eu sei que pode não parecer tão legal assim, mas você acabou de criar seu primeiro programa em C++!

Trapaceando

Todos os programas no livro estão online, junto com os arquivos de projeto para construí-los. Você precisará fazer o download deles e instalá-los em seu disco rígido antes de usá-los para o seguinte procedimento:

As instruções a seguir são para o Windows. Os passos para Linux ou Macintosh são bem parecidos.

1. **Abra seu navegador.**
2. **Vá para www.altabooks.com.br, e procure pelo título do livro.**
3. **Clique no link CPP_programs.**

Uma caixa de diálogo aparecerá perguntando onde você quer fazer o download do arquivo.

4. **Clique em Save File.**

   O Windows copiará o arquivo `CPP_programs.zip` para o local padrão de download. Pode ser esse mesmo, sua pasta de Downloads ou o Desktop.

5. **Clique com o botão direito do mouse no arquivo `CPP_programs.zip` e selecione Open.**

   Uma caixa de diálogo abre contendo um único diretório `CPP_Programs_from_Book`.

6. **Copie essa pasta para o drive C:**

   Todos os arquivos-fonte usados no livro serão copiados para o diretório `C:\CPP_Programs_from_Book`.

Você pode colocar a pasta `CPP_Programs_from_Book` em outro local, mas não coloque seus arquivos-fontes em um diretório que contenha um espaço. No Windows, isso significa não colocar suas pastas Code::Blocks em My Documents ou no Desktop, já que ambos possuem um espaço em seu caminho.

Você pode usar esses arquivos de dois modos: Um deles é seguir todos os passos que eu descrevo no livro e criar o programa manualmente primeiro, mas copiar e colar os arquivos dados em seu programa se você tiver algum problema (no caso de seus dedos ficarem com câimbra). Essa é a melhor técnica.

Um segundo modo é você usar os arquivos-fonte e o arquivo de projeto fornecidos em:

1. **Dê um duplo clique em *AllPrograms.workspace* em *C:\CPP_Programs_from_Book.***

   Um `workspace` é um único arquivo que se refere a um ou mais projetos. O arquivo `AllPrograms.workspace` contém referências para todos os projetos apresentados no livro.

2. **Dê um clique com o botão direito do mouse no projeto Conversion na caixa de diálogo Management na esquerda. Escolha Activate Project no menu compatível ao contexto que aparece.**

   O Code::Blocks coloca o nome `Conversion` em negrito para mostrar que esse é o programa que você está usando neste momento. Quando você seleciona Build, Code::Blocks sempre executará o projeto ativo.

Capítulo 1: Escrevendo Seu Primeiro Programa em C++

3. Dê um duplo clique no arquivo `main.cpp` para abrir no editor.

O problema desse método é que você aprenderá pouco sobre C++ se você mesmo não inserir o código.

Construindo seu programa

Depois de salvar seu arquivo-fonte C++ no seu disco rígido, é hora de gerar as instruções de máquina executável.

Para construir seu programa `Conversion`, vá em Build ⇨ Build no menu ou pressione Ctrl+F9. Logo, o Code::Blocks inicia, compilando seu programa com prazer. Se tudo der certo, o ótimo resultado de `0 Errors, 0 Warnings` aparece na caixa de diálogo abaixo a direita, como mostra a Figura 1-10.

O Code::Blocks mostra uma mensagem se ele encontra algum tipo de erro no seu programa C++ — e decodificar erros é tão comum quanto cubos de gelo no Alasca. Você, sem dúvida, encontrará inúmeros avisos e mensagens de erro, mesmo entrando no simples `Conversion.cpp`. Para demonstrar o processo de relatório de erros, mude a Linha 16 de `cin >> celsius;` para `cin >>> celsius;`.

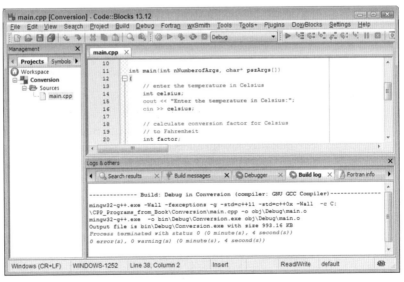

Figura 1-10: Code::Blocks constrói o programa Conversion rapidamente.

Isso parece uma leve ofensa — perdoável para você e para mim, talvez, mas não para C++. Vá em Build — Build para começar o processo de compilação e construção. Code::Blocks imediatamente indica um quadrado vermelho próximo à linha errada. A mensagem na aba Build Message é um `error` enigmático: `expected primary-expression before '>' token`. Para se livrar dessa mensagem, remova o > extra e compile novamente.

DICA Provavelmente, você considera o erro do exemplo um pouco misterioso, mas dê tempo ao tempo — você programou por aproximadamente 30 minutos agora. Com o tempo, você entenderá bem melhor as mensagens de erro do Code::Blocks e do gcc.

CUIDADO! O Code::Blocks apontou diretamente para o erro desta vez, mas nem sempre isso é bom. Às vezes, ele não percebe o erro até a próxima linha ou a seguinte, então se a linha indicada com erro parece estar certa, comece a olhar as anteriores para ver onde está o erro.

Executando Seu Programa

É hora de executar sua nova criação...ou seja, rodar seu programa. Você rodará o arquivo do programa `Conversion` e inserirá entradas para ver como ele funciona.

Para executar o programa `Conversion` no Code::Blocks do Windows, vá em Build ▷ Build e Run, ou tecle F9. Assim, o programa é reconstruído, se algo mudar, e executará se a construção estiver correta.

Uma caixa de diálogo abre imediatamente, pedindo uma temperatura em Celsius. Insira uma temperatura conhecida, como 100 graus. Após pressionar Enter, o programa retorna com a temperatura equivalente de 212 graus Fahrenheit desta forma:

```
Enter the temperature in Celsius:100
Fahrenheit value is:212
Press Enter to continue . . .
```

A mensagem `Press Enter to continue...` dá a oportunidade de ler o que você inseriu antes de desaparecer. Pressione Enter, e a caixa de diálogo (junto com seu conteúdo) desaparece. Parabéns! Você acabou de inserir, construir e executar seu primeiro programa em C++.

Note que o Code::Blocks não é feito para desenvolver programas em janela como estes usados no Windows. Em teoria, você pode escrever uma aplicação do Windows usando o Code::Blocks, mas não é fácil. (Montar aplicações de janela é muito mais fácil no Visual Studio.)

Os programas do Windows mostram ao usuário uma saída visualmente orientada, organizada em janelas na tela. `Conversion.exe` é um programa 32-bit que é executado no Windows, mas não é um programa do Windows no sentido visual.

Se você não sabe o que significa *programa 32-bit*, não se preocupe. Como eu disse, este livro não é sobre escrever programas para o Windows. Os programas em C++ que você escreve neste livro possuem uma *interface de linha de comando* executada dentro de uma janela do MS-DOS.

Os programadores iniciantes em Windows não precisam entrar em desespero — você não desperdiçou seu dinheiro. Aprender C++ é um pré-requisito para escrever programas para o Windows. Eu acho que eles deveriam ser ensinados separadamente, C++ primeiro, Windows depois.

Analisando o Programa Escrito

Inserir dados no programa de outra pessoa é tão empolgante quanto ver outra pessoa dirigindo um carro. Você é que precisa ser o motorista. Programas são um pouco parecidos com carros também. Basicamente todos os carros são iguais com pequenas diferenças e adições — tudo bem, os carros franceses são muito diferentes dos outros, mas o ponto ainda é válido. Os carros seguem um mesmo modelo básico — o volante na sua frente, o assento atrás, teto acima, coisas do tipo.

Como os carros, todos os programas em C++ seguem um modelo comum. Esse modelo já está presente neste primeiro programa. Nós podemos analisar o programa `Conversion` procurando os elementos que são comuns a todos os programas.

Examinando a estrutura de todos os programas C++

Todo programa C++ que você escreve usa a mesma estrutura básica, que se parece um pouco com isto:

```
//
//   Modelo - fornece um modelo para ser utilizado
//            como ponto inicial
//
// os arquivos include definem a maioria das
// funções que qualquer programa precisará
#include <cstdio>
#include <cstdlib>
#include <iostream>
using namespace std;

int main(int nNumberofArgs, char* pszArgs[])
{
    // seu código C++ começa aqui

    // espera até o usuário estar pronto para fechar o programa
    // para permitir que ele veja os resultados
    cout<< "Press Enter to continue..." <<endl;
    cin.ignore(10, '\n');
    cin.get();
    return 0;
}
```

Sem abordar os detalhes mais entediantes, a execução começa com o código entre parênteses seguido da linha inicial `main()`.

Eu copiei este código em um arquivo chamado `Template.cpp` localizado na pasta principal do `CPP_Programs_from_Book`.

Explicando o código-fonte com comentários

As primeiras linhas no programa `Conversion` parecem conter texto livre. Ou esse código foi feito para os olhos humanos ou C++ é muito mais esperto do que eu imaginava. Essas primeiras seis linhas são conhecidas como comentários. *Comentários* são a explicação do programador sobre o que ele está fazendo ou pensando ao escrever um determinado segmento no código. O compilador ignora os comentários. Os programadores (os *bons*, pelo menos) não.

Um comentário em C++ começa com barras duplas (//) e termina com uma nova linha. Você pode colocar qualquer caractere dentro de um comentário. Ele pode ser tão longo quanto você quiser, mas é comum ter até oitenta caracteres. Antigamente — e bota antigo nisso — as telas eram limitadas em até oitenta caracteres na largura. Algumas impressoras ainda têm oitenta caracteres como padrão ao imprimir texto. Hoje em dia, manter uma única linha com menos de oitenta caracteres é uma ideia prática (mais fácil de ler; menos provável de causar cansaço na vista; o de sempre).

Uma nova linha era conhecida como *código de fim de linha* nos velhos tempos da máquina de escrever — quando o ato de inserir caracteres em uma máquina era chamado de *bater* e não *digitar*. Uma *nova linha* (*newline*) é o caractere que encerra uma linha de comando.

C++ permite uma segunda forma de comentar em que tudo que aparece depois de um /* e antes de */ é ignorado; porém, esse tipo de comentário não é mais usado em C++.

Pode parecer esquisito ter um comando em C++ (ou qualquer outra linguagem de programação) que seja ignorado pelo computador. Porém, todas as linguagens de programação têm alguma versão de comentários. É essencial que o programador explique o que estava se passando em sua cabeça ao escrever o código. O pensamento de um programador pode não ser óbvio para que o próximo experimente e use ou modifique o programa. Na verdade, o próprio programador pode esquecer o que o programa queria dizer se ele olhar meses depois de ter escrito o código original sem ter deixado nenhuma pista.

Baseando os programas em instruções C++

Todos os programas C++ são baseados no que se chama instruções C++. Esta seção analisa as que construíram a estrutura do programa Conversion.

Uma instrução é um conjunto único de comandos. Quase todas as instruções C++, exceto os comentários, terminam em ponto e vírgula (você verá uma exceção no Capítulo 10). A execução de um programa começa com a primeira instrução C++ após abrir um parêntese e continua pela listagem, uma instrução de cada vez.

Ao olhar detalhadamente, você verá que espaços, tabulações e novas linhas aparecem por todo o programa. Eles são conhecidos como caracteres de *espaço em branco*, pois não podem ser vistos no monitor.

Você pode acrescentar espaços em branco onde você quiser em seu programa para melhorar a legibilidade — exceto no meio de uma palavra:

```
See wha

t I mean?
```

Apesar de o C++ ignorar os espaços em branco, ele não ignora caixa alta ou baixa. Na verdade, é uma obsessão para C++ diferenciar as maiúsculas de minúsculas. A variável fullspeed e a variável Fullspeed não têm nada a ver uma com a outra. O comando int é compreensível, mas C++ não faz ideia do que INT significa. Viu o que quero dizer com compiladores rápidos, mas estúpidos?

Escrevendo declarações

A linha int celsius; é uma instrução de declaração. Uma *declaração* é uma instrução que define uma variável. Uma *variável* é uma caixa de armazenamento para um valor de algum tipo. Uma variável possui um *valor*, como um número ou um caractere.

O termo *variável* se origina nas fórmulas de álgebra deste tipo:
```
x = 10
y = 3 * x
```

Na segunda expressão, y é igual a 3 vezes x, mas o que é x? A variável x age como uma caixa de armazenamento para um valor. Nesse caso, o valor de x é 10, mas nós poderíamos ter definido o valor de x como 20 ou 30 ou -1. A segunda fórmula faz sentido sem que x tenha um valor definido.

Na álgebra, você pode, mas não é obrigado a começar com uma instrução como `x = 10`. Em C++, o programador determina a variável x antes de usá-la.

Em C++, uma variável tem um tipo e um nome. A variável definida na linha 11 é chamada de `celsius` e declarada para conter um inteiro (O motivo de dizer `integer` em vez de `int`, nunca saberei. Teremos que aprender a conviver com isso.)

O nome de uma variável não possui um significado relevante para C++. Uma variável precisa começar com letras de `A` a `Z`, letras `a` a `z` ou um sublinhado (`_`). Todos os caracteres seguintes devem ser uma letra, um dígito de 0 a 9 ou um sublinhado. Os nomes das variáveis podem ser de qualquer tamanho.

É comum que o nome das variáveis comece com letras minúsculas. Cada palavra nova *dentro* de uma variável começa com letra maiúscula, como em `myVariable`.

Tente manter os nomes das variáveis pequenos, mas significativos. Evite nomes como x porque x não possui nenhum significado real. O nome de uma variável como `lengthOfLineSegment` é muito mais descritivo.

Produzindo uma saída

As linhas que começam com `cout` e `cin` são conhecidas como instruções de entrada/saída, frequentemente abreviadas para instruções I/O (*input/ output*). (Como todos os engenheiros, os programadores adoram abreviações e acrônimos.)

A primeira instrução I/O diz "Exiba a frase `Enter the temperature in Celsius` em cout". `cout` é o nome do dispositivo de saída padrão do C++. Nesse caso, o dispositivo de saída padrão do C++ é o seu monitor.

A linha seguinte é exatamente o oposto. Diz, efetivamente, "extraia um valor a partir do dispositivo de entrada do C++ e armazene na variável inteira `celsius`". O dispositivo de entrada do C++ é geralmente o teclado. O que temos aqui é o analógico C++ para a fórmula de álgebra `x = 10`. Para o restante do programa, o valor de `celsius` é qualquer um que o usuário inserir.

Calculando Expressões

Todos, exceto os programas mais básicos, realizam cálculos de um tipo ou outro. Em C++, uma *expressão* é uma instrução que realiza um cálculo. De outra forma, uma expressão é uma instrução que possui um valor. Um *operador* é um comando que gera um valor.

Por exemplo, no programa de exemplo Conversion — especificamente, nas duas linhas marcadas como *expressão de cálculo* — o programa declara uma variável factor e então atribui a ela o valor resultante de um cálculo. Esse comando calcula a diferença entre 212 e 32; o operador é o sinal de menos (-) e a expressão é 212-32.

Armazenando os resultados de uma expressão

A língua falada pode ser um pouco ambígua. O termo *igual a* é uma dessas ambiguidades. A palavra *igual* pode significar que duas coisas possuem o mesmo valor como em "um dólar é igual a cem centavos". Igual a também pode implicar em uma atribuição na matemática quando dizemos "y é igual a 3 vezes x".

Para evitar a ambiguidade, os programadores de C++ chamam = de *operador de atribuição*, que significa, na verdade, "armazene os resultados da expressão à direita do sinal de atribuição na variável à esquerda". Os programadores dizem que "o valor de 212 menos 32 é atribuído a factor". Resumindo, você pode dizer "factor recebe 212 menos 32".

Nunca diga "factor é igual a 212 menos 32". Você verá isso com frequência, mas você e eu sabemos mais.

Examinando o restante do programa Conversion

A segunda expressão no programa Conversion apresenta uma expressão levemente mais complicada que a primeira. Esta expressão utiliza os mesmos símbolos matemáticos: * para multiplicação, / para divisão e + para soma. Nesse caso, porém, o cálculo é realizado nas variáveis e não somente nas constantes.

O valor contido na variável chamada factor (que foi calculada como resultado de 212-32) é multiplicado pelo valor contido em celsius (que foi inserido como entrada pelo teclado). O resultado é dividido por 100 e somado com 32. O resultado da expressão inteira é atribuído à variável inteira fahrenheit.

Os dois comandos seguintes exibem a string de saída Fahrenheit value is: na tela, seguido pelo valor de fahrenheit — e tudo tão rápido que o usuário nem percebe o que está acontecendo.

As últimas três instruções pedem que o usuário pressione Enter. Em alguns sistemas, o programa pode mostrar os resultados e fechar a caixa de diálogo do console tão rápido que você não vê nada que aconteceu.

Em muitos sistemas, você pode pular essas três linhas — Code::Blocks manterá a caixa de diálogo aberta até você pressionar Enter de qualquer forma — mas essas linhas nunca fazem mal.

O final `return 0` devolve o controle para o sistema operacional.

Capítulo 2

Declarando Variáveis Constantemente

Neste Capítulo
- Declarando variáveis
- Declarando tipos diferentes de variáveis
- Usando variáveis de ponto flutuante
- Declarando e usando outros tipos de variáveis

O mais básico de todos os conceitos em C++ é a *variável* — uma variável é como uma caixa pequena. Você pode armazenar coisas na caixa para utilizar depois, especificamente números. O conceito de uma variável é emprestado da matemática. Uma instrução como

```
x = 1
```

armazena o valor 1 na variável x. Desse ponto em diante, o matemático pode usar a variável x no lugar da constante 1 — até ele trocar o valor de x por outro.

As variáveis funcionam da mesma forma em C++. Você pode fazer a atribuição

```
x = 1;
```

Daqui por diante, na execução do programa, o valor de x é 1 até o programa mudar o valor. Referências a x são substituídas pelo valor 1. Neste capítulo, você descobrirá como declarar e iniciar variáveis nos programas em C++. Você também verá tipos de variáveis diferentes que C++ define e quando usar cada uma.

Declarando Variáveis

Um matemático pode escrever algo como:

```
(x + 2) = y / 2
x + 4 = y
solve for x and y
```

Qualquer leitor que tenha estudado álgebra percebe que ele introduziu as variáveis x e y. Mas C++ não é tão esperto assim (os computadores são rápidos, mas são estúpidos).

Você tem que anunciar cada variável para C++ antes de usá-la. Você precisa indicar algo sutil como isto:

```
int x;
x = 10;

int y;
y = 5;
```

Essas linhas de código *declaram* que a variável x existe, é de tipo `int` e tem o valor 10; e que a variável y do tipo `int` também existe com o valor 5. A próxima seção demonstra os tipos de variáveis. Você pode declarar as variáveis em (quase) todo lugar que você quiser no seu programa — desde que você *declare a variável antes de usá-la*.

Declarando Tipos Diferentes de Variáveis

Se você estiver de bem com a matemática (e quem não está?), você deve pensar em uma variável em matemática como uma caixa sem forma capaz de guardar qualquer coisa que você desejar. Você pode facilmente escrever algo como:

```
x = 1
x = 2.3
x = "this is a sentence"
```

Infelizmente, C++ não é tão flexível. Por outro lado, C++ pode fazer coisas que os humanos não podem, como somar um bilhão de números ou mais em segundos, então não vamos ficar tão esnobes. Para C++, existem tipos diferentes de variáveis assim como existem tipos diferentes de áreas de armazenamento. Algumas áreas de armazenamento são tão pequenas que apenas manipulam um único número. É necessário uma área de armazenamento maior para manipular uma frase.

Capítulo 2: Declarando Variáveis Constantemente

Algumas linguagens de programação tentam acomodar o programador permitindo que ele coloque tipos diferentes de dados na mesma variável. Essas linguagens são conhecidas como linguagens *fracamente tipadas*. C++ é uma linguagem *fortemente tipada* — ela exige que o programador declare cada variável junto com seu tipo.

O tipo de variável `int` é o equivalente a um *inteiro* em C++ — um número que não possui parte fracionária. (Inteiros são conhecidos também como *número natural* ou *inteiro positivo*.)

Inteiros não são os melhores para a maioria dos cálculos. Eu passei a maior parte do ensino fundamental com inteiros. Somente quando completei 11 anos meus professores começaram a estragar tudo com frações. Isso também acontece em C++: mais de 90% de todas as variáveis em C++ são declaradas como tipo `int`.

Infelizmente, as variáveis `int` não são adaptadas a todos os problemas. Por exemplo, se você utilizou o programa de conversão de temperatura no Capítulo 1, você deve ter notado que o programa tem um problema em potencial — ele pode calcular as temperaturas para o grau mais próximo. Nenhuma fração de grau é permitida. Essa limitação do inteiro não afetaria em nada diariamente, pois não é provável que alguém (a não ser um meteorologista) fique todo feliz com uma fração de grau. Existem muitas situações, porém, em que esse não é o caso: por exemplo, você não iria querer meio quilômetro a menos em uma pista onde seu avião pousaria.

Analisando as limitações dos inteiros em C++

O tipo de variável `int` é a versão do C++ de um inteiro. As variáveis `int` sofrem as mesmas limitações que seus equivalentes números naturais sofrem na matemática.

O arredondamento dos inteiros

Remover a parte fracionária de um número se chama *truncamento* ou *arredondamento*. Leve em consideração o cálculo da média de três números. Dadas três variáveis `int` — `nValue1`, `nValue2`, e `nValue3` — uma equação para a calcular a média é

```
int nAverage; int nValue1; int nValue2; int nValue3
nAverage = (nValue1 + nValue2 + nValue3) / 3;
```

Como os três valores são inteiros, presume-se que a soma seja um inteiro. Dados os valores 1, 2 e 2, a soma é 5. Dividindo por 3, temos $1\frac{2}{3}$, ou 1,666. C++ usa regras um pouco diferentes: dado que as três variáveis `nValue1`, `nValue2` e `nValue3` são inteiras, presume-se que a soma também seja um inteiro. O resultado da divisão de um inteiro por outro é também um inteiro. Portanto, o valor resultante de nAverage é o irracional, mas lógico, valor de 1.

O problema é bem pior na fórmula matemática equivalente a seguir:

```
int nAverage; int nValue1; int nValue2; int nValue3;
nAverage = nValue1/3 + nValue2/3 + nValue3/3;
```

Inserindo os mesmos valores 1, 2 e 2, o valor resultante de nAverage é 0 (conte-me mais sobre irracionalidade). Para ver como isso ocorre, considere que ⅓ trunca para 0, ⅔ trunca para 0, e ⅔ trunca para 0. A soma de 0, 0, e 0 é 0. Pode-se notar que o arredondamento de inteiros pode ser completamente inaceitável.

Variação limitada

Um segundo problema com o tipo de variável int é sua variação limitada. Uma variável int normal pode armazenar um valor máximo de 2.147.483.647 e um mínimo de –2.147.483.648 — aproximadamente do 2 bilhões positivos para o 2 bilhões negativos, com uma variação total de 4 bilhões.

Dois bilhões é um número bem grande: o suficiente para a maioria dos usos. Mas não é grande o suficiente para algumas aplicações, incluindo tecnologia da computação. Na verdade, seu computador provavelmente executa mais rápido do que 2 gigahertz, dependendo da idade dele (*giga* é o prefixo que significa bilhão). Um único cabo de fibra ótica — o tipo que é utilizado em todo o país — pode manipular muito mais do que 2 bilhões de bits por segundo.

Resolvendo o problema do arredondamento

Os limites das variáveis int são inaceitáveis em algumas aplicações. Por sorte, C++ entende números decimais que possuem uma parte fracionária (os matemáticos os chamam de *números reais*). Números decimais evitam muitas limitações dos inteiros do tipo int. Para C++ todos os números decimais possuem uma parte fracionária mesmo se essa parte for 0. Em C++, o número 1,0 é tão decimal quanto 1,5. O inteiro equivalente é simplesmente 1. Os números decimais também podem ser negativos como -2,3.

Quando se declara variáveis em C++ que são números decimais, elas são identificadas como números de ponto flutuante ou, simplesmente, variáveis float. O termo *ponto flutuante* significa que a parte decimal pode flutuar para frente e para trás, identificando os lugares decimais que são necessários para expressar o valor. As variáveis de ponto flutuante são declaradas da mesma maneira que as variáveis int:

```
float fValue1;
```

Capítulo 2: Declarando Variáveis Constantemente

Uma vez declarada, você não pode mudar o tipo de variável. fValue1 agora é float e será float até o final do programa. Para ver como os números de ponto flutuantes consertam o problema de arredondamento com os inteiros, converta todas as variáveis int para float. Então temos:

```
float fValue;
fValue = 1.0/3.0 + 2.0/3.0 + 2.0/3.0;
```

é equivalente a:

```
fValue = 0.333... + 0.666... + 0.666...;
```

que resulta no valor

```
fValue = 1.666...;
```

Eu escrevi o valor 1.6666... como se a trilha do número 6 continuasse para sempre. Não é necessariamente esse o caso. A variável float possui um limite no número de dígitos de precisão que discutiremos na próxima seção.

Uma constante que possui uma parte decimal é classificada como valor de ponto flutuante. Entretanto, o tipo padrão para uma constante de ponto flutuante é conhecido como dupla precisão, que em C++ é simplesmente chamada de double, como veremos na próxima seção.

Os programas IntAverage e FloatAverage estão disponíveis para download em www.altabooks.com.br, procurando pelo título do livro; no diretório CPP_Programs_from_Book\Chap02 para mostrar o erro de arredondamento das variáveis inteiras.

Olhando para os limites dos números de ponto flutuante

Mesmo que as variáveis de ponto flutuante possam resolver muitos problemas de cálculo, como o arredondamento, eles têm algumas limitações — o oposto daquelas as quais as variáveis inteiras possuem. As variáveis de ponto flutuante não podem ser usadas para contagem, são mais difíceis para o computador processar, e também sofrem de erro de arredondamento (porém não no mesmo nível das variáveis int).

Contagem

Você não pode usar variáveis de ponto flutuante nas aplicações em que a contagem é importante. Isso inclui as construções de C++ que contam. C++ não pode verificar qual valor de número inteiro é designado por um dado número de ponto flutuante.

Por exemplo, está claro para nós que 1,0 é 1 mas não está claro para C++. Qual tal 0,9 ou 1,1? Eles também deveriam ser considerados como 1? C++ simplesmente evita o problema insistindo em usar valores `int` quando há contagem envolvida.

Velocidade de cálculo

Historicamente, um processador de computador pode processar aritméticos inteiros mais rápido do que aritméticos de ponto flutuante. Portanto, enquanto um processador pode adicionar um milhão de números inteiros em certo tempo, o mesmo processador pode desempenhar somente 200,000 cálculos de ponto flutuante durante o mesmo tempo.

A velocidade de cálculo está se tornando um problema pequeno na medida em que os microprocessadores ficam mais rápidos. Além disso, o principal propósito dos microprocessadores hoje em dia inclui um circuito especial de ponto flutuante para melhorar o desempenho dessas operações. Entretanto, a aritmética nos valores inteiros são bem mais fáceis e rápidas do que o desempenho da mesma operação em valores de ponto flutuante.

Perda de precisão

As variáveis de ponto flutuante `float` têm uma precisão de aproximadamente 6 dígitos e um tamanho econômico, a versão dose dupla de `float` é conhecida como `double` e pode manipular até 13 dígitos significativos. Também pode ocorrer erro de arredondamento nesse caso.

Repare que ⅓ também pode ser expresso como 0,333... em uma sequência contínua. O conceito de uma série infinita faz sentido em matemática, mas não para um computador, pois ele tem uma precisão finita. O programa `FloatAverage` exibe a saída 1,66667 como a média de 1, 2 e 2 — bem melhor que a saída 0 da versão `IntAverage`, mas não chega nem perto de uma sequência infinita. C++ pode corrigir o erro de arredondamento em muitos casos. Por exemplo, na saída, C++ pode determinar que o usuário quisesse dizer 1 em vez de 0,999999. Em outros casos, até mesmo C++ não pode corrigir erros de arredondamento.

Variação nem-tão-limitada

Apesar do tipo de dado `double` ter uma variação muito maior do que um inteiro, ainda é limitado. O valor máximo para um `int` é um pouco mais de 2 bilhões. O valor máximo de uma variável `double` é aproximadamente de 10 elevado a 38ª potência. É 1 seguido de 38 zeros; ele come 2 bilhões no café da manhã (é ainda mais que a dívida nacional, pelo menos na época desta escrita).

Somente os primeiros 13 dígitos de um `double` possuem algum significado; os 25 dígitos restantes cederam aos erros de arredondamento de ponto flutuante.

Declarando Tipos de Variáveis

Até agora, neste capítulo, venho insistindo que as variáveis precisam ser declaradas e atribuídas a um tipo. Felizmente, (ta-dah!), C++ fornece vários tipos de variáveis. Veja a Tabela 2-1 para uma lista de variáveis, suas vantagens e limitações.

Tabela 2-1 Tipos Comuns de Variáveis C++

Variável	Definindo uma constante	O Que É
int	1	Um número simples de contagem, positivo ou negativo.
short int	---	Uma versão menor de *int*. Usa menos memória, mas tem um limite menor.
long int	10L	Uma versão maior de *int*. Não há diferença entre *long* e *int* com gcc.
long long int	10LL	Uma versão ainda maior de int.
float	1.0F	Um único número real exato. Esta versão menor ocupa menos memória do que um *double* mas tem menos precisão e variação.
double	1.0	Uma variável de ponto flutuante padrão.
long double	---	Um número de ponto flutuante maior. No computador, *long* double é usado no tamanho real do processador de ponto flutuante 80x86, que é 80 bits.
char	'c'	Uma única variável char armazena um único alfabeto ou caractere digital. Não é adequado para a aritmética.
wchar_t	L'c'	Um caractere maior capaz de armazenar símbolos com conjuntos de caracteres maiores como o chinês.
char	"this is a string"	Uma *string* de caracteres forma uma frase ou expressão.
bool	true	O outro único valor é false. Não, digo, é *realmente* false. Logicamente false. Não false como em falso ou .... deixa pra lá.

O long long int e o long double foram introduzidos oficialmente com o C++ '11.

Os tipos inteiros vêm em versões com sinal e sem sinal. Com sinal é sempre o padrão (para todos exceto char e wchar_t). A versão sem sinal é criada adicionando a palavra-chave unsigned na frente do tipo na declaração. As constantes sem sinal possuem um U ou u na designação do tipo. Portanto, a seguir declaramos uma variável unsigned int e atribuímos a ela o valor 10:

```
unsigned int uVariable;
uVariable = 10U;
```

A instrução a seguir declara as duas variáveis lVariable1 e lVariable2 como tipo long int e ajusta igual ao valor 1, enquanto dVariable é um conjunto duplo para o valor 1.0. Repare que na declaração lVariable2 o int é pressuposto e pode ser parado:

```
// declara duas variáveis long int e as ajusta para 1
long int lVariable1
long lVariable2;      // int é pressuposto
lVariable1 = lVariable2 = 1;
// declara uma variável do tipo double e a ajusta para 1.0
double dVariable; dVariable = 1.0;
```

Você pode declarar uma variável e inicializá-la na mesma instrução:

```
int nVariable = 1;   // declara uma variável e
                     // a inicializa para 1
```

Uma variável char pode conter um único caractere; uma string de caractere (que não é, na verdade, um tipo de variável, mas funciona como um na maioria dos casos) contém uma string de caracteres. Portanto, 'C' é um char que possui o caractere C, em que "C" é uma string com somente um caractere. Uma breve analogia é que 'C' corresponde a um prego na sua mão, e "C" corresponde a uma pistola de pregos com somente um prego sobrando no cartucho (o Capítulo 9 descreve strings em detalhes).

Se uma aplicação exige uma string, você deve fornecer uma, mesmo que ela contenha um só caractere. Não fornecer mais nada além do caractere não será suficiente.

Tipos de constantes

Um *valor constante* é um número ou caractere (como 1, 0.5 ou 'c') que não muda. Como nas variáveis, toda constante tem um tipo. Em uma expressão como n = 1; o valor constante 1 é um int. Para transformar 1 em um inteiro long, escreva a instrução n = 1L;. A analogia é a seguinte: 1 representa uma caminhonete com uma bola dentro, em que 1L é um caminhão com uma caçamba e uma bola. O número de bolas é o mesmo nos dois casos, mas a capacidade de armazenamento de um é muito maior.

Seguindo a comparação de int com long, 1,0 representa o valor 1 mas em um armazenamento de ponto flutuante. Note, entretanto, que o padrão para as constantes de ponto flutuante é double. Portanto, 1,0 é um número double e não um float.

Você pode usar letras maiúsculas ou minúsculas para suas constantes especiais. Portanto, 10UL e 10ul são inteiros long e sem sinal.

Capítulo 2: Declarando Variáveis Constantemente

Os valores constantes de true e false são do tipo bool. Lembrando que C++ diferencia maiúsculas de minúsculas, true é uma constante, mas TRUE não possui significado.

Uma variável pode ser declarada constante quando é criada por meio da palavra-chave const:

```
const double PI = 3.14159; // declara uma variável constante
```

Uma variável const deve ser iniciada com um valor quando é declarada, e ele não pode ser mudado em nenhuma instrução mais a frente.

As variáveis que são declaradas const não precisam ser nomeadas em letras maiúsculas, mas, por costume, elas sempre são. É apenas uma dica para o leitor que a tão chamada variável é, de fato, não.

Eu admito que deva parecer estranho declarar uma variável e então dizer que ela não pode ser mudada. Por que se importar? Principalmente porque os nomes das variáveis podem facilitar o entendimento do programa. Observe as expressões equivalentes a seguir:

```
double dC = 6.28318 * dR;  // o que isso significa?
double dCircumference = TWO_PI * dRadius; // isso é
                                // muito mais fácil de entender
```

Fica bem mais claro para o leitor desse código que a segunda expressão está multiplicando o raio por 2π para calcular a circunferência.

A Variação dos Tipos Numéricos

Pode parecer estranho, mas o padrão do C++ não diz exatamente qual o tamanho máximo de um número que cada tipo de dado pode acomodar. O padrão fala somente do tamanho relativo de cada tipo de dado. Por exemplo, ele diz que o maior long int é, pelo menos, tão grande quanto o maior int.

Os autores do C++ não estavam tentando fazer mistério. Eles somente queriam permitir que o compilador implementasse o código o mais rápido possível para a máquina. O padrão foi projetado para funcionar com todos os tipos diferentes de processadores rodando sistemas operacionais diferentes.

Entretanto, é útil saber os limites da sua própria implementação. A Tabela 2-2 mostra o tamanho de cada tipo numérico em um computador com Windows usando o compilador Code::Blocks/gcc.

Tabela 2-2	Variação dos Tipos Numéricos em Code::Blocks/gcc		
Variável	Tamanho (bytes)	Precisão	Variação
short	2	exato	−32768 a 32767
int	4	exato	−2.147.483.648 a 2.147.483.647
long	4	exato	−2.147.483.648 a 2.147.483.647
longlong int	8	exato	−9.223.372.036.854.775.808 até 9.223.372.036.854.775.807
float	4	7 dígitos	$\pm 3,4028 \times 10^{\pm 38}$
double	8	16 dígitos	$\pm 1,7977 \times 10^{\pm 308}$
long double	12	19 dígitos	$\pm 1,1897 \times 10^{\pm 4932}$

Um estouro (*overflow*) é a tentativa de calcular um número que está além da variação do seu tipo. O padrão C++ geralmente deixa o resultado de um estouro como indefinido. Esse é um outro modo de C++ permanecer flexível.

No computador, um estouro do ponto flutuante resulta em uma exceção, seu programa travará se ela não for manipulada (não discuto exceções até o Capítulo 24). Por mais chato que pareça, um estouro de inteiro é muito pior — C++ gera um valor incorreto sem reclamar.

Caracteres especiais

Você pode armazenar qualquer caractere imprimível que quiser em uma variável char ou string. Você também pode armazenar um conjunto de caracteres não-imprimíveis que são usados como constantes de caractere. Veja na Tabela 2-3 uma descrição da importância desses caracteres não-imprimíveis.

Tabela 2-3	Caracteres Especiais
Constante de Caractere	O Que É
'\n'	nova linha
'\t'	tab
'\040'	O caractere cujo valor é 40 em octal (veja Capítulo 4 para uma descrição de sistemas numéricos)
'\x20'	O caractere cujo valor é 20 em hexadecimal (é o mesmo que '\040')
'\0'	null (por exemplo, o caractere cujo valor é 0)
'\\'	barra invertida

> ### Colisão de C++ com os nomes de arquivos
>
> O Windows usa o caractere de barra invertida para separar os nomes das pastas no caminho para um arquivo (isso é vestígio do MS-DOS que o Windows não conseguiu se desfazer). Portanto, `Root\FolderA\File` representa `File` dentro da `FolderA`, que é um subdiretório de `Root`. Infelizmente, o uso da barra invertida no MS-DOS entra em conflito com o uso da barra invertida para indicar um caractere de escape em C++. O caractere `\\` é uma barra invertida em C++. O caminho do MS-DOS `Root\FolderA\File` é representado em C++ como a string `"Root\\FolderA\\File"`.

Você já viu o caractere nova linha ao final das strings. Esse caractere quebra uma string e reposiciona as partes em linhas separadas. Um caractere de nova linha pode aparecer em qualquer lugar dentro de uma string. Por exemplo:

```
"This is line 1\nThis is line 2"
```

a saída aparece como

```
This is line 1
This is line 2
```

Igualmente, o caractere de tabulação `\t` move a saída para a próxima posição de tabulação. (Essa posição pode variar, dependendo do tipo de computador que você estiver usando para rodar o programa.)

As formas numéricas permitem que você especifique qualquer caractere não-imprimível que você queira, mas os resultados podem variar. O caractere representando por `0xFB`, por exemplo, depende da fonte e do conjunto de caractere (e pode não ser um caractere possível de usar).

Como o caractere de barra invertida é usado para significar caracteres especiais, é necessário um par de caracteres com a barra. O par de caracteres `\\` representa a barra invertida.

Grandes Carregamentos na Estrada do Char

A variável padrão `char` é de apenas um byte e pode manipular somente 255 caracteres diferentes. É o suficiente para os idiomas europeus, mas não o tamanho ideal para lidar com linguagens baseadas em símbolos como o kanji.

Diversos padrões surgiram para aumentar o conjunto de caracteres para lidar com as exigências desses idiomas. UTF-8 usa uma mistura de caracteres de 8-, 16- e 32-bit para implementar quase todos os kanjis e hieróglifos que você pode imaginar, mas ainda é compatível com o ASCII 8-bit. UTF-16 usa uma mistura de caracteres de 16- e 32-bits para atingir um conjunto de caracteres maior, e UTF-32 usa 32 bits para todos os caracteres.

UTF significa Unicode Transformation Format, de onde vem o nome mais usado Unicode.

A Tabela 2-4 mostra os diferentes tipos de caracteres suportados por C++. No início, C++ tentou sobreviver com um tipo de caractere muito vago, o wchar_t. Esse tipo era para ser o nativo para o ambiente do programa da aplicação. C++ '11 introduziu tipos específicos para UTF-16 e UTF-32.

Tabela 2-4   Os Tipos de Caracteres de C++

Variável	Exemplo	O Que É
char	'c'	ASCII ou caractere UTF-8
wchar_t	L'c'	Caractere em formato maior
char_16t	u'c'	Caractere UTF-16
char_32t	U'c'	Caractere UTF-32

UTF-16 é o padrão de codificação para os aplicativos do Windows. O tipo wchar_t se refere a UTF-16 no compilador Code::Blocks/gcc.

Qualquer tipo de caractere na Tabela 2-4 também pode ser associado às strings:

```
wchar_t* wideString = L"this is a wide string";
```

(Ignore o asterisco por enquanto. Falarei sobre seu significado no Capítulo 8.)

Estes Cálculos São Lógicos Mesmo?

C++ utiliza uma variável lógica chamada bool. O tipo bool se origina de *Boole*, o último nome do inventor do cálculo lógico. Uma variável booleana possui dois valores: true (verdadeiro) e false (falso).

Na realidade, existem cálculos que resultam no valor bool. Por exemplo, "x é igual a y" ou é true ou é false.

Expressões em Modo Misto

C++ permite que você misture tipos de variáveis em uma única expressão. Ou seja, é possível acrescentar um inteiro com um valor de precisão de ponto flutuante `double`. Na expressão seguinte, por exemplo, `nValue1` pode ser um `int`:

```
// na seguinte expressão o valor de nValue1
// é convertido para double antes de realizar a
// atribuição
int nValue1 = 1;
nValue1 + 1.0;
```

Uma expressão em que dois operandos não são do mesmo tipo é chamada de *expressão de modo misto*. Expressões de modo misto geram um valor cujo tipo é igual ao mais eficiente dos dois operandos. Neste caso, `nValue1` é convertido para `double` antes do cálculo prosseguir. Em parte, uma expressão de um tipo pode ser atribuída a um tipo diferente de variável, como o exemplo:

```
// nesta atribuição o número inteiro
// parte da fVariable é armazenado em nVariable
double dVariable = 1.0;
int nVariable;
nVariable = dVariable;
```

Você pode perder precisão e limite se a variável ao lado esquerdo da atribuição for menor. No exemplo acima, C++ trunca o valor da `dVariable` antes de armazená-la em `nVariable`.

Converter um tipo de valor maior para um menor é chamado de *rebaixamento (demotion)*, enquanto que converter os valores em direção oposta é conhecido como *promoção (promotion)*. Programadores dizem que a variável de valor `int nVariable1` é promovida para `double` nas expressões como a seguinte:

```
int nVariable1 = 1;
double dVariable = nVariable1;
```

Expressões de modo misto não são uma boa ideia. Evite que C++ faça as conversões por você.

Nomeando convenções

Você deve ter notado que o nome de cada variável que eu crio começa com um caractere especial que parece não ter nada a ver com o nome. Esses caracteres especiais não são especiais para C++ de forma alguma; eles são utilizados para sacudir a memória do leitor e indicar o tipo de variável. Uma parte desta lista de caracteres vem a seguir. Ao usar esta convenção, eu imediatamente reconheço dVariable como uma variável do tipo double, por exemplo.

Guerras religiosas piores que o Verdadeiro Valor do BitCoin se espalharam para ver se nomear as convenções esclarece o código C++ ou não. Me ajuda muito, então eu apoio. Experimente por um tempo. Se, após alguns meses, você achar que não ajuda, sinta-se à vontade para trocar.

Caractere	Tipo
n	int
l	long
f	float
d	double
c	character
sz	string

Declarações Automáticas

Se você for bem preguiçoso, pode deixar C++ determinar os tipos das suas variáveis por você. Repare na seguinte declaração:

```
int nVar = 1;
```

Você pode perguntar, "Por que C++ não pode identificar o tipo de nVar?" A resposta é, se você perguntar com jeitinho, desta forma:

```
auto var1 = 1;
auto var2 = 2.0;
```

Isso quer dizer, "declare var1 para ser uma variável do mesmo tipo que o valor da constante 1 (que é um *int*) e declare var2 para ser do mesmo tipo que 2.0 (que é um *double*)".

Eu considero o termo auto, em especial, uma escolha infeliz para esse propósito, porque antes de C++ '11, a palavra-chave auto possuía um sentido completamente diferente. Contudo, auto caiu em desuso nos

Capítulo 2: Declarando Variáveis Constantemente

últimos 20 anos, então o padrão se apoderou do termo. Fique atento se você vir a palavra-chave `auto` em códigos antigos, você precisará removê-la.

Você também pode dizer a C++ que você quer que a variável seja declarada para ser do mesmo tipo de outra, qualquer que seja, usando a palavra-chave `decltype()`.

```
int var1;
decltype(var1) var2; // declara var2 para ser do
                     // mesmo tipo que var1
```

C++ substitui o `decltype(var1)` pelo tipo de var1, novamente um `int`.

Capítulo 3

Efetuando Operações Matemáticas

Neste Capítulo
- Definindo operadores matemáticos em C++
- Usando os operadores matemáticos em C++
- Identificando expressões
- Esclarecendo os operadores matemáticos especiais

C++ fornece todas as operações aritméticas comuns: os programas em C++ podem multiplicar, somar, dividir e daí por diante. Os programas devem ser capazes de efetuar essas operações para executar as tarefas. De que serve um programa de plano de saúde se ele não calcula quanto você deveria pagar (bastante)?

As operações em C++ se parecem com operações aritméticas que você efetuaria em um pedaço de papel, exceto pelas variáveis que devem ser declaradas antes de serem usadas (como detalhado no Capítulo 2):

```
int var1;
int var2 = 1;
var1 = 2 * var2;
```

Esse trecho de código declara duas variáveis, `var1` e `var2`. Ele direciona `var2` para `var1` e então armazena os resultados de multiplicar 2 vezes o valor de `var2` dentro de `var1`.

Este capítulo descreve o conjunto completo dos operadores matemáticos C++.

Efetuando Aritmética Binária Simples

Um *operador binário* é aquele que possui dois argumentos. Se você disser `var1 op var2`, o operador binário deve ser `op`. Os operadores binários mais comuns são as operações simples que você fazia no ensino fundamental. Os operadores binários estão destacados na Tabela 3-1 (essa tabela também inclui os operadores unários, que aparecerão mais a frente neste capítulo).

Tabela 3-1   Operadores Matemáticos em Ordem de Precedência

Precedência	Operador	O Que É
1	+ (unário)	Não faz nada, na verdade
1	- (unário)	Retorna o negativo de seu argumento
2	++ (unário)	Incrementa
2	-- (unário)	Decrementa
3	* (binário)	Multiplicação
3	/ (binário)	Divisão
3	% (binário)	Módulo
4	+ (binário)	Adição
4	- (binário)	Subtração
5	=, *=, %=, +=, -= (especial)	Tipos de atribuição

Multiplicação, divisão, módulo, adição e subtração são operadores utilizados na aritmética. Na prática, eles funcionam da mesma forma que os operadores aritméticos. Por exemplo, usar o operador binário para a divisão com uma variável `double` de ponto flutuante, é, mais ou menos, assim:

```
double var = 133.0 / 10.0;
```

A expressão 133/10 efetua a divisão inteira, produzindo o resultado `int` 13 em vez do ponto flutuante 13,3.

Cada um dos operadores binários possui a mesma utilidade estudada na escola — com uma exceção. Você não deve ter visto módulo nos seus estudos. O operador de *módulo* (%) funciona como a divisão, porém ele exibe o resto *após* a divisão e não o coeficiente. Por exemplo, 4 está dentro de 14 três vezes com o resto 2. Portanto, dizemos 14 módulo 4 é 2:

```
int var = 14 % 4; // var é configurado para 2
```

O módulo não é apropriado para variáveis de ponto flutuante. (Falo sobre erros de arredondamento no Capítulo 2.)

Decompondo as Expressões

O tipo de instrução mais comum em C++ é a expressão. Uma expressão é uma instrução de C++ com um valor. Toda expressão também possui um tipo, como int, double, ou char. Uma instrução envolvendo qualquer operador matemático é uma expressão desde que esses operadores retornem um valor. Por exemplo, *1 + 2* é uma expressão cujo valor é 3 e o tipo é int (lembre-se que uma constante com um ponto decimal é de tipo int).

Expressões podem ser complexas ou extremamente simples. Na verdade, a instrução 1 é uma expressão *porque* possui um valor (1) e um tipo (const int). A instrução a seguir possui seis expressões:

```
z = x * y + w;
```

As expressões são

```
x
y
w
x * y
x * y + w
z = x * y + w
```

Determinando a Ordem das Operações

Todos os operadores efetuam uma função específica. Além disso, cada operador possui uma *precedência* — uma ordem específica em que as expressões são lidas. Observe, por exemplo, como a precedência afeta a solução deste problema:

```
int var = 2 * 3 + 1;
```

Se a adição é efetuada antes da multiplicação, o valor da expressão é 2 vezes 4 ou 8. Se a multiplicação for efetuada primeiro, o valor é 6 mais 1 ou 7.

A precedência dos operadores determina quem vai primeiro. A Tabela 3-1 mostra que a multiplicação possui maior precedência que a adição, então o resultado é 7 (o conceito de precedência está presente na aritmética. C++ adere à precedência da aritmética comum).

Então, o que acontece quando dois operadores da mesma precedência aparecem na mesma expressão? Por exemplo:

```
int var = 8 / 4 / 2;
```

Quando os operadores de mesma precedência aparecem na mesma expressão, eles são lidos da esquerda para a direita (a mesma regra aplicada na aritmética). Portanto, nesse trecho de código, `var` é igual a 8 dividido por 4 (que é 2) dividido por 2 (que é 1).

A expressão

```
x / 100 + 32
```

divide x por 100 antes de somar 32. Mas e se o programador queria dividir x por 100 mais 32? O programador pode mudar a precedência agrupando as expressões em parênteses (um tom de álgebra!), desta forma:

```
x /(100 + 32)
```

Essa expressão produz o mesmo efeito de dividir x por 132. A expressão original

```
x / 100 + 32
```

é idêntica à expressão

```
(x / 100) + 32
```

Efetuando Operações Unárias

Os operadores binários aritméticos — os operadores que possuem dois argumentos — são familiares para nós desde a época da escola. Mas considere *operadores unários*, que possuem um único argumento (por exemplo, -a). Vários operadores unários não são muito famosos.

Os operadores matemáticos unários são mais, menos, mais-mais e menos-menos (respectivamente, +, –, ++, e –). O operador menos troca o sinal do seu argumento. Números positivos se tornam negativos e vice-versa. O operador mais não troca o sinal dos argumentos. Ele é raramente utilizado.

```
int var1 = 10;
int var2 = -var1;   // var2 agora é -10
```

A última expressão utiliza o operador unário menos (–) para calcular o valor negativo 10.

Capítulo 3 : Efetuando Operações Matemáticas

> ### Por que definir um operador de incremento separado?
>
> Os autores de C++ repararam que os programadores acrescentam 1 mais do que qualquer outra constante. Para dar certa conveniência, uma instrução especial add 1 foi adicionada à linguagem. Além disso, a maioria dos processadores dos computadores de hoje em dia possui uma instrução de decremento que é mais rápida do que a instrução de adição. Quando C++ foi criado — com microprocessadores do jeito que eram — poupar algumas instruções era uma boa. Atualmente, nem tanto.

Os operadores ++ e – são novos para você. Esses operadores (respectivamente) acrescentam um aos seus argumentos e subtraem um de seus argumentos. Então, são conhecidos (respectivamente também) como operadores de *incremento* e de *decremento*. Como eles dependem de números que podem ser contados, eles são limitados a variáveis que não são ponto flutuante. Por exemplo, o valor de var depois de passar pela expressão a seguir é 11:

```
int var = 10;    // inicializa var
var++;           // agora incrementa
                 // o valor de var é 11
```

Os operadores de incremento e de decremento são tão especiais que possuem dois sabores: uma versão *prefixo* e uma versão *pósfixo* (conhecidos como pré-incremento e pós-incremento, respectivamente). Considere, por exemplo, o operador incremento (o decremento funciona da mesma forma).

Suponha que a variável n possui o valor 5. Tanto ++n quanto n++ incrementam n para valor 6. A diferença entre os dois é que o valor ++n é o valor após a incrementação (6) enquanto que o valor n++ é o valor de antes (5). O exemplo a seguir demonstra essa diferença:

```
// declara três variáveis inteiras
int n1, n2, n3;

n1 = 5;
n2 = ++n1; // o valor de n1 e n2 agora é 6

n1 = 5;
n3 = n1++;// o valor de n1 é 6 mas o valor de n3 é 5
```

Portanto, n2 recebe o valor de n1 após n1 ser incrementado (usando o operador pré-incremento), enquanto n3 recebe o valor de n1 antes de ser incrementado usando o operador pós-incremento.

Utilizando os Operadores de Atribuição

Um *operador de atribuição* é um operador binário que troca o valor do seu argumento esquerdo. O sinal de igual (=), um simples operador de atribuição, é um fator absoluto em qualquer linguagem de programação. Esse operador coloca o valor do argumento da direita no da esquerda. Os outros operadores de atribuição são tão estranhos que parecem ser a imaginação de alguém.

Então temos:

```
int var1;
int var2 = 2;
var1 = var2 = 1;
```

Se usássemos a regra da esquerda para a direita, `var1` acabaria com o valor 2, mas `var2` com o valor 1, o que é contraditório. Para evitar isso, os operadores de atribuição múltiplos são lidos da direta para a esquerda. Portanto, o trecho no exemplo atribui o valor 1 para `var2` e então copia o mesmo valor para `var1`.

Os criadores de C (de onde se originou C++) perceberam que as atribuições normalmente seguem o seguinte formato

```
variable = variable # constant
```

em que # é um operador binário. Portanto, para incrementar um operador inteiro em 2, o programador escreveria

```
nVariable = nVariable + 2;
```

Essa expressão diz, "acrescente 2 ao valor da `nVariable` e armazene o resultado dentro da `nVariable`". Seguindo esse passo, o valor da `nVariable` aumenta em duas unidades.

Como a mesma variável aparece dos dois lados do sinal =, os mesmos Pais da Revolução C decidiram criar uma versão do operador de atribuição com um operador binário acoplado. Dito isto, "O Senhor deve efetuar qualquer operação em uma variável e armazenar o resultado de volta na mesma variável".

Todo operador binário possui excelentes *versões de atribuição*. Portanto, a atribuição acima poderia ter sido escrita desta forma:

```
nVariable = nVariable + 2;
nVariable += 2;
```

Capítulo 3 : Efetuando Operações Matemáticas 55

Aqui, a primeira linha diz (sendo bem franco agora): "pegue o valor de `nVariable`, acrescente 2, e armazene o resultado de volta na `nVariable`". A linha seguinte diz (um pouco mais rude): "acrescente 2 ao valor de `nVariable`".

Além da própria atribuição, os operadores de atribuição não são usados com frequência. De qualquer forma, por mais estranho que pareça, às vezes, eles podem facilitar a leitura do programa.

Capítulo 4

Efetuando Operações Lógicas

Neste Capítulo

▶ Usando operadores lógicos e, às vezes, ilógicos
▶ Definindo variáveis lógicas
▶ Operando com operadores lógicos bitwise logicamente, um bit de cada vez

A instrução mais comum em C++ é a expressão. A maioria das expressões envolvem operadores aritméticos, como adição (+), subtração (-) e multiplicação (*), como vimos no Capítulo 3.

Este capítulo descreve uma outra classe de operadores conhecida como *operadores lógicos*. Comparando com os operadores aritméticos, a maioria das pessoas não pensa muito sobre esse tipo de operação. Não é como se elas não lidassem com operadores lógicos como E ou OU — nós os assimilamos constantemente. Eu não vou comer cereal a menos que a tigela contenha cereal E leite E o cereal esteja coberto de açúcar (bastante açúcar). Eu vou beber um uísque SE for single-malt E se alguém for pagar para mim. As pessoas usam os operadores lógicos todo o tempo, mas eles não os escrevem como as instruções de máquina (ou pensam neles desse jeito).

Os operadores lógicos se resumem em dois tipos. Eu chamo os operadores E e OU de *operadores lógicos simples*. O segundo tipo de operadores lógicos é o operador bitwise. As pessoas não utilizam o operador bitwise no dia a dia; é restrito ao universo do computador. Começaremos com os operadores simples e então daremos uma olhada no bitwise neste capítulo.

Por Que Mexer com Operações Lógicas?

Os programas em C++ precisam tomar decisões. Um programa que não pode tomar decisões tem uso limitado. O programa de conversão de temperatura feito no Capítulo 1 é o mais complexo que é possível se chegar sem algum tipo de tomada de decisão. Sempre que um programa de computador chega ao ponto de ter que descobrir situações, como "Faça *isto* se a variável a for menor do que tal valor; faça *outra* coisa se não for." A habilidade de tomar decisões é que faz um computador parecer inteligente (Normalmente, essa mesma propriedade faz com que um computador pareça muito burro quando ele toma uma decisão errada.) Tomar decisões, certas ou erradas, requerem o uso de operadores lógicos.

Usando os Operadores Lógicos Simples

Os operadores lógicos simples, como mostra a Tabela 4-1, são lidos como `true` ou `false`.

Tabela 4-1	Operadores Simples Representando Logica Diária
Operador	O Que Ele Faz
==	Igualdade; `true` se o argumento da esquerda possuir o mesmo valor do da direita
!=	Diferente; oposto à igualdade
>, <	Maior que, menor que; `true` se o argumento da esquerda for maior ou menor que o da direita
>=, <=	Maior ou igual a, menor ou igual a; `true` se > ou == for true, ou se < ou == for `true`
&&	AND (E); `true` se ambos os argumentos da esquerda e direita forem `true`
||	OR (OU); `true` se um dos argumentos da esquerda ou direita forem `true`
!	NOT (NÃO); `true` se seu argumento for `false`; do contrário, `false`

As primeiras seis entradas na Tabela 4-1 são os operadores de comparação. O operador de igualdade é usado para comparar dois números. O exemplo a seguir é `true` se o valor de n for 0, e é `false` se for o contrário:

```
n == 0;
```

Capítulo 4: Efetuando Operações Lógicas

Aparências podem enganar. Não confunda o operador de igualdade (==) com o operador de atribuição (=). É um erro bem comum, mas é um erro que o compilador de C++ geralmente não pega — isso é ruim ao quadrado. A instrução seguinte não inicializa com n para 0; ela compara o valor atual de n com 0 e então não faz nada com o resultado dessa comparação:

```
n == 0;    // o programador quis dizer n = 0
```

Os operadores maior que (>) e menor que (<) são de uso comum no dia a dia. A seguinte comparação lógica é verdadeira:

```
int n1 = 1;
int n2 = 2;
n1 < n2;
```

Os operadores maior ou igual a (>=) e menor ou igual a (<=) são similares aos anteriores, com uma única exceção. Eles incluem a igualdade, os outros operadores não.

O && (AND) e || (OR) funcionam junto com os outros operadores lógicos para montar expressões lógicas complexas, como esta:

```
// o exemplo é true se n2 for maior que n1
// AND n2 for menor que n3
// (esse é o método mais comum para determinar que n2
// está dentro da faixa de n1 a n3, exclusivamente)
(n1 < n2) && (n2 < n3);
```

Armazenando valores lógicos

O resultado de uma operação lógica pode ser atribuído à variável do tipo `bool`. O termo `bool` se refere à álgebra booleana, ou seja, a álgebra da lógica. Ela foi inventada pelo matemático britânico, George Boole, no século XIX.

```
int n1 = 1;
int n2 = 2;
bool b;
b = (n1 == n2);
```

Essa expressão destaca a diferença entre o operador de atribuição = e o operador de comparação ==. A expressão diz, "Compare as variáveis n1 e n2. Armazene os resultados dessa comparação na variável b."

O programa `BoolTest` demonstra o uso da variável `bool`:

```
// BoolTest - compara as variáveis de entrada a
//            partir do teclado e armazena os
//            resultados dentro da variável lógica
#include <cstdio>
#include <cstdlib>
#include <iostream>
using namespace std;
```

Parte I: Começando com Programação em C++

```
int main(int nNumberofArgs, char* pszArgs[])
{
    // configura o formato de saída para variáveis bool
    // para true e false
    // em vez de 1 e 0
    cout.setf(cout.boolalpha);

    // insere dois valores
    int nArg1;
    cout << "Input value 1: ";
    cin >> nArg1;

    int nArg2;
    cout << "Input value 2: ";
    cin >> nArg2;

    // compara as duas variáveis e armazena os resultados
    bool b;
    b = nArg1 == nArg2;

    cout << "The statement, " << nArg1
         << " equals "        << nArg2
         << " is "            << b
         << endl;

    // espera até o usuário estar pronto para
    // encerrar o programa
    // para permitir que ele veja o resultado do programa
    cout << "Press Enter to continue..." << endl;
    cin.ignore(10, '\n');
    cin.get();
    return 0;
}
```

A primeira linha `cout.setf()` certifica que nossa variável `bool b` tem saída como "`true`" ou "`false`". A próxima seção explica porque isso é necessário.

O programa exibe dois valores inseridos a partir do teclado e mostra o resultado da comparação de igualdade:

```
Input value 1: 5
Input value 2: 5
The statement, 5 equals 5 is true
Press Enter to continue...
```

O valor especial `endl` insere uma nova linha. A diferença entre o valor `endl` e o caractere '`\n`', descrito no Capítulo 2, é sutil e será abordada no Capítulo 23.

Usando variáveis lógicas int

C++ nem sempre teve uma variável do tipo bool. Antigamente (quando câmeras ainda usavam rolos de filme), C++ usava variáveis int para armazenar valores lógicos. O valor 0 era considerado false e todos os outros valores, true. Logo, um operador lógico era definido como 0 para false, e 1 para true (assim, 10 < 5 retornava 0 enquanto 10 > 5 retornava 1).

C++ possui um alto grau de compatibilidade entre bool e int para suportar programas mais antigos. Você recebe uma saída completamente diferente do programa BitTest se remover a linha cout.setf(cout.boolalpha):

```
Input value 1: 5
Input value 2: 5
The statement, 5 equals 5 is 1
Press Enter to continue...
```

As variáveis do tipo int e bool podem ser misturadas em uma expressão também. Por exemplo, C++ permite esta atribuição sem pestanejar:

```
int n;
n = (nArg1 == nArg2) * 5;
```

Ele determina n para 5 se nArg1 e nArg2 forem iguais, ou 0 do contrário.

Tome cuidado ao efetuar operações lógicas em variáveis de ponto flutuante

Erros de arredondamento na computação de ponto flutuante podem gerar confusões com operações lógicas. Veja o exemplo:

```
float f1 = 10.0;
float f2 = f1 / 3;
bool b1 = (f1 == (f2 * 3.0));   // os dois são iguais?
```

Mesmo sendo óbvio para nós que f1 é igual a f2 vezes 3, o valor resultante de b1 não é true, *necessariamente*. Uma variável de ponto flutuante não pode obter um número ilimitado de dígitos significativos. Logo, f2 não é igual ao número que chamaríamos de "três e um terço" e sim 3,3333..., parando depois de algumas partes decimais.

Uma variável float suporta aproximadamente 7 dígitos de precisão enquanto que um double suporta um pouco mais de 16 dígitos. Eu digo "aproximadamente" e "um pouco" porque o computador possivelmente gerará um número como 3,3333347 devido a alguns cálculos vagos do ponto flutuante.

Agora, em matemática pura, uma sequência de dígitos 3 após um ponto decimal é infinita, mas nenhum computador pode manipular um número infinito de dígitos. Por isso, depois de multiplicar 3,3333 por 3, você tem 9,9999 em vez do 10 que você teria se multiplicasse "três e um terço" — de fato, um *erro de arredondamento*. Essas pequenas diferenças podem ser irreconhecíveis para uma pessoa mas não para o computador. Igualdade significa exatamente isso — igualdade *exata*.

Os processadores modernos são sofisticados na efetuação de tais cálculos. O processador pode, na verdade, acomodar o erro de arredondamento, mas dentro de C++, você não pode prever exatamente o que os processadores farão.

Veja uma comparação efetiva:

```
float f1 = 10.0;
float f2 = f1 / 3;
float f3 = f2 * 3.0;
float delta = f1 - f3;
bool bEqual = -0.0001 < delta && delta < 0.0001;
```

Essa comparação é `true` se `f1` e `f3` estiverem dentro de algum delta de um ao outro, que ainda seria `true` se você levasse em consideração um erro de arredondamento.

Curto-circuitos e C++

Os operadores lógicos AND `&&` e OR `||` efetuam o que chamamos de *avaliação de curto-circuito*. Considere o seguinte:

```
condition1 && condition2
```

Se a `condition1` não for `true`, o resultado não será `true`, não importando o valor de `condition2`. (Por exemplo, `condition2` poderia ser `true` ou `false` sem mudar o resultado.) A mesma situação ocorre em:

```
condition1 || condition2
```

Se a `condition1` for `true`, o resultado é `true`, não importando o valor de `condition2`.

Para poupar tempo, C++ não avalia `condition2` se não for necessário. Por exemplo, na expressão `condition1 && condition2`, C++ não avalia `condiditon2` se a `condition1` for `false`. Do mesmo modo, na expressão `condition1 || condition2`, C++ não avalia `condition2` se a `condition1` for `true`. Isso é conhecido como avaliação de curto-circuito.

Capítulo 4: Efetuando Operações Lógicas

Avaliação de curto-circuito pode significar que condition2 não é avaliado mesmo se a condição tiver efeitos colaterais. Observe este trecho de código:

```
int nArg1 = 1;
int nArg2 = 2;
int nArg3 = 3;

bool b = (nArg1 > nArg2) && (nArg2++ > nArg3);
```

A variável nArg2 nunca é incrementada porque a comparação nArg2++ > nArg3 não é efetuada. Não há necessidade, pois nArg1 > nArg2 retorna false, logo a expressão inteira deve ser false.

Expressando Números Binários

As variáveis C++ são armazenadas internamente nos números binários. Esses são armazenados como uma sequência nos valores de 1 e 0 conhecidos como bits. Na maior parte do tempo, você não precisa lidar com quais bits específicos deve usar para representar os números. Algumas vezes, no entanto, é prático e conveniente mexer com os números em nível de bit — então C++ fornece um conjunto de operadores para esse propósito.

Por sorte, você não precisa lidar com as variáveis C++ em nível de bit com frequência. É prudente considerar o restante deste capítulo como sendo um passeio pelas profundezas técnicas.

Os operadores lógicos *bitwise* operam em seus argumentos em nível de bit. Para entender como eles funcionam, primeiro examinaremos como os computadores armazenam as variáveis.

O sistema numérico decimal

Os números que estamos acostumados a contar nos dedos são conhecidos como *números decimais* porque sua base é no número 10 (se um engradado de cerveja tivesse sido inventado mais cedo, nosso sistema numérico seria baseado no número 6). Em geral, o programador expressa as variáveis C++ como números decimais. Logo, você pode especificar o valor de var como (digamos) 123, mas com algumas implicações.

Um número como 123 se refere a 1 * 100 + 2 * 10 + 3 * 1. Todos esses números base — 100, 10, e 1 — são potências de 10.

```
123 = 1 * 100 + 2 * 10 + 3 * 1
```

Expresso em uma forma um pouco diferente (mas equivalente), 123 se parece com isto:

```
123 = 1 * 10² + 2 * 10¹ + 3 * 10⁰
```

Lembre-se que *qualquer* número *elevado a potência zero* é 1.

Outros sistemas numéricos

Bem, tudo bem, o uso do 10 como base do nosso sistema de contagem provavelmente origina-se dos nossos 10 dedos humanos, as ferramentais iniciais de contagem. Uma base alternativa para um sistema de contagem poderia facilmente ser 20 (talvez o inventor da base 10 estivesse calçado naquela época).

Se nosso esquema numérico tivesse sido inventado por cachorros, poderia muito bem ser baseado em 8 (um dígito de pata está escondida na parte de trás da perna). Matematicamente, tal sistema octal teria funcionado bem também:

```
123₁₀ = 1 * 8² + 7 * 8¹ + 3 * 8⁰ = 173₈
```

Os pequenos 10 e 8 se referem ao sistema numérico, 10 para decimal (base 10) e 8 para octal (base 8). Um sistema de contagem pode usar qualquer base positiva.

O sistema numérico binário

Os computadores possuem basicamente dois dedos (talvez seja por isso que os computadores são tão burros: sem um dedão indicando negativo, eles não entendem nada). Os computadores preferem contar usando a base 2. O número 123₁₀ poderia ser expresso desta forma:

```
123₁₀ = 0*2⁷ + 1*2⁶ + 1*2⁵ + 1*2⁴ + 1*2³ + 0*2² + 1*2¹ + 1*2⁰
123₁₀ = 0*128 + 1*64 + 1*32 + 1*16 + 1*8 + 0*4 + 1*2 + 1*1
     = 01111011₂
```

O normal dos computadores é expressar os números binários usando os dígitos binários 4, 8, 16, 32, ou até mesmo 64, mesmo que o dígito inicial seja 0. Isso acontece dessa forma por causa do modo como os computadores foram construídos internamente.

Como o termo *dígito* se refere a um múltiplo de 10, um *dígito* é chamado de *bit* (abreviação de *dígito binário*). Um *byte* é composto por 8 bits (chamar um dígito binário de *byte-it* não parecia uma boa ideia). A memória normalmente é medida em bytes (como pães são medidos na unidade dúzia pelo padeiro).

Com uma base tão pequena, você precisa usar um número *grande* de bits para expressar números. Os seres humanos não querem se complicar ao usar uma expressão como 01111011_2 para expressar um valor comum como 123_{10}. Os programadores preferem expressar os números usando um número par de bits. O sistema octal — baseado em 3 bits — era o sistema binário padrão de C antigamente. Ainda vemos vestígios hoje em dia — uma constante que começa com 0 é vista como octal em C++. Assim, a linha:

```
cout << "0173 = " << 0173 << endl;
```

produz a saída:

```
0173 = 123
```

De qualquer maneira, o octal foi quase totalmente substituído pelo sistema *hexadecimal*, baseado em dígitos 4-bits.

Hexadecimal usa os mesmos dígitos para os números de 0 até 9. Para os dígitos entre 9 e 16, ele usa as primeiras seis letras do alfabeto: A para 10, B para 11, e assim por diante. Portanto, 123_{10} se torna $7B_{16}$, desta forma:

```
123 = 7 * 16¹ + B (i.e. 11) * 16⁰ = 7B₁₆
```

Os programadores preferem expressar os números hexadecimais em múltiplos de dígitos hexadecimais 4 mesmo que o dígito inicial de cada um seja 0.

Finalmente, quem quer expressar um número hexadecimal como $7B_{16}$ usando um subscrito? Os terminais nem *suportam* subscritos. Mesmo em um editor de texto como o que eu estou usando agora, é uma dificuldade de mudar a fonte do e para o modo subscrito apenas para digitar dois pobres dígitos. Por essa razão, os programadores (que não são bobos) usam a convenção de iniciar um número hexadecimal com 0x. Por quê? Bem, o motivo dessa estranha convenção data dos primórdios de C, em uma galáxia muito, muito distante ... deixa para lá. Assim, 7B se torna 0x7B. Ao usar essa convenção, o número hexadecimal 0x7B é igual ao decimal 123 enquanto que 0x123 é igual ao decimal 291. O trecho de código

```
cout << "0x7B  = " << 0x7B  << endl;
cout << "0x123 = " << 0x123 << endl;
```

resulta na saída:

```
0x7B  = 123
0x123 = 291
```

Você pode usar todos os operadores matemáticos nos números hexadecimais da mesma forma que usaria com os números decimais. Certo, tudo bem, a maioria de nós não pode efetuar uma multiplicação como 0xC * 0xE de cabeça, mas isso tem mais a ver com a tabela de multiplicação que aprendemos na escola do que com a limitação do sistema numérico.

Se você realmente quiser, você pode escrever números binários em C++ '14 usando o prefixo '0b'. Assim, 123 vira 0b01111011.

Efetuando Operações Lógicas Bitwise

Todos os números em C++ podem ser expressos de forma binária. Eles usam somente os dígitos 1 e 0 para representar um valor. A Tabela 4-2 estabelece o conjunto de operações que funcionam em números *um bit de cada vez*, por isso o termo *operadores bitwise*.

Tabela 4-2	Operadores Bitwise
Operador	*Função*
~	NOT: alterna cada bit de 1 para 0 e de 0 para 1
&	AND cada bit do argumento da esquerda com o da direita
|	OR cada bit do argumento da esquerda com o da direita
^	XOR (OR exclusivo) cada bit do argumento da esquerda com o da direita

As operações bitwise podem armazenar muita informação em uma pequena quantidade de memória. Muitas opções no universo possuem somente duas possibilidades — ou deste modo ou de outro. Ou você é casado ou não é. Ou você é macho ou fêmea (pelo menos é isso que minha carteira de motorista diz). Em C++, você pode armazenar cada uma dessas opções em um único bit — desse modo, você pode guardar 32 propriedades binárias separadas em um único int 32-bit.

Além disso, operações bitwise podem ser extremamente rápidas. O desempenho da operação não sofre perdas nesta redução de 32 para 1.

Embora uma memória seja barata hoje em dia, ela não é ilimitada. Algumas vezes, quando você armazena grande quantidade de dados, a habilidade de agrupar muitas propriedades em uma única palavra é uma ótima vantagem.

Os operadores bit a bit

Os operadores bitwise — AND (&), OR (|) e NOT (~) — efetuam operações lógicas em bits únicos. Se você considerar 0 como false e 1 como true (não necessariamente *dessa* forma, mas é uma convenção comum), pode-se mostrar o operador NOT como:

```
~ 1 (true)   is 0 (false)
~ 0 (false)  is 1 (true)
```

O operador AND é mostrado como:

```
1 (true) & 1 (true)   is 1 (true)
1 (true) & 0 (false)  is 0 (false)
```

Uma situação parecida com o operador OR:

```
1 (true)  | 0 (false)  is 1 (true)
0 (false) | 0 (false)  is 0 (false)
```

A definição do operador AND aparece na Tabela 4-3. Leia um argumento como topo da coluna e o outro como topo da linha — o resultado é a interseção. Portanto, 1 AND 1 é 1. 0 AND 1 é 0.

Tabela 4-3   Tabela da Verdade para o Operador AND

AND	1	0
1	1	0
0	0	0

Você lê a Tabela 4-3 como a coluna correspondente ao valor de um dos argumentos enquanto que a linha corresponde ao outro. Logo, 1 & 0 é 0 (coluna 1 e linha 0). A única combinação que retorna algo além de 0 é 1 & 1 (isso é conhecido como *tabela da verdade*).

Igualmente, a tabela da verdade para o operador OR está na Tabela 4-4.

Tabela 4-4   Tabela da Verdade para o Operador OR

OR	1	0
1	1	1
0	1	0

Parte I: Começando com Programação em C++

Uma outra operação lógica que não é geralmente usada no dia a dia é o operador OR ELSE, abreviado como XOR. XOR é `true` se qualquer um dos argumentos for `true`, mas não se ambos forem `true`. A tabela da verdade para XOR está na Tabela 4-5.

Tabela 4-5	Tabela da Verdade para o Operador XOR	
XOR	1	0
1	0	1
0	1	0

Munido dos operadores bit a bit, nós podemos efetuar operações lógicas bitwise em C++.

Usando os operadores bitwise

Os operadores bitwise são usados com a mesma frequência que os operadores aritméticos. O operador NOT é o mais fácil de entender. Para aplicar NOT a um número, aplica-se NOT a cada bit que constrói aquele número (e para um programador, essa frase faz bastante sentido — honestamente). Observe o exemplo:

```
~0110₂ (0x6)
 1001₂ (0x9)
```

Logo, dizemos que `~0x6` é igual a `0x9` (lê-se "NOT 6 igual a 9").

O cálculo a seguir mostra o operador &:

```
  0110₂
& 0011₂
  0010₂
```

Começando pelo operador mais significativo, 0 AND 0 é 0. No próximo bit, 1 AND 0 é 0. No bit 3, 1 AND 1 é 1. No bit menos significativo, 0 AND 1 é 0. A mesma expressão em hexadecimal fica desta forma:

```
  0x6       0110₂
&         &
  0x3       0011₂
  0x2       0010₂
```

Resumindo, dizemos que `0x6 & 0x3` é igual a `0x2` (lê-se "6 AND 3 igual a 2").

Um teste simples

O programa a seguir mostra os operadores bitwise em ação. O programa inicia com duas variáveis e exibe a saída do resultado em AND, OR, XOR.

```cpp
// BitTest - inicia com duas variáveis e exibe a saída
//           do resultado aplicando as
//           operações ~, &, | e ^
#include <cstdio>
#include <cstdlib>
#include <iostream>
using namespace std;

int main(int nNumberofArgs, char* pszArgs[])
{
    // configura o formato da saída para hexadecimal
    cout.unsetf(cout.dec);
    cout.setf(cout.hex);

    // inicializa com dois argumentos
    int nArg1 = 0x78ABCDEF;
    int nArg2 = 0x12345678;

    // efetua uma operação de cada vez
    // o operador unário NÃO primeiro
    cout << " nArg1 = 0x" << nArg1  << endl;
    cout << "~nArg1 = 0x" << ~nArg1 << "\n" << endl;
    cout << " nArg2 = 0x" << nArg2  << endl;
    cout << "~nArg2 = 0x" << ~nArg2 << "\n" << endl;

    // agora os operadores binários
    cout << "   0x" << nArg1 << "\n"
         << "&  0x" << nArg2 << "\n"
         << "   ----------" << "\n"
         << "   0x" << (nArg1 & nArg2) << "\n"
         << endl;

    cout << "   0x" << nArg1 << "\n"
         << "|  0x" << nArg2 << "\n"
         << "   ----------" << "\n"
         << "   0x" << (nArg1 | nArg2) << "\n"
         << endl;

    cout << "   0x" << nArg1 << "\n"
         << "^  0x" << nArg2 << "\n"
         << "   ----------" << "\n"
         << "   0x" << (nArg1 ^ nArg2) << "\n"
         << endl;

    // espera até o usuário estar pronto
    // para encerrar o programa
    // para permitir que ele veja os
    // resultados do programa
    cout << "Press Enter to continue..." << endl;
    cin.ignore(10, '\n');
    cin.get();
    return 0;
}
```

As duas primeiras expressões no nosso programa, `cout.unsetf(ios::dec)` e `cout.setf(ios::hex)`, mudam o formato da saída padrão de decimal para hexadecimal (você precisa confiar em mim até o Capítulo 23 que isso funciona).

O restante do programa é bem direto. O programa atribui a `nArg1` o valor de teste `0x78ABCDEF` e a `nArg2` o valor `0x12345678`. O programa exibe a saída das combinações de todos os cálculos bitwise. As linhas novas a mais, como a linha seguinte, fazem com que uma linha em branco apareça para ajudar a agrupar à saída e facilitar a leitura:

```
cout << "~nArg1 = 0x" << ~nArg1 << "\n" << endl;
```

A saída aparece como:

```
 nArg1 = 0x78abcdef
~nArg1 = 0x87543210

 nArg2 = 0x12345678
~nArg2 = 0xedcba987

  0x78abcdef
& 0x12345678
  ----------
  0x10204468

  0x78abcdef
| 0x12345678
  ----------
  0x7abfdfff

  0x78abcdef
^ 0x12345678
  ----------
  0x6a9f9b97

Press Enter to continue...
```

Você pode converter cada um dos dígitos em binário para checar a aritmética bitwise. Por exemplo, a partir do primeiro dígito de cada exemplo, você pode ver que 7 & 1 é igual a 1, 7 | 1, é igual a 7, e 7 ^ 1 é igual a 6.

Percorrer pelos cálculos lógicos bitwise simples em sua cabeça é divertido (bem, ok, para alguns de nós), mas um programa precisa fazer uso prático e real desses valores para os fazerem valer a pena. Vindo a seguir: o Capítulo 5 mostra como os cálculos lógicos são usados para controlar o fluxo do programa.

Capítulo 5

Controlando o Fluxo do Programa

Neste Capítulo
- Controlando o fluxo do programa
- Executando um grupo de instruções repetitivamente
- Evitando loops infinitos

Os programas simples que aparecem nos Capítulos 1 ao 4 processam um número fixo de entradas, exibem o resultado desse cálculo como saída e encerram. Porém, um controle de fluxo é o que falta nesses programas. Eles não podem executar nenhum tipo de teste. Programas de computador são direcionados a tomar decisões. Se o usuário pressionar uma tecla, ele responde ao seu comando.

Por exemplo, se o usuário pressionar Ctrl+C, o computador copia a área de seleção atual para a área de transferência. Se o usuário move o mouse, o ponteiro se move na tela. Se o usuário clica com o botão direito do mouse com a tecla Windows pressionada, o computador trava. A lista continua. Os computadores que não tomam decisões são, obviamente, muito entediantes.

Os comandos de controle de fluxo permitem que o programa decida qual ação tomar baseado nos resultado das operações lógicas efetuadas em C++ (veja Capítulo 4). Existem três tipos de instruções de controle de fluxo: seleção (*branch*), repetição (*loop*) e seleção múltipla (*switch*).

Controlando o Fluxo de Programa com os Comandos de Seleção (Branch)

A forma mais simples de controle de fluxo é a *instrução de seleção*. Essa instrução permite que o programa decida qual dos dois caminhos seguir nas instruções em C++ baseado nos resultados de uma expressão lógica (veja Capítulo 4 para uma descrição sobre expressões lógicas).

Em C++, a instrução de seleção é implementada por meio da instrução `if`:

```
if (m > n)
{
    // Path 1
    // ...instruções a serem executadas se
    // m for maior que n
}
else
{
    // Path 2
    // ...instruções a serem executadas se não for
}
```

Primeiramente, a expressão lógica `m > n` é avaliada. Se o resultado da expressão for `true`, o controle passa para o caminho marcado como `Path 1` no trecho de código acima. Se a expressão for `false`, o controle passa para o `Path 2`. A cláusula `else` é opcional. Se não estiver presente, C++ age como se ela estivesse vazia.

Na verdade, as chaves não são necessárias se tiver somente uma instrução na parte `if` a ser executada. Originalmente, as chaves eram usadas somente se duas ou mais instruções que você quisesse fossem tratadas como uma. Contudo, as pessoas rapidamente repararam que era mais limpo e menos propício a erros se você usasse chaves todas as vezes, sem se importar com a quantidade de instruções.

O programa a seguir mostra a instrução `if` (repare nas amorosas chaves):

```
// BranchDemo - insere dois números. Segue um caminho do
//              programa se o primeiro argumento for maior
//              que o segundo ou o outro caminho se não for
#include <cstdio>
#include <cstdlib>
#include <iostream>
using namespace std;

int main(int nNumberofArgs, char* pszArgs[])
{
    // insere o primeiro argumento...
    int nArg1;
    cout << "Enter arg1: ";
    cin  >> nArg1;
```

Capítulo 5: Controlando o Fluxo do Programa

```cpp
    // ...e o segundo
    int nArg2;
    cout << "Enter arg2: ";
    cin  >> nArg2;

    // agora decide o que fazer:
    if (nArg1 > nArg2)
    {
        cout<< "Argument 1 is greater than argument 2"
            << endl;
    }
    else
    {
        cout<< "Argument 1 is not greater than argument 2"
            << endl;
    }

    // espera até o usuário estiver pronto antes
    // encerrar o programa
    // para permitir que ele veja os resultados
    cout << "Press Enter to continue..." << endl;
    cin.ignore(10, '\n');
    cin.get();
    return 0;
}
```

Aqui, o programa lê dois inteiros a partir do teclado e os compara. Se nArg1 for maior que nArg2, o controle flui para a instrução de saída `cout << " Argument 1 is greater than argument 2"`. Se nArg1 não for maior que nArg2, o controle flui para a cláusula `else` onde a instrução `cout << "Argument 1 is not greater than argument 2\n"` é executada. A operação aparece desta forma:

```
Enter arg1: 5
Enter arg2: 6
Argument 1 is not greater than argument 2
Press Enter to continue...
```

Note como as instruções dentro dos blocos `if` são levemente endentadas. Isso acontece somente para fins humanos, pois C++ ignora os espaços em branco (espaços, tabs e linhas novas). Pode parecer trivial, mas um estilo de código limpo melhora a legibilidade do seu programa em C++. O editor Code::Blocks pode reforçar esse estilo ou quaisquer dos vários outros estilos de código para você. Selecione Settings ⇨ Editor, clique na guia Source Formatter da lista de rolagem à esquerda. Eu uso o estilo de colchetes ANSI com quatro espaços por indentação.

Executando Loops em um Programa

As *instruções de seleção* permitem que você direcione o fluxo da execução de um programa por um caminho ou outro. Essa é uma grande melhoria, mas não o suficiente para escrever programas completos.

Imagine a dificuldade de atualizar o monitor do computador. Um computador normal deve atualizar muito mais do que mil pixels por linha, enquanto ele carrega uma imagem da esquerda para a direita. Esse processo se repete por essas mil linhas na tela. Ele faz isso executando a mesma quantidade pequena de instruções, milhões de vezes — uma para cada pixel.

Fazendo o loop enquanto a condição for verdadeira

A forma mais simples da instrução loop é loop `while`. O loop `while` é construído desta forma:

```
while(condition)
{
    // ...executado repetidamente enquanto a condição
    //    for verdadeira
}
```

A `condition` é testada. A condição poderia ser `if var > 10` ou `if var1 == var2` ou qualquer outra expressão que você quiser contanto que retorne o valor de `true` ou `false`. Se a condição for `true`, as instruções dentro das chaves são executadas. Ao encontrar uma chave fechada, C++ retorna o controle para início e o processo recomeça. Se a condição for `false`, o controle passa para a primeira instrução depois da chave fechada. O resultado é que o código C++ dentro das chaves é executado repetidamente enquanto a condição for `true` (isso me lembra de quando eu tenho que passear com a minha cachorra até ela...bem, até terminarmos).

Se a condição fosse `true` da primeira vez, o que faria dela `false` no futuro? Observe este exemplo:

```
// WhileDemo - insere um loop count. O loop while
//             exibe a saída astring arg inúmeras vezes
#include <cstdio>
#include <cstdlib>
#include <iostream>
using namespace std;

int main(int nNumberofArgs, char* pszArgs[])
{
```

Capítulo 5: Controlando o Fluxo do Programa

```
// insere o loop count
int nLoopCount;
cout << "Enter loop count: ";
cin  >> nLoopCount;

// agora faz o loop várias vezes
while (nLoopCount > 0)
{
    nLoopCount = nLoopCount - 1;
    cout << "Only " << nLoopCount
         << " loops to go" << endl;
}
// espera até o usuário estar pronto
// para encerrar o programa
// para permitir que ele veja os resultados
cout << "Press Enter to continue..." << endl;
cin.ignore(10, '\n');
cin.get();
return 0;
}
```

WhileDemo começa resgatando um loop count do usuário, que ele armazena na variável nLoopCount. O programa executa o loop while que testa primeiro o nLoopCount. Se ele for maior que 0, o programa insere o corpo do loop (o corpo é o código entre parênteses), onde decrementa o nLoopCount em 1 e exibe a saída na tela. O programa então retorna para o início do loop para testar se nLoopCount ainda é positivo.

Quando executado, o programa WhileDemo exibe a saída mostrada no trecho seguinte. Aqui, eu inseri um loop count de 5. O resultado é que o programa faz o loop cinco vezes, toda vez exibindo uma contagem regressiva:

```
Enter loop count: 5
Only 4 loops to go
Only 3 loops to go
Only 2 loops to go
Only 1 loops to go
Only 0 loops to go
Press Enter to continue...
```

Se o usuário inserir um loop count negativo, o programa pula o loop inteiro. Isso acontece porque essa condição nunca é true, então o controle nunca insere o loop. Além disso, se o usuário inserir um número muito grande, o programa faz o loop por muito tempo antes de completar.

Uma versão separada e menos frequente do loop while conhecida como do...while age da mesma forma, exceto que a condição não é testada até o final do loop:

Parte I: Começando com Programação em C++

```
do
{
    // dentro do loop
} while (condition);
```

Como a condição não é testada até o final, o corpo de do...while é sempre executado pelo menos uma vez.

A condição só é conferida no início do loop while ou no final do loop do...while. Mesmo se a condição parar de ser true em algum momento durante a execução do loop, o controle não sai do loop até a condição ser testada novamente.

Usando o recurso autoincremento/autodecremento

Os programadores frequentemente usam os operadores autoincremento ++ ou autodecremento -- com loops que contam algo. Repare no trecho abaixo retirado do exemplo WhileDemo que o programa decrementa o loop count por meio de instruções de atribuição e de subtração, desta forma:

```
// agora faz o loop várias vezes
while (nLoopCount > 0)
{
    nLoopCount = nLoopCount - 1;
    cout << "Only " << nLoopCount
         << " loops to go" << endl;
}
```

Uma versão mais compacta usa o recurso *autodecremento* que faz o que você pode imaginar:

```
while (nLoopCount > 0)
{
    nLoopCount--;
    cout << "Only " << nLoopCount
         << " loops to go" << endl;
}
```

A lógica nessa versão é a mesma da original. A única di*f*erença é o modo que nLoopCount é decrementado.

Como o autodecremento tanto decrementa seu argumento quanto retorna seu valor, a operação de decremento pode ser combinada com o loop while. Em especial, a versão a seguir é o menor loop possível:

```
while (nLoopCount-- > 0)
{
    cout << "Only " << nLoopCount
         << " loops to go" << endl;
}
```

Acredite se quiser, `nLoopCount-- > 0` é a versão que a maioria dos programadores C++ usariam. Não é que eles estejam sendo engraçadinhos (apesar de serem). Na verdade, a versão mais compacta (que embute o recurso autoincremento e autodecremento na comparação lógica) é mais fácil de ler, especialmente se você tiver experiência.

As expressões `nLoopCount--` e `--nLoopCount` decrementam `nLoopCount`. A penúltima expressão, no entanto, retorna o valor de `nLoopCount` antes de ser decrementada; e a última o faz após o decremento.

Com que frequência a versão autodecremento do `WhileDemo` deveria executar quando o usuário insere um loop count de 1? Se você usa a versão pré-decremento, o valor de `--nLoopCount` é 0, e o corpo do loop nunca é inserido. Com a versão pós-decremento, o valor de `nLoopCount` é 1, e o controle entra no loop.

Tome cuidado ao achar que a versão do programa com o comando autodecremento executa mais rápido que a versão simples "-1" (desde que contenha menos instruções). Ele, provavelmente, executa exatamente da mesma maneira. Os compiladores modernos são bons em reduzir o número de instruções de linguagem de máquina ao mínimo, sem contar quais das instruções de decremento mostradas aqui você realmente usa.

Usando o loop for

A forma mais comum de loop é o loop `for`. Ele é o mais favorito depois do loop `while` porque é mais fácil de ler (realmente não há outra vantagem).

O loop `for` possui o seguinte formato:

```
for (initialization; conditional; increment)
{
    // ...corpo do loop
}
```

O loop `for` é equivalente ao loop `while` a seguir:

```
{
    initialization;
    while(conditional)
    {
        {
            // ...corpo do loop
        }
        increment;
    }
}
```

A execução do loop for começa com a cláusula initialization, que possui este nome porque é onde as variáveis contáveis são iniciadas. A cláusula de inicialização é executada apenas uma vez, quando o loop for aparece.

A execução continua com a cláusula conditional. Essa cláusula funciona como o loop while: Enquanto a cláusula condicional for true, o loop for continua a execução.

Depois do código no corpo do loop terminar de ser executado, o controle passa para a cláusula de incremento antes de retornar para checar a cláusula condicional — deste modo, repetindo o processo. A cláusula incremento abriga as instruções de autoincremento e autodecremento usadas para atualizar as variáveis contáveis.

O loop for é melhor compreendido por meio de um exemplo. O programa ForDemo1 a seguir nada mais é do que WhileDemo convertido para usar a construção do loop for:

```
// ForDemo1 - insere um loop count. O loop while
//           exibe a saída astring arg inúmeras vezes.
#include <cstdio>
#include <cstdlib>
#include <iostream>
using namespace std;

int main(int nNumberofArgs, char* pszArgs[])
{
    // insira o loop count
    int nLoopCount;
    cout << "Enter loop count: ";
    cin  >> nLoopCount;

    // conta até o limite do loop count
    for (; nLoopCount > 0;)
    {
        nLoopCount = nLoopCount - 1;
        cout << "Only " << nLoopCount
             << " loops to go" << endl;
    }
```

Capítulo 5: Controlando o Fluxo do Programa

```
    // espera até o usuário estar pronto para
    // encerrar o programa
    // para permitir que ele veja os resultados
    cout << "Press Enter to continue..." << endl;
    cin.ignore(10, '\n');
    cin.get();
    return 0;
}
```

O programa lê um valor a partir do teclado na variável nLoopCount começa comparando nLoopCount com 0. O controle passa para o loop for se nLoopCount for maior que 0. Uma vez dentro do loop for, o programa decrementa nLoopCount e exibe o resultado. Feito isso, o programa retorna o controle para o loop for. O controle passa para a próxima linha após o loop for, assim que nLoopCount for decrementado para 0.

Todas as três seções de um loop for podem estar vazias. Uma inicialização vazia ou uma seção de incremento não faz nada. Uma seção de comparação vazia é tratada como uma comparação que retorna true.

Esse loop for possui dois problemas. Primeiro, é destrutivo — não no sentido de um cachorrinho destruir um chinelo, mas no sentido de mudar o valor de nLoopCount, "destruindo" o valor original. Esses dois problemas são sobrescritos ao adicionar uma dedicada variável de contagem ao loop for. Desta forma:

```
// ForDemo2 - insere um loop count. O loop while
//           exibe a saída astring arg inúmeras vezes.
#include <cstdio>
#include <cstdlib>
#include <iostream>
using namespace std;

int main(int nNumberofArgs, char* pszArgs[])
{
    // insere o loop count
    int nLoopCount;
    cout << "Enter loop count: ";
    cin  >> nLoopCount;

    // conta até o limite do loop count
    for (int i = 1; i <= nLoopCount; i++)
    {
        cout << "We've finished " << i
             << " loops" << endl;
    }
```

Parte I: Começando com Programação em C++

```
    // espera até o usuário estar pronto
    // para encerrar o programa
    // para permitir que ele veja os resultados
    cout << "Press Enter to continue..." << endl;
    cin.ignore(10, '\n');
    cin.get();
    return 0;
}
```

Essa versão modificada de `ForDemo` faz o loop igual antes. Em vez de modificar o valor de `nLoopCount`, no entanto, essa versão de `ForDemo2` usa uma variável contadora nova.

Esse loop `for` declara uma variável contadora `i` e a inicializa para 0. Então, ela compara essa variável contadora com `nLoopCount`. Se `i` for menor que `nLoopCount`, o controle passa para a instrução de saída dentro do corpo do loop `for`. Uma vez que o corpo completa a execução, o controle passa para a cláusula de incremento em que `i` é incrementado e comparado a `nLoopCount` novamente, e assim por diante.

Veja um exemplo dessa saída no programa:

```
Enter loop count: 5
We've finished 1 loops
We've finished 2 loops
We've finished 3 loops
We've finished 4 loops
We've finished 5 loops
Press Enter to continue...
```

Quando declarado dentro da parte de inicialização do loop `for`, a variável índice é reconhecida dentro do próprio loop `for`. Programadores nerds de C++ dizem que o escopo da variável é limitado ao loop `for`. No exemplo `ForDemo2`, a variável `i` não é acessível a partir da instrução `return` porque ela não está dentro do loop.

Evitando o temido loop infinito

Um *loop infinito* é um caminho de execução que continua para sempre. Ele acontece em qualquer momento que a condição que encerraria o loop não puder ocorrer — geralmente resultante de um erro de codificação.

Observe esta pequena variação do loop anterior:

```
while (nLoopCount > 0)
{
    cout << "Only " << nLoopCount
         << " loops to go" << endl;
}
```

O programador se esqueceu de decrementar a variável nLoopCount. O resultado é um loop contador que nunca muda. A condição de teste é sempre false ou sempre true. O programa executa um loop sem fim (infinito).

Já percebi que nada é infinito. Eventualmente, a energia acabará, o computador escangalhará, a Microsoft irá à falência, e cachorros dormirão com gatos...ou o loop parará de executar ou você não se importará mais. Mas um loop infinito continuará a executar até que algo fora do controle do programa o interrompa.

Você pode criar um loop infinito em muito mais formas do que mostramos aqui, a maioria das vezes é bem mais difícil de identificar do que essa foi.

Cada um com seu for

O novo 2011 possui uma forma da instrução for comumente conhecida como "for each" ou "loop for baseado em intervalo". Nesse loop for, a variável contadora é seguida de uma lista de valores, como vemos no exemplo:

ForEach não funciona na versão Macintosh do Code::Blocks até o momento desta escrita.

```
// ForEachDemo - C++ inclui uma forma de "for each"
//                que itera cada membro
//                da lista
#include <cstdio>
#include <cstdlib>
#include <iostream>
using namespace std;

int main(int nNumberofArgs, char* pszArgs[])
{
    cout << "The primes less than 20 are:" << endl;
    for(int n : {1, 2, 3, 5, 7, 11, 13, 17, 19})
    {
        cout << n << ", ";
    }
    cout << endl;

    // espera até o usuário estar pronto
    // para encerrar o programa
    // para permitir que ele veja os resultados
    cout << "Press Enter to continue..." << endl;
    cin.ignore(10, '\n');
    cin.get();
    return 0;
}
```

Os valores dentro das chaves são conhecidos como lista. A variável n é atribuída a cada valor na lista: 1 na primeira vez pelo loop, então o valor

2, então 3, então 5, e assim por diante. O loop for encerra quando a lista está esgotada. A saída desse programa fica assim:

```
The primes less than 20 are:
1, 2, 3, 5, 7, 11, 13, 17, 19,
Press Enter to continue...
```

Veremos listas inicializáveis novamente no Capítulo 7 e discutiremos em detalhes no Capítulo 26.

O exemplo do loop baseado em intervalo mostrado aqui não funciona na versão Macintosh do Code::Blocks. No entanto, os exemplos baseados em array no Capítulo 7 funcionam perfeitamente no Mac.

Aplicando controles de loop especiais

C++ define dois comandos especiais de controle de fluxo conhecidos como break e continue. Às vezes, a condição para encerrar um loop não ocorre nem no início e nem no final, mas no meio do loop. Considere um programa que acumula valores inseridos pelo usuário. O loop encerra quando o usuário insere um número negativo.

O desafio desse problema é que o programa não pode sair do loop até o usuário inserir um valor, mas precisa sair antes que o valor seja adicionado à soma.

Para esses casos, C++ apresenta o comando break. Quando encontrado, break faz com que o controle saia do interior do loop imediatamente. O controle passa da instrução break para a instrução seguinte após a chave fechada no final do loop.

O comando break possui este formato:

```
while(condition)   // break funciona também no loop for
{
    if (some other condition)
    {
        break;     // sai do loop
    }
}                  // o controle passa aqui quando
                   // o programa encontra o break
```

Munido deste novo comando break, minha solução para o problema do acumulador aparece no programa BreakDemo:

```
// BreakDemo - insere uma série de números.
//             Continua a acumular a soma
//             desses números até o usuário
//             inserir um número negativo.
```

Capítulo 5: Controlando o Fluxo do Programa

```cpp
#include <cstdio>
#include <cstdlib>
#include <iostream>
using namespace std;

int main(int nNumberofArgs, char* pszArgs[])
{
    // insere o loop count
    int accumulator = 0;
    cout << "This program sums values from the user\n"
         << "Terminate by entering a negative number"
         << endl;

    // loop "infinito"
    for(;;)
    {
        // pega outro número
        int nValue = 0;
        cout << "Enter next number: ";
        cin  >> nValue;

        // se for negativo...
        if (nValue < 0)
        {
            // ...então sai
            break;
        }

        // do contrário, adiciona o número ao acumulador
        accumulator += nValue;
    }

    // agora que saímos do loop
    // exibe a saída do resultado acumulado
    cout << "\nThe total is "
         << accumulator
         << endl;

    // espera até o usuário estar pronto
    // para encerrar o programa
    // para permitir que ele veja os resultados
    cout << "Press Enter to continue..." << endl;
    cin.ignore(10, '\n');
    cin.get();
    return 0;
}
```

Depois de explicar as regras para o usuário (inserir um número negativo para encerrar), o programa insere o que se parece com um loop `for` infinito. Uma vez dentro do loop, `BreakDemo` resgata um número a partir do teclado. Somente após o programa ter lido o número é que ele pode testar para ver se o número atende aos critérios de saída. Se o número inserido for negativo, o controle passa para o `break`, fazendo com que o programa saia do loop. Se o número inserido **não** for negativo, o controle pula o comando break e vai para a expressão que soma o valor novo ao acumulador. Depois de o programa sair do loop, ele exibe o valor acumulado como saída e então encerra.

Ao efetuar uma operação em uma variável em um loop repetidamente, certifique-se que a variável é inicializada adequadamente antes de entrar no loop. Nesse caso, o programa zera o acumulador antes de entrar no loop onde nValue é adicionado a ele.

Um resultado para esse exemplo pode ser:

```
This program sums values from the user
Terminate by entering a negative number
Enter next number: 1
Enter next number: 2
Enter next number: 3
Enter next number: -1

The total is 6
Press Enter to continue...
```

O comando similar continue é usado com menos frequência. Quando o programa encontra o comando continue, ele imediatamente volta para o início do loop. As outras instruções são ignoradas pela iteração atual.

O trecho a seguir ignora os números negativos que talvez o usuário possa inserir. Somente 0 encerra esta versão (o programa completo aparece no website como ContinueDemo):

```
while(true) // esse while() possui o mesmo efeito de for(;;)
{
    // insere um valor
    cout << "Input a value:";
    cin  >> nValue;

    // se o valor é negativo...
    if (nValue < 0)
    {
        // ...exibe a mensagem de erro...
        cout << "Negative numbers are not allowed\n";

        // ...e volta para o início do loop
        continue;
    }

    // insere entradas normalmente
}
```

Comandos de Controle Aninhados

Volte para o nosso problema do computador atualizando o monitor. Com certeza, ele precisa da estrutura loop de algum tipo para escrever cada pixel da esquerda para a direita em uma única linha. (Os terminais do Médio Oriente escaneiam da direita para a esquerda? Não faço ideia.) E reexaminar cada linha de varredura de cima a baixo? (As telas dos computadores na Austrália escaneiam de baixo para cima?) Para esta atividade especial, você deve incluir um loop para escanear da esquerda para a direita dentro do loop que escaneia de cima para baixo.

Um comando loop dentro de outro é conhecido como *loop aninhado*. Para exemplificar, eu modifiquei o programa BreakDemo para acumular qualquer sequência de números. Neste programa NestedDemo, o loop interior soma os números inseridos a partir do teclado até o usuário inserir um número negativo. O loop exterior continua a acumular sequências até que a soma seja 0. Fica parecido com isto:

```
// NestedDemo - insere uma série de números.
//              Continua a acumular a soma
//              desses números até o usuário
//              inserir um 0. Repita o processo
//              até que a soma seja 0.
#include <cstdio>
#include <cstdlib>
#include <iostream>
using namespace std;

int main(int nNumberofArgs, char* pszArgs[])
{
    // o loop exterior
    cout << "This program sums multiple series\n"
         << "of numbers. Terminate each sequence\n"
         << "by entering a negative number.\n"
         << "Terminate the series by entering two\n"
         << "negative numbers in a row\n";

    // continua a acumular sequências
    int accumulator;
    for(;;)
    {
        // começa a inserir a próxima sequência
        // de números
        accumulator = 0;
        cout << "Start the next sequence\n";

        // loop infinito
        for(;;)
        {
```

```cpp
        // pega outro número
        int nValue = 0;
        cout << "Enter next number: ";
        cin  >> nValue;

        // se for negativo...
        if (nValue < 0)
        {
            // ...então sai
            break;
        }

        // ...do contrário, adiciona o número ao
        // acumulador
        accumulator += nValue;
    }

    // sai do loop se o total acumulado for 0
    if (accumulator == 0)
    {
        break;
    }

    // exibe o resultado acumulado e recomeça
    cout << "The total for this sequence is "
         << accumulator << endl << endl;
}

// espera até o usuário estar pronto para
// encerrar o programa
// para permitir que ele veja os resultados
cout << "Press Enter to continue..." << endl;
cin.ignore(10, '\n');
cin.get();
return 0;
}
```

Repare que o loop interior se parece com o acumulador do exemplo anterior. Logo após aquele loop, no entanto, há um teste. Se `accumulator` for igual a 0, o programa executa a instrução break que sai do loop exterior. Do contrário, o programa exibe como saída o valor acumulado e recomeça.

Mudando para um Assunto Diferente?

A última instrução de controle é útil em um número limitado de casos. A instrução `switch` lembra uma instrução `if` ao incluir diversas possibilidades diferentes em vez de um teste único:

Capítulo 5: Controlando o Fluxo do Programa

```
switch(expression)
{
    case c1:
        // venha aqui se a expressão = = c1
        break;
    case c2:
        // venha aqui se a expressão = = c2
        break;
    default:
        // venha aqui se não há combinação
}
```

O valor da expressão deve ser um inteiro (`int`, `long` ou `char`). Os valores de caso precisam ser constantes.

Quanto ao padrão '14, eles também podem ser uma expressão constante. Eu não abordo expressões constantes até o Capítulo 10.

Quando a instrução `switch` é encontrada, a expressão é avaliada e comparada às várias constantes de caso. O controle se direciona para o caso que combinar. Se nenhum dos casos combina, o controle passa para a cláusula `default`.

Veja o seguinte trecho de código:

```
int choice;
cout << "Enter a 1, 2 or 3:";
cin  >> choice;

switch(choice)
{
    case 1:
      // faz o processamento do "1"
      break;

    case 2:
      // faz o processamento do "2"
      break;

    case 3:
      // faz o processamento do "3"
      break;

    default:
      cout << "You didn't enter a 1, 2 or 3\n";
}
```

Novamente, a instrução `switch` possui um equivalente; nesse caso, múltiplas instruções `if`. Todavia, quando há mais de dois ou três casos, a estrutura `switch` é mais fácil de entender.

As instruções `break` são necessárias para sair do comando `switch`. Sem elas, os controles pulariam de um caso para outro. (Cuidado aí embaixo!)

Parte II

Como se Tornar um Programador Funcional

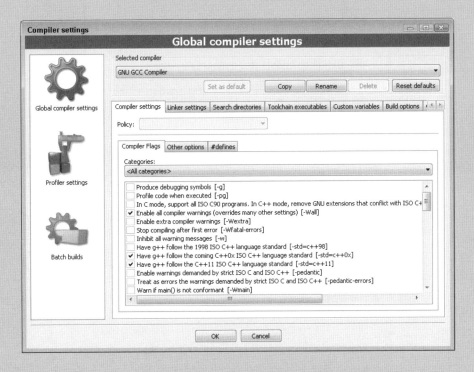

Nesta parte...

- Escrevendo funções
- Usando arrays
- Passando ponteiros
- Definindo constantes e macros

Capítulo 6

Criando Funções

Neste Capítulo

▶ Escrevendo funções
▶ Passando dados para as funções
▶ Nomeando as funções com argumentos diferentes
▶ Criando protótipos de função
▶ Passagem por valor X passagem por referência
▶ Fornecendo valores padrões para os argumentos

*O*s programas desenvolvidos nos capítulos anteriores foram pequenos o suficiente para serem lidos como uma unidade única. Os programas do mundo real frequentemente são maiores, com milhares, se não milhões, de linhas a mais. Os desenvolvedores precisam quebrar esses programas monstros em pedaços menores que são mais fáceis de imaginar, descrever, desenvolver e manter.

C++ permite aos programadores dividirem seus códigos em pedaços conhecidos como funções. Uma função é um bloco pequeno de código que pode ser executado como uma entidade única. Isso permite que o programador divida seu programa em várias entidades, cada qual implementando subconjuntos bem definidos da visão geral do programa. As próprias funções são quebradas em blocos menores, funções mais detalhadas em uma pirâmide de soluções cada vez menores, com soluções mais detalhadas que constroem o programa completo.

O método dividir e conquistar diminui a complexidade da criação de um programa ativo de tamanho significativo a algo que possa ser feito por um simples mortal.

Escrevendo e Usando uma Função

É melhor de entender as funções por meio de exemplos. Esta seção começa com o programa de exemplo FunctionDemo, que simplifica o programa NestedDemo que discutimos no Capítulo 5, definindo uma função para conter uma parte da lógica. Depois, esta seção explica como a função é definida e como é invocada, usando FunctionDemo como um padrão para entender tanto o problema quanto a solução.

O programa NestedDemo no Capítulo 5 contém, ao menos, três partes que podem ser separadas facilmente em sua cabeça e, de fato:

- Uma explicação para o operador de como o dado é inserido
- Um loop interno que soma uma sequência única de números
- Um loop externo que invoca o loop interno repetidamente até o valor acumulado ser 0

A separação do programa ao longo destas linhas faz com que o programador se concentre em cada parte do programa individualmente. O programa FunctionDemo a seguir pode ser quebrado ao criar as funções displayExplanation() e sumSequence():

```
// FunctionDemo - demonstra o uso das funções
//                rompendo o loop interno do
//                programa NestedDemo dentro de sua
//                própria função
#include <cstdio>
#include <cstdlib>
#include <iostream>
using namespace std;

// displayExplanation - motiva o usuário a seguir as
//                      regras do jogo
void displayExplanation(void)
{
    cout << "This program sums multiple series\n"
         << "of numbers. Terminate each sequence\n"
         << "by entering a negative number.\n"
         << "Terminate the series by entering an\n"
         << "empty sequence.\n"
         << endl;
    return;
}

// sumSequence - acrescenta uma sequência de números
//               inseridos a partir do teclado até o
//               usuário inserir um número negativo.
//               return - a soma dos números inseridos
int sumSequence(void)
{
```

```cpp
    // loop infinito
    int accumulator = 0;
    for(;;)
    {
        // pega outro número
        int nValue = 0;
        cout << "Enter next number: ";
        cin  >> nValue;

        // se for negativo...
        if (nValue < 0)
        {
            // ...então sai do loop
            break;
        }

        // ...do contrário acrescenta um número ao
        // acumulador
        accumulator += nValue;
    }

    // retorna o valor acumulado
    return accumulator;
}

int main(int nNumberofArgs, char* pszArgs[])
{
    // mostra o prompt para o usuário
    displayExplanation();

    // acumula as sequências de números...
    for(;;)
    {
        // soma uma sequência de números inseridos a
        // partir do teclado
        cout << "Enter next sequence" << endl;
        int accumulatedValue = sumSequence();

        // encerra o loop se sumSequence() retornar
        // um zero
        if (accumulatedValue == 0)
        {
            break;
        }

        // exibe o resultado acumulado
        cout << "The total is " << accumulatedValue
             << endl << endl;
    }
```

```
    // espera até o usuário estar pronto antes
    // de encerrar o programa
    // para permitir que ele veja os resultados do programa
    cout << "Press Enter to continue..." << endl;
    cin.ignore(10, '\n');
    cin.get();
    return 0;
}
```

Definindo nossa primeira função

A instrução void displayExplanation(void) é conhecida como uma *declaração de função* — ela introduz a definição da função seguinte. Uma declaração de função sempre começa com o nome da função precedida pelo tipo de valor que ela retorna e seguida por um par de parênteses aberto e fechado contendo qualquer argumento para a função.

O tipo de retorno void significa que displayExplanation() não retorna um valor. O void dentro da lista de argumento significa que ele não leva nenhum argumento também (em breve chegaremos ao significado disto). O corpo da função fica dentro de chaves seguido da declaração de função.

Os nomes de função são geralmente escritos como um grupo de palavras com todas as letras juntas. Eu começo os nomes das funções em letra minúscula mas todas as palavras intermediárias em maiúscula. Os nomes das funções quase sempre aparecem seguidas de um par de parênteses aberto e fechado.

Uma função não faz nada até ser chamada. Nosso programa começa a executar a primeira linha em main() como de costume. A primeira linha sem comentário em main() é a chamada para displayExplanation():

```
displayExplanation();
```

O controle do programa passa para a primeira linha na função displayExplanation(). O computador continua a executar até ele chegar à instrução de retorno no final da função ou até o controle chegar à chave fechada no final da função.

Definindo a função sumSequence ( )

A declaração int sumSequence(void) começa a definição da função sumSequence(). Ela diz que a função não espera por argumentos, mas retorna um valor do tipo int ao chamador. O corpo da função possui o mesmo código que vimos no loop interno do exemplo NestedDemo.

A função sumSequence() também contém uma instrução de retorno para sair do programa. Esse retorno não é opcional desde que ele possua o valor a ser retornado, o accumulator. O tipo de valor retornado deve corresponder ao tipo de função na declaração, neste caso, int.

Chamando a função sumSequence()

Retorne para a função main() em FunctionDemo novamente. Esta parte do código se parece com o loop externo em NestedDemo.

A diferença principal é a expressão accumulatedValue = sumSequence(); que aparece onde o loop interno estaria. A instrução sumSequence() chama a função desse nome. O valor da expressão sumSequence() é o valor retornado pela função. Esse valor é armazenado na variável accumulatedValue e então exibido. O programa principal continua o loop até sumSequence() retornar uma soma de 0, o que indica que o usuário terminou de calcular as somas.

Dividir e conquistar

O programa dividiu o loop externo do interno em main() em uma função sumSequence() e criou uma displayExplanation() para começar. Essa divisão não aconteceu a toa: as duas funções em FunctionDemo desempenham uma operação logicamente separada.

É fácil descrever uma boa função. Você não precisaria usar mais do que uma frase simples, com um mínimo de palavras como *e, ou, a menos que, até* ou *mas*. Por exemplo, temos uma definição simples e direta: "A função sumSequence() acumula uma sequência de números inteiros inseridos pelo usuário." Essa definição é clara e objetiva. É um mundo de diferença da descrição do programa NestedDemo: "O programa explica para o usuário como ele funciona E então soma a sequência de valores positivos E exibe a soma E recomeça ATÉ o usuário inserir uma soma nula."

A saída de uma execução de amostra deste programa é similar à gerada pelo programa NestedDemo.

Entendendo os Detalhes das Funções

As funções são tão essenciais para a criação de programas C++ que dar conta dos detalhes de defini-las, criá-las e testá-las é fundamental. Munido do programa FunctionDemo, observe a definição de função a seguir: Uma *função* é um bloco separado logicamente do código C++.

A construção da função possui esta forma:

```
<tipo de retorno> name(<argumentos para a função>)
{
    // ...
    return <expressão>;
}
```

Os *argumentos* para uma função são os valores que podem ser passados para ela a fim de serem usados como informação de entrada. O valor return é um valor que a função retorna. Por exemplo, na chamada da função square(10), o valor de 10 é um argumento para a função square(). O valor retornado é 100 (se não for, essa é uma função mal nomeada).

Tanto o argumento quanto o retorno são opcionais. Se um ou outro está ausente, a palavra-chave void é utilizada no lugar. Isto é, se uma função possui uma lista de argumento void, a função não leva nenhum argumento quando chamada (esse foi o caso com o programa FunctionDemo). Se o tipo de retorno é void, a função não retorna um valor ao chamador.

void é o tipo de argumento padrão para uma função, significando que ela não recebe argumentos. Uma função int fn(void) pode ser declarada como int fn().

Entendendo funções simples

A função simples sumSequence() retorna um valor inteiro que ela calcula. As funções podem retornar quaisquer tipos de variáveis descritas no Capítulo 2. Por exemplo, uma função pode retornar um double ou um char. Se a função não retorna um valor, o tipo de retorno da função é classificado como void.

Uma função pode ser classificada pelo seu tipo de retorno — por exemplo, uma função que retorna um int é normalmente conhecida como uma função inteira. Uma função que não retorna nenhum valor é conhecida como função void.

Por exemplo, a função void a seguir efetua uma operação mas não retorna nenhum valor:

```
void echoSquare()
{
    int value;
    cout << "Enter a value:";
    cin >> value;
    cout << "\nThe square is:" << (value * value) << "\n";
    return;
}
```

O controle começa na chave aberta e prossegue até a instrução de retorno. Em uma função `void`, a instrução de retorno não é seguida de um valor, ela é opcional. Se ela não estiver presente, a execução retorna para a função chamada quando o controle encontra a chave fechada.

Entendendo funções com argumentos

As funções sem argumentos são de uso limitado porque sua comunicação dessas funções é unilateral — pelo valor de retorno. A comunicação bilateral é feita pelos argumentos da função.

Funções com argumentos

Um *argumento de função* é uma variável cujo valor é passado para a função chamada durante a operação. O exemplo do programa SquareDemo a seguir define e usa a função square() que retorna o quadrado de uma precisão dupla `float` passado para ele:

```
// SquareDemo - demonstra o uso de uma função
//              que processa argumentos

#include <cstdio>
#include <cstdlib>
#include <iostream>
using namespace std;

// square - retorna o quadrado de seu argumento
//          doubleVar - o valor fica ao quadrado
//          returns - o quadrado de doubleVar
double square(double doubleVar)
{
    return doubleVar * doubleVar;
}

// displayExplanation - motiva o usuário a seguir as
//                      regras do jogo
void displayExplanation(void)
{
```

```cpp
// SquareDemo - demonstra o uso de uma função
//              que processa argumentos

#include <cstdio>
#include <cstdlib>
#include <iostream>
using namespace std;

// square - retorna o quadrado de seu argumento
//          doubleVar - o valor fica ao quadrado
//          returns - o quadrado de doubleVar
double square(double doubleVar)
{
    return doubleVar * doubleVar;
}

// displayExplanation - motiva o usuário a seguir as
//                      regras do jogo
void displayExplanation(void)
{
    cout << "This program sums the square of multiple\n"
         << "series of numbers. Terminate each sequence\n"
         << "by entering a negative number.\n"
         << "Terminate the series by entering an\n"
         << "empty sequence.\n"
         << endl;
    return;
}

// sumSquareSequence - acumula o quadrado do número
//                     inserido no teclado em uma sequência
//                     até o usuário inserir um número negativo
double sumSquareSequence(void)
{
    // loop infinito
    double accumulator = 0.0;
    for(;;)
    {
        // pega outro número
        double dValue = 0;
        cout << "Enter next number: ";
        cin  >> dValue;

        // se for negativo...
        if (dValue < 0)
        {
            // ...então sai do loop
            break;
        }

        // ...do contrário calcula o quadrado
        double value = square(dValue);
```

```
            // acrescenta o quadrado ao
            // acumulador
            accumulator += value;
        }

        // retorna o valor acumulado
        return accumulator;
}
int main(int nNumberofArgs, char* pszArgs[])
{
    displayExplanation();

    // Continua a acumular números...
    for(;;)
    {
        // soma uma sequência de números inseridos
        // a partir do teclado
        cout << "Enter next sequence" << endl;
        double accumulatedValue = sumSquareSequence();

        // encerra se a sequência for zero ou negativa
        if (accumulatedValue <= 0.0)
        {
            break;
        }

        // exibe o resultado acumulado
        cout << "\nThe total of the values squared is "
             << accumulatedValue << endl << endl;
    }

    // espera até o usuário estar pronto antes
    // de encerrar o programa
    // para permitir que ele veja os resultados
    cout << "Press Enter to continue..." << endl;
    cin.ignore(10, '\n');
    cin.get();
    return 0;
}
```

Basicamente, esse é o mesmo programa `FunctionDemo`, exceto que a função `sumSquareSequence()` acumula o quadrado dos valores inseridos, e os retorna como `double` em vez de `int`. A função `square()` retorna o valor do seu próprio argumento multiplicado por ele mesmo. A mudança na função `sumSequence()` é simples: em vez de acumular o valor inserido, ela acumula o resultado retornado de `square()`.

Funções com argumentos múltiplos

As funções podem ter argumentos múltiplos que são separados por vírgulas. No entanto, a função retorna o produto dos seus dois argumentos, veja:

```
int product(int arg1, int arg2)
{
    return arg1 * arg2;
}
```

main ( ) exposto

A palavra-chave `main()` do nosso modelo de programa padrão não é nada além de uma função — uma função com argumentos estranhos, mas uma função de qualquer jeito.

Quando C++ constrói um programa a partir do código-fonte, ele acrescenta um código padrão que executa antes mesmo do seu programa iniciar. (Você não pode ver esse código sem examinar as bibliotecas de funções de C++.) Esse código arruma o ambiente em que seu programa opera. Por exemplo, esse código padrão abre os canais predefinidos de entrada e saída `cin` e `cout`.

Após o ambiente ter sido estabelecido, o código padrão C++ chama a função `main()` para começar a execução do seu código. Quando seu programa termina, ele sai de `main()`. Isso permite que o padrão C++ organize algumas coisas antes de devolver o controle ao sistema operacional que encerra o programa.

Os argumentos para `main()` são complicados — veremos mais adiante. O `int` que retorna de `main()` é um indicador de status. O programa retorna 0 se ele encerrar normalmente. Qualquer outro valor pode ser usado para indicar um erro — o valor real retornado indica a natureza do erro que fez com que o programa fechasse.

Sobrecarregando Nomes de Funções

C++ deve ter um meio de distinguir as funções. Assim, duas funções não podem possuir o mesmo nome e a mesma lista de argumento, conhecido como *nome estendido* ou *assinatura*. Os nomes das funções estendidas a seguir são todos diferentes e podem conviver no mesmo programa:

```
void someFunction(void)
{
    // ...faz uma função
}
void someFunction(int n)
{
    // ...faz uma função diferente
}
```

Capítulo 6: Criando Funções

```
void someFunction(double d)
{
    // ...faz uma função muito diferente
}
void someFunction(int n1, int n2)
{
    // ...faz algo mais diferente ainda
}
```

C++ sabe que as funções `someFunction(void)`, `someFunction(int)`, `someFunction(double)` e `someFunction(int, int)` não são as mesmas.

Sobrecarga de função é o nome conhecido para o uso múltiplo de nomes.

Os programadores se referem às funções pelos seus nomes abreviados, que é o nome da função sem seu argumento, como `someFunction()`, do mesmo modo que eu diminui Stephen (na verdade, meu apelido é Randy, mas me acompanhe nesse exemplo). Porém, se tiver alguma dúvida, sou diferenciado dos outros Stephens pelo meu nome de família. Da mesma maneira, as sobrecargas de função podem ser diferenciadas pelas suas listas de argumentos.

Temos aqui uma aplicação comum que utiliza sobrecargas de função com nomes estendidos únicos:

```
int intVariable1, intVariable2;
double doubleVariable;

// as funções são diferenciadas pelo tipo de
// argumento passado
someFunction();                    // chama someFunction(void)
someFunction(intVariable1);        // chama someFunction(int)
someFunction(doubleVariable);      // chama someFunction(double)
someFunction(intVariable1, intVariable2);  // chama
                                   // someFunction(int, int)

// funciona para as constantes também
someFunction(1);                   // chama someFunction(int)
someFunction(1.0);                 // chama someFunction(double)
someFunction(1, 2);                // chama someFunction(int, int)
```

Em cada caso, o tipo de argumento corresponde ao nome estendido das três funções.

O tipo de retorno não é parte do nome estendido da função. As duas funções a seguir possuem o mesmo nome, portanto não podem fazer parte do mesmo programa:

```
int someFunction(int n);     // o nome completo da função
                             // é someFunction(int)
double someFunction(int n);  // o mesmo nome
long l = someFunction(10);   // qual função chamar?
```

Aqui, C++ não sabe se converte o valor retornado da versão `double` de `someFunction()` para um `long` ou favorece o valor retornado da versão `int`.

Definindo Protótipos de Função

Uma função deve ser declarada antes de ser usada. Assim, C++ pode comparar a chamada com a declaração para se certificar que as conversões necessárias serão efetuadas. Entretanto, uma função não precisa ser definida ao ser declarada. Ela pode ser definida em qualquer parte no módulo (*módulo* é um outro nome para um arquivo-fonte de C++).

Observe o seguinte trecho de código:

```
int main(int nNumberofArgs, char* pszArgs[])
{
    someFunc(1, 2);
}
int someFunc(double dArg1, int nArg2)
{
    // ...faz alguma coisa
}
```

`main()` não sabe os tipos de argumentos corretos da função `someFunc()` no momento da chamada. C++ pode concluir que a definição da função completa é `someFunc(int, int)` e seu tipo de retorno é `void`; contudo, a definição da função que aparece logo após `main()` mostra que o programador quer o primeiro argumento convertido em um ponto flutuante e que a função realmente retorne um valor.

Eu sei, eu sei — C++ poderia ser menos preguiçoso e seguir em frente para determinar o nome estendido de `someFunc()` sozinha, mas não. O necessário é encontrar alguma forma de informar a `main()` do nome completo de `someFunc()` antes de ela ser usada. Isso é manipulado pelo que chamamos de declaração de *protótipo de função*.

Uma declaração de protótipo se parece com uma função sem corpo. Na prática, ela é assim:

```
int someFunc(double, int);
int main(int nNumberofArgs, char* pszArgs[])
{
    someFunc(1, 2);
}
int someFunc(double dArg1, int nArg2)
{
    // ...faça alguma coisa
}
```

A declaração de protótipo diz ao mundo (pelo menos, parte dele, depois da declaração) que o nome estendido para `someFunc()` é `someFunction(double, int)`. A chamada em `main()` agora sabe lançar o 1 para `double` antes de fazer a chamada. Além disso, `main()` sabe que `someFunc()` retorna um valor `int` ao chamador.

É um hábito comum incluir protótipos de função para cada função em um módulo no início ou, mais frequentemente, em um arquivo separado que possa ser incluído em outros módulos no momento de compilação. Essa é função das instruções `include` que aparecem no início de um programa C++:

```
#include <cstdio>
#include <cstdlib>
#include <iostream>
```

Esses três arquivos `cstdio`, `cstdlib` e `iostream` incluem declarações de protótipo para as funções de sistema comum que temos usado, como a "*string*" `cout<<`. Os conteúdos desses arquivos são inseridos por meio da instrução `#include` pelo compilador como uma norma.

O Capítulo 10 é destinado aos arquivos `include` e outros comandos de pré-processador.

Estabelecendo Argumentos

Você pode fornecer valores padrões para os argumentos na declaração da sua função. Observe o exemplo a seguir:

```
// isLegal - retorna true se a idade for maior
//           ou igual à idade mínima
//           estabelecida em 21 anos
bool isLegal(int age, int minAge = 21)
{
    return age >= minAge;
}
```

Essa função retorna true se o primeiro argumento passado, age, for maior que o segundo argumento, minAge. O segundo argumento estabelece para 21 se você não disser o contrário na chamada da função. Desta forma, as duas chamadas são viáveis:

```
legal = isLegal(age);  // igual a isLegal(age, 21)
if (inLouisiana())
{
    legal = isLegal(age, 18);
}
```

A chamada isLegal(age) é equivalente a isLegal(age, 21). C++ fornece apenas o argumento padrão para você. A chamada para isLegal(age, 18) ignora o valor padrão.

Geralmente, os padrões são fornecidos nas declarações de protótipo.

Você pode estabelecer mais de um argumento, mas os padrões precisam ser definidos da direita para a esquerda e preenchidos da esquerda para a direita:

```
// esta parte está correta
bool isWorkingAge(int age, int minAge=18, int maxAge=65);

// checa se o trabalhador está entre 18 e 25
legal = isWorkingAge(age);

// checa se o trabalhador está entre 21 e 65
legal = isWorkingAge(age, 21);

// checa se o trabalhador está entre 21 e 60
legal = isWorkingAge(age, 21, 60);

// esta parte não checa se o trabalhador está
// entre 18 e 60
legal = isWorkingAge(age, 60);
```

As primeiras chamadas usam os valores estabelecidos para as idades mínima e máxima (18 e 65, respectivamente). A segunda chamada usa a idade estabelecida máxima de 65 mas estabelece uma mínima diferente de 21. A terceira chamada fornece uma idade precisa mínima e máxima.

A última chamada não checa se a idade está entre 18 e 60 como você pode esperar. Nesse caso, a chamada é feita com uma idade mínima de 60 e uma máxima de 65.

Os argumentos estabelecidos podem confundir C++ quando associados com a sobrecarga de função. Por exemplo, o trecho a seguir não está correto:

```
bool isLegal(int age);
bool isLegal(int age, int minAge = 21); // não é permitido
```

O problema é que se você chamar `isLegal(10)`, C++ não saberia qual das funções chamar: a primeira função com apenas um argumento ou a segunda função com o segundo argumento estabelecido.

Passagem por Valor e Passagem por Referência

C++ geralmente passa os argumentos por meio do valor para as funções. Isto é, se eu chamar uma função `fn(n)`, é o valor de n que é passado para a função. Isso me permite fazer chamadas como:

```
fn(a + b);    // passa o valor de a + b
```

Nesse trecho, o resultado da expressão a + b é passado.

Uma surpreendente consequência dessa operação é demonstrada neste trecho de código:

```
void multiplyByTwo(int m)
{
    m *= 2;
}

int n = 1;
multiplyByTwo(n);

cout << "n = " << n << endl;
```

Você pode se surpreender ao descobrir que esse exemplo exibe a saída n = 1.

Vamos examinar esse exemplo passo a passo:

1. O programa principal declara a variável n e a inicializa para 1.
2. O programa passa o valor de n(1) para a função `multiplyByTwo()` e a chama de m.
3. A função multiplica o valor passado por dois e armazena o resultado na variável local
4. `multiplyByTwo()` descarta m ao retornar.
5. O programa principal exibe o valor inalterado de n(1).

106 Parte II: Como se Tornar um Programador Funcional

Isso se chama *passagem por valor* — o método alternativo é chamado de *passagem por referência*.

Você pode dizer a C++ que você não quer passar o valor de uma variável e sim uma referência para uma variável, acrescentando um e comercial (&) ao tipo, desta forma:

```
void multiplyByTwo(int& m)    // argumento referencial
{
    m *= 2;
}

int n = 1;
multiplyByTwo(n);

cout << "n = " << n << endl;
```

Esse exemplo segue estes passos:

1. O programa principal declara a variável n e a inicializa para 1.

2. O programa passa uma referência para n para a função `multiplyByTwo()` que chama essa referência de m.

3. A função multiplica por dois a variável referenciada por m e grava o resultado de volta na variável referenciada m (em outras palavras, a variável n).

4. O programa principal exibe o valor alterado de n (2).

Os arrays (que veremos no próximo capítulo) possuem sempre passagem por referência por motivos que explicarei no Capítulo 8.

Eu terei muito mais a dizer sobre argumentos de referência no Capítulo 8.

Tipos de Armazenamento da Variável

As variáveis também são associadas a um tipo de armazenamento dependendo de onde e como elas são definidas na função, como o exemplo:

```
int globalVariable;
void fn()
{
    int localVariable;
    static int staticVariable = 1;
}
```

As variáveis declaradas dentro de uma função como localVariable são ditas como locais. A variável localVariable não existe até que a execução passe por sua declaração dentro da função fn(). localVariable desaparece quando a função retorna. Depois disso, qualquer valor armazenado em localVariable é perdido. Além disso, somente fn() possui acesso a localVariable — outras funções não podem alcançar uma função para acessá-la.

Em comparação, a variável globalVariable é criada quando o programa começa a executar e existe enquanto o programa está rodando. Todas as funções sempre possuem acesso a globalVariable.

A palavra-chave static pode ser usada para criar um tipo de mistura — algo entre uma variável local e uma global. A variável estática staticVariable é criada quando a execução chega à declaração da primeira vez que a função fn() é chamada, tal como uma variável local. A variável estática não é destruída quando a execução do programa retorna da função. Pelo contrário, ela retém seu valor de uma chamada para outra. Se fn() atribui um valor a staticVariable uma vez, ele ainda estará lá na próxima vez que fn() for chamado. A parte de inicialização da declaração é ignorada todas as vezes que a execução passa.

Capítulo 7

Armazenando Sequências em Arrays

Neste Capítulo
- Considerando a necessidade de um array
- Apresentando o tipo de dado array
- Usando um array
- Usando o tipo de array mais comum — a string de caractere

Um array é uma sequência de variáveis que compartilham o mesmo nome e são acessadas usando um índice. Arrays são pequenas criaturas úteis que permitem que você armazene um grande número de valores do mesmo tipo e que são relacionados de alguma forma — por exemplo, as médias de batimentos cardíacos de todos os jogadores de um mesmo time pode ser um bom candidato para armazenamento dentro de um array. Os arrays podem ser multidimensionais também, permitindo que você armazene um array da média de batimentos dentro de um array de meses. Assim, você trabalha usando as médias de batimento do time conforme elas ocorrem por mês.

Neste capítulo, você descobrirá como inicializar e usar arrays para diversão e lucro, além de uma forma especialmente útil do array chamada `char string`.

Formando os Argumentos para os Arrays

Observe o problema a seguir. Você precisa de um programa que possa ler uma sequência de números a partir do teclado e exibir a soma. Você adivinhou — o programa para de ler os números assim que você insere um número negativo. Diferentemente dos programas dos Capítulos 5 e 6, esse mostrará como saída todos os números inseridos antes de exibir a média.

Você poderia tentar armazenar números em um conjunto de variáveis independentes, como:

```
cin >> value1;
if (value1 >= 0)
{
    cin >> value2;
    if (value2 >= 0)
    {
        ...
```

Você pode ver que esse método não consegue manipular sequências envolvendo um pouco mais de números. Além do mais, é feio. Precisamos de um tipo de estrutura que possua um nome como uma variável mas que possa armazenar mais do que um valor. Eu apresento o Sr. A. Ray.

Um array resolve o problema das sequências muito bem. Por exemplo, o trecho de código a seguir declara um array `valueArray` que possui armazenamento para até 128 valores `int`. Ele preenche o array com números inseridos a partir do teclado:

```
int nValue;

// declara um array capaz de sustentar até 128 ints
int nValueArray[128];

// define um índice usado para acessar os membros
// subsequentes do array; não excede o limite de 128 int
for (int i = 0; i < 128; i++)
{
    cin >> nValue;

    // sai do loop quando o usuário inserir um número
    // negativo
    if (nValue < 0)
    {
        break;
    }
    nValueArray[i] = nValue;
}
```

A segunda linha do trecho do código declara um array `nValueArray`. As declarações de array começam com o tipo de membros de array: nesse caso, `int`. Este é seguido do nome do array. Os últimos elementos de uma declaração de array são os colchetes aberto e fechado contendo o número máximo de elementos que o array pode sustentar. Nesse trecho de código, `nValueArray` pode armazenar até 128 inteiros.

Capítulo 7: Armazenando Sequências em Arrays 111

O tamanho de um array deve ser uma expressão constante — isso significa uma expressão que C++ possa calcular quando o array é construído.

As normas 2014 permitem que o programa declare o tamanho de um array com qualquer expressão, contanto que seu valor seja conhecido quando a declaração é encontrada. No entanto, uma vez declarado, o tamanho do array fica fixo.

Esse trecho lê um número a partir do teclado e o armazena em cada membro subsequente do array `nValueArray`. Você acessa um elemento individual de um array informando o nome do array seguido dos colchetes contendo o índice. O primeiro inteiro no array é `nValueArray[0]`, o segundo é `nValueArray[1]`, e assim por diante.

Na prática, `nValueArray[i]` representa o elemento i^{th} no array. A variável índice `i` deve ser uma variável contável — isto é, `i` deve ser um `char`, `int` ou `long`. Se `nValueArray` for um array de `int`s, `nValueArray[i]` é um `int`.

Usando um array

O programa a seguir insere uma sequência de valores inteiros a partir do teclado até o usuário inserir um número negativo. O programa exibe a entrada dos números e informa sua soma.

```
// ArrayDemo - demonstra o uso de arrays
//             ao ler uma sequência de inteiros
//             e então exibe os inteiros e sua soma
#include <cstdio>
#include <cstdlib>
#include <iostream>
using namespace std;

// declarações de protótipo
int readArray(int integerArray[], int maxNumElements);
int sumArray(int integerArray[], int numElements);
void displayArray(int integerArray[], int numElements);

int main(int nNumberofArgs, char* pszArgs[])
{
    // insere o loop count
    cout << "This program sums values entered "
         << "by the user\n";
    cout << "Terminate the loop by entering "
         << "a negative number\n";
    cout << endl;

    // lê os números a serem somados a partir
    // do usuário dentro de um array local
    int inputValues[128];
```

```cpp
    int numberOfValues = readArray(inputValues, 128);

    // exibe os valores e a soma deles
    displayArray(inputValues, numberOfValues);
    cout << "The sum is "
         << sumArray(inputValues, numberOfValues)
         << endl;

    // espera até o usuário estar pronto antes de encerrar
    // o programa para permitir que ele veja os resultados
    cout << "Press Enter to continue..." << endl;
    cin.ignore(10, '\n');
    cin.get();
    return 0;
}

// readArray - lê inteiros a partir do operador dentro
//      de 'intergerArray' até o operador inserir negativos
//             Retorna o número de elementos armazenados.
int readArray(int integerArray[], int maxNumElements)
```

```cpp
{
    int numberOfValues;
    for(numberOfValues = 0;
        numberOfValues < maxNumElements;
        numberOfValues++)
    {
        // pega outro número
        int integerValue;
        cout << "Enter next number: ";
        cin  >> integerValue;

        // se for negativo...
        if (integerValue < 0)
        {
            // ...então sai
            break;
        }

        // ...do contrário armazena o número
        // dentro do array de armazenamento
        integerArray[numberOfValues] = integerValue;
    }

    // retorna o número de elementos lidos
    return numberOfValues;
}

// displayArray - mostra os membros de um
//                array de tamanho sizeOfloatArray
void displayArray(int integerArray[], int numElements)
{
```

Capítulo 7: Armazenando Sequências em Arrays

```
        cout << "The value of the array is:" << endl;
        for (int i = 0; i < numElements; i++)
        {
            cout << i << ": " << integerArray[i] << endl;
        }
        cout << endl;
    }

    // sumArray - retorna a soma dos membros de
    //            um array inteiro
    int sumArray(int integerArray[], int numElements)
    {
        int accumulator = 0;
        for (int i = 0; i < numElements; i++)
        {
            accumulator += integerArray[i];
        }
        return accumulator;
    }
```

O programa `ArrayDemo` começa com as declarações de protótipo das funções `readArray()`, `sumArray()` e `displayArray()`, das quais precisará mais tarde. O programa principal começa com um prompt para o usuário inserir dados para serem somados.

Então, o programa declara um array `inputValues[]` para ser usado para armazenar os valores inseridos pelo usuário. O programa principal passa esse array para `readArray()`, junto com o tamanho do array — `readArray()` não pode ler mais do que 128 valores, mesmo se o usuário não inserir um número negativo, uma vez que há apenas este espaço alocado no array `inputValues[]`.

O array `inputValues` é declarado como 128 inteiros longos. Se você está achando que isso é mais do que suficiente, não conte com isso. Não importa o tamanho do array que você faça, você sempre pode controlar para que não exceda os limites dele. Escrever dados a mais do que o array pode suportar faz com que seu programa funcione errado e, consequentemente, trave. Discutiremos isso com detalhes no Capítulo 28.

A função principal chama `displayArray()` para imprimir os conteúdos do array. Por fim, a função chama `sumArray()` para adicionar elementos nele.

A função `readArray()` leva dois argumentos: o `integerArray[]` em que armazena os valores que ele lê e `maxNumElements`, o número máximo de valores inteiros que ainda há espaço para colocar. A função começa com um loop `for` que lê valores inteiros. Todo valor não-negativo que a função lê é salvo dentro de `integerArray[]`. O primeiro elemento vai para dentro de `integerArray[0]`, o segundo dentro de `integerArray[1]`, e assim por diante.

Quando o usuário insere um número negativo, o programa quebra o loop e retorna a entrada total de `numberOfValues`.

A função `displayArray()` também usa um loop `for` para atravessar os elementos do array, iniciando em 0 e continuando até o último elemento, que é `numElements-1`. A função final, `sumArray()`, também itera o array mas soma os elementos armazenados lá dentro do `accumulator`, que, então, retorna para o chamador.

Repare, novamente, que o índice `i` nas funções `displayArray()` e `sumArray()` é inicializado com 0 e não com 1. Além disso, observe como o loop `for` encerra assim que `i` chega em `numElements`. A saída dessa amostra de execução fica assim:

```
This program sums values entered by the user
Terminate the loop by entering a negative number

Enter next number: 10
Enter next number: 20
Enter next number: 30
Enter next number: 40
Enter next number: -1
The value of the array is:
0: 10
1: 20
2: 30
3: 40

The sum is 100
Press Enter to continue...
```

Só para manter os programadores amadores em dúvida, o termo *iterar* significa atravessar por um conjunto de objetos como um array. Os programadores dizem que as funções anteriores iteram um array.

Inicializando um array

Uma variável local não começa a vida com um valor válido, nem mesmo o valor 0. Dito de outra forma, uma variável local contém lixo até você realmente armazenar algo dentro. Os arrays declarados localmente são os mesmos — cada elemento contém lixo até que você atribua algo a ele. Você deveria inicializar variáveis locais ao declará-las. Essa regra funciona ainda melhor com os arrays. É comum acessar os elementos de array não-inicializados achando que eles são valores válidos.

Entende-se por "variável local", as variáveis normais que são declaradas dentro de uma função. Os puristas de C++ as chamam de *variáveis automáticas* para diferenciá-las das variáveis estáticas (abordadas no Capítulo 18).

Felizmente, um array pequeno pode ser inicializado no momento que é declarado com uma lista inicializadora. Este trecho mostra como isso é feito:

```
float floatArray[5] = {0.0, 1.0, 2.0, 3.0, 4.0};
```

Isso inicializa `floatArray[0]` para 0, `floatArray[1]` para 1.0, `floatArray[2]` para 2.0, e assim por diante.

C++ preenche a inicialização com 0 se o número de elementos na lista for menor que o tamanho do array. Na verdade, uma lista inicializadora vazia pode ser usada para inicializar um array para 0:

```
int nArray[128] = {}; // inicializa o array todo com 0
```

O número de constantes de inicialização pode determinar o tamanho do array. Por exemplo, você poderia ter especificado que `floatArray` possui cinco elementos apenas contando os valores dentro dos colchetes. C++ pode contar também (pelo menos uma coisa que C++ consegue fazer sozinho).

```
float floatArray[] = {0.0, 1.0, 2.0, 3.0, 4.0};
```

Indo longe demais no array

Os matemáticos começam a contar os arrays com 1. A maioria das linguagens de programação começa contando a partir de 1 também. Os arrays em C++ começam a contagem em 0. O primeiro membro de um array em C++ é `valueArray[0]`. Isso faz com que o último elemento de um array de 128 inteiros seja `integerArray[127]` e não `integerArray[128]`.

Infelizmente, para o programador, C++ não verifica se o índice que você está usando está dentro do limite do array. C++ está perfeitamente feliz lhe dando acesso ao `integerArray[200]`. Nosso quintal `integerArray` possui o tamanho de 128 inteiros — 200 são 72 inteiros no quintal de outra pessoa. Sem saber quem mora lá e o que ele está armazenando naquele local. A leitura de `integerArray[200]` retornará alguns valores desconhecidos e imprevisíveis. Escrever nessa posição gera resultados inesperados. Pode não acontecer nada — a casa pode estar abandonada e o quintal sem uso. Por outro lado, pode haver a sobregravação dos dados, confundindo, assim, o vizinho e fazendo o programa agir de modo aleatório. Ou o programa vai travar.

O modo errado mais comum de acessar um array é ler ou escrever a posição `integerArray[128]`. Apesar de ser apenas um elemento a mais no final do array, ler ou escrever nessa posição é tão perigoso quanto ter o endereço incorreto.

Formando loops for baseados em intervalo

Você pode acessar os elementos de um array usando um loop `for` baseado em intervalo em alguns casos. Neste exemplo, o loop `for` inicializa todos os membros de `nArray` em 0:

```
int nArray[128];
for(int& n: nArray)
{
    n = 0;
}
```

Esse loop `for` diz: atribua a variável n para ser uma referência para cada elemento de `nArray` por vez. Um 0 é atribuído a cada elemento em `nArray` por meio da referência n.

O seguinte loop `for` baseado em intervalo não produz nenhum efeito:

```
int nArray[128];
for(int n: nArray)
{
    n = 0;
}
```

Sem o "e comercial" (&), n é atribuído ao valor de cada elemento do `nArray` todas as vezes. A variável n é sobregravada com um 0, deixando o valor de `nArray` inalterado. Compare isso com a passagem dos argumentos para as funções por valor versus passagem por referência, como descrito no Capítulo 6.

Loops `for` baseados em intervalo podem ser usados somente onde C++ sabe o tamanho do array no momento da compilação. Ele não funcionaria dentro da função `displayArray()`, por exemplo. Essa função é construída para manipular arrays de qualquer tamanho. Você obtém mensagens estranhas de erros de compilação quando você usa o loop `for` baseado em intervalo nos arrays onde o tamanho é desconhecido. Veremos mais sobre esse assunto no Capítulo 26.

Definindo e usando arrays de arrays

Os arrays são adeptos do armazenamento de sequências de números. Algumas aplicações exigem sequências de sequências. Um exemplo clássico dessa configuração de matriz é a planilha. Planejada como um tabuleiro de xadrez, cada elemento na planilha possui as dimensões x e y.

C++ implementa a matriz desta forma:

```
int intMatrix[10][5];
```

Essa matriz possui 10 elementos em uma dimensão e 5 na outra, com um total de 50 elementos. Em outras palavras, `intMatrix` é um array de 10 elementos, sendo que cada elemento é um array de 5-`int`. Como você deve imaginar, um canto da matriz é `intMatrix[0][0]`, enquanto o outro é `intMatrix[9][4]`.

Se você considera que `intMatrix` possui 10 elementos na dimensão x ou na y é uma questão de gosto. Uma matriz pode ser inicializada do mesmo modo que um array:

```
int intMatrix[2][3] = {{1, 2, 3}, {4, 5, 6}};
```

Essa linha inicializa o array de 3 elementos `intMatrix[0]` para 1, 2 e 3; e o array de 3 elementos `intMatrix[1]` para 4, 5 e 6.

Usando Arrays de Caracteres

Os elementos de um array podem ser de qualquer tipo. Arrays de `floats`, `doubles` e `longs` são todos possíveis; entretanto, arrays de caracteres têm uma importância especial.

Criando um array de caracteres

As palavras e frases humanas podem ser expressadas como um array de caracteres. Um array de caracteres contendo meu primeiro nome (my first name) ficaria assim:

```
char sMyName[] = {'S', 't', 'e', 'p', 'h', 'e', 'n'};
```

O pequeno programa a seguir exibe meu nome:

```
// CharDisplay - exibe um array de caractere para
//               uma saída padrão, a janela MS-DOS
#include <cstdio>
#include <cstdlib>
#include <iostream>
using namespace std;

// declarações de protótipo
void displayCharArray(char charArray[], int sizeOfArray);

int main(int nNumberofArgs, char* pszArgs[])
{
    char charMyName[]={'S', 't', 'e', 'p', 'h', 'e', 'n'};
    displayCharArray(charMyName, 7);
    cout << endl;
```

```
        // espera até o usuário estar pronto antes de encerrar
        // o programa para permitir que ele veja os resultados
        cout << "Press Enter to continue..." << endl;
        cin.ignore(10, '\n');
        cin.get();
        return 0;
    }

    // displayCharArray - exibe um array de caracteres
    //                    exibindo um caractere
    //                    por vez
    void displayCharArray(char charArray[], int sizeOfArray)
    {
        for(int i = 0; i< sizeOfArray; i++)
        {
            cout << charArray[i];
        }
    }
```

O programa declara o array fixo de caracteres `charMyName` contendo — você adivinhou — meu nome (não há nome melhor!). Esse array é passado para a função `displayCharArray()` junto com seu tamanho. A função `displayCharArray()` é idêntica à função `displayArray()` do exemplo anterior, exceto que essa versão exibe `chars` em vez de `ints`.

O programa funciona bem; porém, é inadequado passar o tamanho do array com ele próprio. Se pudéssemos inventar uma regra para determinar o fim da string de caracteres, nós não precisaríamos passar seu tamanho — você saberia que a string estaria completa quando você encontrasse a regra especial que te avisou.

Criando uma string de caracteres

Em muitos casos, todos os valores para cada elemento são possíveis. Entretanto, C++ reserva o "caractere" especial 0 como não-caractere. Você pode usar '\0' para marcar o final de um array de caractere. (O valor numérico de '\0' é 0, mas é de tipo `char`.)

O caractere '\y' é o que possui valor octal y. O caractere '\0' possui valor 0, ou caractere nulo. Usando essa regra, o programa anterior se transforma em:

Capítulo 7: Armazenando Sequências em Arrays

```
// DisplayString - exibe um array de caractere para
//                  uma saída padrão, a janela MS-DOS
#include <cstdio>
#include <cstdlib>
#include <iostream>
using namespace std;

// declarações de protótipo
void displayString(char stringArray[]);

int main(int nNumberofArgs, char* pszArgs[])
{
    char charMyName[] =
            {'S', 't', 'e', 'p', 'h', 'e', 'n', '\0'};
    displayString(charMyName);
    cout << endl;

    // espera até o usuário estar pronto antes de encerrar
    // o programa para permitir que ele veja os resultados
    cout << "Press Enter to continue..." << endl;
    cin.ignore(10, '\n');
    cin.get();
    return 0;
}

// displayString - exibe um array de caracteres
//                 um caractere por vez
void displayString(char stringArray[])
{
    for(int i = 0; stringArray[i] != '\0'; i++)
    {
        cout << stringArray[i];
    }
}
```

A declaração `charMyName` declara o array de caractere com o caractere nulo extra `'\0'` no final. O programa `displayString` itera o array de caractere até encontrar um caractere nulo.

A função `displayString()` é mais simples de usar do que seu antecessor `displayCharArray()` porque não é mais necessário passar o tamanho do array de caractere. O segredo de encerrar um array de caractere com um nulo é tão conveniente que é utilizado por toda a linguagem C++, que até mesmo dá a ele um nome especial.

Uma *string de caracteres* é um array de caractere terminado em nulo. É oficialmente conhecido como *string de bytes terminada em nulo* ou NTBS (*null-terminated byte string*). O termo simples C-string também é usado para diferenciar do tipo `string` em C++.

Parte II: Como se Tornar um Programador Funcional

A escolha de '\0' como caractere de término não foi aleatória. Lembre-se que 0 é o único valor numérico que é convertido para false; todos os outros valores são transformados em true. Isso significa que o loop for poderia ser (e geralmente é) escrito como

```
for(int i = 0; stringArray[i]; i++)
```

Toda essa história de string de caractere terminada em nulo está bastante absorvida pela linguagem C++. Ela usa uma string de caracteres cercada por aspas duplas para ser um array de caracteres automaticamente encerrado pelo caractere '\0'. Vemos declarações idênticas em:

```
char szMyName[] = "Stephen";
char szAlsoMyName[] =
        {'S', 't', 'e', 'p', 'h', 'e', 'n', '\0'};
```

A convenção de nomeação utilizada aqui é exatamente isso, uma convenção. C++ não se importa. O prefixo sz consiste em *string terminada em zero*.

A string Stephen possui oito caracteres e não sete — o caractere nulo depois do n está implícito. A string "" consiste em apenas um caractere nulo.

Manipulando Strings com Caractere

O programa Concatenate insere duas strings a partir do teclado e as concatena (une) em uma string única:

```
// Concatenate - une duas strings
//              com um " - " no meio
#include <cstdio>
#include <cstdlib>
#include <iostream>
using namespace std;

// declarações de protótipo
void concatString(char szTarget[], const char szSource[]);
int main(int nNumberofArgs, char* pszArgs[])
{
    // lê a primeira string...
    char szString1[256];
    cout << "Enter string #1:";
    cin.getline(szString1, 128);

    // ...agora a segunda string...
    char szString2[128];
    cout << "Enter string #2:";
    cin.getline(szString2, 128);
```

Capítulo 7: Armazenando Sequências em Arrays

```cpp
    // ...conecta um " - " no primeiro...
    concatString(szString1, " - ");

    // ...agora adiciona a segunda string...
    concatString(szString1, szString2);

    // ...e exibe o resultado
    cout << "\n" << szString1 << endl;

    // espera até o usuário estar pronto antes de encerrar
    // o programa para permitir que ele veja os resultados
    cout << "Press Enter to continue..." << endl;
    cin.ignore(10, '\n');
    cin.get();
    return 0;
}

// concatString - une a string szSource
//                no final da string szTarget
void concatString(char szTarget[], const char szSource[])
{
    // encontra o final da primeira string
    int targetIndex = 0;
    while(szTarget[targetIndex])
    {
        targetIndex++;
    }

    // adiciona o segundo ao final do primeiro
    int sourceIndex = 0;
    while(szSource[sourceIndex])
    {
        szTarget[targetIndex] =
            szSource[sourceIndex];
        targetIndex++;
        sourceIndex++;
    }

    // adiciona o término nulo
    szTarget[targetIndex] = '\0';
}
```

O programa Concatenate lê duas strings de caractere e as une com um "-" no meio.

O programa começa lendo uma string a partir do teclado. Ele não usa o comum cin>> szString1 por duas razões. Primeiro, a operação cin>> para de ler quando encontra qualquer tipo de espaço em branco. Os caracteres até o primeiro espaço em branco são lidos, o caractere de espaço em branco é encontrado e os caracteres restantes são deixados no buffer de entrada para a próxima instrução cin>>. Assim, se eu inserir "the

Dog", szString2 estaria cheia com "the" e a palavra "Dog" seria deixada no buffer de entrada.

A segunda razão é que `getline()` permite que o programador especifique o tamanho do buffer. A chamada para `getline(szString2, 128)` não lerá mais do que 128 bytes, não importando quantas são as entradas.

Em vez disso, a chamada para `getline()` entra com uma linha mas não inclui o caractere newline no final. Reveremos essa função com outras funções de entrada e saída em detalhes no Capítulo 23.

Depois de ler a primeira string em `szString1[]` o programa une "-" para um final chamando `concatString()`. Ele conecta a segunda string chamando `concatString()` com `szString2[]`.

A função `concatString()` aceita um string alvo, `szTarget` e uma string de fonte, `szSource`. A função começa escaneando `szTarget` para o caractere de término em nulo que ele armazena em `targetIndex`. A função insere um segundo loop em que ela copia os caracteres de `szSource` para `szTarget` iniciando no término em nulo. A instrução final em `concatString()` coloca um término em nulo na string completa.

Um exemplo de saída do programa fica desta forma:

```
Enter string #1:this is a string
Enter string #2:THIS IS A STRING

this is a string - THIS IS A STRING
Press Enter to continue...
```

Adicionando Funções de Biblioteca

Às vezes, o programador de C++ precisa manipular strings terminadas em zero. C++ fornece um número de funções básicas de manipulação de string para facilitar o trabalho. Algumas dessas funções estão listada na Tabela 7-1.

Tabela 7-1	Funções de Manipulação de String
Nome	*Operação*
int strlen(string)	Retorna o número de caracteres em uma string (sem incluir o término em nulo).

Capítulo 7: Armazenando Sequências em Arrays

Nome	Operação
char*strcpy(target, source)	Copia a string fonte dentro do array alvo.
char*strcat(target, source)	Concatena a string fonte ao final da string alvo.
char*strncpy(target, source, n)	Copia a string até n caracteres da string fonte dentro do array alvo.
char*strncat(target, source, n)	Concatena a string fonte para o final da string alvo ou n caracteres, o que vier primeiro.
char*strstr(string, pattern)	Retorna o endereço da primeira ocorrência de modelo na string. Retorna nulo se o modelo não é encontrado
int strcmp(source1, source2)	Compara duas strings. Retorna -1 se source1 ocorrer antes de source2 no dicionário e 1 se depois. Retorna 0 se as duas strings combinarem.
int strncmp(source1, source2, n)	Compara os primeiros n caracteres em duas strings.

Você precisa incluir a instrução #include <cstring> no início de qualquer programa que utiliza uma função str... pois esse arquivo contém as declarações de protótipo que C++ exige para verificar seu trabalho.

Os argumentos para as funções str...() parecem estar de trás pra frente para qualquer pessoa sensata (você deve considerar isso um teste ácido para "a pessoa sensata"). Por exemplo, a função strcat(target, source) adiciona a segunda string source para o final do primeiro argumento target.

As funções strncpy() e strncat() são similares aos seus opostos strcpy() e strcat() exceto por elas aceitarem o tamanho do buffer alvo como um dos seus argumentos. A chamada strncpy(szTarget, szSource, 128) diz: "copie os caracteres de szSource dentro de szTarget até você copiar um caractere nulo ou copiar os 128 caracteres, o que acontecer primeiro", isso evita a escrita desatenta além do final do array string source.

Abrindo Espaço para Strings Grandes

A biblioteca básica de C++ inclui funções similares para manipular strings de caracteres grandes. Algumas dessas funções estão listadas na Tabela 7-2.

Tabela 7-2	Funções de Manipulação de Strings Grandes
Nome	*Operação*
int wcslen(string)	Retorna o número de caracteres grandes em uma string, sem incluir o término em nulo.
wchar_t*wcscpy(target, source)	Copia a string fonte grande dentro do array alvo.
wchar_t*wcscat(target, source)	Concatena a string fonte grande para o final da string alvo grande.
wchar_t*wcsncpy(target, source, n)	Copia uma string grande até n caracteres a partir da string fonte dentro de um array alvo.
wchar_t*wcsncat(target, source, n)	Concatena a string fonte para o final da string alvo ou n caracteres, o que vier primeiro.
wchar_t*wcsstr(string, pattern)	Encontra o endereço da primeira ocorrência do modelo na string. Retorna nulo se o modelo não for encontrado.
int wcscmp(source1, source2)	Compara duas strings grandes. Retorna -1 se source1 ocorre antes de source2 no dicionário e 1 se depois. Retorna 0 se a duas strings combinarem.
int wcsncmp(source1, source2, n)	Compara os primeiros n caracteres grandes em suas strings grandes.

Lembre-se do Capítulo 2 que os caracteres grandes são usados por aplicações que suportam idiomas estrangeiros, em que meros 255 caracteres talvez não sejam suficientes.

Temos aqui uma versão de caractere grande do programa Concatenate:

Capítulo 7: Armazenando Sequências em Arrays

```cpp
// ConcatenateWide - une duas strings grandes
//        com um " - " no meio usando biblioteca de rotinas
#include <cstdio>
#include <cstdlib>
#include <iostream>
using namespace std;

int main(int nNumberofArgs, char* pszArgs[])
{
    // lê a primeira string...
    wchar_t wszString1[260];
    cout << "Enter string #1:";
    wcin.getline(wszString1, 128);

    // ...agora a segunda string...
    wchar_t wszString2[128];
    cout << "Enter string #2:";
    wcin.getline(wszString2, 128);

    // adiciona a segunda no final da primeira
    // com um traço no meio
    wcsncat(wszString1, L" - ", 260);
    wcsncat(wszString1, wszString2, 260);

    wcout << L"\n" << wszString1 << endl;

    // espera até o usuário estar pronto antes de encerrar
    // o programa para permitir que ele veja os resultados
    cout << "Press Enter to continue..." << endl;
    cin.ignore(10, '\n');
    cin.get();
    return 0;
}
```

O programa string de caractere grande se parece bastante com seu primo string de caractere de um único byte, exceto por essas diferenças:

- As variáveis são declaradas `wchar_t` em vez de `char`.
- Os caracteres e as strings constantes aparecem precedidos de um `L`, como em L*"This is a wide string"*.
- Os objetos `wcin` e `wcout` são usados no lugar de `cin` e `cout` para entrada e saída.
- As funções `wcs`... aparecem no lugar da estreita função `str`...

A saída de ConcatenateWide parece idêntica à do programa Concatenate baseado em char para aqueles que mais usam a entrada/saída em idiomas europeus. O tópico de escrita de programas capazes de manipular múltiplos idiomas com alfabetos e regras de gramática diferentes é conhecido como *localização* e está além do escopo de um livro iniciante.

C++ ANSI inclui um tipo string destinado a facilitar a manipulação de strings de texto. Porém, esse tipo faz uso dos recursos da linguagem C++ que você não viu ainda. Eu retorno ao tipo string no Capítulo 13.

Capítulo 8

Uma Primeira Olhada nos Ponteiros em C++

Neste Capítulo
- Endereçando variáveis na memória
- Declarando e usando variáveis ponteiro
- Reconhecendo o perigo imprevisível dos ponteiros
- Passando os ponteiros para as funções
- Alocando objetos fora do heap

Até agora, a linguagem C++ tem sido bem convencional se comparada às outras linguagens de programação. Com certeza, algumas linguagens de programação carecem de operadores lógicos (ou não-lógicos) como vimos no Capítulo 4, e C++ possui seus próprios símbolos, mas não há nada novo em termos de conceitos. C++ difere-se do restante das linguagens no que se refere ao uso das variáveis ponteiro. Um ponteiro é uma variável que "aponta" para outras variáveis. Eu sei que é um círculo vicioso, mas segure suas dúvidas, ao menos até você chegar no próximo capítulo.

Este capítulo introduz o tipo de variável ponteiro. Ele começa com algumas definições de conceito, passa pela sintaxe e então introduz alguns motivos para a mania de ponteiro que reina no mundo da programação em C++.

Tamanho da Variável

Meu peso aumenta e diminui o tempo todo, mas aqui estou me referindo ao tamanho de uma variável e não ao meu tamanho variável. A memória é medida em bytes ou bits. A palavra-chave `sizeof` retorna o tamanho do seu argumento em bytes. O programa a seguir usa isso para determinar o tamanho dos tipos diferentes de variáveis:

```cpp
// VariableSize - exibe o tamanho de cada tipo de variável
#include <cstdio>
#include <cstdlib>
#include <iostream>
using namespace std;
int main(int nNumberofArgs, char* pszArgs[])
{
    bool         b; char c; int     n; long          l;
    long long   ll; float f; double d; long double  ld;

    cout << "sizeof a bool        = " << sizeof b << endl;
    cout << "sizeof a char        = " << sizeof c << endl;
    cout << "sizeof an int        = " << sizeof n << endl;
    cout << "sizeof a long        = " << sizeof l << endl;
    cout << "sizeof a long long   = " << sizeof ll<< endl;
    cout << "sizeof a float       = " << sizeof f << endl;
    cout << "sizeof a double      = " << sizeof d << endl;
    cout << "sizeof a long double = " << sizeof ld<< endl;

    // espera até o usuário estar pronto antes de encerrar
    // o programa para permitir que ele veja os resultados
    cout << "Press Enter to continue..." << endl;
    cin.ignore(10, '\n');
    cin.get();
    return 0;
}
```

O programa `VariableSize` produz a seguinte saída:

```
sizeof a bool        = 1
sizeof a char        = 1
sizeof an int        = 4
sizeof a long        = 4
sizeof a long long   = 8
sizeof a float       = 4
sizeof a double      = 8
sizeof a long double = 12
Press Enter to continue...
```

Como dizem, "seus resultados podem variar". Você pode obter resultados diferentes se usar um compilador que não seja o gcc para Windows. Por exemplo, você pode descobrir que um int é menor que um long. C++ não diz exatamente qual o tamanho que um tipo de variável deve ter; ela somente diz que um long é do mesmo tamanho ou maior que um int e que um double é do mesmo tamanho ou maior do que um float. Os tamanhos mostrados aqui são para um processador 80-x-86 32-bit.

O Que É um Endereço?

Como o ditado diz, "Todo mundo deve estar em algum lugar." Toda variável em C++ é armazenada em algum lugar na memória do computador. A memória é quebrada em bytes individuais, com cada byte carregando seu próprio endereço numerado 0, 1, 2 e assim por diante.

Uma variável intReader pode estar no endereço 0x100, enquanto que floatReader pode estar na posição 0x180. Por convenção, os endereços de memória são expressos em hexadecimal. Claro, intReader e floatReader podem estar em algum outro lugar na memória — somente o computador sabe com certeza, e apenas no momento que o programa é executado.

De certa forma, isso é semelhante a um hotel. Quando você faz sua reserva, você pode ser associado ao quarto 0x100 (eu sei que os números das suítes não são expressos em hexadecimal, mas tenham paciência). Seu amigo pode ser associado a 80 andares abaixo no quarto 0x180. Um endereço é atribuído a cada variável ao ser criada (mais sobre esse assunto neste capítulo ao falarmos sobre escopo).

Operadores de Endereço

Os dois operadores relacionados a ponteiro são mostrados na Tabela 8-1. O operador & diz "me diga seu endereço", e * diz "o valor no seguinte endereço".

Tabela 8-1	Operadores de Ponteiro
Operador	*Significado*
& (unário)	(Em uma expressão) o endereço de
& (unário)	(Em uma declaração) referência para
* (unário)	(Em uma expressão) que é apontado por
* (unário)	(Em uma declaração) aponta para

Eles não devem ser confundidos com os operadores binários & e * discutidos nos Capítulos 3 e 4.

O programa Layout demonstra como o operador & pode ser usado para exibir a configuração das variáveis na memória:

Parte II: Como se Tornar um Programador Funcional

```cpp
// Layout - esse programa tenta passar ao
//          leitor a ideia de configuração da
//          memória local no seu compilador
#include <cstdio>
#include <cstdlib>
#include <iostream>
using namespace std;
int main(int nNumberofArgs, char* pszArgs[])
{
    int   start;
    int   n; long    l; long long   ll;
    float f; double  d; long double ld;
    int   end;

    // configura a saída para modo hexadecimal
    cout.setf(ios::hex);
    cout.unsetf(ios::dec);

    // exibe o endereço de cada variável
    // para ter noção de como as variáveis
    // são expostas na memória
    cout << "--- = " << &start << endl;
    cout << "&n  = " << &n     << endl;
    cout << "&l  = " << &l     << endl;
    cout << "&ll = " << &ll    << endl;
    cout << "&f  = " << &f     << endl;
    cout << "&d  = " << &d     << endl;
    cout << "&ld = " << &ld    << endl;
    cout << "--- = " << &end   << endl;

    // espera até o usuário estar pronto antes de encerrar
    // o programa para permitir que ele veja os resultados
    cout << "Press Enter to continue..." << endl;
    cin.ignore(10, '\n');
    cin.get();
    return 0;
}
```

Esse programa declara um conjunto de variáveis de tipos diferentes. Então, ele aplica o operador & em cada um para descobrir seu endereço. Os resultados de uma execução desse programa com Code::Blocks ficam assim:

```
--- = 0x28fefc
&n  = 0x28fef8
&l  = 0x28fef4
&ll = 0x28fee8
&f  = 0x28fee4
&d  = 0x28fed8
&ld = 0x28fec0
--- = 0x28febc
Press Enter to continue...
```

Capítulo 8: Uma Primeira Olhada nos Ponteiros em C++

Seus resultados podem variar. O endereço correto das variáveis do programa depende de muitos fatores. O modelo C++ certamente não especifica como as variáveis são configuradas na memória.

Observe como a variável n está exatamente a 4 bytes da primeira variável declarada (start), que corresponde ao tamanho de um int (4 bytes). Assim, a variável l aparece 4 bytes abaixo dela, que também é do tamanho de um long. Porém, a variável float f está 12 bytes ao máximo da variável vizinha d (0x28fee4 – 0x28fed8 = 0x000c). Isso é muito mais que os 4 bytes exigidos por um float.

Não há requisitos para que o compilador de C++ empacote as variáveis na memória sem espaço entre elas. Na verdade, você vê esses espaços na memória com frequência ao misturar variáveis de tamanhos diferentes.

O compilador Code::Blocks/gcc poderia armazenar variáveis para seu próprio uso entre nossas variáveis. Ou, mais provável, um obstáculo no caminho das variáveis está sendo configurada na memória fazendo com que o compilador desperdice uma pequena quantidade de espaço.

Usando Variáveis Ponteiro

Uma variável ponteiro é uma variável que possui um endereço e, geralmente, o endereço de outra variável. Voltando à comparação com o número de quartos em um hotel, eu diria para meu filho que eu estarei no quarto 0x100 em minha viagem. Meu filho pode agir como uma variável ponteiro de ordenação. A qualquer momento podem perguntar a ele, "Qual o número do quarto do seu pai?" Inclua R$ 5 nessa pergunta e ele dá com a língua nos dentes sem hesitar.

A propósito, observe algo sobre as variáveis ponteiro: Não importa aonde meu filho esteja ou para quantas outras pessoas ele conte do meu paradeiro, eu ainda estou no quarto 0x100.

O trecho pseudo-C++ demonstra como os dois operadores de endereço mostrados na Tabela 8-1 são usados:

```
mySon = &DadsRoom;   // diz ao mySon o endereço de Dad's Room
room  = *mySon;      // "O número do quarto do meu pai é"
```

O trecho a seguir mostra os operadores sendo usados da forma correta:

```
void fn()
{
   int  nVar;
   int* pnVar;

   pnVar  = &nVar;    // pnVar aponta para nVar
   *pnVar = 10;       // armazena 10 na posição int
}                     // apontada para pnVar
```

A função `fn()` começa com a declaração de nVar. A próxima instrução declara pnVar para ser a variável do tipo ponteiro para um int.

As variáveis ponteiro são declaradas como variáveis normais exceto pela adição do caractere unário *. Esse caractere pode aparecer em qualquer lugar entre o nome do tipo de base — as duas declarações a seguir são iguais:

```
int* pnVar1;
int *pnVar2;
```

Qual você usa é uma questão de preferência.

O caractere * é chamado de caractere asterisco (bem lógico). Como asterisco é difícil de pronunciar, muitos programadores acabaram o chamando de star (estrela) ou, menos comum, o caractere splat. Assim, eles diriam "star pnVar" ou "splat pnVar".

Em uma expressão, o operador unário & significa "o endereço de". Desse modo, nós leríamos a atribuição pnVar = &pnVar; como "pnVar possui o endereço de nVar".

Usando tipos diferentes de ponteiros

Toda expressão possui um tipo e um valor. O tipo da expressão nVar é int; o tipo de &nVar é "ponteiro para um inteiro," escrito como int*. Ao comparar com a declaração pVar, veja os tipos que mais combinam:

```
int* pnVar = &nVar;  // os dois lados do atributo
                     // são do tipo int*
```

Logo, como pnVar é do tipo int*, o tipo de *pnVar é int:

```
*pnVar = 10;         // os dois lados do atributo
                     // são do tipo int
```

O tipo da coisa apontada por pnVar é int. Isso é equivalente a dizer que se houseAddress é o endereço de uma casa, a coisa apontada por houseAddress deve ser a casa. Incrível, mas verdadeiro.

Os ponteiros para os outros tipos de variáveis são expressos da mesma forma:

```
double doubleVar;
double* pdoubleVar = &doubleVar;
*pdoubleVar = 10.0;
```

Um ponteiro em uma máquina de classe Pentium possui 4 bytes não importando para o que ele aponta. Isto é, um endereço em um Pentium é do tamanho de 4 bytes, ponto final.

Passando Ponteiros para as Funções

Um dos usos das variáveis ponteiro é passar os argumentos para as funções. Para entender porquê isso é importante, você precisa entender como os argumentos são passados para as funções (toquei nesse assunto no Capítulo 6, mas agora você está em uma melhor posição de entender com seus conhecimentos novos sobre ponteiros).

Passagem por valor

Por padrão, os argumentos são passados para as funções por valor. Tem-se o resultado impressionante que, ao mudar o valor de uma variável em uma função, não muda seu valor na função chamada. Observe o segmento de código:

```
void fn(int nArg)
{
    nArg = 10;
    // valor de nArg agora é 10
}

void parent(void)
{
    int n1 = 0;
    fn(n1);
    // valor de n1 agora ainda é 0
}
```

Aqui, a função `parent()` inicializa a variável inteira n1 para 0. O valor de n1 é passado para `fn()`. Ao entrar na função, nArg é igual a 0, o valor passado. `fn()` muda o valor de nArg para 10 antes de retornar para `parent()`. Após o retorno para `parent()`, o valor de n1 ainda é 0.

O motivo para esse comportamento é que C++ não passa uma variável para uma função (não estou muito certo do porquê desse comportamento). Em vez disso, C++ passa o valor contido na variável no momento da chamada.

Ou seja, a expressão é avaliada, mesmo se for apenas uma variável de nome, e o resultado é passado.

No exemplo, o valor de n1, que é 0, foi passado para fn(). O que a função faz com o valor não gera efeito em n1.

Passagem por ponteiro

Como qualquer outro tipo específico, um ponteiro pode ser passado como um argumento para uma função:

```
void fn(int* pnArg)
{
   *pnArg = 10;
}

void parent(void)
{
   int n = 0;

   fn(&n);        // ele passa o endereço de i
                  // agora o valor de n é 10
}
```

Nesse caso, o endereço de n é passado para a função fn() no lugar do valor de n. A importância dessa diferença é clara quando você leva em conta a atribuição dentro de fn().

Suponha que n está localizado no endereço 0x100. No lugar do valor 10, a chamada fn(&n) passa o valor 0x100. Dentro de fn(), a atribuição *pnArg = 10 armazena o valor 10 na variável int localizada na posição 0x100, deste modo sobrescrevendo o valor 0. Após retornar para parent(), o valor de n é 10 porque n é apenas um outro nome para 0x100.

Passagem por referência

C++ fornece uma forma mais curta de passar os argumentos pelo endereço — uma forma que permite que você evite complicações com os ponteiros. A declaração a seguir cria uma variável n1 e uma segunda referência para o mesmo n1 mas com um nome novo, nRef:

```
int n1;               // declara uma variável int
int& nRef = n1;       // declara uma segunda referência para n1

nRef = 1;             // acessa a referência
                      // tem o mesmo efeito que acessar n1;
                      // n1 é igual a 1
```

Capítulo 8: Uma Primeira Olhada nos Ponteiros em C++

Uma variável de referência como nRef deve ser inicializada quando é declarada. Toda vez que seu nome for usado, C++ vai achar que você está indicando a variável que nRef se refere.

As variáveis de referências encontram sua aplicação primária em chamadas de funções:

```
void fn(int& rnArg)// declara o argumento referência
{
    rnArg = 10;    // muda o valor da variável...
}                  //...a que rnArg se refere

void parent(void)
{
    int n1 = 0;
    fn(n1);        // passa a referência para n1
                   // o valor de n1 é 10
}
```

Isso se chama passagem por referência. A declaração int& rnArg declara rnArg para ser referência para um argumento de inteiro. A função fn() armazena o valor 10 dentro da posição int referenciada por rnArg.

Passagem por referência é o mesmo que passagem de endereço de uma variável. A sintaxe de referência coloca a responsabilidade em C++ para solicitar o "endereço do" operador para a referência em vez de exigir que o programador o faça.

Você não pode sobrecarregar uma função de passagem por valor com a sua passagem por referência equivalente. Dessa maneira, você não poderia definir as duas funções fn(int) e fn(int&) no mesmo programa. C++ não saberia qual delas chamar.

A Constante Irritação de const

A palavra-chave const significa que uma variável não pode ser mudada uma vez já declarada e inicializada.

```
const double PI = 3.1415926535;
```

Os argumentos para as funções também podem ser declarados const, mostrando que o argumento não pode ser mudado dentro da função. Entretanto, uma dicotomia interessante é introduzida no caso das variáveis ponteiro. Observe a declaração a seguir:

```
const int* pInt;
```

Parte II: Como se Tornar um Programador Funcional

O que exatamente é a constante aqui? O que nós não podemos mudar? É a variável pInt ou o inteiro apontado por pInt? Acaba que os dois são possíveis, mas essa declaração declara a variável ponteiro para uma posição de memória constante. Então temos:

```
const int* pInt;    // declara um ponteiro para const int
int nVar;
pInt = &nVar;       // isso é permitido
*pInt = 10;         // mas isso não é
```

Nós podemos mudar o valor de pInt, por exemplo, atribuindo a ele o endereço de nVar. Mas a instrução final no exemplo gera um erro de compilação já que não podemos mudar o const int apontado por pInt.

E se eu pretendesse criar uma variável ponteiro com um valor constante? O trecho a seguir demonstra isso em ação:

```
int nVar;
int * const cpInt = &nVar;  // declara um ponteiro constante
                            // para uma variável inteira
*cpInt = 10;                // isso é autorizado...
cpInt++;                    // ...mas isso não é
```

A variável cpInt é um ponteiro constante para a variável int. O programador não pode mudar o valor do ponteiro, mas pode mudar o valor do inteiro que está sendo apontado.

Uma constância pode ser adicionada por uma atribuição ou uma inicialização mas não pode ser (facilmente) rejeitada. Portanto, temos:

```
int nVar = 10;
int pVar = &nVar;
const int* pcVar = pVar;    // isso é permitido
int* pVar2 = pcVar;         // isso não é
```

A atribuição pcVar = pVar; está certa — isso é adicionar a restrição const. A atribuição final no trecho não é permitida já que ela tenta remover a restrição de constância de pcVar.

Uma variável pode ser implicitamente reformulada como parte de uma função de chamada, como vemos em:

```
void fn(const int& nVar);

void mainFn()
{
    int n;

    fn(10);    // chama fn(const int&)
    fn(n);     // chama a mesma função ao tratar n
}              // como se fosse const
```

A declaração fn(const int&) diz que a função fn() não modifica o valor do seu argumento. Isso é importante ao passar uma referência para a constante 10. Isso não é importante ao passar uma referência para a variável n, mas também não machuca.

Por fim, const pode ser usada como discriminador entre funções do mesmo nome:

```
void fn(const int& nVar);
void fn(int& nVar);

void mainFn()
{
    int n;

    fn(10);   // chama a primeira função
    fn(n);    // chama a segunda função
}
```

Utilizando o bloco de memória chamado Heap

O *heap* é um bloco de memória extra que seu programa pode acessar se necessário. Esta seção descreve porque ele existe e como usá-lo.

Assim como é possível passar um ponteiro para uma função, é possível que a função devolva um ponteiro. Uma função que retorna o endereço de um double é declarada assim:

```
double* fn(void);
```

Entretanto, você deve ser muito cuidadoso ao retornar um ponteiro. Para entender melhor os perigos, você precisa saber algo sobre escopo de variável (não, não estou me referindo ao zoom variável de uma espingarda).

Escopo limitado

Apesar de ser um quebra-galho, o escopo é o intervalo em que a variável está definida. Observe este trecho de código:

```
// a próxima variável está acessível para
// todas as funções e definida enquanto
// o programa estiver rodando (escopo global)
int intGlobal;
```

```
// a próxima variável intChild está acessível
// somente para a função e é definida somentey
// enquanto C++ está executando child() ou uma
// função que child() chama (escopo da função)
void child(void)
{
    int intChild;
}

// a próxima variável intParent possui escopo
// de função
void parent(void)
{
    int intParent = 0;
    child();

    int intLater = 0;
    intParent = intLater;
}

int main(int nArgs, char* pArgs[])
{
    parent();
}
```

Esse fragmento de programa começa com a declaração de uma variável intGlobal. Essa variável existe a partir do momento que o programa começa a executar até ele encerrar. Dizemos que intGlobal "possui escopo de programa". Também dizemos que a variável "vai para o escopo" antes mesmo da função main() ser chamada.

A função main() imediatamente invoca parent(). A primeira coisa que o processador vê em parent() é a declaração de intParent. Nesta parte, intParent vai para dentro do escopo — ou seja, intParent está definido e disponível para o restante da função parent().

A segunda instrução em parent() é a chamada para child(). Novamente, a função child() declara uma variável local, desta vez intChild. O escopo da variável intChild está limitado para a função child(). Tecnicamente, intParent não está definido dentro do escopo de child() porque child() não possui acesso a intParent; porém, a variável intParent continua existindo enquanto child() estiver executando.

Quando child() sai, a variável intChild vai para fora do escopo. Não somente intChild não está mais acessível, como não existe mais. (A memória ocupada por intChild é retornada para o jogo para ser usada por outras coisas.)

Capítulo 8: Uma Primeira Olhada nos Ponteiros em C++ 139

Como `parent()` continua existindo, a variável `intLater` vai para dentro do escopo na declaração. No momento em que `parent()` retorna para `main()`, `intParent` e `intLater` saem do escopo.

Já que `intGlobal` é declarada globalmente nesse exemplo, ela está disponível para as três funções e continua disponível para o programa.

Examinando o problema de escopo

O segmento de código a seguir compila sem erro, mas não funciona (você não odeia isso?):

```cpp
double* child(void)
{
    double dLocalVariable;
    return &dLocalVariable;
}

void parent(void)
{
    double* pdLocal;
    pdLocal = child();
    *pdLocal = 1.0;
}
```

O problema com essa função é que `dLocalVariable` é definida somente dentro do escopo da função `child()`. Assim, no momento em que o endereço da memória de `dLocalVariable` é retornado de `child()`, ele se refere a uma variável que não existe mais. A memória que `dLocalVariable` ocupou antes está provavelmente sendo usada para algo mais.

Esse erro é muito comum porque ele pode chegar de surpresa de diversas formas. Infelizmente, o programa não para instantaneamente com esse erro. Na verdade, o programa talvez funcione bem na maior parte do tempo — isto é, ele continua funcionando contanto que a memória antes ocupada por `dLocalVariable` não seja reutilizada imediatamente. Esses problemas intermitentes são os mais difíceis de serem resolvidos.

Gerando uma solução usando o heap

O problema de escopo surgiu porque C++ pegou de volta a posição de memória definida antes do programador estar pronto. O que é necessário é um bloco de memória controlado pelo programador. Ele pode alocar a memória e colocar de volta quando ele quiser — não porque C++ acha uma boa ideia. Tal pedaço de memória é chamado *heap*.

A memória heap é alocada usando a palavra-chave new seguido pelo tipo de objeto a ser alocado. O comando new reserva um pedaço da memória no heap grande o suficiente para aguentar o tipo especificado de objeto e retornar seu endereço. Neste exemplo, aloca-se uma variável double fora do heap:

```
double* child(void)
{
    double* pdLocalVariable = new double;
    return pdLocalVariable;
}
```

Agora a função funciona corretamente. Apesar da variável pdLocalVariable sair do escopo quando a função child() retorna, a memória a que pdLocalVariable se refere não volta. A posição de memória alocada por new não sai do escopo até que seja devolvida para o heap por meio da palavra-chave delete, que é designada para este propósito:

```
void parent(void)
{
    // child() retorna o endereço de um bloco
    // do heap
    double* pdMyDouble = child();

    // armazena um valor lá
    *pdMyDouble = 1.1;

    // ...

    // retorna a memória para o heap
    delete pdMyDouble;
    pdMyDouble = 0;

    // ...
}
```

Aqui, o ponteiro retornado para child() é usado para armazenar uma variável double. Depois que a função tiver terminado com a posição da memória, ela é devolvida para o heap.

A função parent() configura o ponteiro para 0 após a memória heap ser retornada — isso não é uma exigência, mas é uma boa ideia. Se o programador por engano tentar armazenar algo em *pdMyDouble depois de delete, o programa travará imediatamente (eu espero) com uma mensagem de erro.

Você pode usar new para alocar arrays no heap também, mas você deve desalocar um array usando a palavra-chave delete[]:

Capítulo 8: Uma Primeira Olhada nos Ponteiros em C++

```
int* nArray = new int[10];

nArray[0] = 0;

delete[] nArray;
```

Tecnicamente, `new int[10]` invoca o operador `new[]` mas ele funciona da mesma forma que `new`.

Direi mais sobre o relacionamento entre ponteiros e arrays no Capítulo 9.

Capítulo 9

Uma Segunda Olhada nos Ponteiros em C++

Neste Capítulo

▶ Efetuando operações aritméticas em ponteiros de caractere
▶ Examinando a relação entre ponteiros e arrays
▶ Aumentando o desempenho do programa
▶ Estendendo as operações de ponteiro para tipos diferentes de ponteiro
▶ Explicando os argumentos para main() em nosso modelo de programa C++

C++ possibilita que os programadores operem em variáveis ponteiro tanto quanto eles fariam em tipos simples de variáveis (o conceito de variáveis ponteiro é apresentado no Capítulo 8). Como e porquê isso é feito, junto com suas implicações, são os assuntos deste capítulo.

Definindo Operações em Variáveis Ponteiro

Alguns dos operadores aritméticos que vimos no Capítulo 3 podem ser aplicados aos tipos ponteiro. Esta seção verifica as implicações de empregar esses operadores nos ponteiros e nos tipos array (vimos arrays no Capítulo 7). A Tabela 9-1 lista os três operadores fundamentais que são definidos em ponteiros. Na tabela, pointer, pointer1 e pointer2 são tipos de ponteiros, digamos char*; e offset é um inteiro, por exemplo, long. C++ também suporta os outros operadores relacionados à adição e à subtração, como ++ e +=, apesar de não estarem listados na Tabela 9-1.

Parte II: Como se Tornar um Programador Funcional

Tabela 9-1	As Três Operações Básicas Definidas em Tipos Ponteiro	
Operação	*Resultado*	*Significado*
pointer + offset	pointer	Calcula o endereço do objeto que está a offset entradas a partir do ponteiro.
pointer – offset	pointer	O oposto da adição.
pointer2 – pointer1	offset	Calcula o número de entradas entre pointer2 e pointer1.

O modelo de memória de uma vizinhança é útil para explicar como o ponteiro aritmético funciona. Imagine o quarteirão de uma cidade em que todas as casas são numeradas em sequência. A casa na Main Street 123 tem a Main Street 122 de um lado, e Main Street 124 do outro.

Fica claro que, quatro casas abaixo da Main Street 123, deve estar a Main Street 127; portanto, você pode dizer que `Main 123 + 4 = Main 127`. Assim, se eu perguntasse quantas casas existem entre Main 123 e Main 127, a resposta seria quatro — `Main 127 - Main 123 = 4` (uma observação, uma casa está a zero casas dela mesmo: `Main 123 - Main 123 = 0`).

Mas, não faz sentido perguntar qual a distância de Main Street 123 para 4 ou qual é a soma de Main 123 e Main 127. De certa maneira, você não pode ter dois endereços. Nem multiplicar um endereço, nem dividir, nem elevar ao quadrado, ou calcular a raiz quadrada — você pegou a ideia. Você pode efetuar qualquer operação que pode ser convertida em adição ou subtração. Por exemplo, se você acrescentar um ponteiro a Main Street 123, vai apontar para a próxima casa (Main 124, é claro!).

Reexaminando arrays do ponto de vista das variáveis ponteiro

Vamos retornar para o maravilhoso array por um momento. Imagine o caso de um array de 23 caracteres de 1-byte chamado `charArray`. Se o primeiro byte desse array for armazenado no endereço 0x100, o array se estenderá no intervalo entre 0x100 e 0x11f. `charArray[0]` está posicionado no endereço 0x100, `charArray[1]` está em 0x101, `charArray[2]` em 0x102, e assim vai.

Depois de executar a expressão

```
char* ptr = &charArray[0];
```

o ponteiro `ptr` contém o endereço 0x100. A adição de um offset inteiro em um ponteiro é definida tal que as relações mostradas na Tabela 9-2

Capítulo 9: Uma Segunda Olhada nos Ponteiros em C++

são verdadeiras. Ela também mostra o porquê de, ao somar a offset n com `ptr`, calcula-se o endereço do *n*-ésimo elemento em `charArray`.

Tabela 9-2   Adicionando Offsets

Offset	Resultado	É o Endereço De
+0	0X100	*charArray[0]*
+1	0X101	*charArray[1]*
+2	0X102	*charArray[2]*
...	...	...
+n	0X100 + n	*charArray[n]*

A adição de uma offset em um ponteiro é idêntica à aplicação de um índice em um array.

Assim, se

```
char* ptr = &charArray[0];
```

então

```
*(ptr + n)  ←  corresponds with  →  charArray[n]
```

Já que `*` tem maior precedência do que adição, `*ptr + n` adiciona n ao caractere que `ptr` está pontando. Os parênteses são necessários para obrigar que a adição ocorra antes do procedimento. A expressão `*(ptr + n)` resgata o caractere apontado pelo ponteiro `ptr` mais a offset n.

Na verdade, a semelhança entre as duas expressões é tão grande que C++ considera `array[n]` não mais do que uma versão simplificada de `*(ptr + n)`, em que `ptr` aponta para o primeiro elemento no array.

```
array[n]  --  C++ interprets as  →  *(&array[0] + n)
```

Para completar a associação, C++ pega um segundo atalho. Se dado

```
char charArray[20];
```

`charArray` é definido como `&charArray[0];`. Ou seja, o nome do array sem um subscrito é o endereço do próprio array. Assim, você pode simplificar ainda mais a associação para

```
array[n]  --  C++ interprets as  →  *(array + n)
```

O tipo de `charArray` é, na verdade, `char const*`; ou seja, "ponteiro constante para um caractere" desde que seu endereço não seja mudado.

Aplicando operadores ao endereço de um array

A semelhança entre indexar um array e ponteiro aritmético é útil. Por exemplo, uma função `displayArray()` costumava exibir o conteúdo de um array de inteiros desta forma:

```
// displayArray - exibe os membros de um
//                array de tamanho nSize
void displayArray(int intArray[], int nSize)
{
    cout << "The value of the array is:\n";

    for(int n = 0; n < nSize; n++)
    {
        cout << n << ": " << intArray[n] << "\n";
    }
    cout << endl;
}
```

Essa versão utiliza as operações de array com as quais você está familiarizado. Essa mesma versão ponteiro fica assim:

```
// displayArray - exibe os membros de um
//                array de tamanho nSize
void displayArray(int intArray[], int nSize)
{
    cout << "The value of the array is:\n";

    // inicializa o ponteiro pArray com o
    // endereço do array intArray
    int* pArray = intArray;
    for(int n = 0; n < nSize; n++, pArray++)
    {
        cout << n << ": " << *pArray << "\n";
    }
    cout << endl;
}
```

O novo `displayArray()` começa criando um ponteiro para o inteiro `pArray` que aponta para o primeiro elemento de `intArray`.

O nome `intArray` sozinho é do tipo `int*` e se refere ao endereço do array.

A função faz um loop em cada elemento do array. Em cada loop, `displayArray()` exibe como saída o inteiro atual (ou seja, o inteiro apontado por `pArray`) antes de incrementar o ponteiro na próxima entrada de `intArray`. `displayArray()` pode ser testado usando esta versão de `main()`:

```
int main(int nNumberofArgs, char* pszArgs[])
{
    int array[] = {4, 3, 2, 1};
    displayArray(array, 4);

    // espera até o usuário estar pronto antes de encerrar
    // o programa para permitir que ele veja os resultados
    cout << "Press Enter to continue..." << endl;
    cin.ignore(10, '\n');
    cin.get();
    return 0;
}
```

A saída desse programa é

```
The value of the array is:
0: 4
1: 3
2: 2
3: 1

Press Enter to continue...
```

Você talvez pense que essa conversão do ponteiro é boba; no entanto, a versão ponteiro de displayArray() é de fato mais comum do que a versão array entre os programadores de C++ mais populares. Por alguma razão, os programadores de C++ parecem não gostar de arrays, mas idolatram manipulação de ponteiro.

O uso de ponteiros para acessar arrays é mais comum no acesso aos arrays de caractere.

Expandindo operações de ponteiro para uma string

Uma string terminada em nulo é simplesmente um caractere constante cujo último caractere é um nulo. C++ utiliza o caractere nulo no final para servir como encerramento. Esse array terminado em nulo serve como um tipo quase variável dele mesmo (veja o Capítulo 7 para uma explicação sobre arrays string terminados em nulo). Com frequência, os programadores de C++ utilizam ponteiros de caractere para manipular tais strings. O exemplo de código a seguir compara essa técnica com a de indexar o array que vimos anteriormente.

Os ponteiros de caractere possuem a mesma relação com um array de caractere que qualquer outro ponteiro ou array compartilhariam. Entretanto, o fato de a string encerrar em um término nulo faz com que

Parte II: Como se Tornar um Programador Funcional

eles sejam responsáveis pela manipulação baseada em ponteiro, como mostra o programa DisplayString:

```
// DisplayString - mostra um array de caracteres usando
//                 um ponteiro e um índice de array
#include <cstdio>
#include <cstdlib>
#include <iostream>
using namespace std;

int main(int nNumberofArgs, char* pszArgs[])
{
    // declara a string
    const char* szString = "Randy";
    cout << "The array is '" << szString << "'" << endl;

    // exibe szString como um array
    cout << "Display the string as an array: ";
    for(int i = 0; i < 5; i++)
    {
      cout << szString[i];
    }
    cout << endl;

    // agora usando ponteiros aritméticos comuns
    cout << "Display string using a pointer: ";
    const char* pszString = szString;
    while(*pszString)
    {
      cout << *pszString;
      pszString++;
    }
    cout << endl;

    // espera até o usuário estar pronto antes de encerrar
    // o programa para permitir que ele veja os resultados
    cout << "Press Enter to continue..." << endl;
    cin.ignore(10, '\n');
    cin.get();
    return 0;
}
```

O programa faz seu caminho pelo array szString indexando-se dentro do array de caracteres. O loop for para quando o índice chega a 5, o tamanho da string.

O segundo loop exibe a mesma string usando um ponteiro. O programa configura a variável pszString igual ao endereço do primeiro caractere do array. Então, ele insere um loop que continuará até que o char apontado por pszString for igual a false — em outras palavras, até o caractere ser nulo.

O valor inteiro 0 é interpretado como false — todos os outros valores são true.

O programa mostra como saída o caractere apontado por pszString. Depois, ele incrementa o ponteiro para que aponte para o próximo caractere na string, antes de ser retornado para o início do loop.

A derreferência e o incremento podem (e geralmente são) ser combinados em uma expressão única como:

```
cout << *pszString++;
```

A saída desse programa é:

```
The array is 'Randy'
Display the string as an array: Randy
Display string using a pointer: Randy
Press Enter to continue...
```

Justificando a manipulação de string baseada em ponteiro

A natureza misteriosa da manipulação baseada em ponteiro das strings de caractere às vezes levam o leitor a se perguntar, "Por que?" Isto é, qual vantagem a versão ponteiro char* possui sobre a versão de índice de fácil leitura?

A resposta é metade (pré-)histórica e metade de natureza humana. Quando C, o antecessor de C++, foi inventado, os compiladores eram bem simples. Eles não podiam efetuar as otimizações complicadas que os de atualmente efetuam. Por mais complicado que talvez pareça ao leitor humano, uma instrução como *pszString++ poderia ser convertida em um número pequeno de instruções de nível de máquina, até mesmo por um compilador fraco.

Os processadores dos antigos computadores não eram tão rápidos quanto os padrões de hoje em dia. Nos primórdios de C, salvar algumas instruções de computador era um grande problema. Isso deu a C uma grande vantagem sobre as outras linguagens da época, particularmente Fortran, que não oferecia ponteiro aritmético.

Além do fator eficiência, os programadores gostam de produzir instruções de computador engenhosas. Após os programadores de C++ aprenderem a escrever instruções compactas e misteriosas mas eficientes, não há como pegá-las de volta para acessar os arrays com índices.

Não produza expressões complexas em C++ para criar um programa mais eficiente. Não há relação aparente entre o número de instruções C++ e o número de instruções de máquina produzidas.

Aplicando operadores aos tipos de ponteiro além de char

Não é muito difícil de se convencer que `szTarget + n` aponta para `szTarget[n]` quando `szTarget` é um array de `char`s. Além do mais, um `char` ocupa um único byte. Se `szTarget` está armazenada em 0x100, `szTarget[5]` está na posição 0x105.

Não é tão óbvio que a adição de ponteiro funcione do mesmo modo para um array `int`. Um `int` pega 4 bytes para cada `char` de 1 byte (ao menos ele funciona em um processador Intel 32-bit). Se o primeiro elemento em `intArray` estivesse na posição 0x100, então `intArray[5]` estaria posicionado em 0x114 (0x100 + (5 * 4) = 0x114) e não em 0x104.

Para nossa sorte, `array + n` aponta para `array[n]` sem se importar com o tamanho de um único elemento do array. C++ cuida do tamanho do elemento para nós — é mais prático.

Mais uma vez, a analogia empoeirada da casa velha funciona aqui também (Quero dizer analogia empoeirada, e não casa empoeirada). A terceira casa abaixo de Main 123 é Main 126, não importa o tamanho dos prédios, se eles são bangalôs ou mansões.

Comparando um ponteiro com um array

Existem algumas diferenças entre um ponteiro e um array. Uma seria o array alocar espaço para o dado, enquanto que o ponteiro não aloca, como vemos em:

```
void arrayVsPointer()
{
    // aloca armazenamento para 128 caracteres
    char charArray[128];

    // aloca espaço para um ponteiro mas não para
    // o que ele aponta
    char* pArray;
}
```

Aqui, `charArray` aloca espaço para 128 caracteres. `pArray` aloca somente 4 bytes — a quantidade de armazenamento exigida por um ponteiro.

Observe o exemplo a seguir:

```
char charArray[128];
charArray[10] = '0'; // isso funciona bem

char* pArray;
pArray[10] = '0';    // isso escreve em posições aleatórias
```

As strings me confundem constantemente

Você deve ter notado que eu pulei uma declaração const no exemplo do programa *DisplayString* anteriormente. Isso foi necessário para explicar as diferenças entre um array e um ponteiro. Uma string como "this is a string" é dado como um endereço constante de uma string de caracteres constantes. Em outras palavras, nem o endereço da string ou os próprios caracteres podem ser mudados. E por que isso?

Um dos problemas é você não saber nem onde C++ armazena suas strings locais e nem quantas vezes ele reutiliza a mesma string. Com frequência, C++ armazena as strings constantes na mesma posição de memória que o código-fonte, e, muitas vezes, reutiliza a mesma string em vários lugares no programa. Por esse motivo, C++ geralmente caracteriza strings constantes como não sendo possíveis de serem escritas.

A inicialização de uma variável ponteiro é semelhante à inicialização de qualquer outra variável simples:

```
int i = 1;
const char* pString = "this is a string";
```

Ambas declarações inicializam a variável da esquerda com o valor constante da direita. Mas, já que *pString* aponta diretamente para a string imutável "this is a string", é importante que *pString* seja declarada const char*. Ou seja, um ponteiro para caracteres constantes.

O array equivalente é mais complicado do que aparenta:

```
char sChars[] = "this is a string"; // declara e inicializa o array
```

A memória é declarada e alocada para um array *sChars[]* e depois copia a string de inicialização dentro dela. Deste modo, a letra t, que é o primeiro caractere em *sChars*, não é a mesma letra que formou a string de inicialização imutável com *pString*.

Na verdade, o anterior é uma abreviação para a maior e mais descritiva

```
char sChars[17];                         // declara o array e...
strcpy(sChars, "this is a string");      // ...então o inicializa
```

Lembre-se que *strcpy()* copia a string de caracteres representada pelo segundo argumento dentro do array apontado pelo primeiro argumento. Lembre-se, também, de alocar espaço para o término em nulo.

A expressão pArray[10] é sintaticamente equivalente a charArray[10], mas pArray não foi inicializada, então pArray[10] faz referência a uma posição aleatória (um lixo) na memória.

O erro de referenciar a memória com uma variável ponteiro não-inicializada é geralmente pego pela CPU quando o programa executa. Isso resulta em um erro temido de *violação de segmento* que de tempos em tempos origina das suas aplicações favoritas sob seu não tão favorito, sistema operacional. Esse problema não tem origem no processador ou no sistema operacional, mas na aplicação.

Outra consequência dessa diferença é que você pode usar um loop `for` baseado em intervalo em um array em que o tamanho é conhecido mas não em um ponteiro em que o número de elementos é desconhecido:

```
char charArray[128];
for(char& c : charArray) { c = '\0';} // inicializa o array

char* pArray = charArray;
for(char& c : pArray) {c = '\0';} // não é permitido
```

O primeiro loop `for` baseado em intervalo pode ser usado para inicializar `charArray` para caracteres nulos. Entretanto, o segundo loop `for` não compila. Embora a `pArray` seja atribuído o endereço do array de caractere com seus 128 caracteres, C++ não mantém essa informação sobre o tamanho com o ponteiro, então ele não sabe até onde iterar dentro do loop `for` baseado em intervalo (veja o Capítulo 5 para uma descrição de loop `for` baseado em intervalo).

Uma segunda diferença entre o ponteiro e o endereço de um array é que `charArray` é uma constante, enquanto que `pArray` não. Assim, o loop `for` utilizado para inicializar o array `charArray` não funciona:

```
char charArray[10];
for (int i = 0; i < 10; i++)
{
    *charArray = '\0';      // isso faz sentido...
    charArray++;            // ...isso não faz
}
```

Tanto quanto 10++, a expressão `charArray++` não faz sentido. A versão correta é:

```
char charArray[10];
char* pArray = charArray;
for (int i = 0; i < 10; i++)
{
    *pArray = '\0'; // isso funciona muito bem
    pArray++;       // isso é ok - não é um ponteiro const
}
```

E Quando Não É um Ponteiro?

C++ é silencioso sobre que é e o que não é um endereço permitido, com uma exceção. C++ predefine a constante `nullptr` com estas propriedades:

- É um valor constante.
- Pode ser atribuída a qualquer ponteiro.
- Avalia para `false`.
- Nunca é um endereço permitido.

A constante `nullptr` é usada para indicar quando um ponteiro não foi inicializado. Também é muito comum ser usada para indicar o último elemento em um array de ponteiros mais ou menos da mesma forma que um caractere nulo é usado para encerrar uma string de caractere.

Na verdade, a palavra-chave `nullptr` foi introduzida no padrão 2011. Antes disso, a constante 0 era usada para indicar um ponteiro nulo.

É uma prática segura inicializar ponteiros para o `nullptr` (ou 0 se seu compilador não suporta `nullptr` ainda). Você também deveria limpar os conteúdos de um ponteiro para a memória heap depois de você chamar `delete` para evitar de apagar o mesmo bloco de memória duas vezes:

```
delete pHeap;      // retorna a memória para o heap
pHeap = nullptr;   // limpa o ponteiro
```

Passar o mesmo endereço para apagar duas vezes sempre travará seu programa. Passar um `nullptr` (ou 0) para `delete` não produz nenhum efeito.

Declarando e Usando Arrays de Ponteiros

Se os ponteiros podem apontar para os array, me parece justo que o contrário deva ser verdade. Os arrays de ponteiros são um tipo de array de interesse especial.

Assim como os arrays podem conter outros tipos de dados, um array pode contar ponteiros. Temos um array de ponteiros declarado para `ints`:

```
int* pInts[10];
```

Visto a declaração acima, `pInts[0]` é um ponteiro para um valor `int`. Deste modo, é verdade que:

```
void fn()
{
    int n1;
    int* pInts[3];
    pInts[0] = &n1;
    *pInts[0] = 1;
}
```

ou

```
void fn()
{
    int n1, n2, n3;
    int* pInts[3] = {&n1, &n2, &n3};
    for (int i = 0; i < 3; i++)
    {
        *pInts[i] = 0;
    }
}
```

até mesmo

```
void fn()
{
    int* pInts[3] = {(new int),
                     (new int),
                     (new int)};
    for (int i = 0; i < 3; i++)
    {
        *pInts[i] = 0;
    }
}
```

Esse último declara três objetos `int` no heap. Esse tipo de declaração não é muito usada exceto no caso de um array de ponteiros para strings de caractere. Os exemplos a seguir mostram por que arrays de strings de caractere são úteis.

Utilizando arrays de strings de caractere

Imagine que eu precise de uma função que retorne o nome do mês correspondente a um argumento inteiro passado para ele. Por exemplo, se é passado um 1 ao programa, ele retorna um ponteiro para a string "`January`"; se 2, ele informa "`February`", e assim por diante. O mês 0 e quaisquer números maiores que 12 são ditos como inválidos. Eu poderia escrever essa função assim:

Capítulo 9: Uma Segunda Olhada nos Ponteiros em C++

```
// int2month() - retorna o nome do mês
const char* int2month(int nMonth)
{
    const char* pszReturnValue;

    switch(nMonth)
    {
        case 1: pszReturnValue = "January";
                break;
        case 2: pszReturnValue = "February";
                break;
        case 3: pszReturnValue = "March";
                break;
        // e assim por diante
        default: pszReturnValue = "invalid";
    }
    return pszReturnValue;
}
```

O comando de controle switch() é como uma sequência de instruções if.

Uma solução mais elegante usa o valor inteiro para o mês como um índice dentro de um array de ponteiros para os nomes dos meses. Na prática, ele aparece assim:

```
// define um array contendo os nomes dos meses
const char *const pszMonths[] = {"invalid",
                                 "January",
                                 "February",
                                 "March",
                                 "April",
                                 "May",
                                 "June",
                                 "July",
                                 "August",
                                 "September",
                                 "October",
                                 "November",
                                 "December"};

// int2month() - retorna o nome do mês
const char* int2month(int nMonth)
{
    // primeira checagem por um valor fora do intervalo
    if (nMonth < 1 || nMonth > 12)
    {
        return "invalid";
    }

    // nMonth is valid - retorna o nome do mês
    return pszMonths[nMonth];
}
```

Aqui, `int2month()` checa primeiro para se certificar que `nMonth` é um número entre 1 e 12 (a cláusula `default` da instrução `switch` manipulou isso no exemplo anterior). Se `nMonth` é válida, a função a usa como uma offset dentro de um array contendo os nomes dos meses.

A técnica de se referir às strings de caractere pelo índice é bastante útil ao escrever seu programa para funcionar em idiomas diferentes. Por exemplo, um programa pode declarar um `ptrMonth` de ponteiros para meses julianos em idiomas diferentes. O programa inicializaria `ptrMonth` com os nomes certos, sejam eles em inglês, francês ou alemão (por exemplo), no tempo de execução. Deste modo, `ptrMonth[1]` aponta para o nome correto do primeiro mês juliano, independente do idioma.

Um programa que demonstra `int2Month()` está disponível para download como `DisplayMonths` no site da editora em www.altabooks.com.br (procure pelo título do livro).

Acessando os argumentos para main ( )

Agora a verdade pode ser dita: o que são aquelas estranhas declarações de argumento para `main()` no nosso programa modelo? O segundo argumento para `main()` é um array de ponteiros para strings de caractere em término nulo. Essas strings contêm os argumentos para o programa. Os argumentos para um programa são as strings que aparecem com o nome do programa quando você o inicia. Esses argumentos também são conhecidos como parâmetros. O primeiro argumento para `main()` é o número de parâmetros passados para o programa. Por exemplo, imagine que eu inseri este comando no prompt de comando:

```
MyProgram file.txt /w
```

O sistema operacional executa o programa incluso no arquivo `MyProgram` (ou `MyProgram.exe` em um sistema Windows), passando-o para o argumento `file.txt` e `/w`.

Observe este simples programa:

```
// PrintArgs - escreve os argumentos para o
//             programa para a saída padrão
#include <cstdio>
#include <cstdlib>
#include <iostream>
using namespace std;

int main(int nNumberofArgs, char* pszArgs[])
{
```

```
    // imprime um banner de aviso
    cout << "The arguments to "
         << pszArgs[0] << " are:\n";

    // passa os argumentos restantes
    for (int i = 1; i < nNumberofArgs; i++)
    {
        cout << i << ":" << pszArgs[i] << "\n";
    }

    // é isso
    cout << "That's it" << endl;

    // espera até o usuário estar pronto antes de encerrar
    // o programa para permitir que ele veja os resultados
    cout << "Press Enter to continue..." << endl;
    cin.ignore(10, '\n');
    cin.get();
    return 0;
}
```

Como sempre, a função main() aceita dois argumentos. O primeiro é um int que eu chamo de (por acaso bem descritivo) nNumberofArgs. Essa variável é o número de argumentos passados para o programa. O segundo argumento é um array de ponteiros do tipo char* que eu chamo de pszArgs.

Acessando argumentos de programa no estilo DOS

Se eu fosse executar o programa PrintArgs a partir da janela do prompt de comando como

```
PrintArgs arg1 arg2 arg3 /w
```

nArgs seria 5 (um para cada argumento). O primeiro argumento é o nome do próprio programa. Isso poderia estar em qualquer lugar, desde o simples "PrintArgs" até o levemente mais complicado "PrintArgs.exe" até o caminho completo — o padrão C++ não especifica. O ambiente ainda pode fornecer uma string nula "" se ele não tiver acesso ao nome do programa.

Os elementos restantes em pszArgs apontam para os argumentos do programa. Por exemplo, pszArgs[1] aponta para "arg1" e pszArgs[2] para "arg2". Como o Windows não especifica nenhuma importância em "/w", essa string também é passada como um argumento a ser processado pelo programa.

Na verdade, C++ inclui um valor final. O último valor no array, o que está depois do ponteiro para o último argumento do programa, contém nullptr.

Para demonstrar como a passagem de argumento funciona, você precisa construir o programa de dentro do Code::Blocks e executá-lo diretamente a partir do prompt de comando. Primeiro, certifique-se que Code::Blocks abriu os projetos `PrintArgs` e escolheu Build ➪ Rebuild para construir um executável.

Depois, abra uma janela de prompt de comando. Se você estiver usando Unix ou Linux, você já está lá. Se você estiver usando Windows, escolha Programas ➪ Accessórios ➪ Prompt de Comando para abrir uma janela do tamanho de 80 caracteres com um prompt de comando.

Agora você precisa usar o comando CD para chegar ao diretório onde Code::Blocks colocou o programa `PrintArgs`. Se você usou as configurações padrões quando instalou Code::Blocks, esse diretório será `C:\CPP_Programs_from_Book\Chap09\PrintArgs\bin\Debug`.

Você pode executar o programa digitando seu nome seguido por seus argumentos. Veremos o que aconteceu quando fiz isso no Windows 7:

```
C:\Users\Randy>cd \cpp_programs_from_book\chap09\printargs\bin\debug

C:\CPP_Programs_from_book\Chap09\PrintArgs\bin\Debug>PrintArgs arg1 arg2 arg3 /n
The arguments to PrintArgs are:
1:arg1
2:arg2
3:arg3
4:/n
That's it
Press Enter to continue...
```

Caracteres wildcard como *.* podem ou não ser expandidos antes de serem passados para o programa — não há padrão neste ponto. O compilador Code::Blocks/gcc, desempenha tal expansão no Windows, como vemos em:

```
C:\CPP_Programs_from_book\Chap09\PrintArgs>bin\debug\PrintArgs *.*
The arguments to bin\debug\PrintArgs are:
1:bin
2:main.cpp
3:obj
4:PrintArgs.cbp
That's it
Press Enter to continue...
```

Você verá os nomes dos arquivos no diretório atual no lugar de *.* que eu inseri.

A expansão de caracteres wildcard é realizada em todas as formas do Linux, assim como no Macintosh.

Acessando argumentos de programa no estilo Code::Blocks

Você pode adicionar argumentos para seu programa quando você o executa a partir do Code::Blocks também. Escolha Project ⇨ Set programs' arguments de dentro de Code::Blocks. Insira a linha de comando que você gostaria na janela Program arguments.

Acessando argumentos de programa no estilo Windows

O Windows passa argumentos como um meio de comunicação com seu programa. Tente este experimento: Monte seu programa como você faria normalmente. Encontre o arquivo executável usando o Windows Explorer (como observado anteriormente, o local padrão para o programa PrintArgs é C:\CPP_Programs_from_book\Chap09\PrintArgs\bin\Debug). Agora, arraste um arquivo e solte em cima do nome do arquivo (Não importa qual arquivo você escolheu porque o programa não iria prejudicá-lo de forma alguma). Bum! O programa PrintArgs inicia na mesma hora, e o nome do arquivo que você soltou no programa aparece.

Tente novamente, mas solte diversos arquivos de uma só vez. Selecione múltiplos nomes de arquivo enquanto pressiona a tecla Ctrl ou a tecla Shift para selecionar um grupo. Agora arraste muitos deles em PrintArgs.exe e solte. O nome de cada arquivo aparece como saída.

Eu coloquei alguns arquivos que aparecem na minha pasta \Program Files\WinZip em PrintArgs como exemplo:

```
The arguments to
               C:\CPP_Programs_from_book\Chap09\PrintArgs\bin\Debug\PrintArgs.
       exe are:
1:C:\Program Files\WinZip\VENDOR.TXT
2:C:\Program Files\WinZip\WHATSNEW.TXT
3:C:\Program Files\WinZip\WINZIP.CHM
4:C:\Program Files\WinZip\WINZIP.TXT
5:C:\Program Files\WinZip\WINZIP32.EXE
6:C:\Program Files\WinZip\WZ.COM
That's it
Press Enter to continue...
```

Repare que o nome de cada arquivo aparece como um único argumento, embora o nome do arquivo possa incluir espaços. Repare, também, que o Windows passa o nome do caminho inteiro do arquivo.

Capítulo 10

O Pré-processador C++

Neste Capítulo
- Incluindo arquivos-fonte
- Definindo constantes e macros
- Enumerando alternativas para constantes
- Inserindo checagem de tempo de compilação
- Simplificando declarações via `typedef`

*V*ocê pensou que tudo o que teria que aprender era C++. Acontece que C++ contém um pré-processador que trabalha nos seus arquivos-fonte antes mesmo do "verdadeiro compilador C++" conseguir vê-los. Infelizmente, a sintaxe do pré-processador é totalmente diferente da do próprio C++.

Antes de entrar em desespero, entretanto, desde já digo que o pré-processador é muito básico e o padrão C++ '11 incluiu vários recursos que quase fazem o pré-processador não ter utilidade. Apesar disso, se o papo levar a C++ no seu próximo Clube do Livro, espera-se que você entenda tudo sobre o pré-processador.

O Que É um Pré-processador?

Até agora, você deve ter pensado que o compilador C++ está saboreando seu código-fonte e cuspindo um programa executável em um passo. Mas isso não é verdade.

Primeiro, o pré-processador faz uma passagem pelo seu programa procurando por suas instruções. A saída desse passo do pré-processador é um arquivo intermediário que possui todos os comandos do pré-processador expandidos. Esse arquivo intermediário é passado para o compilador C++ para processamento. A saída do compilador C++ é um arquivo objeto que possui a instrução de máquina equivalente ao seu código-fonte C++. Durante o passo final, um programa separado chamado de vinculador associa um conjunto de bibliotecas padrão com seu arquivo objeto (ou arquivos, como veremos no Capítulo 21) para criar um programa executável (Mais sobre bibliotecas padrão na próxima seção deste capítulo).

Arquivos objeto recebem a extensão .o. Os programas executáveis sempre recebem a extensão .exe no Windows e não possuem extensão no Linux nem no Mac OS X. Os arquivos executáveis e os objetos são armazenados no Code::Blocks em suas próprias pastas. Por exemplo, se você já construiu o programa intAverage do Capítulo 2, você terá no seu disco rígido uma pasta C:\CPP_Programs_from_book\IntAverage\obj\Debug contendo main.o e uma pasta C:\CPP_Programs_from_book\IntAverage\bin\Debug que contém o programa executável.

Todos os comandos do pré-processador começam com o símbolo # na coluna 1 e terminam com o caractere de nova linha.

Como quase todas as regras em C++, essa também tem uma exceção. Você pode espalhar um comando de pré-processador por múltiplas linhas terminando a linha com o caractere barra invertida: \. Porém, não teremos nenhum comando de pré-processador muito complicado.

Neste livro, nós trabalharemos com três comandos de pré-processador:

- #include contém os conteúdos do arquivo específico no lugar da instrução #include.
- #define define uma constante ou um macro.
- #if contém uma seção do código no arquivo intermediário se a condição a seguir for true.

Cada um desses comandos de pré-processador é abordado nas próximas seções.

Incluindo Arquivos

A biblioteca padrão C++ é composta por funções tão básicas que a maioria das pessoas precisa delas. Seria tolice obrigar todos os programadores a escreverem as funções sozinhos. Por exemplo, as funções de entrada e saída, que nós temos usado para inserir entrada a partir do teclado e exibir no console, estão contidas na biblioteca padrão.

Contudo, C++ exige uma declaração protótipo para qualquer função que você chamar, estando na biblioteca ou não (veja o Capítulo 6 se isso não faz sentido para você). Em vez de obrigar o programador a digitar todas essas declarações à mão, os autores das bibliotecas criaram arquivos inclusos que contêm um pouco mais do que declarações protótipo. Tudo o que você precisa fazer é #include o arquivo-fonte que contém os protótipos para as rotinas de biblioteca que você pretende usar.

Pense no simples exemplo a seguir. Imagine que eu criei uma biblioteca que contém as funções trigonométricas sin(), cosin(), tan() e muitas outras. Provavelmente, eu criaria um arquivo incluso mytrig com estes conteúdos para ficarem juntos a minha biblioteca padrão:

```
// inclui declarações de protótipo para minha biblioteca
double sin(double x);
double cosin(double x);
double tan(double x);
// ...mais declarações de protótipo...
```

Qualquer programa que quisesse usar essas funções matemáticas teria que #include aquele arquivo, anexando o nome do arquivo include em < > ou aspas duplas como em

```
#include <mytrig>
```

ou

```
#include "mytrig"
```

A diferença entre essas duas formas de #include é uma questão de onde o pré-processador procurará pelo arquivo mytrig. Quando o arquivo está fechado em aspas duplas, o pré-processador supõe que o arquivo include está local, então ele começa a procurar pelo arquivo no mesmo diretório que ele encontrou o arquivo-fonte. Se ele não encontrar o arquivo lá, ele começa a olhar dentro dos seus próprios diretórios de arquivos include. O pré-processador supõe que os arquivos include dentro de < > vêm da biblioteca C++. Então ele pula a procura no diretório do arquivo-fonte e vai direto para as pastas padrões de arquivos include. Use aspas duplas para qualquer arquivo include que você criar e < > para arquivos include da biblioteca C++.

Portanto, você talvez escreva um arquivo-fonte como este:

```
// MyProgram - é muito inteligente
#include "mytrig"

int main(int nArgc, char* pArguments[])
{
    cout << "The sin of .5 is " << sin(0.5) << endl;
    return 0;
}
```

Parte II: Como se Tornar um Programador Funcional

Brincando na sua própria caixa de nomes

Isto é bastante técnico, então fique à vontade para pular esta parte e voltar nela mais tarde. Os autores do padrão C++ se preocupam muito com colisão de nomes. Por exemplo, além da função matemática log(x) que retorna o logaritmo de x, imagine que em outro contexto eu teria escrito uma função log(x) que escreve status de informações para o log do sistema. Claramente, duas funções diferentes com o mesmo argumento não podem coexistir em um programa. Isso é conhecido como *colisão de nome*.

Para evitar isso, C++ permite que o programador combine declarações em um conjunto de nomes usando a palavra-chave do mesmo nome:

```
namespace Mathematics
{
    double log(double x)
    {
        // ...a definição da função...
    }
}
namespace SystemLog
{
    int log(double x)
    {
        // ...conecta o valor ao arquivo...
    }
}
```

O conjunto de nomes se torna parte do nome estendido da função. Logo, o trecho de código a seguir conecta o logaritmo a um valor:

```
void myFunc(double x)
{
    // ...invoca a função logarítmica...
    double dl = Mathematics::log(x);

    // ...a conecta ao disco
    SystemLog::log(dl);
}
```

Por sorte, você não precisa especificar o conjunto de nomes todas as vezes. A palavra-chave using permite que o programador estabeleça um conjunto de nomes padrão para uma certa função:

```
using double Mathematics::log(double);
void myFunc(double x)
{
    // o padrão é a versão matemática...
    double dl = log(x);

    // ...porém a outra versão ainda está acessível por
    // especificar diretamente o conjunto de nomes
    SystemLog::log(dl);
}
```

Capítulo 10: O Pré-processador C++

Você pode padronizar cada declaração dentro do conjunto de nomes automaticamente:

```
using namespace Mathematics;
void myFunc(double x)
{
    // primeiro olhe para o conjunto de nomes Mathematics...
    double dl = log(x);

    // ...porém a outra versão ainda está acessível por
    // especificar diretamente o conjunto de nomes
    SystemLog::log(dl);
}
```

Veja o programa NamespaceExample nos extras no site da editora em www.altabooks.com.br (procure pelo título do livro), para um exemplo de uso do conjunto de nomes.

As funções de biblioteca padrão moram no conjunto de nomes std; a instrução using namespace std; inclusa no começo de cada um dos programas deste livro, dá aos programas acesso para as funções de biblioteca padrão sem a necessidade de especificar o conjunto de nomes diretamente.

O compilador C++ vê este arquivo intermediário depois que o pré-processador termina de ampliar #include:

```
// MyProgram - é muito inteligente
// declarações de protótipo include para minha biblioteca
double sin(double x);
double cosin(double x);
double tan(double x);
// ...mais declarações de protótipo...

int main(int nArgc, char* pArguments[])
{
    cout << "The sin of .5 is " << sin(0.5) << endl;
    return 0;
}
```

Historicamente, o normal era terminar os arquivos include com .h. C ainda usa esse padrão. Porém, C++ dispensou essa extensão quando ele reformou a estrutura do arquivo include. Agora, os arquivos include padrão de C++ não possuem extensão.

#Definindo Coisas

O pré-processador também permite que o programador #define expressões que são ampliadas durante a fase do pré-processador. Por exemplo, você pode #define uma constante para ser usada por todo o programa.

Na prática, pronuncia-se o sinal # como tralha, então você diz "tralha define uma constante" para diferenciar de definir uma constante de outro jeito.

```
#define TWO_PI 6.2831852
```

Assim fica fácil de entender a próxima instrução:

```
double diameter = TWO_PI * radius;
```

do que a expressão equivalente, que na verdade é o que o compilador de C++ enxerga depois que o pré-processador substituiu `TWO_PI` por sua definição:

```
double diameter = 6.2831852 * radius;
```

Outra vantagem é a possibilidade de `#define` uma constante em um lugar e usá-la em todos os outros. Por exemplo, eu talvez inclua o `#define` em um arquivo include:

```
#define MAX_NAME_LENGTH 512
```

Ao longo do programa, eu posso truncar (arredondar) os nomes que eu leio a partir do teclado para um comum e consistente `MAX_NAME_LENGTH`. Não somente é mais fácil de ler, mas também apresenta um lugar único no programa para trocar se eu quiser aumentar ou diminuir o tamanho máximo do nome que eu escolher processar.

O pré-processador também permite que o programa `#define` funções — como os macros com argumentos que são ampliados quando a definição é usada:

```
#define SQUARE(X) X * X
```

Na prática, essas definições de macro se parecem muito com funções:

```
// calcula a área do círculo
double dArea = HALF_PI * SQUARE(dRadius);
```

Lembre-se que o compilador de C++, na verdade, vê o arquivo gerado a partir da ampliação de todos os macros. Isso pode levar a resultados inesperados. Observe o trecho de código (eles foram tirados do programa `MacroConfusion`, que está incluso nos programas disponíveis no site da editora em www.altabooks.com.br (procure pelo titulo do livro).

```
int nSQ = SQUARE(2);
cout << "SQUARE(2) = " << nSQ << endl;
```

Por fim, ele gera esta saída:

```
SQUARE(2) = 4
```

Porém, estas linhas

```
int nSQ = SQUARE(1 + 2);
cout << "SQUARE(1 + 2) = " << nSQ << endl;
```

geram este resultado surpreendente

```
SQUARE(1 + 2) = 5
```

O pré-processador substitui X na definição de macro com 1 + 2. O que o compilador de C++ realmente vê é

```
int nSQ = 1 + 2 * 1 + 2;
```

Como a multiplicação possui maior precedência do que a adição, ele é transformado em 1 + 2 + 2 que, claro, é 5. Essa confusão poderia ser resolvida com o uso liberal dos parênteses na definição de macro:

```
#define SQUARE(X) ((X) * (X))
```

Essa versão gera o esperado

```
SQUARE(1 + 2)
```

No entanto, alguns resultados inesperados não podem ser reparados não importa o quanto você tente. Observe este trecho:

```
int i = 2;
cout << "i = " << i << endl;
int nSQ = SQUARE(i++);
cout << "SQUARE(i++) = " << nSQ << endl;
cout << "now i = " << i << endl;
```

Ele gera:

```
i = 3;
SQUARE(i++) = 9
now i = 5
```

O valor gerado por SQUARE está correto, mas a variável i foi incrementada duas vezes. O motivo é óbvio quando você observa o macro ampliado:

```
int i = 3;
nSQ = i++ * i++;
```

Como o autoincremento tem precedência, as duas operações i++ são efetuadas primeiro. Ambas retornam o valor atual de i, que é 3. Esses dois valores são multiplicados juntos para retornar o valor esperado de 9. Porém, i está incrementada duas vezes gerando o valor resultante de 5.

Ok, que tal não #definir coisas?

Algumas vezes, os resultados inesperados do pré-processador causam azia nos pais (e mães) de C++ quase desde o início. C++ tem incluído recursos ao longo dos anos para tornar a maioria dos usos de #define desnecessários.

Por exemplo, C++ define a função inline para substituir o macro. Ela se parece com qualquer outra declaração de função com a adição da palavra-chave inline colocada na frente:

```
inline int SQUARE(int x) { return x * x; }
```

Essa definição da função inline se parece muito com a definição anterior de macro para SQUARE() (escrevi essa definição em uma linha para destacar as semelhanças). Porém, uma função inline é processada pelo compilador C++ em vez do pré-processador. Essa definição de SQUARE() não sofre com nenhum dos problemas citados anteriormente.

A palavra-chave inline teria que sugerir ao compilador para que ele "ampliasse a função inline" em vez de gerar uma chamada para um código qualquer para efetuar a operação. Isso foi para agradar os ligeirinhos que queriam economizar tempo de processamento ao efetuar uma chamada de função comparada à definição de macro que não gera chamadas. O melhor que se pode dizer é que as funções inline podem ser ampliadas em ordem, ou talvez não. Não há como ter certeza sem efetuar uma análise temporal detalhada ou examinar o código de máquina exibido como saída pelo compilador.

C++ permite que os programadores usem uma variável declarada const no lugar da constante #define contanto que o valor da constante seja explicado no momento da compilação:

```
const int MAX_NAME_LENGTH = 512;
int szName[MAX_NAME_LENGTH];
```

O padrão '11 chega tão longe que permite que você declare uma função para ser uma constexpr:

```
constexpr int square(int n1, int n2)
    {return n1 * n1 + n2 * n2;}
```

Isso torna esta declaração possível:

```
int matrix[square(5)];
```

No entanto, '11 impõe muitas restrições severas sobre o que pode ir dentro de uma expressão const. Por exemplo, tal função é limitada a somente uma linha.

O padrão '14 diminui um pouco as regras em relação às expressões const. No geral, uma função pode ser declarada uma constexpr se todas as subexpressões puderem ser calculadas no momento da compilação.

Enumerando outras opções

C++ fornece um mecanismo para definir constantes de um tipo separado, definido pelo usuário. Imagine, por exemplo, que eu estivesse escrevendo um programa que manipulasse Membros da União. Eu poderia me referir aos Estados pelo nome, como "Texas" ou "North Dakota". Na prática, isso não é conveniente já que comparações repetitivas de string são computacionalmente intensas e sujeitas a erro.

Eu poderia definir um valor único para cada estado, assim:

```
#define DC_OR_TERRITORY 0
#define ALABAMA    1
#define ALASKA     2
#define ARKANSAS   3
// ...e assim por diante...
```

Isso não só evita a descoordenação de comparar strings, como permite que eu use o nome do estado como índice dentro do array de propriedades como em population:

```
// incrementa a population de ALASKA (eles precisam disso)
population[ALASKA]++;
```

Uma instrução como essa é mais fácil de entender do que a semanticamente igual population[2]++. Isso é tão comum de fazer que C++ permite que o programador defina o que é conhecido como enumeração:

```
enum STATE {DC_OR_TERRITORY,  // leva 0
            ALABAMA,           // leva 1
            ALASKA,            // leva 2
            ARKANSAS,
            // ...e assim por diante...
```

A cada elemento dessa enumeração é atribuído um valor começando em 0, então DC_OR_TERRITORY é definido como 0, ALABAMA é definido como 1, e assim por diante. Você pode ignorar essa sequência incremental usando como instrução de atribuição, desta forma:

```
enum STATE {DC,
            TERRITORIES = 0,
            ALABAMA,
            ALASKA,
            // ...e assim por diante...
```

Essa versão de STATE define o elemento DC, que recebe o valor 0. Um novo elemento TERRITORY é definido e também atribuído o valor 0. ALABAMA continua com 1 como antes.

O padrão '11 amplia as enumerações ao permitir que o programador crie um tipo enumerado definido pelo usuário como este (repare na adição da palavra-chave class):

```
enum class STATE {DC,
                  TERRITORIES = 0,
                  ALABAMA,
                  ALASKA,
                  // ...e assim por diante...
```

Essa declaração cria um novo tipo de STATE e atribui 52 membros a ela (ALABAMA por WYOMING mais DC e TERRITORIES). Agora, o programador pode usar STATE como usaria qualquer outro tipo de variável. Uma variável pode ser declarada para ser do tipo STATE:

```
STATE s = STATE::ALASKA;
```

As chamadas de função podem ser diferenciadas por este novo tipo:

```
int getPop(STATE s);              // retorna population
int setPop(STATE s, int pop);     // configura population
```

O tipo STATE é apenas uma outra palavra para int: a aritmética não é definida por membros do tipo STATE. A seguinte tentativa de usar STATE como índice dentro do array não é possível:

```
int getPop(STATE s)
{
    return population[s];   // não é possível
}
```

Logo, os membros de STATE podem ser convertidos para seus inteiros equivalentes (0 para DC e TERRITORIES, 1 para ALABAMA, 2 para ALASKA, e assim por diante) por meio da aplicação de um *cast* (molde):

```
int getPop(STATE s)
{
    return population[(int)s];   // é possível
}
```

Incluindo Itens #Se Eu Disser Sim

A terceira maior classe de instrução de pré-processador é o #if, que é uma versão pré-processador da instrução if de C++:

```
#if constexpression
// incluída se constexpression é qualquer coisa diferente de zero
#else
// incluída se constexpression for igual a zero
#endif
```

Isso é conhecido como compilação condicional porque o conjunto de instruções entre #if e #else ou #endif está incluído na compilação somente se a condição for verdadeira. A expressão constexpression está limitada à aritmética simples e aos operadores de comparação. Está tudo bem porque qualquer coisa maior do que comparação de igualdade e adição ocasional é raro. Por exemplo, vemos um uso comum para #if. Eu posso incluir uma definição dentro de um arquivo include com um nome como LogMessage.

```
#if DEBUG == 1
inline void logMessage(const char *pMessage)
        { cout << pMessage << endl; }
#else
#define logMessage(X) (0)
#endif
```

Agora eu posso espalhar mensagens de erro por todo o programa onde quer que eu precise delas:

```
#define DEBUG 1
#include "LogMessage"
void testFunction(char *pArg)
{
    logMessage(pArg);
    // ...a função continua...
```

Com DEBUG configurado para 1, logMessage() é convertido em uma chamada para uma função inline que exibe o argumento como saída na tela. Uma vez que o programa esteja funcionando corretamente, eu posso remover a definição de DEBUG. Agora as referências para logMessage() invocam um macro que não faz nada.

Uma segunda versão da compilação condicional é o #ifdef (se pronuncia "if def"):

```
#ifdef DEBUG
// incluído se DEBUG foi #defined
#else
// incluído se DEBUG não foi #defined
#endif
```

Há também um `#ifndef` (se pronuncia "if not def"), que é o reverso lógico de `#ifdef`.

Objetos Definidos Intrinsecamente

C++ define um conjunto de constantes intrínsecas mostradas na Tabela 10-1. Essas são constantes que C++ acha que são muito legais para ficar sem — e que você encontraria problemas em definir sozinho de qualquer jeito.

Tabela 10-1   Constantes de Pré-processador Predefinidas

Constante	Tipo	Significado
__FILE__	const char const *	O nome do arquivo-fonte.
__LINE__	const int	O número da linha atual.
__func__	const char const *	O nome da função atual (apenas C++ '11)
__DATE__	const char const *	A data atual.
__TIME__	const char const *	A hora atual.
__TIMESTAMP__	const char const *	Data e hora atuais.
__STDC__	int	Configura para 1 se o compilador de C++ é compatível com o padrão.
__cplusplus	int	Configura para 1 se o compilador for um compilador de C++ (contrário ao compilador de C). Isso permite que os arquivos include sejam compartilhados pelos ambientes.

Esses macros internos são especialmente úteis quando geram mensagens de erro. Você acha que C++ gera muitas mensagens de erro e não precisa de mais ajuda, mas as vezes você quer criar seu próprio compilador de erros. Para você, C++ não oferece uma, nem duas, mas três opções: `#error`, `assert()` e `static_assert()`. Cada um desses três mecanismos funciona com uma leve diferença.

O comando `#error` é uma diretiva do pré-processador (como você pode ver pelo fato de começar com este sinal #). Ele faz com que o pré-processador pare e exiba uma mensagem. Suponha que seu programa não funcionará com nada além de C++ padrão. Você poderia adicionar ao início do seu programa:

Capítulo 10: O Pré-processador C++

```
#if !__cplusplus || !__STDC__
#error This is a standard C++ program.
#endif
```

Agora se alguém tentar compilar seu programa com qualquer outro compilador além do C++ que adere aos padrões rigorosamente, ele terá uma única mensagem de erro em vez de a avalanche de potenciais mensagens de erro sem sentido a partir de um compilador confuso sem padrão.

Diferentemente de #error, assert() efetua seu teste quando o programa resultante é executado. Por exemplo, imagine que eu escrevi um programa fatorial que calcula N * (N - 1) * (N - 2) e assim por diante até 1 para qualquer coisa que N1 passe. Fatorial é apenas definido para inteiros positivos; passar um número negativo para um fatorial é sempre um erro. Para ser cuidadoso, eu deveria adicionar um teste para um valor não-positivo no começo da função:

```
int factorial(int N)
{
    assert(N > 0);
    // ...o programa continua...
```

Agora, o programa checa o argumento para factorial() toda vez que é chamado. Ao primeiro sinal de negativo, assert() interrompe o programa com uma mensagem para o operador que a declaração falhou, junto com o arquivo e o número da linha.

O uso liberal de assert() por todo o seu programa é um bom modo de detectar problemas mais cedo durante o desenvolvimento, mas testar constantemente por erros que já foram encontrados e removidos durante o teste diminui a velocidade do programa sem necessidade. Para evitar isso, C++ permite que o programador "remova" os testes quando criar a versão do programa para ser usado pelos usuários: #define a constante NDEBUG (para "not debug mode"). Isso faz com que o pré-processador converta todas as chamadas para assert() em seu módulo para não fazer nada (universalmente conhecido como NO-Ops).

O pré-processador não pode efetuar alguns testes no momento da execução. Por exemplo, suponha que seu programa funciona perfeitamente somente se o tamanho do inteiro padrão for 32 bits. O pré-processador não é de nenhuma ajuda já que ele não sabe nada sobre inteiros ou pontos flutuantes. Para resolver essa situação, C++ introduziu a palavra-chave static_assert(), que é interpretada pelo compilador (no lugar do pré-processador). Ela aceita dois argumentos: uma expressão const e uma string, como vemos em:

```
static_assert(sizeof(int) == 4, "int is not 32-bits.");
```

Se a expressão `const` avalia para 0 ou false durante a compilação, o compilador exibe a string como saída e para. A `static_asssert()` não gera nenhum código no momento da execução. Lembre-se, porém, que a expressão é avaliada no momento da execução, então ela não pode conter chamadas de função ou referências para coisas que são visíveis somente quando o programa executa.

Typedef

A palavra-chave `typedef` permite que o programador crie um nome abreviado para a declaração. A cautelosa aplicação de `typedef` pode tornar o programa resultante mais fácil de ler. Repare que `typedef` na verdade não é um comando do pré-processador, mas é altamente associado com arquivos include e o pré-processador.

```
typedef int* IntPtr;
typedef const IntPtr IntConstPtr;

int i;
int *const ptr1 = &i;
IntConstPtr ptr2= ptr1; // ptr1 e ptr2 são do mesmo tipo
```

As primeiras duas declarações neste trecho dão um nome novo aos tipos existentes. Assim, a segunda declaração declara que `IntConstPtr` será outro nome para `int const*`. Quando esse tipo novo é usado na declaração de `ptr2`, ele possui o mesmo efeito que a declaração mais complicada `ptr1`.

Apesar de `typedef` não apresentar nenhuma habilidade nova, ele pode tornar algumas declarações complicadas muito mais fáceis de ler.

Parte III

Introdução às Classes

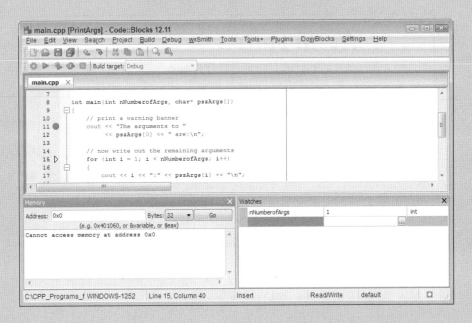

Nesta parte...

- Analisando a programação orientada a objeto
- Declarando e definindo membros de classe
- Declarando construtores e destrutores
- Definindo funções membro estáticas

Capítulo 11

Examinando a Programação Orientada a Objeto

Neste Capítulo

▶ Fazendo nachos
▶ Analisando a programação orientada a objeto
▶ Apresentando abstração e classificação
▶ Descobrindo por que a programação orientada a objeto é tão importante

---

O que, exatamente, é a programação orientada a objeto? Programação orientada a objeto, ou POO, como muitos preferem chamá-la, depende de dois princípios que você aprendeu antes de você sair das fraldas: abstração e classificação. Para explicar, deixe-me contar uma história.

Abstraindo o Forno de Micro-ondas

Às vezes, quando meu filho e eu estamos assistindo futebol (o que só acontece quando minha esposa não acha o controle remoto), eu preparo uma terrível e nada saudável tigela de nachos. Coloco algumas batatas chips no prato, jogo alguns feijões, queijo e muitos jalapeños, e coloco tudo dentro do micro-ondas por cinco minutos. Para usar meu micro-ondas, eu abro a porta, coloco as coisas dentro e aperto alguns botões. Depois de alguns minutos, os nachos estão prontos.

Agora pense por um minuto sobre todas as coisas que eu não faço para usar o micro-ondas:

- Eu não substituo ou mudo nada dentro do micro-ondas para fazê-lo funcionar. Ele tem uma interface — o painel frontal com todos os botões e o pequeno visor — que permite que eu faça tudo o que preciso.
- Eu não tenho que reprogramar o software utilizado para conduzir o pequeno processador dentro do meu micro-ondas, mesmo que eu tenha cozinhado um prato diferente da última vez que usei.
- Eu não olho por dentro do meu micro-ondas.
- Mesmo se eu fosse um designer de micro-ondas e soubesse tudo sobre o funcionamento interno dele, incluindo seu software, eu ainda usaria o mesmo procedimento para esquentar meus nachos sem ter que pensar sobre tudo que o micro-ondas possui dentro dele.

Essas observações não são relevantes. Podemos lidar com o estresse até um certo ponto, pensando um pouco de cada vez. Para diminuir o número de coisas com as quais precisamos lidar, levamos em consideração apenas um certo nível de detalhes do problema.

Na computação orientada a objeto (OO), o nível de detalhe em que você trabalha é chamado de *nível de abstração*. Para apresentar outro termo OO enquanto eu posso, eu me abstraio dos detalhes do interior do micro-ondas.

Quando estou fazendo nachos, eu vejo meu micro-ondas como uma caixa. Eu não consigo me preocupar com as entranhas do micro-ondas e ainda acompanhar a corrida de cavalo na televisão. Contanto que eu opere o micro-ondas por meio de sua interface (os botões), não há nada que eu possa fazer para

- Fazer com que o micro-ondas entre em estado inconsistente e trave.
- Transformar meus nachos em uma massa escura e flamejante.
- Fazer o micro-ondas (junto com o que estiver em volta) pegar fogo!

Preparando nachos funcionais

Suponha que eu peça ao meu filho para escrever um algoritmo para "como meu pai faz nachos". Depois de ter entendido o que eu queria, provavelmente ele escreveria "abra uma lata de feijão, gratine um pouco de queijo, corte os jalapeños" e assim por diante. Quando chegasse na parte de esquentar a mistura, ele escreveria algo como "cozinhe no micro-ondas por cinco minutos".

Essa descrição está simples e completa, mas não é como um programador funcional codificaria um programa para fazer nachos. Os programadores funcionais vivem em um mundo onde objetos como micro-ondas e outros utensílios domésticos não existem. Eles costumam se preocupar com diagramas de fluxo e seus extensos caminhos funcionais. Em uma solução prática para a situação dos nachos, o controle de fluxo passaria do meu dedo para o painel frontal e então para o interior do micro-ondas. Em instantes, o fluxo estaria passeando pelo caminho lógico e complexo calculando o tempo que levaria desde o momento de ligar o micro-ondas até o som de "está pronto".

Em um mundo como esse, fica difícil pensar em termos de níveis de abstração. Os objetos não existem, não há abstrações por trás que escondam a complexidade inerente.

Preparando nachos orientados a objeto

Em um método orientado a objetos para preparar nachos, eu, primeiro, identificaria os tipos de objetos no problema: chips, feijões, queijo e forno. Depois, eu teria a missão de modelar esses objetos em um software, sem pensar nos detalhes de como eles serão utilizados no programa final.

Enquanto eu estou fazendo isto, me disseram que estou trabalhando (e pensando) no nível de abstração dos objetos básicos. Eu preciso pensar em criar um forno útil, mas não preciso pensar no processo lógico de preparação dos nachos ainda. Além do mais, os designers de micro-ondas não pensaram sobre a típica situação de preparar um lanche. Pelo contrário, eles focaram em desenvolver e construir um forno adequado.

Depois de os objetos que preciso terem sido codificados e testados com sucesso, eu posso avançar para o próximo nível de abstração. Posso começar a pensar nos passos de preparo do nacho em vez de pensar nos passos de fabricação do micro-ondas. Neste ponto, eu posso muito bem traduzir as instruções do meu filho diretamente no código C++.

Classificando os Fornos de Micro-ondas

Classificação é um conceito importante de abstração. Se eu fosse perguntar ao meu filho, "O que é um micro-ondas?" provavelmente, ele diria, "É um forno que..." Depois, se eu perguntasse, "O que é um forno?" ele talvez respondesse, "É um utensílio de cozinha que..." Se eu perguntasse "O que é utensílio de cozinha?", ele diria: "Por que você está fazendo tantas perguntas bobas?"

As respostas que meu filho deu para as minhas perguntas vêm a partir do seu entendimento de micro-ondas como um exemplo do tipo de coisas chamadas forno de micro-ondas. Além disso, ele enxerga o micro-ondas como um tipo especial de forno, que é um tipo especial de utensílio de cozinha.

Na computação orientada a objeto, o micro-ondas na minha cozinha é uma *instância da classe* micro-ondas. A classe micro-ondas é uma *subclasse* da classe forno, e a classe forno é uma subclasse da classe utensílios de cozinha. Dizemos que o micro-ondas *herda* as propriedades de culinária do forno.

Os seres humanos classificam. Tudo em nosso mundo está organizado em taxonomias. Fazemos isso pra diminuir o número de coisas das quais precisamos nos lembrar. Pense, por exemplo, na primeira vez que você viu um carro híbrido. Provavelmente, o anúncio chamou o híbrido de "único, diferente de tudo que você já viu". Mas nós sabemos que não é bem isso. Eu gosto de híbridos e lhe garanto que eles possuem muitas diferenças escondidas, mas... um híbrido ainda é um carro. Tal que ele compartilha de todas (ou a maioria) as propriedades dos outros carros. Ele possui volante, assentos, um motor, freios, e assim por diante. Aposto que eu poderia dirigir um sem nem ler o manual de instrução.

Eu não tenho que bagunçar meu armazenamento limitado com todas as características que um híbrido tem em comum com os outros carros. Tudo que preciso lembrar é que "um híbrido é um carro que..." e separar o que for único em um híbrido (como o preço na nota fiscal). Eu posso ir mais longe. Os carros são uma subclasse de veículos sobre rodas incluindo outros membros, como caminhões e caminhonetes. Pode ser que veículos sobre rodas sejam uma subclasse de veículos, que inclua navios e aviões. E assim continua.

Por Que Classificar?

Por que nós classificamos? Parece um grande problema. Além do mais, as pessoas têm utilizado o método funcional por tantos anos, por que mudar agora?

Pode parecer mais fácil projetar e construir um forno de micro-ondas apenas para esse problema, em vez de construir um objeto forno mais genérico. Imagine, por exemplo, que eu queira construir um micro-ondas somente para cozinhar nachos. Eu não precisaria colocar um painel frontal, além de um botão de Start. Eu sempre preparo os nachos com o mesmo tempo, então eu poderia dispensar as funções descongelar e temperatura de cozimento. Meu micro-ondas para nachos só precisaria aguentar um pequeno prato raso, o restante do espaço seria para os nachos.

Aliás, eu posso jogar fora o conceito de forno de micro-ondas por inteiro. Na verdade, eu só preciso do interior do forno. E, na receita, eu sigo as instruções para fazê-lo funcionar: "Coloque os nachos na caixa. Conecte

Capítulo 11: Examinando a Programação Orientada a Objeto

o fio vermelho com o preto. Eleve a voltagem até 3.000. Repare no leve zumbido. Tente não ficar muito perto se pretende ter filhos." Coisas assim.

Mas o método funcional possui alguns problemas:

- **Complexo demais**: Não quero misturar os detalhes da fabricação do forno com os detalhes da fabricação dos nachos. Se eu não posso definir os objetos e retirá-los do emaranhado de detalhes para tratá-los separadamente, eu devo tratar todas as complexidades do problema ao mesmo tempo.
- **Sem flexibilidade**: Algum dia, eu posso querer substituir o forno de micro-ondas por algum outro tipo de forno. Eu deveria ter capacidade de fazer isso desde que a interface fosse a mesma. Sem estar claramente delineada e desenvolvida separadamente, é impossível remover um objeto e trocá-lo por outro.
- **Sem reutilização**: Os fornos são usados para preparar tipos diferentes de comidas. Eu não quero criar um forno novo a cada vez que encontrar uma receita nova. Já tendo resolvido o problema uma vez, seria bom poder reutilizar a solução no futuro.

Os próximos capítulos desta parte mostram como os recursos da linguagem orientada a objetos de C++ lidam com esses problemas.

Na vida real, não é tão fácil quanto pareceu aqui. Não posso perder tempo montando um software equivalente a um forno de micro-ondas genérico. Além do mais, equipes de engenheiros desenvolvedores passam milhares de horas projetando fornos de micro-ondas (e o painel frontal ainda não ficou claro!). Ao construir minhas classes, eu geralmente o faço baseado nas opções das quais precisarei para um problema específico, mas os princípios ainda são os mesmos. Quando estou construindo um forno de micro-ondas, eu preciso pensar apenas no forno. Quando estou preparando os nachos, eu só preciso pensar em como usar o forno. É simples assim.

Capítulo 12

Adicionando Classes em C++

Neste Capítulo

- Agrupando dados em classes
- Declarando e definindo membros de classe
- Adicionando propriedades ativas nas classes
- Acessando funções membro de classe
- Sobrecarregando funções membro

Os programas frequentemente lidam com grupos de dados: o nome de uma pessoa, qualificação e número de série, coisas do tipo. Quaisquer desses valores não são suficientes para descrever uma pessoa — eles apenas formam algum sentido quando estão em conjunto. Uma estrutura simples como um array é boa para armazenar valores unitários, mas não funciona bem para grupos de dados. Isso torna os bons e velhos arrays impróprios para armazenar dados complexos (como os registros de crédito pessoais que as empresas online mantêm somente para poder perdê-los para os hackers).

Por razões que ficarão mais claras em instantes, chamarei este agrupamento de *dados de objeto*. Um forno de micro-ondas é um objeto (veja o Capítulo 11 se isso não faz sentido para você). Você é um objeto (sem ofensas). As informações da sua conta de poupança em um banco de dados é um objeto.

Apresentando a Classe

Que bom que seria se nós pudéssemos criar objetos em C++ que tivessem as propriedades relevantes dos objetos do mundo real que estamos tentando copiar. Precisamos é de uma estrutura que possa armazenar tipos de dados diferentes necessários para caracterizar um único objeto. C++ chama uma estrutura que reúne múltiplos pedaços de dados em um único objeto de *classe*.

O Formato de uma Classe

Uma classe consiste da palavra-chave `class` seguido do nome e uma chave aberta. Uma classe usada para caracterizar uma conta de poupança incluindo o número da conta e o saldo se parece com:

```
class SavingsAccount
{
  public:
    unsigned accountNumber;
    double balance;
};
```

A instrução após a chave aberta é a palavra-chave `public`. Resista à tentação de perguntar sobre o significado da palavra-chave `public`, veremos daqui a pouco.

A palavra-chave alternativa `struct` pode ser usada em vez de `class`. As duas possuem o mesmo uso, exceto pela declaração `public` que é implícita no `struct` e pode ser omitida. Fique com `class` na maioria dos programas por motivos que serão explicados mais tarde.

Após a palavra-chave `public` estão as entradas necessárias para caracterizar o objeto. A classe `SavingsAccount` contém dois elementos: um inteiro sem sinal `accountNumber` e a conta `balance`. Também podemos dizer que `accountNumber` e `balance` são membros ou propriedades da classe `SavingsAccount`.

Para criar um objeto conta de poupança de verdade, eu digito algo como:

```
SavingsAccount mySavingsAccount;
```

Dizemos que `mySavingsAccount` é uma *instância* da classe `SavingsAccount`.

A norma de nomenclatura utilizada aqui é comum: os nomes das classes são iniciados em maiúsculas. Em um nome de classe com várias palavras como `SavingsAccount`, cada palavra inicia com maiúscula, e as palavras são unidas sem um sublinhado. Os nomes dos objetos também seguem a mesma regra ao unir as palavras, mas normalmente iniciam em minúsculas, como em `mySavingsAccount`. Como sempre, essas normas (hesito ao dizer regras) servem para ajudar a leitura do ser humano — C++ não se importa de qualquer jeito.

Acessando os Membros de uma Classe

A sintaxe a seguir é usada para acessar a propriedade de um objeto em especial:

```
// cria um objeto conta de poupança
SavingsAccount mySave;
mySave.accountNumber = 1234;
mySave.balance = 0.0;

// insere uma segunda conta de poupança a partir do teclado
cout << "Input your account number and balance" << endl;
SavingsAccount urSave;
cin >> urSave.accountNumber;
cin >> urSave.balance;
```

Esse trecho declara dois objetos da classe `SavingsAccount`, `mySave` e `urSave`. Ele inicializa `mySave` atribuindo um valor para o número da conta e um 0 para saldo (idêntica à minha conta de poupança). Ele, então, cria um segundo objeto da mesma classe, `urSave`. O código lê o número e o saldo da conta a partir do teclado.

Uma importante questão a se observar nesse trecho é que `mySave` e `urSave` são objetos separados e independentes. Manipular os membros de um, não produz efeito nos membros do outro (sorte do `urSave`).

Além disso, o nome do membro sem um objeto associado não faz sentido. Nenhuma destas formas a seguir podem ser construídas:

```
balance = 0.0;                      // impossível; sem objeto
SavingsAccount.balance = 0.0;// classe mas ainda sem objeto
```

Cada conta de poupança possui seu próprio número de conta e mantém um saldo em separado. Podem existir propriedades que são compartilhadas por todas as contas de poupança — chegaremos nelas no Capítulo 18 — mas conta e saldo não são assim.

Ativando Nossos Objetos

Você utiliza classes para simular objetos do mundo real. A classe `Savings` tenta representar uma conta de poupança. Isso permite pensar em termos de objeto em vez de simples linhas de código. Quando mais perto os objetos C++ estão de projetar o mundo real, mais fácil é lidar com eles nos programas. Isso parece simples o suficiente. Porém, a classe `Savings` não cumpre muito bem o papel de simular uma conta de poupança.

Simulando objetos do mundo real

Contas do mundo real possuem propriedades do tipo de dados como números de contas e saldos, o mesmo vale para a classe Savings. Isso faz com que Savings seja um bom início para caracterizar uma conta de verdade. Mas contas do mundo real fazem coisas. Contas de poupança acumulam juros; CDs (certificados de depósito) cobram uma multa pequena por retiradas não programadas — coisas do tipo.

Os programas funcionais "fazem coisas" por meio das funções. Um programa C++ poderia chamar strcmp() para comparar duas strings de caractere ou max() para retornar o maior de dois valores. Na verdade, o Capítulo 23 explica que até o fluxo de I/O (cin >> e cout <<) é uma forma especial da chamada de função.

A classe Savings precisa de suas próprias propriedades ativas para fazer o bom trabalho de representar um conceito real:

```
class Savings
{
  public:
    double deposit(double amount)
    {
        balance += amount;
        return balance;
    }

    unsigned accountNumber;
    double balance;
};
```

Além do número da conta e saldo, essa versão de Savings inclui a função deposit(). Dando a Savings a habilidade de controlar seu próprio futuro. A classe Savings precisa da função accumulateInterest(), e a classe CD precisa de uma função para penalizeForEarlyWithdrawal().

As funções definidas em uma classe são chamadas de *funções membro*.

Por que se preocupar com funções membro?

Por que você deveria se preocupar com funções membro? O que há de errado com a forma antiga de programação funcional?

Estou usando o termo "programação funcional" como sinônimo de "programação procedural", como a programação era feita antes da chegada da programação orientada a objeto.

```
class Savings
{
  public:
    unsigned accountNumber;
    double balance;
};
double deposit(Savings& s, double amount)
{
    s.balance += amount;
    return s.balance;
}
```

Aqui, `deposit()` implementa a função "depositar na minha conta de poupança". Essa solução funcional depende de uma função exterior, `deposit()`, para implementar uma atividade que a conta de poupança desempenha e `Savings` não. Isso resolve o problema, mas quebra as regras de orientação a objeto (OO).

O forno de micro-ondas possui componentes internos que "sabem" como cozinhar, descongelar e tostar para ficar crocante. Membros de classe de dado são parecidos com as partes do micro-ondas — as funções membro de uma classe desempenham funções similares a cozinhar.

Quando eu preparo nachos, eu não tenho que começar a conectar os componentes do forno para fazê-lo funcionar. Nem dependo de um dispositivo externo para chegar a um emaranhado de fios por mim. Quero que minhas classes funcionem da mesma forma que o micro-ondas (e, não, não quero dizer "não muito bem"). Eu quero que minhas classes saibam como manipular seus interiores sem ajuda de fora.

Adicionando uma Função membro

Para demonstrar funções membro, comece definindo uma classe `Student`. Temos uma possível representação dessa classe (retirada do programa `CallMemberFunction`):

```
class Student
{
  public:
    // adiciona um curso completo ao registro
    double addCourse(int hours, double grade)
    {
        // calcula a soma de todos os cursos
        // vezes a nota de média ponderada
        double weightedGPA;
        weightedGPA = semesterHours * gpa;

        // adiciona no curso novo
```

```
            semesterHours += hours;
            weightedGPA += grade * hours;
            gpa = weightedGPA / semesterHours;

            // retorna o novo gpa
            return gpa;
        }

        int    semesterHours;
        double gpa;
};
```

A função addCourse(int, double) é chamada de função membro da classe Student. Em princípio, é uma propriedade da classe como os membros de dados semesterHours e gpa (*Grade Point Average*).

Algumas vezes, as funções que não são membros de uma classe são classes "simples e velhas funções", mas irei me referir a elas como *não-membros*.

As funções membro não têm que anteceder os membros de dados como nesse exemplo. Os membros de uma classe podem ser listados em qualquer ordem — eu apenas prefiro colocar as funções primeiro.

Por motivos históricos, as funções membros também são chamadas de *métodos*. Esse termo se originou em uma das linguagens orientadas a objeto originais. O nome fazia sentido na época, mas não faz em C++. Apesar disso, o termo ganhou popularidade na comunidade de orientação a objeto porque é mais fácil de dizer do que "função membro". (O fato de parecer mais robusto provavelmente não faz mal também.) Logo, se seus amigos começarem a discutir sobre "métodos de classe" em um jantar, apenas substitua *métodos* por *funções membro* e avalie tudo que eles disserem.

Chamando uma Função Membro

O programa CallMemberFunction mostra como chamar a função membro addCourse():

```
//  CallMemberFunction - define e invoca uma função
//                       que é membro da classe Student
//
#include <cstdio>
#include <cstdlib>
#include <iostream>
using namespace std;

class Student
{
  public:
    // adiciona um curso completo ao registro
```

Capítulo 12: Adicionando Classes em C++

```cpp
        double addCourse(int hours, double grade)
        {
            // calcula a soma de todos os cursos vezes
            // a nota da média ponderada
            double weightedGPA;
            weightedGPA = semesterHours * gpa;

            // adiciona no curso novo
            semesterHours += hours;
            weightedGPA += grade * hours;
            gpa = weightedGPA / semesterHours;

            // retorna o novo gpa
            return gpa;
        }

        int    semesterHours;
        double gpa;
};

int main(int nNumberofArgs, char* pszArgs[])
{
    // cria um objeto Student e o inicializa
    Student s;
    s.semesterHours = 3;
    s.gpa = 3.0;

    // os valores antes da chamada
    cout << "Before: s = (" << s.semesterHours
         << ", " << s. gpa   << ")" << endl;

    // o próximo prende os membros de dados do objeto s
    // à função membro addCourse()
    cout << "Adding 3 hours with a grade of 4.0" << endl;
    s.addCourse(3, 4.0); // call the member function

    // os valores estão mudados
    cout << "After: s = (" << s.semesterHours
         << ", " << s. gpa   << ")" << endl;

    // espera até o usuário estar pronto antes
    // de encerrar o programa
    // para permitir que ele veja os resultados do programa
    cout << "Press Enter to continue..." << endl;
    cin.ignore(10, '\n');
    cin.get();
    return 0;
}
```

A sintaxe para chamar uma função membro se parece com o cruzamento entre a sintaxe para acessar um membro de dados e aquela usada para chamar uma função. O lado direito do ponto parece uma chamada de função normal, mas um objeto está do lado esquerdo.

Na chamada s.addCourse(), dizemos que "addCourse() opera no objeto s" ou, de outra forma, "s é o aluno cujo curso deve ser adicionado". Você não pode adivinhar o número de horas no semestre sem saber qual aluno ter como base — você não pode adicionar um aluno a um curso sem saber qual aluno adicionar. Chamar uma função membro sem um objeto não faz mais sentido do que se referir ao membro de dados sem um objeto.

Acessando outros membros a partir de uma função membro

Posso dizer claramente: Repita consigo mesmo, "Acessar um membro sem objeto não faz sentido. Acessar um membro sem objeto não faz sentido. Acessar..." Quando você se conscientizar disso, olhe para a função membro Student::addCourse() e Bingo! Você percebe que: addCourse() acessa outros membros de classe sem se referir a um objeto. Então, como eles fazem isso?

Tá bem, qual deles você pode ou você não pode? Acredite em mim, você não pode. Quando você se refere a um membro de Student a partir de addCourse(), a referência está contra o objeto Student para o qual a chamada para addCourse() foi feita. Hein? Volte para o exemplo CallMemberFunction. Uma versão mais detalhada aparece aqui:

```
int main(int nNumberofArgs, char* pszArgs[])
{
    Student s;
    s.semesterHours = 10;
    s.gpa          = 3.0;
    s.addCourse(3, 4.0);  // chama a função de membro

    Student t;
    t.semesterHours = 6;
    t.gpa          = 1.0;  // não está indo muito bem
    t.addCourse(3, 1.5);   // as coisas não estão
                           // melhorando

    return 0;
}
```

Quando addCourse() é chamado com o objeto s, todas as outras referências dos membros desqualificados se referem a s também. Portanto, a referência para semesterHours em addCourse() se refere a s.semesterHours e gpa se refere a s.gpa. Mas quando addCourse() é chamado com o objeto Student t, as mesmas referências são para t.semesterHours e t.gpa.

O objeto pelo qual a função membro foi chamada é o objeto "atual", e todas as referências desqualificadas para os membros de classe se referem a esse objeto. De outro modo, as referências desqualificadas para os membros de classe feitas a partir de uma função membro estão sempre contra o objeto atual.

Nomeando o objeto atual

Como a função membro sabe qual é o objeto atual? Não é mágica — o endereço do objeto é passado para a função membro como o primeiro argumento implícito e escondido. Em outras palavras, esta conversão acontece:

```
s.addCourse(3, 2.5)
```

é como

```
Student::addCourse(&s, 3, 2.5)
```

Repare que, de fato, você não pode usar a sintaxe explícita; esse é apenas o modo que C++ enxerga.

Dentro da função, esse ponteiro implícito para o objeto atual possui um nome, caso você precise se referir a ele. Ele é chamado de *this*, como em "Qual objeto? O objeto *this*." Certo? O tipo de *this* sempre é um ponteiro para um objeto da classe atual.

Sempre que uma função membro se referir a outro membro da mesma classe sem fornecer um objeto explicitamente, C++ achará que o programador quis dizer *this*. Você também pode se referir a *this* explicitamente, se você quiser. Eu poderia ter escrito *Student::addCourse()* desta forma:

```
double Student::addCourse(int hours, double grade)
{
    double weightedGPA;
    weightedGPA = this->semesterHours * this->gpa;

    // agora adicione ao curso novo
    this->semesterHours += hours;
    weightedGPA += hours * grade;
    this->gpa = weightedGPA / this->semesterHours;
    return this->gpa;
}
```

O efeito é o mesmo se você incluir *this* explicitamente, como no exemplo anterior, ou deixá-lo implícito, como você fez antes.

Resolução do Escopo (E Eu Não Quero Saber se Seu Telescópio Funciona Bem)

Os :: entre um membro e seu nome de classe é chamado de *operador de resolução do escopo*, porque ele indica a classe a qual o membro pertence. O nome da classe antes dos dois pontos é como um sobrenome de família, enquanto que o nome da função depois dos dois pontos é como o primeiro nome — a ordem é de acordo com um nome chinês, o nome da família primeiro.

Parte III: Introdução às Classes

Usa-se o operador :: para caracterizar uma função não-membro ao usar um nome de classe nulo. A função não-membro `addCourse`, por exemplo, pode ser referida como `::addCourse(int, double)`, se você preferir. É como se fosse uma função sem uma casa.

Geralmente, o operador :: é opcional, mas existem algumas ocasiões em que não é, como esta:

```
// addCourse - associa as horas e a média em uma
//             média ponderada
double addCourse(int hours, double grade)
{
    return hours * grade;
}

class Student
{
  public:
    // adiciona um curso completo ao registro
    double addCourse(int hours, double grade)
    {
        // chama uma função externa para calcular
        // agora adiciona no curso novo
        double weightedGPA=::addCourse(semesterHours,gpa);

        // agora adiciona no curso novo
        semesterHours += hours;

        // usa a mesma função para calcular a média
        // ponderada deste curso novo
        weightedGPA += ::addCourse(hours, grade);
        gpa = weightedGPA / semesterHours;

        // retorna um novo gpa
        return gpa;
    }

    int    semesterHours;
    double gpa;
};
```

Aqui quero que a função membro `Student::addCourse()` chame a função não-membro `::addCourse()`. Sem o operador ::, no entanto, uma chamada para `addCourse()` vinda de `Student` se refere a `Student::addCourse()`. Isso resultaria na função chamando ela mesma.

Definindo uma Função Membro na Classe

Uma função membro pode ser definida em uma classe ou separadamente. Ao ser definida na definição de classe, a função aparece desta forma, que está contida no arquivo include `Savings.h`:

```cpp
// Savings - define uma classe que possui a habilidade
//           de fazer um depósito
class Savings
{
  public:
    // define uma função de membro deposit()
    double deposit(double amount)
    {
        balance += amount;
        return balance;
    }

    unsigned int accountNumber;
    double   balance;
};
```

Usar um include como esse é bem eficaz. Agora, um programa pode incluir a definição de classe (junto com a definição para a função membro), como vemos no respeitável programa `SavingsClass_inline`:

```cpp
//
// SavingsClassInline - invoca uma função de membro que
//                      é declarada e definida dentro
//                      da classe Student
//
#include <cstdio>
#include <cstdlib>
#include <iostream>

using namespace std;
#include "Savings.h"

int main(int nNumberofArgs, char* pszArgs[])
{
    Savings s;
    s.accountNumber = 123456;
    s.balance = 0.0;

    // agora adiciona algo à conta
    cout << "Depositing 10 to account "
         << s.accountNumber << endl;
    s.deposit(10);
    cout << "Balance is " << s.balance << endl;
```

```
            // espera até o usuário estar pronto antes de
            // encerrar o programa
            // para permitir que ele veja os resultados do programa
            cout << "Press Enter to continue..." << endl;
            cin.ignore(10, '\n');
            cin.get();
            return 0;
        }
```

Isso é legal porque todos além do programador da classe Savings podem se concentrar na ação de fazer um depósito em vez dos detalhes do banco. Esses detalhes estão guardados dentro de seus próprios arquivos include.

A diretiva #include insere o conteúdo do arquivo durante o processo de compilação. Na verdade, o compilador C++ "vê" seu arquivo-fonte com os conteúdos do arquivo Savings.h inclusos. Veja o Capítulo 10 para detalhes sobre os arquivos include.

Funções membro inline

As funções membro definidas na classe são chamadas de *inline* (a menos que elas tenham sido definidas por um compilador switch ou por qualquer outro motivo técnico). Na maioria das vezes, isso acontece porque uma função membro definida na classe é geralmente bem pequena, e funções pequenas são as primeiras candidatas a ser inline.

Lembre-se que uma função inline é ampliada no mesmo lugar em que é chamada (Veja o Capítulo 10 para uma comparação de funções inline e macros). Uma função inline executa mais rápido pois o processador não tem que pular para onde a função está definida — as funções inline ocupam mais memória porque são copiadas em cada chamada em vez de serem definidas apenas uma vez.

Existe uma outra razão técnica para as funções inline serem definidas dentro de uma classe. Lembre-se que as estruturas C++ geralmente são definidas dentro dos arquivos include, que são então incluídas nos arquivos-fonte .CPP dos quais precisam. Tais arquivos include não deveriam conter dados ou funções já que esses arquivos são compilados diversas vezes. Incluir uma função inline é correto, porém, pois ela (como um macro) amplia no lugar do arquivo-fonte. O mesmo se aplica às classes C++. Ao padronizar funções membro definidas nas classes inline, você previne esse problema.

Mantendo uma Função Membro depois da Classe

Para funções maiores, colocar o código diretamente na definição de classe pode levar a enormes e indesejáveis definições de classe. Para prevenir isso, C++ permite que você defina funções membro fora da classe.

Uma função que é definida fora da classe é chamada de função *outline*. Esse termo deve significar o oposto de uma função inline que foi definida dentro da classe. Suas funções básicas como as que temos definido desde o Capítulo 5 também são funções outline.

Ao ser escrito fora da declaração da classe, o arquivo `Savings.h` declara a função `deposit()` sem defini-la, assim:

```
// Savings - define uma classe que possui a
//           habilidade de fazer um depósito
class Savings
{
  public:
    // declara mas não define a função de membro
    double deposit(double amount);
    unsigned int accountNumber;
    double   balance;
};
```

A definição da função `deposit()` deve ser incluída nos arquivos-fonte que constroem o programa. Como norma, eu os defino dentro de `main.cpp`.

Normalmente, você não associaria a definição da função membro com o restante do seu programa. É mais conveniente coletar as definições da função membro outline em um arquivo-fonte com um nome adequado (como `Savings.cpp`). Esse arquivo-fonte é associado com outros como parte da montagem do programa executável. Veremos isso no Capítulo 21.

```
// SavingsClassOutline - invoca uma função de membro que
//                       é declarada dentro de uma classe mas
//                       é definida em um arquivo separado
//
#include <cstdio>
#include <cstdlib>
#include <iostream>

using namespace std;
#include "Savings.h"

// define a função de membro Savings::deposit()
// (geralmente isso está dentro de um arquivo separado que é
// então associado com um arquivo diferente que é associado)
double Savings::deposit(double amount)
```

```
{
    balance += amount;
    return balance;
}

// o programa principal
int main(int nNumberofArgs, char* pszArgs[])
{
    Savings s;
    s.accountNumber = 123456;
    s.balance = 0.0;

    // agora adiciona algo à conta
    cout << "Depositing 10 to account "
         << s.accountNumber << endl;
    s.deposit(10);
    cout << "Balance is " << s.balance << endl;

    // espera até o usuário estar pronto antes
    // de encerrar o programa
    // para permitir que ele veja os resultados
    // resultados do programa
    cout << "Press Enter to continue..." << endl;
    cin.ignore(10, '\n');
    cin.get();
    return 0;
}
```

Essa definição de classe não contém nada além de uma declaração de protótipo para a função deposit(). A definição da função aparece separadamente. A declaração de protótipo da função membro na estrutura é análoga a qualquer declaração de protótipo e, como todas as declarações de protótipo, é obrigatória.

Repare como o apelido da função deposit() funcionou bem quando a função foi definida dentro da classe. Ao ser definida fora da classe, no entanto, a função exige seu nome estendido, Savings::deposit().

Sobrecarregando Funções Membro

As funções membro podem ser sobrecarregadas da mesma forma que as funções convencionais (veja o Capítulo 6 se não lembrar o que isso significa). Lembre-se, entretanto, que o nome de classe é parte do nome estendido. Logo, as seguintes funções são possíveis:

```cpp
class Student
{
  public:
    // grade -- retorna a média da nota atual
    double grade();
    // grade -- ajusta a nota e retorna o valor anterior
    double grade(double newGPA);
    // ...membros de dados e outras coisas....
};
class Slope
{
  public:
    // grade -- retorna o percentual de nota de Slope
    double grade();
    // ...coisas entram aqui também...
};

// grade - retorna a letra equivalente de um número
//         de uma nota
char grade(double value);

int main(int argcs, char* pArgs[])
{
    Student s;
    s.grade(3.5);          // Student::grade(double)
    double v = s.grade();  // Student::grade()

    char c = grade(v);     // ::grade(double)

    Slope o;
    double m = o.grade();  // Slope::grade()
    return 0;
}
```

Cada chamada feita a partir de main() é mostrada nos comentários com o nome estendido da função chamada.

Ao chamar funções sobrecarregadas, não só os argumentos da função mas também o tipo de objeto (se existir) pelo qual a função é chamada são usados para resolver a chamada. O termo resolver é uma palavra orientada a objeto para "decida no momento da compilação qual função sobrecarregada chamar". Um simples mortal diria "diferenciar".

Capítulo 13

Aponte e Encare os Objetos

Neste Capítulo

▶ Examinando o objeto de arrays de objetos
▶ Pegando alguns ponteiros dos ponteiros de objeto
▶ Escolha sábia — selecionando seus ponteiros
▶ Navegando por listas de objetos

Os programadores C++ ficam gerando arrays de coisas para sempre — arrays de `int`s, arrays de `double`s, — então por que não arrays de alunos (*students*)? Os alunos ficam em fila o tempo todo — muito mais do que eles queriam. O conceito dos objetos `Student` todos em fila esperando ouvir seus nomes para desempenhar alguma tarefa comum é muito interessante para deixar para trás.

Declarando Arrays de Objetos

Arrays de objetos funcionam da mesma forma que arrays de variáveis simples. (O Capítulo 7 mostra com cuidado e atenção os arrays simples — intrínsecos — variáveis, e os Capítulos 8 e 9 descrevem os ponteiros em detalhe.) Veja, por exemplo, o trecho de código do programa `ArrayOfStudents`:

```
// ArrayOfStudents - define um array de objetos Student
//                   e acessa um elemento nele. Este
//                   programa não faz nada
#include <cstdio>
#include <cstdlib>
#include <iostream>
using namespace std;
```

```
class Student
{
  public:
    int    semesterHours;
    double gpa;
    double addCourse(int hours, double grade){return 0.0;}
};

void someFn()
{
    // declara um array de 10 alunos
    Student s[10];

    // atribui ao 5o aluno um gpa de 4.0 (cara sortudo)
    s[4].gpa = 4.0;
    s[4].semesterHours = 32;

    // adiciona outro curso ao 5o aluno;
    // desta vez ele falhou - bem feito
    s[4].addCourse(3, 0.0);
}
```

Aqui, s é um array de objetos Student. s[4] se refere ao quinto objeto Student no array. Em seguida, s[4].gpa de refere ao GPA do quinto aluno. Mais a frente, s[4].addCourse() adiciona um curso ao quinto objeto Student.

Declarando Ponteiros para Objetos

Ponteiros para objetos funcionam como ponteiros para tipos simples, como você pode ver no programa de exemplo ObjPtr:

```
// ObjPtr - define e usa um ponteiro para um objeto Student
#include <cstdio>
#include <cstdlib>
#include <iostream>
using namespace std;

class Student
{
  public:
    int    semesterHours;
    double gpa;
    double addCourse(int hours, double grade);
};

int main(int argc, char* pArgs[])
{
    // cria um objeto Student
    Student s;
    s.gpa = 3.0;
```

```
        // agora cria um ponteiro pS para um objeto Student
        Student* pS;

        // faz com que pS aponte para nosso objeto Student
        pS = &s;

        // exibe a saída gpa do objeto, uma vez pelo
        // nome da variável e uma segunda vez por pS
        cout << "s.gpa    = " << s.gpa      << "\n"
             << "pS->gpa = " << pS->gpa << endl;

        // espera até o usuário estar pronto antes
        // de encerrar o programa
        // para permitir que ele veja os
        // resultados do programa
        cout << "Press Enter to continue..." << endl;
        cin.ignore(10, '\n');
        cin.get();
        return 0;
}
```

O programa declara a variável s do tipo Student. Depois, ele declara uma variável ponteiro pS do tipo "ponteiro para um objeto Student", também escrito como Student*. O programa inicializa o valor de um dos membros de dados em s. Ele continua atribuindo o endereço de s para a variável pS. Por fim, ele se refere ao mesmo objeto Student, primeiro usando o nome do objeto, s, e depois usando o ponteiro para o objeto, pS. Eu explico a notação esquisita pS → gpa na próxima seção deste capítulo.

Derreferenciando um ponteiro objeto

Pela analogia de ponteiros e variáveis simples, você talvez pense que este trecho se refere ao GPA do aluno s:

```
int main(int argc, char* pArgs[])
{
    Student s;
    Student* pS = &s; // cria um ponteiro para s

    // acessa o membro gpa do objeto apontado por pS
    // (isso não funciona)
    *pS.gpa = 3.5;

    return 0;
}
```

Como os comentários mostram, esse procedimento não funciona. A questão é que o operador ponto (.) é avaliado antes do ponteiro (*). Logo, *pS.gpa é interpretado como se fosse escrito *(pS.gpa). Os parênteses são necessários para obrigar o operador ponteiro a ser avaliado antes do ponto:

```
int main(int argc, char* pArgs[])
{
    Student s;
    Student* pS = &s; // cria um ponteiro para s
    // acessa o membro gpa do objeto apontado por pS
    // (funciona como o esperado)
    (*pS).gpa = 3.5;

    return 0;
}
```

O *pS avalia para o ponteiro do objeto Student apontado por pS. O .gpa se refere ao membro gpa daquele objeto.

Apontando com o operador seta

Usar o operador asterisco junto com os parênteses funciona muito bem para derreferenciar ponteiros para objetos; porém, até os técnicos mais experientes admitiriam que misturar asteriscos e parênteses é um pouco de tortura.

C++ fornece um operador mais conveniente para acessar membros de um objeto para prevenir expressões de ponteiro objeto confusas. O operador -> é definido deste modo:

```
ps->gpa is equivalent to (*pS).gpa
```

Isso leva a:

```
int main(int argc, char* pArgs[])
{
    Student s;
    Student* pS = &s; // cria um ponteiro para s

    // acessa o membro gpa do objeto apontado por pS
    pS->gpa = 3.5;

    return 0;
}
```

O operador seta é usado quase que exclusivamente pois é mais fácil de ler; no entanto, as duas formas são totalmente equivalentes.

Passando Objetos para as Funções

Passar os ponteiros para as funções é apenas um dos muitos meios de se divertir com variáveis ponteiro.

Chamando uma função com um valor objeto

Como você sabe, C++ passa os argumentos para as funções por referência quando o tipo de argumento é sinalizado com um & (veja o Capítulo 8). Porém, por convenção, C++ passa os argumentos para as funções por valor (Você pode checar o Capítulo 6, se quiser).

Os objetos de classe complexos e definidos pelo usuário são passados como simples valores `int`, como mostra o programa `PassObjVal`:

```cpp
// PassObjVal - tenta mudar o valor de um objeto
//              em uma função fracassada quando
//              o objeto é passado por valor
#include <cstdio>
#include <cstdlib>
#include <iostream>
using namespace std;

class Student
{
  public:
    int    semesterHours;
    double gpa;
};

void someFn(Student copyS)
{
    copyS.semesterHours = 10;
    copyS.gpa           = 3.0;
    cout << "The value of copyS.gpa = "<<copyS.gpa<< endl;
}

int main(int argc, char* pArgs[])
{
    Student s;
    s.gpa = 0.0;

    // exibe o valor de s.gpa antes de chamar someFn()
    cout << "The value of s.gpa = " << s.gpa << endl;

    // passa o endereço do objeto existente
    cout << "Calling someFn(Student)" << endl;
    someFn(s);
    cout << "Returned from someFn(Student)" << endl;

    // o valor de s.gpa permanece 0
    cout << "The value of s.gpa = " << s.gpa << endl;
    // espera até o usuário estar pronto antes
    // de encerrar o programa
```

```
        // para permitir que ele veja os
        // resultados do programa
        cout << "Press Enter to continue..." << endl;
        cin.ignore(10, '\n');
        cin.get();
        return 0;
    }
```

A função main() cria um objeto s e então o passa para a função someFn().

Não é o próprio objeto s que é passado, mas uma cópia dele.

O objeto copyS em someFn() começa a vida como uma cópia fiel da variável s em main(). Como ele é uma cópia, qualquer mudança em copyS feita dentro de someFn() não produz efeito em s. A execução desse programa gera esta resposta compreensível mas decepcionante:

```
The value of s.gpa = 0
Calling someFn(Student)
The value of copyS.gpa = 3
Returned from someFn(Student)
The value of s.gpa = 0
Press Enter to continue...
```

Chamando uma função com um ponteiro para objeto

Na maior parte do tempo, o programador quer que qualquer mudança feita na função também seja refletida na função chamada. Para isto, o programador C++ precisa passar o endereço de um objeto ou uma referência para o objeto. O programa PassObjPtr usa o método de endereço:

```
// PassObjPtr - muda o conteúdo de um objeto em
//     uma função com a passagem de um ponteiro
#include <cstdio>
#include <cstdlib>
#include <iostream>
using namespace std;

class Student
{
  public:
    int    semesterHours;
    double gpa;
};

void someFn(Student* pS)
{
    pS->semesterHours = 10;
```

```
        pS->gpa              = 3.0;
        cout << "The value of pS->gpa = " << pS->gpa << endl;
}

int main(int nNumberofArgs, char* pszArgs[])
{
    Student s;
    s.gpa = 0.0;

    // exibe o valor de s.gpa antes de chamar someFn()
    cout << "The value of s.gpa = " << s.gpa << endl;

    // passa o endereço do objeto existente
    cout << "Calling someFn(Student*)" << endl;
    someFn(&s);
    cout << "Returned from someFn(Student*)" << endl;

    // o valor de s.gpa agora é 3.0
    cout << "The value of s.gpa = " << s.gpa << endl;

    // espera até o usuário estar pronto antes
    // de encerrar o programa
    // para permitir que ele veja os
    // resultados do programa
    cout << "Press Enter to continue..." << endl;
    cin.ignore(10, '\n');
    cin.get();
    return 0;
}
```

O tipo de argumento para `someFn()` é um ponteiro para um objeto Student (também conhecido como Student*). Isso é refletido em como o programa chama `someFn()`, passando o endereço de s em vez do valor de s. Dar o endereço de s para `someFn()` permite que ele modifique qualquer valor armazenado lá. Resumindo, isso é semelhante a anotar o endereço de uma casa s em um pedaço de papel pS e então passar esse papel para `someFn()`. A função `someFn()` usa a sintaxe de seta para derreferenciar o ponteiro pS.

A saída de PassObjPtr é bem mais satisfatória (para mim, pelo menos):

```
The value of s.gpa = 0
Calling someFn(Student*)
The value of pS->gpa = 3
Returned from someFn(Student*)
The value of s.gpa = 3
Press Enter to continue...
```

Chamando uma função com o uso do operador de referência

O Capítulo 6 apresenta o conceito de passar tipos de argumentos simples para as funções por referência usando o operador "&". O programa PassObjRef a seguir demonstra o mesmo para objetos definidos pelo usuário:

```cpp
// PassObjRef - muda o conteúdo de um objeto em
//              uma função usando uma referência
#include <cstdio>
#include <cstdlib>
#include <iostream>
using namespace std;

class Student
{
  public:
    int    semesterHours;
    double gpa;
};

// o mesmo de antes, mas desta vez usando referências
void someFn(Student& refS)
{
    refS.semesterHours = 10;
    refS.gpa           = 3.0;
    cout << "The value of copyS.gpa = " <<refS.gpa<< endl;
}

int main(int nNumberofArgs, char* pszArgs[])
{
    Student s;
    s.gpa = 0.0;

    // exibe o valor de s.gpa antes de chamar someFn()
    cout << "The value of s.gpa = " << s.gpa  << endl;

    // passa o endereço do objeto existente
    cout << "Calling someFn(Student*)" << endl;
    someFn(s);
    cout << "Returned from someFn(Student&)" << endl;

    // o valor de s.gpa agora é 3.0
    cout << "The value of s.gpa = " << s.gpa << endl;

    // espera até o usuário estar pronto antes
    // de encerrar o programa
    // para permitir que ele veja os
    // resultados do programa
    cout << "Press Enter to continue..." << endl;
    cin.ignore(10, '\n');
    cin.get();
    return 0;
}
```

Nesse exemplo, C++ passa a referência pra s em vez de uma cópia. A saída dessa versão é idêntica ao programa `PassObjPtr` — as mudanças feitas em `someFn()` são mantidas em `main()`.

Por Que se Incomodar com Ponteiros ou Referências?

Tá bom, então os ponteiros e as referências geram vantagens relevantes, mas por que se incomodar com um ou outro? Por que não apenas passar o objeto? Eu mencionei uma resposta óbvia um pouco antes neste capítulo: Você não pode modificar o objeto de uma função que não ganha nada além de uma cópia do objeto estrutura.

Temos um segundo motivo: Alguns objetos são grandes — digo, bem grandes. Um objeto representando uma imagem de tela pode possuir muitos megabytes em tamanho. Passar tal objeto por valor significa copiar o objeto inteiro na memória da função.

O objeto precisará ser copiado novamente se a função chamar outra, e assim por diante. Depois de um tempo, você pode terminar com dúzias de cópias desse objeto. Isso consome memória, e copiar todos os objetos pode tornar a execução do seu programa mais devagar do que reiniciar o Windows.

O problema de copiar objetos fica pior. Você verá no Capítulo 17 que fazer uma cópia de um objeto pode ser mais doloroso do que simplesmente copiar um pouco de memória.

Passar um ponteiro (ou uma referência) é muito rápido. Um ponteiro tem 4 bytes, não importa o tamanho do objeto que está sendo apontado.

Voltando para o Heap

Os problemas existentes para os tipos simples de ponteiros que atormentam os ponteiros de objetos de classe também. Particularmente, você precisa ter certeza de que o ponteiro que você está usando aponta para um objeto válido. Por exemplo, não retorne uma referência para um objeto definido como local para a função:

```
MyClass* myFunc()
{
    // isto não funciona
    MyClass  mc;
    MyClass* pMC = &mc;
    return pMC;
}
```

Após retornar de myFunc(), o objeto mc vai para fora do escopo. O ponteiro retornado por myFunc() não está válido na função chamada.

O problema de retornar memória que está prestes a sair do escopo é abordado no Capítulo 9.

Alocar o objeto no heap resolve o problema:

```
MyClass* myFunc()
{
    MyClass* pMC = new MyClass;
    return pMC;
}
```

Aqui, a memória alocada no heap não é retornada quando a variável pMC vai para fora do escopo.

Os programadores alocam memória no heap se eles não querem que a memória seja perdida quando qualquer variável particular sair do escopo. O programador é responsável por alocar e deslocar a memória do heap.

Alocando Arrays de Objetos no heap

Também é possível alocar um array de objetos no heap usando esta sintaxe:

```
class MyClass
{
  public:
    int nValue;
};
void fn()
{
    MyClass* pMC = new MyClass[5]

    // referencia membros individuais como
    // qualquer array
    for (int i = 0; i < 5; i++)
    {
        pMC[i].nValue = i;
    }

    // usa uma palavra-chave diferente para apagar
    // a fim de retornar a memória para o heap
    delete[] pMC;
};
```

Observe que uma vez alocada, pMC pode ser usada como qualquer outro array, com pMC[i] se referindo ao objeto ith do tipo MyClass. Observe, também, o uso da palavra-chave ligeiramente diferente delete[] para deslocar os objetos dos arrays de classe do heap.

Quando a memória está alocada para você

Muitas classes (em especial os contêineres do Capítulo 27) gerenciam a memória do heap para você. Por exemplo, a classe string mantém uma string de caractere na memória que ela aloca no heap. Os autores dessas classes são cautelosos ao retornar a memória do heap para os lugares certos para que então seja seguro escrever uma função como esta:

```
string myFunc()
{
    string localString;
    localString << cin;
    return localString;
}
```

O objeto `localString` aloca a memória do heap quando ela é criada mas retorna cuidadosamente tal memória quando ela sai do escopo no final da função. (Você verá nos Capítulos 16 e 17 como essa mágica é feita.)

Conexão com Listas Ligadas

A segunda estrutura mais comum depois do array é chamada de lista. Elas possuem tamanhos e tipos diferentes; porém, a mais popular é a lista ligada. Nela, cada objeto aponta para o próximo membro em uma espécie de cadeia que se estende pela memória. O programa pode simplesmente apontar o último elemento na lista para um objeto para adicioná-lo à lista. Isso significa que o usuário não tem que declarar o tamanho da lista ligada no início do programa — você pode adicionar e remover objetos da lista simplesmente desvinculando-os. Além disso, você pode ordenar os membros de uma lista ligada — sem, de fato, mover os objetos de dados — ao trocar as ligações.

O custo de tal flexibilidade é a velocidade de acesso. Você não pode simplesmente aparecer e pegar o décimo elemento, por exemplo, como você faria se fosse um array. Em vez disso, você tem que começar do início da lista e ligar dez vezes de objeto em objeto.

Uma lista ligada possui um único recurso além do seu aumento no momento da execução (isso é bom) e sua dificuldade ao acessar um objeto aleatório (isso é ruim): Uma lista ligada faz um bom uso de ponteiros. Isso torna as listas ligadas uma ótima ferramenta para lhe dar experiência em manipular variáveis ponteiro (isso é muito bom).

A biblioteca padrão de C++ fornece diversos tipos diferentes de listas. Você pode vê-las em ação no Capítulo 27; porém, é sempre bom implementar sua primeira lista ligada para praticar a manipulação de ponteiros.

Parte III: Introdução às Classes

Nem toda classe pode ser usada para criar uma lista ligada. Você declara uma classe "ligável" como esta:

```
class LinkableClass
{
    public:
        LinkableClass* pNext;

        // outros membros da classe
};
```

O segredo para uma classe ligável é o ponteiro `pNext`. À primeira vista, parece muito estranho — uma classe contém um ponteiro para ela mesma? Na verdade, `pNext` não é um ponteiro para ele mesmo, mas para outro objeto diferente do mesmo tipo.

Uma lista ligada é similar a um grupo de crianças em idade escolar atravessando a rua. O ponteiro `pNext` corresponde ao braço de uma criança alcançando e pegando a outra que está perto.

Em algum lugar fora da lista ligada está um ponteiro para o primeiro elemento da lista, o ponteiro inicial (*head pointer*). Ele é um simples ponteiro do tipo `LinkableClass*`, como a professora segurando a primeira criança do grupo.

Sempre inicialize qualquer ponteiro para `nullptr`, o ponteiro que não aponta para nada, o não-ponteiro (*non-pointer*).

```
LinkableClass* pHead = nullptr;
```

Para os compiladores C++ de antes do padrão 2011 que não implementam `nullptr`, use um 0 codificado ou um equivalente para `#define` em vez de: `#define NULLPTR 0`.

```
LinkableClass* pHead = NULLPTR;
```

Para ver como as listas ligadas funcionam na prática, observe a próxima função, que adiciona o argumento passado para ela ao início de uma lista:

```
void addHead(LinkableClass* pLC)
{
    pLC->pNext = pHead;
    pHead = pLC;
}
```

Aqui, o ponteiro `pNext` do objeto é ajustado para apontar para o primeiro membro da lista. Isso é como pegar a mão da primeira criança do grupo. Para a primeira instrução, você e a professora seguraram a mão da primeira criança na lista. A segunda linha aponta o ponteiro inicial para o objeto, como se a professora soltasse a criança que você está segurando, e agarrasse em você. Isso te transforma na primeira criança do grupo.

Efetuando outras operações em uma lista ligada

Adicionar um objeto ao inicial de uma lista é a operação mais simples de uma lista ligada. Caminhar pelos elementos da lista dá uma ideia melhor de como uma lista ligada funciona:

```
// navega por uma lista ligada
LinkableClass* pL = pHead;
while(pL)
{
    // efetua alguma operação aqui

    // pega a próxima entrada
    pL = pL->pNext;
}
```

O programa inicializa o ponteiro pL para o primeiro objeto de uma lista de objetos LinkableClass pelo ponteiro pHead (pegue a mão da primeira criança). O programa então entra no loop while. Se o ponteiro pL é não-nulo, ele aponta para algum objeto de LinkableClass. O controle entra no loop, em que o programa pode efetuar qualquer operação que ele quiser nos objetos apontados por pL.

A atribuição pL = pL → pNext "move" o ponteiro pL para a próxima criança na lista de objetos. O programa verifica se pL é nulo, dizendo que nós esgotamos a lista... Digo, acabaram as crianças, não que esgotamos todas as crianças na lista.

Conectando com um programa LinkedListData

O programa LinkedListData implementa uma lista ligada de objetos contendo o nome de uma pessoa. O programa poderia facilmente conter quaisquer outros dados que você quisesse, como número de CPF, a média ponderada das notas, a altura, o peso e o saldo da conta bancária. Eu limitei as informações para apenas um nome para manter o programa o mais simples possível.

```cpp
// LinkedListData - armazena dados em uma lista
//                  ligada de objetos
#include <cstdio>
#include <cstdlib>
#include <iostream>

using namespace std;

// NameDataSet - armazena o nome de uma pessoa (esses
//               objetos poderiam facilmente armazenar
//               qualquer outra informação desejada).
class NameDataSet
{
  public:
    string sName;

    // a conexão com a próxima entrada da lista
    NameDataSet* pNext;
};

// o ponteiro para a primeira entrada da lista
NameDataSet* pHead = nullptr;

// add - adiciona um membro novo à lista ligada
void add(NameDataSet* pNDS)
{
    // aponta a entrada atual para o início da lista
    pNDS->pNext = pHead;

    // aponta o ponteiro inicial para a entrada atual
    pHead = pNDS;
}

// getData - getData - lê nome
//           retorna nulo se não for ler mais
NameDataSet* getData()
{
    // lê o primeiro nome
    string name;
    cout << "Enter name:";
    cin  >> name;

    // se o nome inserido for 'exit'...
    if (name == "exit")
    {
        // ...retorna nulo para encerrar a entrada
        return nullptr;
    }
```

Capítulo 13: Aponte e Encare os Objetos

```
    // pega uma entrada nova e enche de valores
    NameDataSet* pNDS = new NameDataSet;
    pNDS->sName = name;
    pNDS->pNext = nullptr; // zero link

    // retorna o endereço do objeto criado
    return pNDS;
}
int main(int nNumberofArgs, char* pszArgs[])
{
    cout << "Read names of students\n"
         << "Enter 'exit' for first name to exit"
         << endl;

    // cria (outro) objeto NameDataSet
    NameDataSet* pNDS;
    while (pNDS = getData())
    {
        // adiciona ele à lista dos objetos NameDataSet
        add(pNDS);
    }

    // para exibir os objetos, itera a
    // lista (para quando o próximo endereço for NULL)
    cout << "\nEntries:" << endl;
    for(NameDataSet *pIter = pHead;
                    pIter; pIter = pIter->pNext)
    {
        // exibe o nome da lista atual
        cout << pIter->sName << endl;
    }

    // espera até o usuário estar pronto antes de
    // encerrar o programa
    // para permitir que ele veja os
    // resultados do programa
    cout << "Press Enter to continue..." << endl;
    cin.ignore(10, '\n');
    cin.get();
    return 0;
}
```

Apesar de um tanto grande, o programa `LinkedListData` é simples se você o analisar por partes. A estrutura `NameDataSet` tem espaço para o nome de uma pessoa e a conexão para o próximo objeto `NameDataSet` em uma lista ligada. Anteriormente, eu mencionei que essa classe teria outros membros em uma aplicação do mundo real.

Eu usei a string de classe para guardar o nome da pessoa. Mesmo eu não descrevendo todos os métodos da classe de string até o Capítulo 27, é muito mais fácil usar a string de caractere terminada em zero. Você verá que a classe string é usada mais do que as strings de caracteres na maioria das aplicações hoje em dia. A classe string tem se tornado tão próxima a um tipo intrínseco na linguagem C++ quanto possível.

A função `main()` começa a fazer loop, chamando `getData()` em cada iteração para pegar uma outra entrada `NameDataSet` do usuário. O programa sai do loop se `getData()` retornar um nulo, o "sem endereço", para um endereço.

A função `getData()` sugere ao usuário um nome e lê o que quer que o usuário insere. Se a string inserida for igual à saída, a função retorna um nulo para o chamador, saindo, então, do loop `while`. Se a string inserida não for uma saída, o programa cria um novo objeto `NameDataSet`, utiliza o nome, e elimina o ponteiro `pNext`.

Nunca deixe ponteiros de ligação não inicializados. Use o velho conto da esposa do programador: "Quando em dúvida, elimine tudo". (Quero dizer "conto velho", e não "conto de uma esposa velha".)

Por fim, `getData()` retorna o endereço do objeto para `main()`.

`main()` adiciona cada objeto retornado de `getData()` ao início da lista ligada apontada pela variável global `pHead`. O controle sai do loop `while` inicial quando `getData()` retorna um nulo. Então, `main()` insere uma segunda seção que itera a lista completa, exibindo cada objeto.

Desta vez, eu usei um loop `for` que é essencialmente igual ao loop `while` que vimos mais cedo. O loop `for` inicializa o ponteiro de iteração `pIter` para apontar para o primeiro elemento na lista pela atribuição `pIter = pHead`. Depois, ele verifica se `pIter` é nulo, que será o caso quando a lista estiver esgotada. Ele insere o loop. Em cada volta dada pelo loop `for`, a terceira cláusula move `pIter` de um objeto para o próximo com a atribuição `pIter = pIter→pNext` antes de repetir o teste e o corpo do loop. Geralmente, esse modelo é seguido por todos os tipos de lista.

A saída de uma execução de amostra do programa é:

```
Read names of students
Enter 'exit' for first name to exit
Enter name:Randy
Enter name:Loli
Enter name:Bodi
Enter name:exit

Entries:
Bodi
Loli
Randy
Press Enter to continue...
```

Capítulo 13: Aponte e Encare os Objetos 215

O programa exibe os nomes na ordem inversa em que foram inseridos. Isso acontece porque o objeto novo é adicionado ao início da lista. Como alternativa, o programa poderia ter adicionado cada objeto ao final da lista — fazer isso só requer um pouco mais de código. Eu incluí apenas essa versão nos programas no site. Chamada de LinkedListForward, ela liga objetos recém-adicionados ao final da lista para que a lista saia na mesma ordem em que ela foi inserida. A única diferença está na função add(). Veja se você consegue criar essa versão avançada antes de olhar minha solução.

Um Fio de Esperança: Uma Lista de Contêineres Ligados à Biblioteca C++

Acredito que todos precisam andar antes de correr, que todos devem descobrir como efetuar aritmética de cabeça antes de usar uma calculadora e que todos deveriam escrever um programa de lista ligada antes de usar uma classe de lista escrita por qualquer pessoa. Tendo dito isso, no Capítulo 27, eu descrevo a classe de lista fornecida pelo ambiente C++.

Capítulo 14

Protegendo Membros: Não Perturbe

Neste Capítulo
- Declarando membros protegidos
- Acessando membros protegidos de dentro da classe
- Acessando membros protegidos de fora da classe

O Capítulo 12 apresenta o conceito de classe. Ele apresenta a palavra-chave `public` como se ela fosse parte da declaração — apenas algo que você faz. Neste capítulo, você descobrirá uma alternativa para ela.

Protegendo Membros

Os membros de uma classe podem ser qualificados como protegidos, o que os torna inacessíveis de fora da classe. A alternativa é transformar os membros públicos. Todos possuem acesso aos membros públicos.

Por favor, entenda o termo *inacessível* em um sentido delicado. Qualquer programador pode entrar no código-fonte, remover a palavra-chave `protected` e fazer o que quiser. Além do mais, qualquer hacker é capaz de entrar em uma seção protegida do código. A palavra-chave `protected` é designada para proteger o programador de si mesmo para prevenir acesso indevido.

Por que você precisa de membros protegidos

Para entender o papel do protegido, pense sobre os objetivos da programação orientada a objeto:

- **Proteger o interior das classes das funções externas.** Suponha, por exemplo, que você planeje construir um software para um micro-ondas (ou para qualquer outra coisa), elabore uma interface simples para o mundo afora, e, então, coloque dentro de uma caixa para evitar que outros baguncem seu interior. A palavra-chave `protected` é essa caixa.

- **Tornar a classe responsável por manter seu estado interno.** Não é justo pedir que a classe seja responsável se outros podem entrar e manipular seu interior (não mais do que é justo pedir ao designer do micro-ondas para ser responsável pelas consequências da minha brincadeira com a fiação interna dele).

- **Limitar a interface da classe para o mundo afora.** É mais fácil de descobrir e usar uma classe que tenha uma interface limitada (os membros públicos). Os membros protegidos estão escondidos do usuário e não precisam ser vistos. A interface se torna a classe; isso é chamado abstração (*abstraction*) (veja o Capítulo 11 para mais informações).

- **Reduzir o nível de interconexão entre a classe e outro código.** Ao restringir a interconexão, você pode mais facilmente substituir uma classe por outra ou usar a classe em outros programas.

Agora eu sei que o que vocês, tipos não-orientados a objeto, estão dizendo: "Você não precisa de um recurso chique para fazer isso tudo. Somente crie uma regra dizendo que alguns membros são acessíveis ao público e outros não são."

Mesmo tendo um pouco de verdade nessa teoria, ela não funciona. As pessoas começam com todo o tipo de boas intenções, mas contanto que a linguagem não desestimule o acesso direto dos membros protegidos, essas boas intenções são destruídas sob pressão para liberar o produto.

Descobrindo como os membros protegidos funcionam

Por padrão, os membros de uma classe são protegidos, o que significa que eles não estão acessíveis aos não-membros da classe. Adicionar a palavra-chave `public` em uma classe transforma esses membros em públicos, tornando-os acessíveis aos não-membros. Adicionar a palavra-chave `protected` transforma os membros da classe em protegidos. Você pode trocar de `public` para `protected` quantas vezes quiser.

Capítulo 14: Protegendo Membros: Não Perturbe

Suponha que você tenha uma classe com o nome `Student`. Neste exemplo, os requisitos a seguir são obrigatórios para um `Student` funcional e que merece destaque (repare na ausência de `spendMoney()` e `drinkBeer()` — é um aluno muito estilizado):

addCourse(inthours, double grade) — adiciona um curso

grade() — retorna a média de pontuação atual (GPA) do aluno

hours() — retorna a quantidade de horas acumuladas até a formatura

Os membros restantes de `Student` podem ser declarados protegidos para manter as expressões espiãs de outras funções longe de `Student`.

```
class Student
{
  public:
    // grade - retorna a média de pontuação atual do aluno
    double grade() { return gpa;}

    // hours - retorna a quantidade de horas do semestre
    int hours() {    return semesterHours; }
    // addCourse - adiciona um curso ao registro do aluno
    double addCourse(int hours, double grade);

    // os próximos membros estão fora do alcance dos outros
  protected:
    int  semesterHours; // horas acumuladas até a formatura
    double gpa;         // média de pontuação do aluno
};
```

Agora, os membros de `semester hours` e `gpa` estão acessíveis apenas para os outros membros de `Student`. Portanto, este trecho não funciona:

```
Student s;
int main(int argcs, char* pArgs[])
{
  // aumenta minha nota (não muito alto; senão
  // ninguém acreditaria)
  s.gpa = 3.5;            // <- gera erro de compilação
  double gpa = s.grade();// <- essa função pública
                          // lê uma cópia do valor, mas
  return 0;              // você não pode mudá-la daqui
}
```

A tentativa da aplicação de mudar o valor de `gpa` é sinalizada com um erro de compilação.

Um membro de classe também pode ser protegido ao declará-lo particular (`private`). Neste livro, eu uso a palavra-chave `protected` exclusivamente. A diferença entre `private` e `protected` tem a ver com herança, que é apresentada no Capítulo 19.

Criando um Argumento para Uso com Membros Protegidos

Agora que você sabe um pouco mais sobre como usar os membros protegidos em uma classe real, podemos rever os argumentos para uso dos membros protegidos.

Protegendo o estado interno da classe

Tornar o membro gpa protegido previne que a aplicação ajuste a média de pontuação do aluno para qualquer valor arbitrário. A aplicação pode adicionar cursos, mas ela não pode mudar a média de pontuação do aluno diretamente.

Se uma aplicação tem uma necessidade real para ajustar a média de pontuação diretamente, a classe pode fornecer uma função membro para tal pedido, assim:

```
class Student
{
  public:
    // o mesmo de antes
    double grade() { return gpa; }
    // aqui permitimos que a nota seja alterada
    double grade(double newGPA)
    {
        double oldGPA = gpa;
        // somente se o valor novo for válido
        if (newGPA > 0 && newGPA <= 4.0)
        {
            gpa = newGPA;
        }
        return oldGPA;
    }
    // ...outras coisas são iguais incluindo os dados
          members:
  protected:
    int  semesterHours; // quantidade de dados acumulados
                        // até a formatura
    double gpa;
};
```

A adição da função membro grade(double) permite que a aplicação ajuste o gpa. Repare, no entanto, que a classe ainda não desistiu completamente do controle. A aplicação não pode ajustar gpa para nenhum valor antigo; somente um gpa em uma extensão possível de valores (de 0 até 4.0) é aceitável.

Portanto, a classe Student fornece acesso a um membro de dados internos sem abdicar de sua responsabilidade de verificar se o estado interno da classe é válido.

Usando uma classe com uma interface limitada

Uma classe proporciona uma interface limitada. Para usar uma classe, você precisa conhecer seus membros públicos, o que eles fazem e, também, seus argumentos. Isso pode reduzir drasticamente a quantidade de tópicos os quais você precisa dominar e lembrar para usar a classe.

Como as condições mudam ou bugs são encontrados, você quer ter a capacidade de mudar o funcionamento interno de uma classe. Se você puder esconder o funcionamento interno da classe, as mudanças nesses detalhes são menos prováveis de requererem a necessidade de alteração no código externo da aplicação.

Uma segunda, talvez mais importante, razão se refere à capacidade limitada dos seres humanos (não posso falar por cães e gatos) de manter um grande número de coisas em suas mentes apresentadas a qualquer instante. O uso rigoroso de uma interface de classe definida permite que o programador esqueça dos detalhes que são escondidos. Do mesmo modo, quando o programador constrói a classe, ele não precisa exatamente do mesmo nível de concentração para saber qual das funções está sendo usada.

Dando a Funções Não-Membros Acesso aos Membros Protegidos

Ocasionalmente, você vai querer que uma função não-membro tenha acesso aos membros protegidos da classe. Você faz isso ao declarar a função para ser uma amiga (*friend*) da classe usando a palavra-chave friend.

A declaração friend aparece na classe que possui o membro protegido. Ela é como uma declaração de protótipo que inclui o nome estendido e o tipo de retorno. No próximo exemplo, a função initialize() pode acessar qualquer parte de Student:

Parte III: Introdução às Classes

```cpp
class Student
{
    friend void initialize(Student*);
  public:
    // os mesmos membros públicos de antes...
  protected:
    int    semesterHours; // horas acumuladas até a formatura
    double gpa;
};
// a próxima função é amiga de Student
// então ela pode acessar os membros protegidos
void initialize(Student *pS)
{
    pS->gpa = 0;            // isso é possível agora...
    pS->semesterHours = 0;  // ...quando não era antes
}
```

Uma única função pode ser declarada amiga de duas classes diferentes ao mesmo tempo. Ainda que isso possa parecer conveniente, a tendência é unir as duas classes. A união de classes normalmente é considerada ruim porque torna uma classe dependente de outra. Se as duas classes estiverem naturalmente interligadas, pode não ser tão ruim assim, como em:

```cpp
class Student;    // encaminha a declaração
class Teacher
{
    friend void registration(Teacher& t, Student& s);
  public:
    void assignGrades();
  protected:
    int     noStudents;
    Student *pList[100];
};
class Student
{
    friend void registration(Teacher& t, Student& s);
  public:
    // os mesmos membros públicos de antes...
  protected:
    Teacher *pT;
    int     semesterHours; // horas acumuladas até a formatura
    double  gpa;
};

void registration(Teacher& t, Student& s)
{
    // inicializa o objeto Student
    s.semesterHours = 0;
    s.gpa = 0;

    // se tiver espaço...
    if (t.noStudents < 100)
    {
```

Capítulo 14: Protegendo Membros: Não Perturbe

```
        // ...o adiciona no final da lista
        t.pList[t.noStudents] = &s;
        t.noStudents++;
    }
}
```

Nesse exemplo, a função `registration()` pode alcançar as classes Student e Teacher para uni-las no momento da inscrição, sem ser uma função membro uma da outra.

A primeira linha no exemplo declara a classe Student, mas nenhum de seus membros. Ela se chama declaração com definição posterior (*forward declaration*) e apenas define o nome da classe para que outras classes, como Teacher, possam definir um ponteiro para ela. Declarações com definição posterior são necessárias quando duas classes se referem uma a outra.

Uma função membro de uma classe pode ser declarada amiga de outra classe, como vemos em:

```
class Teacher
{
    // ...outros membros também...
  public:
    void assignGrades();
};
class Student
{
    friend void Teacher::assignGrades();
  public:
    // os mesmos membros públicos de antes
  protected:
    int   semesterHours; // horas acumuladas até a formatura
    double gpa;
};
void Teacher::assignGrades()
{
    // pode acessar os membros protegidos de Teacher daqui
}
```

Diferente do outro exemplo de não-membro, a função membro `assignGrades()` deve ser declarada antes que a classe Student possa declará-la como uma amiga.

Uma classe inteira pode ser nomeada amiga de outra. Isso tem o efeito de tornar uma amiga todas as funções membro da classe:

```
class Student;     // declaração com definição posterior
class Teacher
{
  protected:
    int    noStudents;
    Student *pList[100];
  public:
    void assignGrades();
};
class Student
{
    friend class Teacher; // torna amiga a classe inteira
  public:
    // os mesmos membros públicos de antes...
  protected:
    int   semesterHours; // horas acumuladas até a formatura
    double gpa;
};
```

Agora, qualquer função membro de Teacher possui acesso aos membros protegidos de Student. Declarar uma classe como amiga de outra une as duas inseparavelmente.

Capítulo 15

Amor, Por Que Você me Constrói, Apenas Para me Destruir?

Neste Capítulo
- Criando e destruindo objetos
- Declarando construtores e destrutores
- Invocando construtores e destrutores

*O*s objetos nos programas são construídos e descartados como os objetos do mundo real. Se a classe for responsável pelo seu bem-estar, ela deve ter um pouco de controle sobre esse processo. Por acaso (suponho que algum planejamento esteve envolvido também), C++ fornece o mecanismo certo. Mas, primeiro, um debate sobre o que significa criar um objeto.

Criando Objetos

Algumas pessoas são desastradas ao usar os termos *classe* e *objeto*. Qual a diferença? Qual a relação?

Eu posso criar uma classe Dog (cachorro) que apresente as características importantes do melhor amigo do homem. Na minha casa, temos dois cachorros. Portanto, minha classe única Dog possui duas instâncias, *Jack* e *Scruffy*. (Bem, eu *acho* que são duas — não vejo Scruffy já faz alguns dias.)

Uma classe apresenta um tipo de coisa. Um objeto é uma dessas coisas. Um objeto é uma instância de uma classe. Há somente uma classe Dog, não importa quantos cachorros eu tenha.

Os objetos são criados e destruídos, mas as classes simplesmente existem. Meus animais de estimação vêm e vão, mas a classe Dog (evolução a parte) é eterna.

Tipos diferentes de objetos são criados em épocas diferentes. Os objetos globais *(global objects)* são criados quando o programa começa sua execução. Os objetos locais *(local objects)* são criados quando o programa encontra suas declarações.

Um objeto global é aquele que é declarado fora de uma função. Um objeto local é o que é declarado dentro de função e é, portanto, local na função. No próximo exemplo, a variável me é global, e a variável notMe é local para a função pickOne():

```
int me = 0;
void pickOne()
{
    int notMe;
}
```

De acordo com as regras, os objetos globais são inicializados para zero quando o programa começa a executar. Os objetos declarados locais para uma função não têm nenhum valor inicial estabelecido. Ter todos os membros de dados em estado aleatório pode não ser uma condição válida para todas as classes.

C++ permite que a classe defina uma função membro especial que é invocada automaticamente quando um objeto daquela classe é criado. Essa função membro, chamada de construtor (*constructor*), inicializa o objeto para um estado inicial válido. Além disso, a classe pode definir um destrutor para manipular a destruição do objeto. Essas duas funções são os tópicos deste capítulo.

Usando Construtores

O construtor é uma função membro que é chamada automaticamente quando um objeto é criado. Seu trabalho principal é inicializar o objeto para um valor inicial possível para a classe. (É o trabalho das funções membro restantes se certificar que o estado do objeto permaneça possível.)

O construtor leva o mesmo nome da classe para diferenciá-lo dos outros membros. Os criadores de C++ poderiam ter inventado uma regra diferente, como: "O construtor deve ser chamado de init()". Não teria feito nenhuma diferença, contanto que o compilador possa reconhecer o construtor. Além do mais, o construtor não tem um tipo de retorno, nem mesmo void, porque ele é chamado apenas automaticamente — se o construtor realmente retornar algo, não haveria lugar para colocar. Um construtor não pode ser invocado manualmente.

Construindo um objeto único

Com um construtor, a classe Student aparece deste modo:

```
//   Constructor - exemplo que invoca um construtor
//
#include <cstdio>
#include <cstdlib>
#include <iostream>
using namespace std;

class Student
{
  public:
    Student()
    {
        cout << "constructing student" << endl;
        semesterHours = 0;
        gpa = 0.0;
    }
    // ...outros membros públicos...
  protected:
    int   semesterHours;
    double gpa;
};

int main(int nNumberofArgs, char* pszArgs[])
{
    cout << "Creating a new Student object" << endl;
    Student s;

    cout << "Creating a new object off the heap" << endl;
    Student* pS = new Student;

    // espera até o usuário estar pronto antes
    // de encerrar o programa
    // para permitir que ele veja
    // os resultados do programa
    cout << "Press Enter to continue..." << endl;
    cin.ignore(10, '\n');
    cin.get();
    return 0;
}
```

Parte III: Introdução às Classes

Na hora da declaração s, o compilador insere uma chamada para o construtor `Student::Student()`. Alocar um novo objeto `Student` a partir do heap tem o mesmo efeito, como a saída deste programa demonstra:

```
Creating a new Student object
constructing student
Creating a new object off the heap
constructing student
Press Enter to continue...
```

Esse construtor simples foi escrito como uma função membro inline. Os construtores podem ser escritos como funções outline, deste modo:

```
class Student
{
  public:
    Student();
    // ...outros membros públicos...
  protected:
    int    semesterHours;
    double gpa;
};
Student::Student()
{
    cout << "constructing student" << endl;
    semesterHours = 0;
    gpa = 0.0;
}
```

Construindo objetos múltiplos

Cada elemento de um array deve ser construído por ele mesmo. Por exemplo, o programa `ConstructArray` cria cinco objetos `Student` ao declarar um array único de cinco elementos:

```
//    ConstructArray - exemplo que invoca um construtor
//                     em um array de objetos
//
#include <cstdio>
#include <cstdlib>
#include <iostream>
using namespace std;

class Student
{
  public:
    Student()
    {
        cout << "constructing student" << endl;
    }
};
```

```
int main(int nNumberofArgs, char* pszArgs[])
{
    cout << "Creating an array of 5 Student objects"
         << endl;
    Student s[5];

    // espera até o usuário estar pronto antes
    // de encerrar o programa
    // para permitir que ele veja os
    // resultados do programa
    cout << "Press Enter to continue..." << endl;
    cin.ignore(10, '\n');
    cin.get();
    return 0;
}
```

Executar esse programa gera a seguinte saída:

```
Creating an array of 5 Student objects
constructing student
constructing student
constructing student
constructing student
constructing student
Press Enter to continue...
```

Construindo um duplex

Se uma classe contém um membro de dados que é um objeto de outra classe, o construtor para aquela classe também é chamado automaticamente. Observe o exemplo do programa ConstructMembers. Eu adicionei instruções de saída para que você consiga ver a ordem em que os objetos são invocados:

```
//   ConstructMembers - os objetos de membro de uma
//                      classe são todos construídos
//                      antes do construtor da classe
//                      contêiner ter uma chance
//
#include <cstdio>
#include <cstdlib>
#include <iostream>
using namespace std;

class Course
{
  public:
    Course(){ cout << "constructing course" << endl;}
};
```

```cpp
class Student
{
  public:
    Student()
    {
        cout << "constructing student" << endl;
        semesterHours = 0;
        qpa = 0.0;
    }
  protected:
    int  semesterHours;
    double gpa;
};
class Teacher
{
  public:
    Teacher(){cout << "constructing teacher" << endl;}
  protected:
    Course c;
};
class TutorPair
{
  public:
    TutorPair()
    {
        cout << "constructing tutorpair" << endl;
        noMeetings = 0;
    }
  protected:
    Student student;
    Teacher teacher;
    int   noMeetings;
};

int main(int nNumberofArgs, char* pszArgs[])
{
    cout << "Creating TutorPair object" << endl;
    TutorPair tp;

    // espera até o usuário estar pronto antes
    // de encerrar o programa
    // para permitir que ele veja os
    // resultados do programa
    cout << "Press Enter to continue..." << endl;
    cin.ignore(10, '\n');
    cin.get();
    return 0;
}
```

Executar esse programa gera a seguinte saída:

```
Creating TutorPair object
constructing student
constructing course
constructing teacher
constructing tutorpair
Press Enter to continue...
```

Criar o objeto `tp` em `main()` automaticamente invoca o construtor para `TutorPair`. Antes que o controle passe para o corpo do construtor `TutorPair`, no entanto, os construtores para os dois objetos de membro, `student` e `teacher`, são invocados.

O construtor para `Student` é chamado primeiro pois ele é declarado primeiro. Logo depois, o construtor para `Teacher` é chamado.

O membro `Teacher.c` da classe `Course` é construído como parte da construção do objeto `Teacher`. O construtor `Course` tem uma primeira chance. Cada objeto dentro da classe deve construir ela mesma antes que o construtor da classe seja invocado. Caso contrário, o construtor principal não saberia o estado dos seus membros de dado.

Depois que todos os objetos dos membros de dados forem construídos, o controle retorna para a chave aberta, e o construtor para `TutorPair` tem permissão para construir o restante do objeto.

Dissecando um Destrutor

Assim como os objetos são criados, eles são destruídos (do pó viestes e ao pó retornarás). Se uma classe pode ter um construtor para fazer alguns ajustes, ele deveria ter uma função membro especial para desmontar o objeto. Esse membro é chamado de destrutor (*destructor*).

Por que você precisa do destrutor

Uma classe pode alocar recursos dentro do construtor; esses recursos precisam ser desalocados antes que o objeto deixe de existir. Por exemplo, se o construtor abre um arquivo, ele precisa ser fechado antes de deixar a classe ou o programa. Ou, se o construtor alocar memória do heap, essa memória precisa ser solta antes que o objeto vá embora. O destrutor permite que a classe faça essa limpeza automaticamente sem depender da aplicação para chamar a função membro apropriada.

Trabalhando com destrutores

O membro destrutor possui o mesmo nome que a classe mas com um til (~) na frente. (C++ está sendo engraçadinho de novo — o til é o símbolo para o operador lógico NÃO. Entendeu? Um destrutor é um "não construtor". Muito esperto.) Como um construtor, o destrutor não tem nenhum tipo de retorno. Por exemplo, a classe Student com um destrutor adicionado fica desta forma:

```
class Student
{
  public:
    Student()
    {
        semesterHours = 0;
        gpa = 0.0;
    }
    ~Student()
    {
        // ...quaisquer recursos retornados aqui...
    }
  protected:
    int   semesterHours;
    double gpa;
};
```

O destrutor é invocado automaticamente quando um objeto é aniquilado, ou em linguagem C++, quando um objeto é destruído. Isso parece um círculo ("o destrutor é invocado quando um objeto é destruído"), por isso evitei o termo até este momento. Para uma memória não-heap, você também pode dizer, "quando o objeto sai do escopo". Um objeto local sai do escopo quando a função retorna. Um objeto global ou estático sai do escopo quando o programa encerra.

Mas e a memória do heap? Um objeto que foi alocado no heap é destruído quando ele é desalocado usando o comando delete. Isso é demonstrado no programa DestructMembers:

```
// DestructMembers - esse programa constrói e destrói
//                   um conjunto de membros de dados
//
#include <cstdio>
#include <cstdlib>
#include <iostream>
using namespace std;

class Course
{
  public:
    Course()  { cout << "constructing course" << endl; }
    ~Course() { cout << "destructing course" << endl; }
};
```

Capítulo 15: Amor, Por Que Você me Constrói, Apenas...   233

```cpp
class Student
{
  public:
    Student() { cout << "constructing student" << endl;}
    ~Student() { cout << "destructing student" << endl; }
};
class Teacher
{
  public:
    Teacher()
    {
        cout << "constructing teacher" << endl;
        pC = new Course;
    }
    ~Teacher()
    {
        cout << "destructing teacher" << endl;
        delete pC;
    }
  protected:
    Course* pC;
};
class TutorPair
{
  public:
    TutorPair(){cout << "constructing tutorpair" << endl;}
    ~TutorPair(){cout << "destructing tutorpair" << endl; }
  protected:
    Student student;
    Teacher teacher;
};

TutorPair* fn()
{
    cout << "Creating TutorPair object in function fn()"
         << endl;
    TutorPair tp;

    cout << "Allocating TutorPair off the heap" << endl;
    TutorPair*  pTP = new TutorPair;

    cout << "Returning from fn()" << endl;
    return pTP;
}
int main(int nNumberofArgs, char* pszArgs[])
{
    // chama function fn() e retorna o
    // objeto TutorPair retornado da pilha
    TutorPair* pTPReturned = fn();
    cout << "Return heap object to the heap" << endl;
    delete pTPReturned;
```

Parte III: Introdução às Classes

```
        // espera até o usuário estar pronto antes
        // de encerrar o programa
        // para permitir que ele veja os
        // resultados do programa
        cout << "Press Enter to continue..." << endl;
        cin.ignore(10, '\n');
        cin.get();
        return 0;
    }
```

A função `main()` invoca uma função `fn()` que define o objeto `tp` — isso lhe permite ver a variável sair do escopo quando o controle sai da função. `fn()` também aloca a memória do heap que ela retorna para `main()` onde a memória é retornada para o heap.

Se você executar esse programa, ele gerará a seguinte saída:

```
Creating TutorPair object in function fn()
constructing student
constructing teacher
constructing course
constructing tutorpair
Allocating TutorPair off the heap
constructing student
constructing teacher
constructing course
constructing tutorpair
Returning from fn()
destructing tutorpair
destructing teacher
destructing course
destructing student
Return heap object to the heap
destructing tutorpair
destructing teacher
destructing course
destructing student
Press Enter to continue...
```

Cada construtor é chamado um de cada vez enquanto o objeto `TutorPair` está sendo criado, começando do menor membro de dados e indo até a função de construtor `TutorPair::TutorPair()`.

Dois objetos `TutorPair` são criados. O primeiro, `tp`, é definido para a função `fn()` localmente; o segundo, `pTP`, é alocado no heap `tp` sai do escopo e é destruído quando o controle passa por fora da função. A memória do heap cujo endereço é retornado de `fn()` não é destruída até que `main()` o apague.

Quando um objeto é destruído, a sequência de destrutores é invocada na ordem reversa em que os construtores foram chamados.

Capítulo 15: Amor, Por Que Você me Constrói, Apenas... 235

C++ fornece uma palavra-chave separada para apagar arrays, `delete[]`:

```
Student* pS = new Student[5];   // constrói cinco Students

// ...mais tarde no programa...
delete[] pS;                    // apaga a memória do heap e invoca
                                // o destrutor em cada objeto
```

Somente a palavra-chave `delete[]` sabe invocar o destrutor para cada objeto alocado.

Capítulo 16

Fazendo Argumentos Construtivos

Neste Capítulo
- Criando construtores com argumentos
- Sobrecarregando o construtor
- Criando objetos com o uso dos construtores
- Invocando construtores membros
- Estabelecendo a ordem de construção e destruição

*U*ma classe representa um tipo de objeto no mundo real. Por exemplo, nos capítulos anteriores, eu usei a classe Student para representar as propriedades de um aluno. Assim como alunos, as classes são autônomas. Diferente de um aluno, uma classe é responsável pelo seu próprio cuidado e alimentação — uma classe deve se manter em um estado válido todo o tempo.

O construtor padrão apresentado no Capítulo 15 nem sempre é o suficiente. Por exemplo, um construtor padrão pode inicializar a ID do aluno para 0 para que ela não contenha um valor aleatório; porém, um Student ID de 0, provavelmente não é válido.

Os programadores de C++ precisam de um construtor que aceite algum tipo de argumento para inicializar um objeto para outro valor que não o seu padrão. Este capítulo examina construtores com argumentos.

Equipando os Construtores com Argumentos

C++ permite que os programadores definam um construtor com argumentos, como vemos aqui:

```
class Student
{
  public:
    Student(const char *pName);

    // ...a classe continua...
};
```

Usando um construtor

Conceitualmente, a ideia de adicionar um argumento é simples. Um construtor é uma função membro, e funções membro podem ter argumentos. Logo, os construtores podem ter argumentos.

Lembre-se, no entanto, que você não chama o construtor como uma função normal. Então, o único momento de passar os argumentos para o construtor é quando o objeto é criado. Por exemplo, o próximo programa cria um objeto s da classe Student ao chamar o construtor Student(const char*). O objeto s é destruído quando a função main() retorna.

```
//   ConstructorWArg - uma classe pode passar adiante
//                     os argumentos para os
//                     construtores dos membros
#include <cstdio>
#include <cstdlib>
#include <iostream>
using namespace std;

class Student
{
  public:
    Student(const char* pName)
    {
        cout << "constructing Student " << pName << endl;
        name = pName;
        semesterHours = 0;
        gpa = 0.0;
    }
```

Capítulo 16: Fazendo Argumentos Construtivos

```cpp
    // ...outros membros públicos...
    protected:
      string    name;
      int       semesterHours;
      double    gpa;
};

int main(int argcs, char* pArgs[])
{
    // cria um aluno localmente e um no heap
    Student s1("Jack");
    Student* pS2 = new Student("Scruffy");

    // certifica-se de apagar o aluno do heap
    delete pS2;

    // espera até o usuário estar pronto antes
    // de encerrar o programa
    // para permitir que ele veja
    // os resultados do programa
    cout << "Press Enter to continue..." << endl;
    cin.ignore(10, '\n');
    cin.get();
    return 0;
}
```

Aqui, o construtor Student se parece com os construtores vistos no Capítulo 15, exceto pela adição do argumento pName de const char*. O construtor inicializa os membros de dados para seus valores iniciais vazios, exceto pelo membro de dado name, que recebe seu valor inicial de pName, pois um objeto Student sem um nome não é um aluno válido.

O objeto s1 é criado em main(). O argumento a ser passado para o construtor aparece na declaração de s1, próximo ao nome do objeto. Assim, o aluno s1 recebe o nome Jack nessa declaração.

Um segundo aluno é alocado no heap na linha seguinte. Neste caso, os argumentos para o construtor aparecem ao lado do nome da classe.

A terceira linha executável do programa remove o objeto recém alocado no heap antes de sair do programa. Isso pode não ser necessário pois o Windows e o Unix, por exemplo, fecharão quaisquer arquivos que você possa ter aberto e retornarão toda a memória do heap quando o programa encerrar, mesmo que você se esqueça de fazer isso. Entretanto, é um bom exercício apagar sua memória heap quando você terminar.

O const na declaração do construtor Student::Student(const char*) é necessário para permitir instruções como estas:

```cpp
Student s1("Jack");
```

O tipo de Jack é const char*. Eu não poderia passar um ponteiro para uma string de caractere constante para um construtor declarado Student(char*). Uma função, incluindo o construtor, declarada dessa forma pode tentar modificar a string de caractere, o que não seria bom. Você não pode remover a parte const de uma declaração.

No entanto, você pode adicionar const-dade, desta forma:

```
void fn(char* pName)
{
    // o próximo está liberado mesmo se o construtor
    // declarasse Student(const char*)
    Student s(pName);
    // ...faça qualquer coisa...
}
```

A função fn() passa uma string char* para um construtor que promete tratar a string como se ela fosse uma constante. Nenhum prejuízo aqui!

Exigindo Muito do Ajudante: Sobrecarregando o Construtor

Eu posso criar mais uma paralela entre construtores e outras funções membro mais comuns neste capítulo: os construtores podem ser sobrecarregados.

Sobrecarregar uma função quer dizer definir duas funções com o mesmo nome abreviado mas com tipos diferentes de argumentos. Veja o Capítulo 6 para as últimas notícias sobre sobrecarga de função.

C++ escolhe o construtor adequado baseado nos argumentos na declaração do objeto. Por exemplo, a classe Student pode ter os três construtores mostrados ao mesmo tempo neste trecho:

```
//  OverloadConstructor - oferece à classe diversas
//                        maneiras de criar objetos ao
//                        sobrecarregar o construtor
//
#include <cstdio>
#include <cstdlib>
#include <iostream>
#include <string.h>

using namespace std;
class Student
{
  public:
    Student()
```

Capítulo 16: Fazendo Argumentos Construtivos

```cpp
        {
            cout << "constructing student No Name" << endl;
            name = "No Name";
            semesterHours = 0;
            gpa = 0.0;
        }
        Student(const char *pName)
        {
            cout << "constructing student " << pName << endl;
            name = pName;
            semesterHours = 0;
            gpa = 0;
        }
        Student(const char *pName, int xfrHours, float xfrGPA)
        {
            cout << "constructing student " << pName << endl;
            name = pName;
            semesterHours = xfrHours;
            gpa = xfrGPA;
        }
    protected:
        string  name;
        int     semesterHours;
        float   gpa;
};

int main(int argcs, char* pArgs[])
{
    // isto invoca três construtores diferentes
    Student noName;
    Student freshman("Marian Haste");
    Student xferStudent("Pikup Andropov", 80, 2.5);

    // espera até o usuário estar pronto antes
    // de encerrar o programa
    // para permitir que ele veja os
    // resultados do programa
    cout << "Press Enter to continue..." << endl;
    cin.ignore(10, '\n');
    cin.get();
    return 0;
}
```

Como o objeto noName aparece sem argumentos, ele é construído usando o construtor Student::Student(). Esse construtor é chamado de construtor padrão. O freshman (calouro) é construído usando o construtor que só tem argumento const char*, e xferStudent usa o construtor com três argumentos.

Repare na similaridade dos três construtores. A quantidade de horas no semestre e o GPA padronizam para 0 somente se o nome for fornecido. Do contrário, não há diferença entre os dois construtores. Você não

Parte III: Introdução às Classes

precisaria dos dois se você pudesse especificar apenas um valor padrão para os dois argumentos.

C++ permite que você especifique um valor padrão para um argumento de função na declaração a ser usado quando o argumento não estiver presente. Ao adicionar padrões no último construtor, os três construtores podem ser transformados em um. Por exemplo, a classe a seguir transforma três construtores em um, construtor esperto:

```
// ConstructorWDefaults - diversos construtores podem ser
//                        transformados com frequência com
//                        a definição de argumentos padrão
//
#include <cstdio>
#include <cstdlib>
#include <iostream>
using namespace std;

class Student

{
  public:
    Student(const char *pName  = "No Name",
            int xfrHours = 0,
            double xfrGPA = 0.0)
    {
        cout << "constructing student " << pName << endl;
        name = pName;
        semesterHours = xfrHours;
        gpa = xfrGPA;
    }

  protected:
    string  name;
    int     semesterHours;
    double  gpa;
};
// ...o restante é igual...
```

Agora, todos os três objetos são construídos usando o mesmo construtor; os padrões são fornecidos para os argumentos inexistentes em `noName` e `freshman`.

Uma alternativa mais leve e flexível, adicionada ao padrão 2011, foi invocar um construtor de outro como em `ConstructorsCallingEachOther`. Isso é conhecido como *delegação de construtores*:

```
// ConstructorsCallingEachOther - novo em 2011,
//          um construtor pode invocar outro
//          na mesma classe
//
#include <cstdio>
#include <cstdlib>
#include <iostream>
```

```
using namespace std;

class Student

{
  public:
    Student(const char *pName,
            int xfrHours,
            double xfrGPA)
    {
        cout << "constructing student " << pName << endl;
        name = pName;
        semesterHours = xfrHours;
        gpa = xfrGPA;
    }
    Student() : Student("No Name", 0, 0.0) {}
    Student(const char *pName): Student(pName, 0, 0.0){}

  protected:
    string   name;
    int      semesterHours;
    double   gpa;
};
// ...o resto é o mesmo de antes...
```

Aqui, a declaração Student noName invoca o construtor sem argumento, que dá a volta e chama o construtor genérico, fornecendo argumentos padrões. A declaração Student freshman invoca o construtor Student(const char*).

Isso é mais flexível porque você pode padronizar outros argumentos que não o último. Além do mais, você tem mais controle em como os argumentos são padronizados. Por exemplo, não faz sentido construir um aluno com horas no semestre mas sem GPA. Essa versão não permitiria que tal objeto fosse construído desde que Student(const char*, int) não fosse fornecido.

A sintaxe meio bizarra vai parecer muito mais aceitável antes do fim deste capítulo.

Estabelecendo Construtores Padrões

Até onde C++ sabe, toda classe deve ter um construtor; caso contrário, você não pode criar objetos daquela classe. Se você não fornecer um construtor para sua classe, provavelmente C++ deverá apenas gerar um erro, mas não. Para proporcionar compatibilidade com o código C existente, que não possui conhecimento sobre construtores, C++ fornece um construtor padrão (`default`) automaticamente (algo como construtor padrão default).

Se você definir um construtor para sua classe, C++ não vai fornecer um construtor padrão automático por si só. Ao criar um construtor, o autor está, de fato, dizendo a C++ que o construtor padrão não ajuda muito.

O trecho de código a seguir ajuda a demonstrar esse ponto. Isto é possível:

```cpp
class Student
{
    string  name;
};

int main(int argcs, char* pArgs[])
{
    Student noName;
    return 0;
}
```

O construtor padrão automaticamente fornecido invoca o construtor da string padrão para criar o objeto vazio `name`. Este trecho não compila corretamente:

```cpp
class Student
{
  public:
    Student(const char *pName) {name = pName;}

    string name;
};

int main(int argcs, char* pArgs[])
{
    Student noName;      // não compila
    return 0;
}
```

Aparentemente, essa adição inofensiva do construtor `Student(const char*)` impede C++ de fornecer automaticamente um construtor `Student()` com que se constrói o objeto `noName`.

O padrão C++ 2011 permite que você "pegue o construtor de volta" por meio da nova palavra-chave `default`, assim:

```cpp
class Student
{
  public:
    Student(const char *pName) { name = pName; }
    Student() = default;

    string name;
};
```

```
class Student
{
  public:
    Student(const char *pName) { name = pName; }
    Student() = default;

    string name;
};
```

A palavra-chave `default` diz que, de fato, "eu sei que eu defini um construtor mas eu ainda quero meu construtor padrão automático de volta".

O padrão 2011 também permite que um método padrão como o construtor `default` seja excluído usando a nova palavra-chave `delete`:

```
class Student
{
  public:
    Student() = delete; // remove o construtor padrão

    string name;
};
```

Construindo Membros de Classe

Nos exemplos anteriores, todos os membros de dados são de tipos simples, como `int` e `double`. A atribuição de um valor para a variável dentro do construtor, com tipos simples, é o suficiente. Alguns problemas surgem na inicialização de alguns tipos de membros de dados, no entanto.

Construindo um membro de dados complexo

Os membros de uma classe têm os mesmos problemas que qualquer outra variável. Não faz sentido para um objeto `Student` ter um ID padrão de 0. Isso é verdadeiro mesmo se o objeto for um membro de uma classe. Observe o exemplo a seguir que cria uma classe nova, `StudentId`, para gerenciar os números de identificação do aluno em vez de depender de uma mera variável inteira:

```
//
//    ConstructingMembers - uma classe talvez passe
//                          argumentos adiante para
//                          os construtores dos membros
#include <cstdio>
#include <cstdlib>
#include <iostream>
using namespace std;
```

```cpp
int nextStudentId = 1000;  // primeira Student ID possível
class StudentId
{
  public:
    // o construtor padrão atribui as ids sequencialmente
    StudentId()
    {
        value = nextStudentId++;
        cout << "Take next student id " << value << endl;
    }

    // o construtor int permite que o usuário atribua id
    StudentId(int id)
    {
        value = id;
        cout << "Assign student id " << value << endl;
    }
  protected:
    int value;
};

class Student
{
  public:
    Student(const char* pName)
    {
        cout << "constructing Student " << pName << endl;
        name = pName;
        semesterHours = 0;
        gpa = 0.0;
    }

  // ...outros membros públicos...
  protected:
    string    name;
    int       semesterHours;
    double    gpa;
    StudentId id;
};

int main(int argcs, char* pArgs[])
{
    // cria dois alunos
    Student s1("Jack");
    Student s2("Scruffy");

    // espera até o usuário estar pronto
    // antes de encerrar o programa
    // para permitir que ele veja os resultados do programa
    cout << "Press Enter to continue..." << endl;
    cin.ignore(10, '\n');
    cin.get();
    return 0;
}
```

Uma `Student` ID é atribuída para cada aluno enquanto o objeto `Student` é construído. Nesse exemplo, o construtor padrão para `StudentId` atribui as IDs sequencialmente usando a variável global `nextStudentId` para manter o registro.

A classe `Student` invoca o construtor padrão para os alunos `s1` e `s2`. A saída do programa mostra que ele está funcionando perfeitamente:

```
Take next student id 1000
constructing Student Jack
Take next student id 1001
constructing Student Scruffy
Press Enter to continue...
```

Repare que a mensagem do construtor `StudentId` aparece antes da saída do construtor `Student`. Isso significa que o construtor `StudentId` foi invocado mesmo antes do construtor `Student` começar.

Se o programador não estabelecer um construtor, o construtor padrão fornecido por C++ invoca os construtores padrões para os membros de dados automaticamente. O mesmo acontece na hora de ir embora. O destrutor para a classe invoca automaticamente o destrutor para os membros de dados que têm destrutores. O destrutor C++ fornecido faz o mesmo.

Tudo bem, isso é ótimo para o construtor padrão. Mas e se você quisesse invocar um outro construtor em vez do padrão? Onde você coloca o objeto? A classe `StudentId` fornece um segundo construtor que permite que ele seja atribuído para qualquer valor arbitrário. A pergunta é: como ele é invocado?

Primeiramente, deixe-me mostrar o que não funciona. Observe o próximo segmento de programa (somente as partes relevantes estão inclusas aqui — o programa inteiro, `ConstructSeparateID`, está dentro do material que acompanha o livro no site da editora em www.altabooks.com.br (procure pelo titulo do livro).

```
class Student
{
  public:
    Student(const char *pName, int ssId)
    {
        cout << "constructing student " << pName << endl;
        name = pName;
        // não tentem isso em casa, crianças. Não funciona
        StudentId id(ssId);    // constrói uma id de aluno
    }
  protected:
    string    name;
    StudentId id;
};
```

```
int main(int argcs, char* pArgs[])
{
    Student s("Jack", 1234);
    cout << "This message from main" << endl;

    // espera até o usuário estar pronto antes
    // de encerrar o programa
    // para permitir que ele veja os
    // resultados do programa
    cout << "Press Enter to continue..." << endl;
    cin.ignore(10, '\n');
    cin.get();
}
```

Dentro do construtor para Student, o programador (que sou eu) tentou (sabiamente) construir um objeto StudentId chamado id. Eu também adicionei um destrutor para StudentId que não faz nada além de exibir a saída do ID do objeto que está sendo destruído.

Se você olhar bem para a saída deste programa, você verá o problema:

```
take next student id 1000
constructing student Jack
assign student id 1234
destructing 1234
This message from main
Press Enter to continue...
```

Parece que nós estamos construindo dois objetos StudentId: O primeiro é criado com o construtor padrão como antes. Depois que o controle insere o construtor para Student, um segundo StudentId é criado com o valor atribuído de 1234. Misteriosamente, esse objeto 1234 é destruído assim que o programa sai do construtor Student.

A explicação para esse comportamento um tanto bizarro é clara. O membro de dado id já existe quando o corpo do construtor é inserido. Em vez de construir o membro de dados existente id, a declaração fornecida no construtor cria um objeto local com o mesmo nome. Esse objeto local é destruído após retornar do construtor.

De alguma forma, precisamos de um mecanismo diferente para indicar "construir o membro existente; não criar um novo". Esse mecanismo precisa aparecer depois da lista de argumento da função, mas antes da chave aberta. C++ fornece um construtor para isso, como vemos no seguinte subconjunto retirado do programa ConstructDataMembers (a única mudança entre este programa e o anterior é no construtor de classe Student — o programa inteiro acompanha o material no site da editora em www.altabooks.com.br (procure pelo título do livro):

Capítulo 16: Fazendo Argumentos Construtivos

```
class Student
{
  public:
    Student(const char *pName, int ssId)
      : name(pName), id(ssId)
    {
        cout << "constructing student " << pName << endl;
    }
  protected:
    string name;
    StudentId id;
};
```

Perceba, principalmente, a primeira linha do construtor. Aqui tem algo que você nunca viu antes. Os dois pontos (:) significam que o que vem a seguir são chamadas para os construtores dos membros de dados da classe atual. Para o compilador C++, essa linha lê "Construa os membros `name` e `id` usando os argumentos `pName` e `ssId`, respectivamente, do construtor `Student`. Quaisquer membros de dados que não foram chamados nesta parte, serão construídos usando seus construtores padrão."

O tipo string é, na verdade, uma classe convencional definida em um arquivo include que é incluído por `iostream`. Os programas anteriores a esse exemplo têm usado o construtor de string padrão para criar um nome vazio e, então, copiar o nome do aluno para o objeto dentro do corpo do construtor. É mais eficiente atribuir um valor ao objeto string quando ele é criado, se for possível.

Este programa novo gera o resultado que esperamos:

```
assign student id 1234
constructing student Jack
This message from main
Press Enter to continue...
```

Agora você pode ver de onde veio a sintaxe de invocação de um construtor a partir de outro!

Combinando isso com inicialização de membro

Então, o que acontece quando um construtor compete com um inicializador de membro estilo C++ 2011? Observe este exemplo:

```
//   ConstructMembersWithInitializers - este programa
//          demonstra o que acontece quando um membro
//          de dadoscom um inicializador é construído
//
#include <cstdio>
#include <cstdlib>
#include <iostream>
```

250 Parte III: Introdução às Classes

```cpp
using namespace std;

class StudentId
{
  public:
    StudentId(int id) : value(id)
    {
        cout << "id = " << value << endl;
    }

  protected:
    int value;
};

int nextStudentId = 1000;
class Student
{
  public:
    Student(const char *pName, int ssId)
       : name(pName), id(ssId)
    {
        cout << "constructing student " << pName << endl;
    }
    Student(const char *pName) : name(pName)
    {
        cout << "constructing student " << pName << endl;
    }
  protected:
    string name;
    StudentId id = nextStudentId++;
};

int main(int argcs, char* pArgs[])
{
    Student s1("Jack", 1234);
    Student s2("Scruffy");

    // espera até o usuário estar pronto antes
    // de encerrar o programa
    // para permitir que ele veja
    // os resultados do programa
    cout << "Press Enter to continue..." << endl;
    cin.ignore(10, '\n');
    cin.get();
    return 0;
}
```

Aqui, eu forneci à classe `StudentId` um único construtor. Agora cabe à classe `Student` decidir qual `id` usar. A saída deste programa é esclarecedora:

```
id = 1234
constructing student Jack
id = 1000
constructing student Scruffy
Press Enter to continue...
```

No primeiro caso, o aluno `Jack` é criado usando ao ID de aluno 1234 fornecida no construtor. O aluno `Scruffy` aceita o ID padrão do aluno, o próximo valor começando com 1000. Mas isso é interessante — se o inicializador de membro tivesse sido invocado quando `Jack` foi construído, então a `Scruffy` deveria ter sido atribuído a ID 1001.

A moral desta história é que o membro inicializador (que é `StudentId id = nextStudentId++`) é ignorado se o membro for construído no construtor da classe.

Construindo um membro de dados constante

A construção de argumentos resolve um problema parecido com os membros de dados `const` como este:

```
class Mammal
{
  public:
    Mammal(int nof) : numberOfFeet(nof) {}
  protected:
    const int numberOfFeet;
};
```

Supostamente, um certo `Mammal` (mamífero) tem um número fixo de pés (salvo amputação). A quantidade de pés pode, e deveria, ser declarada `const`. Essa definição do construtor atribui um valor para a variável `numberOfFeet` quando o objeto é criado. `numberOfFeet` não pode ser modificada uma vez declarada e inicializada.

Reconstruindo a Ordem de Construção

Quando existem objetos múltiplos, todos com construtores, os programadores geralmente não se importam com a ordem em que as coisas são construídas. Se um construtor ou mais tem efeito colateral, no entanto, a ordem pode fazer diferença.

Estas são as regras para a ordem de construção:

Parte III: Introdução às Classes

✓ Os objetos locais e estáticos são construídos na ordem em que suas declarações são invocadas.

✓ Os objetos estáticos são construídos apenas uma vez.

✓ Todos os objetos globais são construídos antes de `main()`.

✓ Os objetos globais são não construídos em uma ordem fixa.

✓ Os membros são construídos na ordem em que são declarados na classe dentro de um certo tipo de acesso (ou seja, todos os membros públicos são declarados na ordem declarada e todos os membros protegidos na ordem em que são declarados).

✓ Os objetos são destruídos na ordem inversa em que foram construídos.

Uma *variável estática* é uma variável que é local a uma função mas retém seu valor de uma chamada de função para outra. Uma *variável global* é uma variável declarada fora da função.

Agora, analisaremos cada uma das regras mencionadas.

Objetos locais construídos em ordem

Os objetos locais são construídos na ordem em que o programa encontra suas declarações. Normalmente, essa é a mesma ordem em que os objetos aparecem na função, a menos que a função salte declarações específicas. (A propósito, saltar declarações é algo ruim. Isso confunde o leitor e o compilador.)

Objetos estáticos construídos apenas uma vez

Os objetos estáticos são similares às variáveis locais, exceto por serem construídos uma única vez. C++ espera até que o controle passe pela primeira vez pela declaração estática antes de construir o objeto. Analise o programa trivial `ConstructStatic`:

```
//  ConstructStatic - demonstra que os estáticos são
//                    construídos apenas uma vez
//
#include <cstdio>
#include <cstdlib>
#include <iostream>
using namespace std;

class DoNothing
{
  public:
    DoNothing(int initial) : nValue(initial)
```

Capítulo 16: Fazendo Argumentos Construtivos

```
    {
        cout << "DoNothing constructed with a value of "
             << initial << endl;
    }
    ~DoNothing()
    {
        cout << "DoNothing object destructed" << endl;
    }
    int nValue;
};
void fn(int i)
{
    cout << "Function fn passed a value of " << i << endl;
    static DoNothing dn(i);
}

int main(int argcs, char* pArgs[])
{
    fn(10);
    fn(20);
    cout << "Press Enter to continue..." << endl;
    cin.ignore(10, '\n');
    cin.get();
    return 0;
}
```

A execução desse programa produz o seguinte resultado:

```
Function fn passed a value of 10
DoNothing constructed with a value of 10
Function fn passed a value of 20
Press Enter to continue...
DoNothing object destructed
```

Repare que a mensagem da função fn() aparece duas vezes, mas a mensagem do construtor para DoNothing parece somente na primeira vez que fn() é chamado. Isso indica que o objeto é construído na primeira vez que fn() é chamado mas não depois disso. Repare também que o destrutor não é invocado até que o programa retorne de main() como parte do processo de término do programa.

Todos os objetos globais construídos antes de main ( )

Todas as variáveis globais entram no escopo assim que o programa começa. Portanto, todos os objetos globais são construídos antes do controle passar para main().

A inicialização de variáveis globais pode causar dores de cabeça terríveis na depuração. Algumas depurações tentam executar até `main()` assim que o programa é carregado e antes dele passar o controle para o usuário. Isso pode ser um problema porque o código do construtor para todos os objetos globais já foi executado quando você consegue o controle do seu programa. Se um desses construtores tem um bug fatal, você nem tem a menor chance de encontrar o problema. Nesse caso, o programa parece estar morto antes mesmo de começar!

A melhor maneira que achei para detectar esse tipo de problema foi ajustar um *breakpoint* (ponto de parada) em cada construtor do qual você suspeite ainda que remotamente, assim como na primeira instrução em `main()`. Você acertará o breakpoint para cada objeto global declarado assim que começar o programa. Pressione *Continue* depois de cada breakpoint até o programa travar — agora você sabe que pressionou até demais.

Reinicie o programa e repita o processo, mas pare no construtor que causa o travamento. Você pode percorrer o construtor em um único passo até você encontrar o problema. Se você chegar até o breakpoint em `main()`, o programa não travou enquanto construiu os objetos globais.

Os objetos globais não são construídos em uma ordem fixa

Descobrir a ordem de construção dos objetos locais é fácil. Uma ordem está implícita pelo fluxo de controle. Com os globais, tal fluxo não está disponível para dar ordens. Todos os globais entram para o escopo simultaneamente — se lembra? Tá bom, você diz, por que o compilador não pode apenas começar no topo do arquivo e percorrer a lista de objetos globais?

Isso funcionaria bem para um único arquivo (e eu imagino que é o que a maioria dos compiladores faz). A maioria dos programas no mundo real consiste em diversos arquivos que são compilados separadamente e então ligados. Como o compilador não possui controle sobre a ordem em que os arquivos são ligados, ele não pode afetar a ordem em que os objetos globais são construídos de arquivo para arquivo.

Na maioria das vezes, a ordem de construção global é bem entediante. De vez em quando, porém, as variáveis globais geram bugs que são extremamente difíceis de rastrear. (Isso acontece com frequência o suficiente para ser mencionado em um livro.)

Observe o exemplo a seguir:

```
class Student
{
  public:
```

```
    Student (int id) : studentId(id) {}
    const int studentId;
};
class Tutor
{
  public:
    Tutor(Student& s) : tutoredId(s.studentId) {}
    int tutoredId;
};

// arruma um aluno
Student randy(1234);

// atribui um Tutor para aquele aluno
Tutor    janet(randy);
```

Aqui, o construtor para Student atribui um ID do aluno. O construtor para Tutor registra o ID do aluno para ajudar. O programa declara o aluno randy e então atribui a tutora janet para ele.

O problema é que o programa supõe que randy é construído antes de janet. Imagine se fosse o contrário. janet, então, seria construída com um bloco de memória que ainda não teria sido transformada em um objeto de Student, e portanto, não teria nada para o ID do aluno.

O exemplo anterior não é muito complicado de ser compreendido e muito menos idealizado. Contudo, os problemas advindos dos objetos globais não construídos em uma ordem fixa podem aparecer de formas sutis. Para evitar esse problema, não deixe que o construtor para um objeto global se refira aos conteúdos de outro.

Membros construídos na ordem em que são declarados

Os membros de uma classe são construídos de acordo com a ordem em que são declarados dentro da classe. Isso não é tão óbvio quanto parece. Verifique este exemplo:

```
class Student
{
  public:
    Student (int id, int age) : nAge(age), nId(id){}
    const int    nId;
    const int    nAge;
         double dAverage = 0.0;
};
```

Nesse exemplo, nId é construído antes de nAge, mesmo que nId apareça em segundo na lista de inicialização do construtor, porque ele aparece antes de nAge na definição de classe. O membro de dado dAverage é construído por último pela mesma razão. A única vez que você talvez detecte uma diferença na ordem de construção é quando os dois membros de dados estão em uma instância da classe que tem um construtor que tem efeitos colaterais mútuos.

Destrutores destroem na ordem inversa dos construtores

Finalmente, não importa em qual ordem os construtores são lançados, você pode ter certeza de que os destrutores são invocados na ordem contrária. (É bom saber que, pelo menos, uma regra em C++ não possui se, e, ou mas.)

Construindo Arrays

Quando você declara um array, cada elemento do array deve ser construído. Por exemplo, a próxima declaração chama o construtor padrão Student cinco vezes, uma para cada membro do array:

```
Student s[5];
```

O padrão 2011 permite que invoque um construtor que não seja o padrão usando uma lista inicializadora, como mostra o trecho deste programa (o programa completo encontra-se no material online em www.altabooks.com.br (procure pelo título do livro)).

```
//
// ConstructArray - constrói um array de objetos
//

// ...mesma classe de Student com construtores sobrecarregados...

int main(int argcs, char* pArgs[])
{
    // o seguinte invoca três construtores diferentes
    Student s[]{"Marian Haste", "Pikup Andropov"};
    Student t[]{{"Jack", 0, 0.0}, {"Scruffy", 12, 2.5}};

    // espera até o usuário estar pronto antes
    // de encerrar o programa
    // para permitir que ele veja os
    // resultados do programa
    cout << "Press Enter to continue..." << endl;
    cin.ignore(10, '\n');
    cin.get();
    return 0;
}
```

O array s é criado com dois membros ao chamar o construtor `Student(const char*)` duas vezes. O array t é construído com o construtor `Student(const char*, int, double)`. A saída desse programa fica desta forma:

```
constructing freshman Marian Haste
constructing freshman Pikup Andropov
constructing transfer Jack
constructing transfer Scruffy
Press Enter to continue...
```

Uma string de objetos contida dentro das chaves é conhecida como *lista inicializadora*.

Construtores como uma Forma de Conversão

C++ enxerga os construtores com um único argumento como uma maneira de conversão de um tipo para outro. Imagine o tipo definido pelo usuário `Complex` destinado a representar números complexos. Sem entrar em muitos detalhes (para mim, não para você), há uma conversão natural entre números reais e complexos assim como a conversão de números inteiros para reais, como neste exemplo:

```
double d = 1;    // isto é possível
Complex c = d;   // isto deveria ser possível também
```

Na verdade, C++ procura uma forma de fazer com que instruções como essa tenham sentido. Se a classe `Complex` tem um construtor que leva como argumento um `double`, C++ usará esse construtor como forma de conversão, como se a instrução anterior tivesse sido escrita desta forma:

```
double d = 1;
Complex c(d);
```

Alguns construtores-introdutores de conversões não fazem sentido. Por exemplo, você talvez não queria que C++ converta um inteiro em um objeto `Student` só porque um construtor `Student(int)` existe. Conversões inesperadas podem levar a estranhos erros no momento da compilação quando C++ tenta consertar erros simples de codificação.

O programador pode usar a palavra-chave `explicit` para evitar criar caminhos de conversões inesperadas e involuntárias. Um construtor marcado como `explicit` não pode ser usado como um caminho de conversão implícito.

```
class Student
{
  public:
    // o seguinte construtor "No name" não pode ser usado
    // como um caminho de conversão implícito de int para Student
    explicit Student(int nStudentID);
};

Student s = 1;           // gera um erro de compilação
Student t(123456);       // isso ainda é permitido
```

A declaração de s não invoca implicitamente o construtor Student(int) já que ele é sinalizado como "invocado apenas explicitamente". A invocação explícita do construtor para a criação do objeto t ainda é possível.

O programa completo TypeConversion que demonstra esse princípio está incluso no material online no site da editora em www.altabooks.com.br, procurando pelo título do livro.

Capítulo 17

Os Construtores de Cópia e de Movimento

Neste capítulo

- Introduzindo os construtores de cópia e de movimento
- Fazendo cópias
- Cópias feitas automaticamente
- Criando cópias superficiais versus cópias profundas
- Evitando todas as cópias com um construtor de movimento

O construtor é uma função especial que o C++ chama automaticamente quando um objeto é criado, permitindo que o objeto se inicialize sozinho. O Capítulo 15 introduz o conceito de construtor, enquanto que o Capítulo 16 descreve outros tipos de construtores. Este capítulo verifica duas variações particulares de construtores, conhecidos como construtores de cópia e de movimento.

Copiando um Objeto

Um construtor de cópias (*copy constructor*) é o construtor que C++ usa para fazer cópias de objetos. Ele carrega o nome X::X(const X&), em que X é o nome da classe. Isto é, o construtor da classe X, pega seu argumento como uma referência para um objeto da classe X. Agora, sei que isso parece inútil, mas me dê a chance de explicar porque C++ precisa de tais criaturas.

O construtor de movimento é único para C++ 2011. A maior parte deste capítulo fala do construtor de cópia. Eu apresento os detalhes do construtor de movimento até o final do capítulo.

Por que você precisa do construtor de cópia

Pense por um momento sobre o que acontece quando você chama uma função como esta:

```cpp
void fn(Student fs)
{
    // ...mesmo cenário; argumento diferente...
}
int main(int argcs, char* pArgs[])
{
    Student ms;
    fn(ms);
    return 0;
}
```

Na chamada de fn(), C++ passa uma cópia do objeto ms e não do objeto propriamente dito.

Agora, pense no que significa criar uma cópia de um objeto. Primeiramente, é preciso um construtor para criar um objeto, até mesmo a cópia de um objeto existente. C++ poderia criar um construtor de cópia padrão que copiasse o objeto existente para um objeto novo um byte por vez. Isso é o que linguagens antigas, como C, fazem. Mas, e se a classe não quiser uma simples cópia do objeto? E se algo mais for exigido? (Ignore um pouco o "por que".) A classe precisa estar apta para especificar exatamente como a cópia deveria ser criada.

Portanto, C++ usa um construtor de cópia no exemplo anterior para criar uma cópia do objeto ms na pilha durante a chamada da função fn(). Esse construtor de cópia, particularmente, seria Student::Student(Student&) — diga isso rapidamente três vezes!

Usando o construtor de cópia

A melhor forma de entender como o construtor de cópia funciona é vendo um em ação. Observe o programa CopyConstructor:

```cpp
// CopyConstructor - demonstra um construtor de cópia
//
#include <cstdio>
#include <cstdlib>
#include <iostream>
using namespace std;

class Student
{
  public:
    // construtor convencional
```

Capítulo 17: Os Construtores de Cópia e de Movimento

```cpp
        Student(const char *pName = "no name", int ssId = 0)
          : name(pName), id(ssId)
        { cout << "Constructed " << name << endl; }

        // construtor de cópia
        Student(const Student& s)
          : name("Copy of " + s.name), id(s.id)
        { cout << "Constructed " << name << endl; }

        ~Student() { cout << "Destructing " << name << endl; }

    protected:
        string name;
        int  id;
};

// fn - recebe seu argumento por valor
void fn(Student copy)
{
    cout << "In function fn()" << endl;
}

int main(int nNumberofArgs, char* pszArgs[])
{
    Student scruffy("Scruffy", 1234);
    cout << "Calling fn()" << endl;
    fn(scruffy);
    cout << "Back in main()" << endl;

    // espera o usuário estar pronto antes de encerrar o
    // programa para permitir que ele veja os resultados
    cout << "Press Enter to continue..." << endl;
    cin.ignore(10, '\n');
    cin.get();
    return 0;
}
```

Ao executar este programa, a saída aparece do seguinte modo:

```
Constructed Scruffy
Calling fn()
Constructed Copy of Scruffy
In function fn()
Destructing Copy of Scruffy
Back in main()
Press Enter to continue...
```

O construtor normal Student gera a primeira mensagem a partir da declaração na primeira linha de main() sobre a criação do scruffy. Em seguida, main() exibe a mensagem Calling... antes de chamar fn(). Como parte do processo de chamar a função, C++ convoca o construtor de cópia para fazer uma cópia de scruffy e passar para fn(). O construtor de cópia acrescenta a string "Copy of" ao nome do aluno antes de exibir na tela. A função `fn()` exibe a mensagem `In function...` o objeto `Student` copiado é destruído ao retornar de `fn()`. (Você pode notar que é a cópia pois `"copy of"` é exibido na frente.) O objeto original, `scruffy`, é destruído no final de `main()`.

O Construtor de Cópia Automático

Assim como o construtor padrão, o construtor de cópia é importante; tão importante que C++ acredita que toda classe deveria ter um. Se você não fornecer seu próprio construtor de cópia, C++ cria um para você. (Isso difere do construtor padrão que C++ fornece, a menos que sua classe tenha construtores definidos para ela.)

O construtor de cópia gerado por C++ realiza uma cópia membro a membro para cada membro de dados. Você pode ver isso no programa `DefaultCopyConstructor` a seguir. Deixei a definição da classe `Student` para economizar espaço — é idêntico ao mostrado no programa `CopyConstructor`. O programa `DefaultCopyConstructor` completo está disponível online no site da editora em www.altabooks.com.br, procurando pelo título do livro.

```
class Tutor
{
  public:
    Tutor(Student& s)
        : student(s), id(0)
    { cout << "Constructing Tutor object" << endl; }
  protected:
    Student student;
    int id;
};

void fn(Tutor tutor)
{
    cout << "In function fn()" << endl;
}

int main(int argcs, char* pArgs[])
{
    cout << "Calling fn()" << endl;
    fn(tutor);
    cout << "Back in main()" << endl;

    // espera o usuário estar pronto antes de encerrar o
    // programa para permitir que ele veja os resultados
    cout << "Press Enter to continue..." << endl;
    cin.ignore(10, '\n');
    cin.get();
    return 0;
}
```

A execução desse programa gera a seguinte saída:

```
Constructed Scruffy
Constructed Copy of Scruffy
Constructing Tutor object
Calling fn()
Constructed Copy of Copy of Scruffy
In function fn()
Destructing Copy of Copy of Scruffy
Back in main()
Press Enter to continue...

Destructing Copy of Scruffy
Destructing Scruffy
```

A construção do objeto `scruffy` gera a primeira mensagem de saída do construtor "plain Jane". O construtor para o objeto `tutor` chama o construtor de cópia `Student` para gerar seu próprio membro de dados `Student` e então exibir sua respectiva mensagem. Isso serve para as próximas duas linhas de saída.

O programa, então, passa uma cópia do objeto `Tutor` para a função `fn()`. Como a classe `Tutor` não define um construtor de cópia, o programa invoca o construtor de cópia padrão para fazer uma cópia e passar para `fn()`.

O construtor de cópia padrão `Tutor` invoca o construtor de cópia para cada membro de dados. O construtor de cópia para `int` não faz nada além de copiar o valor. Você já viu como o construtor de cópia `Student` funciona. Isto é o que gera a mensagem `Constructed Copy of Copy of Scruffy`. O destrutor para a cópia é chamado como parte do retorno da função `fn()`. Os últimos destrutores são convocados quando o programa retorna de `main()`.

Criando Cópias Superficiais versus Cópias Profundas

Realizar uma cópia membro a membro parece ser o óbvio a ser feito por um construtor de cópia. Além de adicionar a capacidade de anexar partes bobas, como `Copy of` na frente dos nomes dos alunos, quando você desejaria uma cópia membro a membro?

Imagine o que aconteceria se o construtor alocasse um atributo, como uma memória, no heap. Se o construtor de cópia simplesmente faz uma cópia de tal atributo sem alocar a sua própria, você termina com uma situação: dois objetos achando que eles têm acesso exclusivo ao mesmo

Parte III: Introdução às Classes

atributo. Isso piora quando o destrutor é chamado para os dois objetos e ambos tentam retornar o mesmo atributo. Para tornar isso mais concreto, veja este exemplo de classe:

```cpp
// ShallowCopy - Realizar uma cópia byte a byte (shallow)
//     não é a forma correta quando a classe possui atributos.
//
#include <cstdio>
#include <cstdlib>
#include <iostream>
using namespace std;

class Person
{
  public:
    Person(const char *pN)
    {
        cout << "Constructing " << pN << endl;
        pName = new string(pN);
    }
    ~Person()
    {
        cout << "Destructing " << pName
             << " (" << *pName << ")" << endl;
        *pName = "already destructed memory";
        // apaga pName;
    }
 protected:
    string *pName;
};

void fn()
{
    // cria um novo objeto
    Person p1("This_is_a_very_long_name");

    // copia o conteúdo de p1 para p2
    Person p2(p1);
}

int main(int argcs, char* pArgs[])
{
    cout << "Calling fn()" << endl;
    fn();
    cout << "Back in main()" << endl;

    // espera o usuário estar pronto antes de encerrar
    // o programa para permitir que ele veja os resultados
    cout << "Press Enter to continue..." << endl;
    cin.ignore(10, '\n');
    cin.get();
    return 0;
}
```

Capítulo 17: Os Construtores de Cópia e de Movimento

A execução desse programa gera a seguinte saída:

```
Calling fn()
Constructing This_is_a_very_long_name
Destructing 0x3f2bb8 (This_is_a_very_long_name)
Destructing 0x3f2bb8 (already destructed memory)
Back in main()
Press Enter to continue...
```

O construtor para `Person` (pessoa) aloca memória no heap para armazenar o nome da pessoa. O destrutor normalmente retornaria essa memória para o heap, usando a palavra-chave `delete`; entretanto, neste caso, eu troquei a chamada para `delete` com uma instrução que substitui o nome por uma mensagem. O programa principal chama a função `fn()`, que cria uma pessoa, `p1`, e então faz uma cópia dessa pessoa, `p2`. Os dois objetos são destruídos automaticamente quando o programa retorna da função.

Somente uma mensagem de saída do construtor é exibida quando este programa é executado. Isso não é tão surpreendente, pois o construtor de cópia usado para construir `p2` não possui uma saída. O destrutor `Person` é chamado duas vezes, porém, `p1` e `p2` saem do escopo. O primeiro destrutor exibe a esperada mensagem `This_is_a_very_long_name` (É_um_nome_muito_grande). O segundo indica que a memória já foi excluída. Repare, também, que o endereço do bloco de memória é o mesmo para os dois objetos.

Se o programa quisesse mesmo excluir o nome, ele se tornaria instável após a segunda exclusão e talvez nem pudesse terminar sem dar erro.

O problema é exibido graficamente na Figura 17-1. O objeto `p1` é copiado dentro do novo objeto `p2`, mas os atributos não. Assim, `p1` e `p2` acabam apontando para os mesmos atributos (nesse caso, a memória heap). Isso é conhecido como uma cópia superficial pois "toca levemente na superfície", copiando os próprios membros.

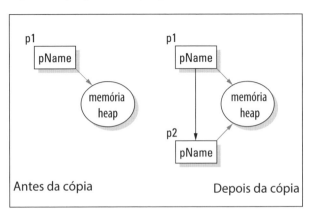

Figura 17-1: Cópia superficial de p1 para p2.

A solução para este problema é exibida na Figura 17-2. Esta figura representa o construtor de cópia que aloca seus próprios atributos ao novo objeto.

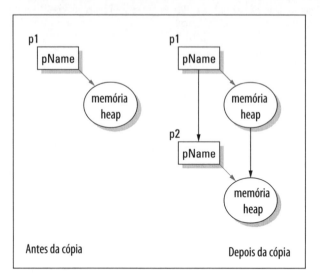

Figura 17-2: Cópia profunda de p1 para p2.

O próximo trecho de código mostra o construtor de cópia adequado para a classe Person, o tipo que vimos até agora. (Essa classe está incorporada no programa DeepCopy, que está no material online do livro, no site da editora em www.altabooks.com.br, procurando pelo título do livro.)

```
class Person
{
  public:
    Person(const char *pN)
    {
        cout << "Constructing " << pN << endl;
        pName = new string(pN);
    }
    Person(Person& person)
    {
        cout << "Copying " << *(person.pName) << endl;
        pName = new string(*person.pName);
    }
    ~Person()
    {
        cout << "Destructing " << pName
             << " (" << *pName << ")" << endl;
        *pName = "already destructed memory";
        // deleta pName
    }
  protected:
    string *pName;
}
```

Capítulo 17: Os Construtores de Cópia e de Movimento

Aqui, vemos que o construtor de cópia aloca seu próprio bloco de memória para o nome e então copia o conteúdo do nome do objeto-fonte dentro desse bloco de nome novo. Essa situação é similar à mostrada na Figura 17-2. Deepcopy possui esse nome pois ela chega até o fim e copia todos os atributos. (Tudo bem, essa analogia é bem distorcida, mas é assim que eles chamam.)

A saída desse programa é:

```
Calling fn()
Constructing This_is_a_very_long_name
Copying This_is_a_very_long_name
Destructing 0x9f2be0 (This_is_a_very_long_name)
Destructing 0x9f2ba0 (This_is_a_very_long_name)
Back in main()
Press Enter to continue...
```

Agora, o destrutor para Person indica que os ponteiros string em p1 e p2, não apontam para o mesmo bloco de memória: os endereços dos dois objetos são diferentes e o nome na versão da cópia não foi sobrescrito, indicando que ela foi excluída.

O verdadeiro destrutor Person deve excluir pName.

Um Longo Caminho até os Temporários

Passar argumentos por valor para funções é o exemplo mais óbvio, mas não o único do uso do construtor de cópia. C++ cria uma cópia de um objeto sob outras condições também.

Pense em uma função que retorna um objeto por valor. Nesse caso, C++ deve criar uma cópia usando o construtor de cópia. Essa situação é demonstrada neste fragmento de código:

```
Student fn();          // retorna objeto por valor
int main(int argcs, char* pArgs[])
{
   Student s;
   s = fn();           // chama fn() para criar temporário

   // quanto tempo dura o temporário retornado por fn()?
   return 0;
}
```

A função fn() retorna um objeto por valor. Eventualmente, o objeto retornado é copiado para s, mas onde ele fica até então?

C++ cria um objeto temporário que armazena o objeto retornado. "Certo", você diz. "C++ cria o temporário, mas como ele sabe quando destruí-lo?" Boa pergunta. Neste exemplo, não faz muita diferença porque você terá terminado com o temporário quando o construtor de cópia copiá-lo dentro de s. Mas e se s for definido como uma referência? A duração de vida dos temporários faz uma grande diferença, pois refS existe durante toda a função.

```
int main(int argcs, char* pArgs[])
{
    Student& refS = fn();
    // ...e agora?...
    return 0;
}
```

Os temporários criados pelo compilador são válidos pela expressão estendida na qual foram criados e nada mais.

Na seguinte função, eu indico onde o temporário não é mais válido.

```
Student fn1();
int fn2(Student&);
int main(int argcs, char* pArgs[])
{
    int x;
    // cria um objeto Student chamando fn1().
    // Passa o objeto para a função fn2().
    // fn2() retorna um inteiro que é usado em
    // alguns cálculos bobos
    // Neste tempo todo que o temporário retornado
    // de fn1() continuou válido.
    x = 3 * fn2(fn1()) + 10;

    // o temporário retornado de fn1() não é mais válido.
           valid
    // ...outras coisas...
    return 0;
}
```

Isso faz com que o exemplo de referência seja inválido, pois o objeto pode ir embora antes de refS, deixando refS reportar-se a um não-objeto.

Evitando temporários, permanentemente

Pode ter passado na sua cabeça que toda essa cópia de objetos de lá pra cá pode consumir um pouco de tempo. E se você não quiser fazer cópia de tudo? A solução mais direta é passar objetos para funções e retornar objetos de funções por referência. Ao fazer isso, você evita a maioria dos temporários.

Mas e se você ainda não está convencido de que C++ não está secretamente construindo temporários dos quais você nem sabe? Ou e se sua classe aloca atributos únicos que você não quer copiados? O que você faz então?

Você pode acrescentar uma instrução de saída para o seu construtor de cópia. A presença dessa mensagem ao executar o programa lhe avisa que a cópia foi feita.

Uma forma mais inteligente é declarar o construtor de cópia protegido, desta forma:

```
class Student
{
  protected:
    Student(Student&s){}

  public:
    // ...o resto é normal...
};
```

O padrão C++'11 também permite que o programador apague o construtor de cópia.

```
class Student
{
    Student(Student&s) = delete;

    // ...o resto é normal...
};
```

Tanto declarar o construtor de cópia protegido ou excluí-lo completamente impede quaisquer funções externas, inclusive C++, de construir uma cópia de seus objetos Student. Se ninguém consegue chamar o construtor de cópia, nenhuma cópia será feita. Voilà.

O construtor de movimento

Sob algumas condições, C++ pode criar uma cópia de um objeto que é usado durante uma instrução. Tais objetos, conhecidos como temporários, são destruídos assim que a expressão é completa. Não faz sentido fazer cópias de objetos temporários que serão destruídos de qualquer forma.

C++ 2011 permite que o programador crie um construtor conhecido como construtor de movimento (*move constructor*) que simplesmente move os atributos da fonte para o destino, em vez de fazer cópias desnecessárias. Os construtores de movimento têm o formato X::X(X&&). Esse é um novo uso para "&&".

C++ inclui diversas melhorias no retorno para evitar a criação desnecessária de cópias de objetos, que este exemplo deve derrotar para demonstrar o construtor de movimento. Você verá exemplos menos premeditados na discussão sobre construtores de sobrecarga no Capítulo 22.

```
//
//   MoveCopy  - demonstra a regra de mover um temporário
//               em vez de criar uma cópia
//
#include <cstdio>
#include <cstdlib>
#include <iostream>
using namespace std;

class Person
{
  public:
    Person(const char *pN)
    {
        pName = new string(pN);
        cout << "Constructing " << *pName << endl;
    }
    Person(Person& p)
    {
        cout << "Copying " << *p.pName << endl;
        pName = new string("Copy of ");
        *pName += *p.pName;
    }
    Person(Person&& p)
    {
        cout << "Moving " << *p.pName << endl;
        pName = p.pName;
        p.pName = nullptr;
    }
    ~Person()
    {
        if (pName)
        {
            cout << "Destructing " << *pName << endl;
            delete pName;
        }
        else
        {
            cout << "Destructing null object" << endl;
        }
    }
 protected:
    string* pName;
};

Person fn2(Person p)
{
    cout << "Entering fn2" << endl;
    return p;
}
```

Capítulo 17: Os Construtores de Cópia e de Movimento

```
Person fn1(char* pName)
{
    cout << "Entering fn1_ << endl;
    return fn2(*new Person(pName));
}

int main(int argcs, char* pArgs[])
{
    Person s(fn1("Scruffy"));

    // espera o usuário estar pronto antes de encerrar
    // o programa para permitir que ele veja os resultados
    cout << "Press Enter to continue..." << endl;
    cin.ignore(10, '\n');
    cin.get();
    return 0;
}
```

Note como o construtor de movimento atribui o ponteiro pName a partir do objeto fonte p e, então, zera aquele ponteiro para que o destrutor não retorne a memória quando o temporário for destruído. Isso é muito mais eficiente do que alocar outro objeto string no heap e copiar o conteúdo de p.pName para ele.

A saída desse programa é exibida da seguinte forma:

```
Entering fn1
Constructing Scruffy
Copying Scruffy
Entering fn2
Moving Copy of Scruffy
Destructing null object
Press Enter to continue...

Destructing Copy of Scruffy
```

Nesse caso, fn1() cria um objeto Person. Então, ele copia esse objeto na chamada para a função fn2(), usando o construtor de cópia. A função fn2() não faz nada além de retornar uma cópia desse objeto para fn1(); no entanto, essa cópia é apenas um objeto temporário que fn1() retorna para main(). Em vez de usar o construtor de cópia para criar "Copy of copy of Scruffy", C++ '11 chama o construtor de movimento para pegar o conteúdo do objeto temporário. Quando esse objeto temporário é destruído, torna-se um objeto "nulo" porque seu pName foi retirado e reatribuído.

Você não precisa criar um construtor de movimento. O programa teria funcionado bem, embora um pouco mais lento, com o construtor de cópia. Os construtores de movimento deveriam ser considerados um tópico avançado. Você verá exemplos menos maquiados no Capítulo 22.

Capítulo 18

Membros Estáticos: Será que Amaciante de Roupa Pode Ajudar?

Neste capítulo
- Declarando dados de membros estáticos
- Definindo e usando funções membro estático
- Entendendo o porquê de minha função membro estática não poder chamar outras funções membro

Como padrão, os membros de dados são alocados em uma base por objeto. Por exemplo, cada pessoa tem seu próprio nome. Você pode também declarar um membro a ser compartilhado por todos os objetos de uma classe, declarando aquele membro como estático. O termo *estático* se aplica aos membros de dados e às funções membro, apesar de o significado ser um pouco diferente. Este capítulo descreve os dois tipos, começando com membros de dados estáticos.

Definindo Um Membro Estático

O programador pode fazer um membro de dados comum a todos os objetos da classe, adicionando a palavra-chave `static` na declaração. Tais membros são chamados de *membros de dados estáticos*. (Eu ficaria um pouco chateado se fossem chamados de outra coisa.)

Por que você precisa de membros estáticos

A maioria das propriedades são propriedades de um objeto. Usando mais uma vez o exemplo do aluno, propriedades como nome, ID e cursos, são específicas para cada aluno. Entretanto, todos os alunos compartilham algumas propriedades — por exemplo, o número de alunos matriculados, a maior nota de todos os alunos ou um ponteiro para o primeiro aluno em uma lista ligada.

É bem fácil armazenar esse tipo de informação em uma variável global simples. Por exemplo, você poderia usar uma variável `int` para acompanhar o número de matérias dos alunos. Porém, o problema com essa solução é que as variáveis globais estão fora da classe. É como colocar um regulador de voltagem para o meu micro-ondas, só que fora dele. Claro que eu poderia fazê-lo e, provavelmente, funcionaria — o único problema é que eu não ficaria muito feliz se meu cachorro mexesse nos fios e eu tivesse que desgrudá-lo do teto (o cachorro não ficaria feliz também).

Se uma classe será responsável por seu próprio estado, objetos como variáveis globais devem ser trazidos para dentro da classe, assim como o regulador de voltagem deve estar dentro do micro-ondas, longe de patas curiosas.

Você pode ouvir falar de membros estáticos como *membros de classe*; isso porque todos os objetos na classe os compartilham. Por comparação, membros normais são referidos como *membros de instância*, ou *membros de objetos,* pois cada objeto recebe sua própria cópia desses membros.

Usando membros estáticos

Um membro de dados estáticos é aquele declarado com o armazenamento *estático* de classe, como mostrado a seguir:

```
class Student
{
  public:
    Student(char *pName = "no name") : name(pName)
    {
        noOfStudents++;
    }
    ~Student(){ noOfStudents--; }

    static int noOfStudents;
    string name;
};

Student s1;
Student s2;
```

O membro de dados noOfStudents é parte da classe Student mas não é parte nem de s1 nem de s2. Isto é, para cada objeto da classe Student, existe um name separado, mas existe apenas um noOfStudents que todos os Students devem compartilhar.

"Então", você pergunta, "se o espaço para noOfStudents não é alocado em nenhum dos objetos da classe Student, onde é alocado?" A resposta é "não é alocado". Você deve alocar exclusivamente um espaço para ele, assim:

```
int Student::noOfStudents = 0;
```

Essa sintaxe um pouco peculiar aloca espaço para o membro de dados estáticos e o inicializa para 0. (Você não precisa inicializar um membro estático quando o declara; C++ chamará o construtor padrão se você não o fizer.) Membros de dados estáticos devem ser globais — uma variável estática não pode ser local para uma função.

O nome da classe é exigido para qualquer membro quando ele aparecer fora dos limites da classe.

Essa história de alocar espaço manualmente é um tanto confusa até você considerar que definições de classe são designadas para irem aos arquivos que são incluídos por diversos módulos de códigos-fonte. C++ precisa saber em quais desses arquivos-fonte .cpp deve alocar espaço para a variável estática. Isso não é um problema com as variáveis não-estáticas, pois o espaço é alocado em cada objeto criado.

Referindo-se aos membros de dados estáticos

As regras de acesso para membros estáticos são as mesmas regras de acesso para membros normais. De dentro da classe, os membros estáticos são referenciados como qualquer outro membro da classe. Membros estáticos públicos podem ser referenciados de fora da classe, enquanto que membros estáticos bem protegidos não podem. Ambos os tipos de referência são exibidos no fragmento de código a seguir, usando a declaração de Student da seção anterior.

```
void fn(Student& s1, Student& s2)
{
    // referência estática pública
    cout << "No of students "
         << s1.noOfStudents   // referência de fora
         << endl;              // da classe
}
```

Em fn(), noOfStudents é referenciado usando o objeto s1. Mas s1 e s2 compartilham o mesmo noOfStudents. Como eu sabia que deveria escolher s1? Por que não escolhi s2? Isso não faz diferença. Você pode se referir a um membro estático usando qualquer objeto da classe.

Na verdade, você não precisa de nenhum objeto. Em vez disso, você pode usar diretamente o nome da classe, se preferir, assim:

```
// ...classe definida como antes...
void fn(Student& s1, Student& s2)
{
  // o seguinte produz resultados idênticos
  cout << "Number of students "
       << Student::noOfStudents
       << endl;
}
```

Se você não usar um nome de objeto ao acessar um membro estático, C++ usa apenas a classe do objeto declarada.

Esta é uma pequena tecnicalidade, mas para completar o pensamento: O objeto usado para se referir ao membro estático não é avaliado, mesmo que seja uma expressão. Por exemplo, considere o seguinte caso:

```
class Student
{
  public:
    static int noOfStudents;
    Student& nextStudent();
    // ...outras coisas iguais...
};

void fn(Student& s)
{
    cout << s.nextStudent().noOfStudents << "\n"
}
```

A função membro nextStudent() não é realmente chamada. Tudo de que C++ precisa para acessar noOfStudents é o tipo de retorno, e pode chegar lá sem se preocupar em avaliar a expressão. Isso acontece até mesmo se nextStudent() fizer outras coisas, como lavar janelas e engraxar seus sapatos. Nenhuma dessas coisas será feita. Mesmo o exemplo sendo vago, isso acontece. É isso que acontece quando você tenta acumular coisa demais em uma expressão.

Usos para membros de dados estáticos

Membros de dados estáticos possuem incontáveis usos mas deixe-me falar de alguns aqui. Primeiramente, você pode usar membros estáticos para manter a contagem de números de objetos flutuando por aí. Na classe Student, por exemplo, a contagem é inicializada em 0, o construtor incrementa e o destrutor decrementa. A qualquer instante, o membro estático possui a contagem do número de objetos Student existentes. Lembre-se, entretanto, que esta conta reflete no número de objetos Student (incluindo os temporários), e não necessariamente no número de alunos.

Outro caso relacionado de uso para um membro estático é como um sinal indicando se uma ação específica ocorreu. Por exemplo, uma classe Radio pode precisar inicializar o hardware antes de enviar o primeiro comando tune (sintonia) mas não antes de tunes subsequentes. Um sinal indicando que é o primeiro tune é perfeito. Isso inclui sinalizações para o surgimento de erros.

Outro uso é fornecer espaço para o ponteiro ao primeiro membro de uma lista — o então chamado ponteiro inicial (veja o Capítulo 13 se isso não soa familiar). Membros estáticos podem alocar dados comuns para todos os objetos compartilharem (o uso excessivo desta memória não é uma boa ideia, pois fazer isso dificulta o acompanhamento de erros).

Declarando Funções Membro Estáticas

Funções membro também podem ser declaradas como estáticas. Funções membro estáticas são úteis quando você quer associar uma função a uma classe mas você não precisa associar aquela função com um objeto em particular. Por exemplo, a função membro Duck::fly() é associada com um duck (pato) em particular, enquanto que a função membro mais drástica, Duck::goExtinct(), não é.

Como os membros de dados estáticos, as funções membro estáticas são associadas a uma classe e não a um objeto específico daquela classe. Isto significa que, como uma referência para um membro de dados estático, uma referência para uma função membro estática não requer um objeto. Se um objeto está presente, apenas seu tipo é usado.

Assim, ambas as chamadas para a função membro estática number() são possíveis. Isso nos leva ao nosso primeiro programa estático — digo, nosso primeiro programa usando membros estáticos — CallStaticMember:

```
// CallStaticMember - demonstra duas formas de chamar
//                    uma função de membro estática
//
#include <cstdio>
#include <cstdlib>
#include <iostream>
using namespace std;
```

```cpp
class Student
{
  public:
    Student(const char* pN = "no name") : sName(pN)
    {
        noOfStudents++;
    }
    ~Student() { noOfStudents--; }
    const string& name() { return sName; }
    static int number() { return noOfStudents; }

  protected:
    string sName;
    static int noOfStudents;
};
int Student::noOfStudents = 0;

int main(int argcs, char* pArgs[])
{
    // cria dois alunos e pergunta à classe "quantos?"
    Student s1("Chester");
    Student* pS2 = new Student("Scooter");

    cout << "Created " << s1.name()
         << " and "    << pS2->name() << endl;
    cout << "Number of students is "
         << s1.number() << endl;

    // agora se livra do aluno e pergunta de novo
    cout << "Deleting " << pS2->name() << endl;
    delete pS2;
    cout << "Number of students is "
         << Student::number() << endl;

    // espera o usuário estar pronto antes de encerrar
    // o programa para permitir que ele veja os resultados
    cout << "Press Enter to continue..." << endl;
    cin.ignore(10, '\n');
    cin.get();
    return 0;
}
```

Esse programa crias dois objetos Student, um local e outro no heap. Em seguida, exibe os nomes e a contagem do número de alunos. Logo após, o programa apaga um dos alunos e pergunta à classe quantos alunos existem. A saída do programa exibe o seguinte:

```
Created Chester and Scooter
Number of students is 2
Deleting Scooter
Number of students is 1
Press any key to continue...
```

Capítulo 18: Membros Estáticos: Será que Amaciante... 279

Essa classe mantém seus membros de dados protegidos e fornece funções de acesso que permitem que o código externo (não `Student`) leia-os mas não modifique-os.

Declarar o tipo de retorno do método `name()` como `string&` em vez de simplesmente `string`, faz com que a função retorne uma referência ao nome existente do objeto, em vez de criar um objeto string temporário. (Veja o Capítulo 17 para uma explicação brilhante sobre como criar e evitar temporários.) Adicionar a `const` na declaração evita que o chamador modifique o nome do membro da classe.

Note como a função membro estática `number()` pode acessar o membro de dados estáticos `noOfStudents`. Na verdade, esse é o único membro da classe que ela pode acessar — uma função membro estática não é associada a nenhum objeto. Se eu fosse declarar `name()` como estático, eu poderia fazer referência a `Student::name()`, que imediatamente traria a pergunta, "Qual name?"

O seguinte fragmento de código é o único caso, que eu conheço, em que um método estático pode fazer referência diretamente a um membro não-estático:

```
class Student
{
  public:
    static int elementsInName()
    {
        int sizeOfArray = sizeof(name);
        return sizeOfArray/sizeof(char);
    }

  protected:
    char name[MAX_NAME_SIZE];
};
```

Aqui o método estático `elementsInName()` se refere a `name` sem se referir a nenhum objeto. Isso não era permitido antes do padrão 2011. Agora é permitido pois o nome `sizeof` é o mesmo para todos os objetos. Logo, não importa a qual objeto você se refere.

Você pode se perguntar porque eu dividi `sizeof(name)` por `sizeof(char)`. O `sizeof(name)` retorna o número de bytes no array `name`. Mas o que queremos é o número de elementos em `name`, logo teremos que dividir pelo tamanho de cada elemento em `name`. Mas `sizeof(char)` não é igual a 1? Bem, talvez sim mas talvez não. Dividir o `sizeof` do array pelo `sizeof` de cada elemento sempre funciona para todos os tipos de arrays.

Mas Sobre o Que É isso Afinal?

Como um método de objeto não-estático sabe para qual objeto ele está se referindo? Em outras palavras, quando eu pergunto ao objeto `Student` o seu nome, como `name()` vai saber qual `sName` retornar?

O endereço do objeto atual é passado como um primeiro argumento implícito a todo método não-estático. C++ nomeia como `this` quando o objeto tiver necessidade de ser referenciado. `this` é uma palavra-chave em qualquer método do objeto que significa "o objeto atual". Como vemos a seguir:

```
class SC
{
  public:
    void dyn(int a); // como SC::dyn(SC *this, int a)
    static void stat(int a); // como SC::stat(int a)
};

void fn(SC& s)
{
    s.dyn(10);  // -converte para → SC::dyn(&s, 10);
    s.stat(10); // -converte para → SC::stat(10);
}
```

Isto é, a função `dyn()` quase sempre é interpretada como se fosse declarada `void SC::dyn(SC *this, int a)`. A chamada de `dyn()` é convertida pelo compilador, como mostrado, com o endereço de s passado como o primeiro argumento. (Na verdade, você não pode escrever a chamada desta forma mas é isso que o compilador está fazendo.)

Referências a outros membros não-estáticos dentro de `SC::dyn()`, automaticamente usam o argumento `this` como ponteiro para o objeto atual. Quando `SC::stat()` foi chamado, nenhum endereço de objeto foi passado. Portanto, não há ponteiro `this` para usar quando fizer referência a funções não-estáticas, e é esse o motivo para dizer que uma função membro estática não está associada a nenhum objeto atual.

Você pode ver `this` usado explicitamente em uma versão orientada a objetos no programa de listas ligadas no Capítulo 13, chamado `LinkedListData`. O programa completo está disponível com o material online no site da editora em www.altabooks.com.br, procurando pelo título do livro; a classe `NameDataSet` aparece aqui:

Capítulo 18: Membros Estáticos: Será que Amaciante... 281

```cpp
// NameDataSet - armazena o nome de uma pessoa (estes
//                objetos poderiam facilmente armazenar
//                qualquer outra informação desejada).
class NameDataSet
{
  public:
    NameDataSet(string& refName)
      : sName(refName), pNext(nullptr) {}
    // acrescenta self no início da lista
    void add()
    {
        this->pNext = pHead;
        pHead = this;
    }

    // métodos de acesso
    static NameDataSet* first() { return pHead; }
           NameDataSet* next()  { return pNext; }
           const string& name() { return sName; }
  protected:
    string sName;

    // link para o primeiro e o próximo membro da lista
    static NameDataSet* pHead;
    NameDataSet* pNext;
};

// aloca espaço para o ponteiro inicial
NameDataSet* NameDataSet::pHead = nullptr;
```

Você pode ver que o ponteiro pHead no início da lista foi convertido para membro de dados estáticos porque ele se aplica à classe inteira. Além disso, pNext foi feito como membro de dados e métodos de acesso foram fornecidos para dar aos outros programas acesso aos, agora protegidos, membros da classe.

O método add() adiciona o objeto atual à lista por primeiro configurar seu ponteiro pNext para o início da lista. A declaração seguinte faz o ponteiro inicial apontar para o objeto atual por meio da atribuição pHead=this.

Parte IV

Herança

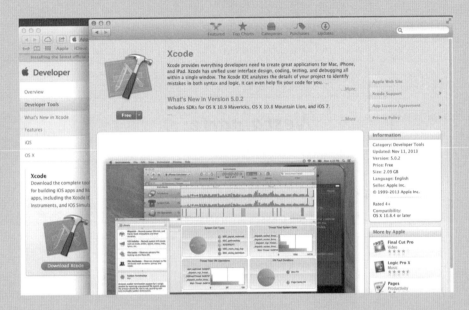

Nesta parte...

✔ Herdando uma classe base

✔ Explorando relacionamentos

✔ Estabelecendo propriedades comuns

✔ Declarando classes abstratas

Capítulo 19

Herdando uma Classe

Neste Capítulo
- Definindo herança
- Herdando uma classe base
- Construindo a classe base
- Explorando relacionamentos significativos: É_UM versus TEM_UM

Este capítulo discute *herança*, a habilidade de uma classe herdar capacidades e propriedades de outra classe.

Herança é um conceito comum. Eu sou um ser humano (exceto quando eu acordo de manhã). Eu herdo certas propriedades da classe Human (humano), como minha habilidade para conversar (mais ou menos), inteligência e minha dependência de ar, água e nutrição baseada em carboidratos (um pouco dependente demais no último, creio eu). Essas propriedades não são exclusivas para humanos. A classe Human herda as dependências de ar, água e nutrição da classe Mammal (mamífero), que herda da classe Animal.

A capacidade de passar propriedades é muito poderosa. Possibilita que você descreva coisas de uma forma econômica. Por exemplo, se meu filho perguntar, "O que é um pato?" Eu posso dizer, "é um pássaro que faz quack". Ao contrário do que você está pensando, essa resposta transmite uma quantidade considerável de informação. Ele sabe o que é um pássaro e agora ele sabe as mesmas coisas sobre um pato mais a propriedade adicional do pato de "fazer quack". (Consulte o Capítulo 11 para uma discussão extra sobre isso e outras observações relevantes.)

Linguagens orientadas a objetos (OO) expressam esse relacionamento de herança, permitindo que uma classe herde de outra. Linguagens OO podem gerar um modelo que é mais próximo ao mundo real (lembre-se daquelas coisas do mundo real!) do que o modelo gerado por linguagens que não suportam herança.

C++ permite que uma classe herde da outra, assim:

```
class Student
{
};

class GraduateStudent : public Student
{
};
```

Aqui, o GraduateStudent (formando) herda todos os membros de Student. Assim, um GraduateStudent É_UM Student. (A capitalização de É_UM enfatiza a importância desse relacionamento.) Claro, GraduateStudent também pode conter membros que são únicos para um GraduateStudent.

Eu Preciso da Minha Herança?

A herança foi introduzida em C++ por várias razões. Claro que a principal é a capacidade de expressar o relacionamento de herança. (Retornarei a isso em um instante.) Um motivo menor é o de reduzir a quantidade de digitação. Suponha que você tem uma classe Student e lhe é solicitado adicionar uma nova classe chamada GraduateStudent. A herança pode reduzir drasticamente o número de itens que você precisa colocar na classe. Tudo que você realmente precisa na classe GraduateStudent são os itens que descrevem as diferenças entre Student e GraduateStudent.

Outro pequeno efeito colateral tem relação com a modificação de software. Imagine que você herde de uma classe existente. Mais tarde, você descobre que a classe base não faz exatamente o que a subclasse precisa. Ou talvez a classe tenha um bug. Modificar a classe base pode danificar outro código que a utiliza. Criar e usar uma nova subclasse que sobrecarrega o atributo incorreto com uma versão corrigida resolve seu problema sem causar outros.

Este É_UM é o Máximo

Para entender nosso ambiente, os seres humanos criam nomenclaturas extensas. Fido é o caso especial de um cachorro, que é um caso especial de canino, que é um caso especial de mamífero e por aí vai. Isso modela nosso entendimento do mundo.

Para usar outro exemplo, um aluno é uma (tipo especial de) pessoa. Dito isso, eu já sei muitas coisas sobre alunos (alunos americanos, por exemplo). Eu sei que eles possuem um CPF, que eles assistem muita TV e que sonham acordados com o sexo oposto (pelo menos os homens fazem isso). Eu sei todas essas coisas porque são propriedades de todas as pessoas.

Em C++, nós falamos que a classe Student herda da classe Person. Nós também dizemos que Person é uma classe base de Student, que por sua vez é subclasse de Person. Uma última frase e então eu paro: Students estende a classe Person.

Por último, dizemos que Student É_UM Person (usar tudo em letra maiúscula é uma forma comum de expressar esse único relacionamento — eu não inventei isso). C++ compartilha essa terminologia com outras linguagens orientadas a objetos.

Repare que Student É_UM Person, mas o contrário não é verdadeiro. Person não É um Student. (Uma afirmação como essa sempre se refere ao caso geral. Poderia ser que uma Person em particular é, na verdade, um Student.) Muitas pessoas que são membros da classe Person, não são membros da classe Student. Além disso, a classe Student possui propriedades que não são compartilhadas com a classe Person. Por exemplo, Student tem uma média de nota e Person não tem.

A propriedade de herança é transitiva. Por exemplo, se eu definir uma classe nova, GraduateStudent, como subclasse de Student, ela também deve ser Person. Deve ser desta forma: se um GraduateStudent É_UM Student e um Student É_UM Person, um GraduateStudent É_UM Person.

Como uma Classe Herda?

Aqui, o exemplo GraduateStudent se estende para um programa InheritanceExample:

```
//    InheritanceExample - demonstra um relacionamento
//        de herança em que o construtor da subclasse
//        passa argumentos de informação
//        ao construtor da classe base
//
#include <cstdio>
#include <cstdlib>
#include <iostream>
using namespace std;
class Advisor {}; // define uma classe vazia

class Student
{
```

```cpp
public:
  Student(const char *pName = "no name")
      : name(pName), average(0.0), semesterHours(0)
  {
      cout << "Constructing student " << name << endl;
  }

  void addCourse(int hours, float grade)
  {
      cout << "Adding grade to " << name << endl;
      average = semesterHours * average + grade;
      semesterHours += hours;
      average = average / semesterHours;
  }

  int hours() { return semesterHours;}
  float gpa() { return average;}
protected:
  string  name;
  double  average;
  int     semesterHours;
};

class GraduateStudent : public Student
{
  public:
    GraduateStudent(const char *pName, Advisor adv,
                    double qG = 0.0)
        : Student(pName), advisor(adv), qualifierGrade(q(
    {
        cout << "Constructing graduate student "
             << pName << endl;
    }

    double qualifier() { return qualifierGrade; }

  protected:
    Advisor advisor;
    double qualifierGrade;
};

int main(int nNumberofArgs, char* pszArgs[])
{
    // cria um divisor leigo para dar a GraduateStudent
    Advisor adv;

    // cria dois tipos de Student
    Student llu("Cy N Sense");
    GraduateStudent gs("Matt Madox", adv, 1.5);

    // adiciona a média de nota deles
    llu.addCourse(3, 2.5);
    gs.addCourse(3, 3.0);
```

Capítulo 19: Herdando uma Classe

```
    // exibe a nota classificadora do aluno
    cout << "Matt's qualifier grade = "
         << gs.qualifier() << endl;

    // espera o usuário estar pronto antes de encerrar
    // o programa para que ele possa ver os resultados
    cout << "Press Enter to continue..." << endl;
    cin.ignore(10, '\n');
    cin.get();
    return 0;
}
```

Esse programa demonstra a criação e o uso de dois objetos, um da classe Student e um segundo de GraduateStudent. A saída desse programa é exibida da seguinte forma:

```
Constructing student Cy N Sense
Constructing student Matt Madox
Constructing graduate student Matt Madox
Adding grade to Cy N Sense
Adding grade to Matt Madox
Matt's qualifier grade = 1.5
Press Enter to continue...
```

Usando uma subclasse

A classe Student foi definida à moda tradicional. A classe GraduateStudent, no entanto, é um pouco diferente. Os dois pontos (:) seguidos pela frase public Student no início da definição da classe declara GraduateStudent como uma subclasse de Student.

O surgimento da palavra-chave public implica que, provavelmente, também há herança protegida. Tudo bem, é verdade, mas herança protected (protegida) raramente é usada e vai além do escopo deste livro.

Os programadores adoram inventar termos novos ou atribuir significados novos a termos antigos. Ora, os programadores inventaram até termos novos e deram um segundo significado para eles! Temos aqui um conjunto de expressões equivalentes que descrevem a mesma relação:

- ✔ GraduateStudent é uma subclasse de Student.
- ✔ Student é a classe base ou o pai da classe GraduateStudent.
- ✔ GraduateStudent herda ou é derivado de Student.
- ✔ GraduateStudent estende Student.

Como uma subclasse de Student, GraduateStudent herda todos os seus membros. Por exemplo, um GraduateStudent possui um name, mesmo que aquele membro tenha sido declarado na classe base. No entanto, uma subclasse pode adicionar seus próprios membros, como `qualifierGrade`. Afinal, `gs` literalmente É_UM `Student` e um pouco mais.

A função `main()` declara dois objetos, `llu` do tipo `Student` e `gs`, do tipo `GraduateStudent`. Então, continua a acessar a função de membro `addCourse()` para os dois tipos de alunos. Em seguida, `main()` acessa a função `qualifier()` que é apenas um membro da subclasse.

Construindo uma subclasse

Apesar de uma subclasse ter acesso a membros protegidos da classe base e poder iniciá-los, cada subclasse é responsável por se inicializar.

Antes que o controle passe pela chave aberta do construtor para `GraduateStudent`, ele passa para o construtor certo de `Student`. Se `Student` fosse baseado em outra classe, tal como `Person`, o construtor para aquela classe seria chamado antes que o construtor `Student` conseguisse controle. Como um arranha-céu, o objeto é construído começando pela classe "base" e subindo a estrutura da classe um andar por vez.

Assim como os membros objetos, você frequentemente precisa saber passar os argumentos para o construtor da classe base. O programa a seguir declara o construtor da subclasse:

```
GraduateStudent(const char *pName, Advisor adv,
                double qG = 0.0)
    : Student(pName), advisor(adv), qualifierGrade(qG)
{
    // qualquer outra coisa que o construtor faça
}
```

Aqui o construtor para `GraduateStudent` chama o construtor `Student`, passando para ele o argumento pName. C++, então, inicializa os membros `advisor` e `qualifierGrade` antes de executar as instruções dentro das chaves do construtor.

O construtor padrão para a classe base é executado se a subclasse não fizer referência explícita a um construtor diferente. Assim, neste fragmento de código, a classe base `Pig` (porco) é construída antes de quaisquer membros de `LittlePig`, apesar de `LittlePig` não fazer referência para aquele construtor.

```
class House {};
class Pig
{
  public:
    Pig() : pHouse(nullptr) {}
  protected:
    House* pHouse;
};
```

```
class LittlePig : public Pig
{
  public:
    LittlePig(double volStraw, int numSticks,
              int numBricks)
      : straw(volStraw), sticks(numSticks),
        bricks(numBricks) { }
  protected:
    double straw;
    int sticks;
    int bricks;
};
```

Igualmente, o construtor de cópia para a classe base é chamado automaticamente.

Destruindo uma subclasse

Seguindo a regra que destrutores são chamados na ordem reversa dos construtores, o destrutor de GraduateStudent recebe controle primeiro. Após ter doado toda a sua dedicação, o controle passa para o destrutor de Advisor e então para o de Student. Se Student fosse baseado em uma classe Person, o destrutor de Person tomaria controle após Student.

Isso é lógico. O bloco de memória é primeiramente convertido em um objeto Student. Só assim, cabe ao construtor GraduateStudent transformar esse simples Student em um GraduateStudent. O destrutor simplesmente reverte o processo.

Herdando construtores

A partir do padrão 2011, as subclasses também podem herdar o construtor de sua classe base, como podemos ver no código:

```
class Student
{
  public:
    Student(string name);
};
class GraduateStudent : public Student
{
  public:
    using Student::Student; // herda construtores base
};
```

Ele cria um construtor GraduateStudent(string) como se o seguinte tivesse sido inserido:

```
class GraduateStudent : public Student
{
  public:
    GraduateStudent(string name) : Student(name) {}
};
```

A vantagem de herdar construtores da classe base é que as subclasses herdam todos os construtores da classe base. Isso é útil quando formos construir uma subclasse que estende uma classe base importante de forma trivial.

Tendo um Relacionamento TEM_UM

Observe que a classe `GraduateStudent` inclui os membros das classes `Student` e `Advisor`, mas de maneira diferente. Ao definir um membro de dados da classe `Advisor`, você sabe que um `Student` possui todos os membros de dados de um `Advisor` dentro de si. Porém, você não pode dizer que um `GraduateStudent` é um `Advisor` — em vez disso, você diz que um `GraduateStudent` TEM_UM `Advisor`. Qual a diferença entre isso e herança?

Use um carro como exemplo. Você logicamente poderia definir um carro como uma subclasse de veículo, assim ele herdaria todas as propriedades de outros veículos. Ao mesmo tempo, um carro tem um motor. Se você comprar um, você presume que está comprando o motor também (A não ser que você vá ao ferro velho onde comprei meu último calhambeque).

Se seus amigos o chamam para aparecer em um rally no sábado com o veículo que você quiser e você leva seu carro, eles não podem reclamar (mesmo se alguém aparecer de bicicleta), porque um carro É_UM veículo. Mas, se você aparecer a pé carregando um motor, seus amigos terão motivos para rir porque um motor não é um veículo. No motor faltam certas características importantes que todos os veículos possuem — como um lugar para dirigir.

Do ponto de vista da programação, o relacionamento TEM_UM é direto. Observe o seguinte:

```
class Vehicle {};
class Motor {};
class Car : public Vehicle
{
  public:
    Motor motor;
};

void VehicleFn(Vehicle& v);
void MotorFn(Motor& m);
```

```
int main(int nNumberofArgs, char* pszArgs[])
{
    Car car;
    VehicleFn(car);      // isto é permitido
    MotorFn(car);        // isto não é permitido
    MotorFn(car.motor);// isto é permitido
    return 0;
}
```

A chamada `VehicleFn()` é permitida porque car É_UM vehicle. A chamada `MotorFn(car)` não é pois car não é um Motor, apesar de possuir um. Se a intenção era passar a porção Motor de c para a função, isso deve ser claramente especificado, como na chamada `MotorFn(car.motor)`.

Capítulo 20

Examinando Funções de Membro Virtuais: Elas São Reais?

Neste Capítulo
- Descobrindo como o polimorfismo (ligação tardia) funciona
- Descobrindo como nachos polimórficos são seguros
- Sobrescrevendo funções membro em uma subclasse
- Verificando observações especiais com polimorfismo

O número e o tipo de argumentos de uma função estão inclusos em seu nome completo ou estendido. Isso habilita você a dar o mesmo nome a duas funções, desde que o estendido seja diferente.

```
void someFn(int);
void someFn(char*);
void someFn(char*, double);
```

Nos três casos, o nome abreviado para estas funções é someFn(). Os nomes estendidos são diferentes: someFn(int) versus someFn(char*) e por aí vai. Cabe a C++ descobrir qual a função certa por meio dos argumentos durante a chamada.

As funções membro podem ser sobrecarregadas. O número, o tipo de argumentos e o nome da classe são parte do nome estendido.

A herança introduz uma novidade, entretanto. E se a função, na classe base, tem o mesmo nome de uma função na subclasse? Observe, por exemplo, o seguinte código:

```
class Student
{
  public:
    double calcTuition();
};
class GraduateStudent : public Student
{
  public:
    double calcTuition();
};

int main(int argcs, char* pArgs[])
{
   Student s;
   GraduateStudent gs;
   s.calcTuition(); //chama Student::calcTuition()
   gs.calcTuition();//chama GraduateStudent::calcTuition()
   return 0;
}
```

Como qualquer outra situação de sobrecarga, quando o programador se refere a `calcTuition()`, C++ tem que decidir qual `calcTuition()` é chamado. Obviamente, se as duas funções diferem no tipo de argumento, não há problema. Mesmo que os argumentos fossem os mesmos, o nome da classe deveria ser o bastante para resolver a chamada e esse exemplo não é diferente. A chamada `s.calcTuition()` se refere a `Student::calcTuition()` porque `s` é declarado localmente como `Student`, enquanto `gs.calcTuition()` se refere a `GraduateStudent::calcTuition()`.

Mas e se a classe exata do objeto não pode ser determinada no momento de compilação? Para demonstrar como isso ocorre, mude o programa anterior de uma forma aparentemente banal.

```
// OverloadOverride - demonstra quando uma função é
//   sobrecarregada na compilação vs excedida na execução.
//
#include <cstdio>
#include <cstdlib>
#include <iostream>
using namespace std;

class Student
{
  public:
    // retira o comentário de um ou de outro nas
    // próximas duas linhas; um une calcTuition()
    // antes e o outro depois
//         void calcTuition()
    virtual void calcTuition()
    {
```

Capítulo 20: Examinando Funções de Membro Virtuais... 297

```cpp
            cout << "We're in Student::calcTuition" << endl;
        }
};
class GraduateStudent : public Student
{
  public:
    void calcTuition()
    {
       cout<<"We're in GraduateStudent::calcTuition"<<endl;
    }
};

void fn(Student& x)
{
    x.calcTuition(); // qual calcTuition()?
}

int main(int nNumberofArgs, char* pszArgs[])
{
    // passa o objeto da classe base para função
    // (para combinar com a declaração)
    Student s;
    fn(s);

    // passa uma especialização da classe base
    GraduateStudent gs;
    fn(gs);

    // espere até o usuário estar pronto antes
    // de encerrar o programa
    // para permitir que ele veja os resultados do programa
    cout << "Press Enter to continue..." << endl;
    cin.ignore(10, '\n');
    cin.get();
    return 0;
}
```

Em vez de chamar `calcTuition()` diretamente, a chamada agora é feita por meio de uma função intermediária, `fn()`. Dependendo de como `fn()` é chamada, x pode ser um `Student` ou um `GraduateStudent`. Um `GraduateStudent` É_UM `Student`.

Consulte o Capítulo 19 se você não lembra porque um `GraduateStudent` É_UM `Student`.

O argumento x passado para `fn()` é declarado para ser uma referência para `Student`.

Passar um objeto por referência pode ser muito mais eficiente do que por valor. Veja o Capítulo 17 para um estudo sobre como fazer cópias de objetos.

Você pode querer que x.calcTuition() chame Student::calcTuition() quando x for um Student, mas chamar GraduateStudent::calcTuition() quando x for um GraduateStudent. Se ao menos C++ fosse esperto assim.

O tipo com o qual você está acostumado até agora é chamado de tipo *estático* ou *momento da compilação (compile-time)*. A declaração em fn() diz, que o momento da compilação de x é Student em ambos os casos. O outro tipo é o *dinâmico*, ou *momento da execução (run-time)*. No caso da função exemplo fn(), o tipo momento da execução de x é Student quando fn() é chamado com s e GraduateStudent quando é chamado com gs. Isso não é divertido?

A capacidade de decidir, no momento da execução, qual das várias funções membro sobrecarregadas chamar baseado no tipo momento da execução é chamada polimorfismo, ou ligação tardia (*late binding*). Decidir qual função chamar no momento da compilação é chamado ligação prematura (*early binding*) pois é o oposto de ligação tardia.

Sobrecarregar uma função de classe base polimorficamente é chamado de *sobrescrever a função de classe base*. Esse nome novo é usado para diferenciar esse caso mais complicado do caso de sobrecarga normal.

Por Que Você Precisa de Polimorfismo

Polimorfismo é a chave do poder da programação orientada a objetos. É tão importante que as linguagens que não suportam polimorfismo não podem dizer que são OO (eu acho que é uma regulamentação do governo — você não pode rotular uma linguagem como OO se ela não suporta polimorfismo, a não ser que você possua uma comunicação oficial de um general, ou algo do tipo).

Sem polimorfismo, a herança tem pouco sentido. Lembra de como eu fiz nachos no forno? Nesse caso, eu estava agindo como uma ligação tardia. A receita dizia: aqueça os nachos no forno. E não: se for forno de microondas, faça isso; se for forno convencional, faça aquilo; se for forno de confecção, faça essa outra coisa. A receita (o código) confiava em mim (ligador tardio) para decidir o que a ação (função de membro) aquecer significava ao ser aplicada ao forno (a instância particular da classe Oven) ou qualquer uma de suas variações (subclasses), tal como o forno de micro-ondas. É assim que as pessoas pensam e projetar uma linguagem em torno de como as pessoas pensam permite que o modelo de programação caracterize mais precisamente o mundo onde as pessoas vivem.

Como o Polimorfismo Funciona

Qualquer linguagem pode suportar ligação tardia ou prematura baseada na vontade do desenvolvedor. Linguagens antigas, como C, tendem a suportar somente ligação prematura. As mais recentes, como Java e C#, suportam apenas ligação tardia. Como indeciso, C++ suporta ambas.

Você pode estar surpreso que o padrão de C++ seja ligação prematura. A saída do programa OverloadOverride aparece da seguinte forma:

```
We're in Student::calcTuition
We're in Student::calcTuition
Press Enter to continue...
```

A razão é simples, até um pouco antiga. Primeiro, C++ tem que agir como C por padrão, para reter a compatibilidade acima com seu antecessor. Segundo, o polimorfismo acrescenta uma pequena quantidade de despesas para cada chamada de função em termos de armazenamento de dados e código necessários para realizar a chamada. Os fundadores de C++ estavam preocupados que qualquer despesa adicional seria usada como um motivo para não adotar C++ como linguagem do sistema, então eles adotaram a ligação prematura como padrão por ser mais eficiente.

Para fazer uma função de membro polimórfica, o programador deve sinalizar a função com a palavra-chave virtual, como mostrado na modificação da declaração do programa OverloadOverride:

```
class Student
{
  public:
    virtual void calcTuition()
    {
        cout << "We're in Student::calcTuition" << endl;
    }
};
```

A palavra-chave virtual diz a C++ que calcTuition() é uma função de membro polimórfica. Isto é, declarar calcTuition() virtual significa que as chamadas para ela serão ligadas mais tarde se houver qualquer dúvida em relação ao tipo no momento da execução do objeto com o qual calcTuition() é chamada.

Executar o programa OverloadOverride com calcTuition() declarada como virtual gera a seguinte saída:

```
We're in Student::calcTuition
We're in GraduateStudent::calcTuition
Press Enter to continue...
```

Se você está confortável com o depurador que vem no seu ambiente C++, você realmente deveria acompanhar passo a passo este exemplo. É muito legal ver o programa acompanhar `Student::calcTuition()` na primeira vez que `fn()` é chamado, exceto em `GraduateStudent::calcTuition()` na segunda chamada. Eu não acho que você pode realmente apreciar o polimorfismo até você experimentá-lo.

Você precisa declarar a função virtual apenas na classe base. A "virtualidade" é levada para a subclasse automaticamente. Neste livro, entretanto, eu sigo a codificação padrão de declarar a função virtual em tudo (virtualmente).

Quando Não É uma Função Virtual?

Só porque você acha que uma chamada de função em particular é ligada tardiamente não significa que ela é. Se não forem declaradas com os mesmos argumentos nas subclasses, as funções de membro não são sobrescritas polimorficamente, sendo declaradas virtuais ou não.

Uma exceção para a regra de declarações idênticas é se a função de membro na classe base retornar um ponteiro ou uma referência para um objeto da classe base, uma função de membro sobrescrita em uma subclasse pode retornar um ponteiro ou uma referência para um objeto da subclasse. Em outras palavras, a função `makeACopy()` é polimórfica, ainda que o tipo de retorno das duas funções seja diferente.

```
class Base
{
  public:
    // retorna uma cópia do objeto atual
    Base* makeACopy();
};

class SubClass : public Base
{
  public:
    // retorna uma cópia do objeto atual
    SubClass* makeACopy();
};

void fn(Base& bc)
{
    Base* pCopy = bc.makeACopy();

    // continua...
}
```

Capítulo 20: Examinando Funções de Membro Virtuais... 301

Na prática, isso é muito natural. Uma função makeACopy() poderia retornar um objeto do tipo SubClass, mesmo podendo sobrescrever BaseClass::makeACopy().

Essa história de decidir silenciosamente quando uma função é ou não sobrescrita, é uma fonte de erro em C++; tanto que o padrão 2011 apresentou o atributo override, o qual o programador pode usar para indicar sua intenção em sobrescrever a função de classe base. C++ gera um compilador de erro caso a função declarada seja sobrescrita mas, na verdade, não sobrescreve a função de classe base por algumas razões (como incompatibilidade de argumentos), veja no exemplo a seguir:

```
class Student
{
  public:
    virtual void addCourseGrade(double grade);
};
class GradStudent : public Student
{
  public:
    virtual void addCourseGrade(float grade) override;
};
```

Esse fragmento gera um erro de compilação pois o método GradStudent::addCourseGrade(float) foi declarado sobrescrito, mas, na verdade, ele sobrescreve a função de classe base Student::addCourseGrade(double) porque os tipos de argumento não combinam.

O programador também pode declarar uma função como não habilitada a ser sobrescrita usando a palavra-chave final, mesmo se aquela função sobrescrever alguma função de classe base anterior, como vemos na classe adicional PostDoc:

```
class GradStudent : public Student
{
  public:
    virtual void addCourseGrade(double grade) final;
};
class PostDoc : public GradStudent
{
  public:
      virtual void addCourseGrade(double grade);
};
```

Como Student::addCourseGrade() é marcado como final, a declaração de PostDoc::addCourseGrade() gera um erro porque tenta sobrescrever o método Student.

Além do mais, uma classe inteira também pode ser declarada final:

```
class GradStudent final: public Student
```

Isso afeta mais do que somente os métodos virtuais da classe. Uma classe `final` não pode ser herdada de forma alguma.

Considerando Observações Virtuais

Você precisa lembrar de algumas coisas quando usar funções virtuais. Primeiro, funções de membro estáticas não podem ser declaras como virtuais. Como elas não são chamadas com um objeto, não há objeto no momento da execução para basear uma decisão tardia.

Segundo, especificar o nome da classe na chamada obriga a classe a se ligar prematuramente, seja a função virtual ou não. Por exemplo, a seguinte chamada é para `Base::fn()` porque foi indicado pelo programador, ainda que `fn()` tenha sido declarado virtual:

```
void test(Base& b)
{
  b.Base::fn();  // esta chamada não é ligação tardia
}
```

Por fim, os construtores não podem ser virtuais pois não há objeto (completo) para determinar o tipo. Quando o construtor é chamado, a memória que o objeto ocupa é apenas uma massa sem forma. Somente após o construtor terminar é que o objeto se torna membro da classe em boas condições.

Por comparação, o destrutor deveria quase sempre ser declarado virtual. Senão, você corre o risco de destruir sem querer o objeto, como nesta situação:

```
class Base
{
  public:
    ~Base();
};

class SubClass : public Base
{
  public:
    ~SubClass();
};

void finishWithObject(Base* pHeapObject)
{
    // ...trabalha com objeto...
    // agora o retorna para o heap
    delete pHeapObject; // isto chama ~Base(), não
                       // importa o tipo de pHeapObject
}                      // no momento da execução
```

Se o ponteiro passado para finishWithObject() realmente aponta para uma SubClass, o destrutor da SubClass não é chamado adequadamente — como ele não foi declarado virtual, ele sempre é ligado prematuramente. Declarar o destrutor como virtual resolve o problema.

Então quando você não quereria declarar o destrutor virtual? Só existe um caso. As funções virtuais apresentam uma "pequena" despesa. Deixe-me ser mais específico: quando o programador define a primeira função virtual em uma classe, C++ acrescenta um ponteiro adicional escondido — não um ponteiro por função virtual, apenas um se a classe possuir qualquer função virtual. Uma classe que não tem funções virtuais (e não herda nenhuma função virtual das classes bases) não tem esse ponteiro.

Agora, um ponteiro não parece suficiente. E não é mesmo, a não ser que as seguintes condições sejam verdadeiras:

- A classe não possui muitos membros de dados (para que o ponteiro represente o suficiente comparado com o que já existe)
- Você tenha a intenção de criar muitos objetos nesta classe (senão, a despesa não faz nenhuma diferença)

Se essas duas condições forem atendidas e sua classe ainda não possui funções de membro virtuais, você pode não querer declarar o destrutor virtual.

Com exceção desse caso, sempre declare destrutores como virtuais, mesmo se não houver subclasse (ainda) — você nunca sabe quando alguém vai aparecer e usar sua classe como classe base própria. Se não declarar o destrutor virtual, declare a classe final (caso seu compilador suporte este recurso) e documente!

Capítulo 21

Fatorando Classes

Neste Capítulo

▶ Fatorando propriedades comuns para uma classe base
▶ Usando classes abstratas para armazenar informações fatoradas
▶ Declarando classes abstratas
▶ Herdando de uma classe abstrata
▶ Dividindo um programa em múltiplos módulos usando um arquivo de projeto

O conceito de herança permite que uma classe herde propriedades de uma classe base. A herança tem várias finalidades, incluindo pagar a faculdade do meu filho. O principal benefício da herança é a habilidade de indicar o relacionamento entre as classes. Isto também é chamado de relacionamento É_UM — MicrowaveOven É_UM Oven e coisas do tipo.

Fatorar é ótimo se você fizer as correlações corretas. Por exemplo, o relacionamento micro-ondas versus forno convencional parece normal. Afirme que o micro-ondas é um tipo de torradeira especial e você encontrará problema. Verdade, os dois aquecem coisas, usam eletricidade e ficam na cozinha, mas a semelhança termina aqui — um micro-ondas não pode fazer torrada e uma torradeira não pode fazer nachos.

Identificar as classes herdadas em um problema e desenhar o relacionamento correto entre elas é um processo conhecido como *fatoração* (A palavra é relacionada à aritmética que você foi forçado a fazer na escola: fatorar o mínimo múltiplo comum, por exemplo, 12 é igual a 2 vezes 2 vezes 3).

Fatorando

Esta seção descreve como você pode usar herança para simplificar seus programas usando um exemplo de conta bancária. Suponha que pediram que você escrevesse um programa bancário simples que implementasse o conceito de conta-corrente e poupança.

Eu posso falar sobre essas classes até meu rosto ficar azul mas os programadores orientados a objeto apareceram com um modo conciso para descrever os pontos salientes de uma classe no desenho. As classes Checking e Savings são exibidas na Figura 21-1 (esta é apenas uma entre várias formas de expressar graficamente a mesma coisa).

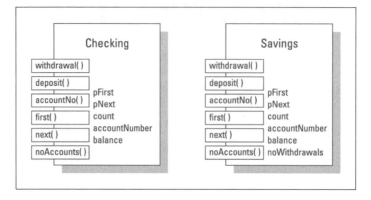

Figura 21-1: As classes independentes Checking e Savings.

Para ler essa figura e as outras, lembre-se do seguinte:

- A caixa grande é a classe, com seu nome no topo.
- Os nomes nas caixas são as funções de membro.
- Os nomes fora das caixas são os membros de dados.
- Os nomes que se estendem fora das caixas são membros publicamente acessíveis; ou seja, esses membros podem ser acessados por funções que não são parte das classes nem de nenhum um de seus descendentes. Aqueles membros que estão completamente dentro da caixa não são acessíveis de fora da classe.
- Uma seta grossa (veja Figura 21-2) representa um relacionamento É_UM.
- Uma seta fina representa um relacionamento TEM_UM.

Um Car É_UM Vehicle, mas um Car TEM_UM Motor.

Você pode ver na Figura 21-1 que as classes Checking e Savings têm muito em comum. Por exemplo, as duas classes têm uma função de membro withdrawal() e deposit(). Como as duas classes não são idênticas, elas devem permanecer como classes separadas (em situações bancárias da vida real, as duas classes seriam muito mais diferentes do que nesse exemplo). Ainda sim, deveria haver uma forma de evitar essa repetição.

Você poderia ter uma dessas classes herdadas de outra. Savings possui mais membros do que Checking, então você poderia deixar Savings herdar de Checking. Essa ordenação pode ser vista na Figura 21-2. A classe Savings herda todos os membros. A classe fica completa com o acréscimo do membro de dados noWithdrawals e com a sobrescrita da função withdrawal(). Você deve sobrescrever withdrawal() pois as regras para sacar dinheiro da conta poupança são diferentes das regras para sacar da conta-corrente.

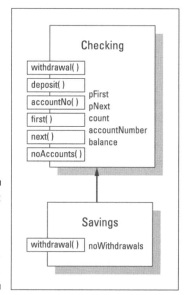

Figura 21-2:
Savings implementada como uma subclasse de Checking.

Embora seja uma economia de trabalho deixar Savings herdar de Checking, não é totalmente compensador. O principal problema é que, como o peso indicado na minha carteira de motorista, isso distorce a verdade. O relacionamento de herança sugere que uma conta poupança é um tipo especial de conta-corrente, o que não é.

"E daí?", você diz. "A herança funciona e economiza esforço." Verdade, mas minhas reservas vão além de trivialidades estilísticas — minhas reservas estão em alguns dos melhores restaurantes da cidade (pelo menos é isso que todos os caminhoneiros dizem). Tais distorções são confusas para o programador, tanto os de hoje quanto os de amanhã. Eventualmente, um programador, não familiarizado com nossas dicas de programação, terá que ler e entender o que nosso código faz. Representações enganosas são difíceis de reconciliar e entender.

Além disso, tais distorções podem levar a problemas durante o caminho. Suponha, por exemplo, que o banco mude suas políticas no que diz respeito à conta-corrente. Digamos que ele decida cobrar uma taxa de serviço em contas corrente, apenas se o saldo mínimo tiver uma queda abaixo de um valor determinado durante o mês.

Uma mudança assim pode ser facilmente controlada, com pequenas modificações na classe Checking. Você terá que adicionar um novo membro de dados à classe para monitorar o saldo mínimo durante o mês. Vamos nos arriscar e chamá-la de `minimumBalance`.

Mas agora você tem um problema. Como `Savings` herda de `Checking`, ele também pega esse novo membro de dados. Não há utilidade para este membro pois o saldo mínimo não afeta contas poupança, ele só fica lá parado. Lembre-se de que todo objeto conta-corrente possui um membro extra `minimumBalance`. Um membro de dados extra pode não ser nada demais, mas ele cria mais confusão.

Esse tipo de mudança acumula. Hoje é um membro de dados a mais — amanhã é uma função de membro modificada. Eventualmente, a classe conta poupança carrega uma bagagem extra que só é aplicável à conta-corrente.

Agora, o banco volta atrás e decide mudar algumas políticas na conta poupança. Isso exige que você modifique alguma função em `Checking`. Mudanças assim, na classe base, se propagam para a subclasse automaticamente, a não ser que a função já esteja sobrescrita na subclasse `Savings`. Por exemplo, suponha que o banco decida doar torradeiras para cada depósito na conta-corrente. (Ei — isso poderia acontecer!) Sem que o banco (ou seus programadores) saiba, os depósitos em contas-correntes seriam automaticamente convertidos em doações de torradeiras. A não ser que você seja muito cuidadoso, mudanças em `Checking` podem aparecer em `Savings` inesperadamente.

Como você pode evitar esses problemas? Afirmar que `Checking` é um caso especial de `Savings` muda mas não resolve nosso problema. O que você precisa é de uma terceira classe (chame-a de `Account`, só por um sorriso) que incorpore o que for comum entre `Checking` e `Savings`, como mostra a Figura 21-3.

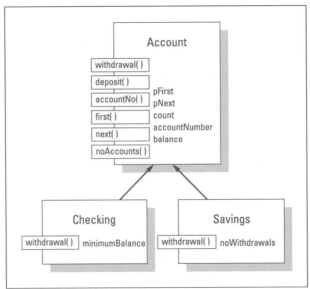

Figura 21-3: Baseando `Checking` e `Savings` em uma classe comum `Account`.

Como a construção de uma nova conta resolve os problemas? Primeiro, criar uma classe nova `Account` é uma solução mais similar ao mundo real (o que quer que isso seja). Em nosso conceito universal (ou, pelo menos, no meu), realmente existe algo conhecido como conta. Contas poupança e corrente são casos especiais desse conceito mais fundamental.

Além disso, a classe `Savings` está protegida das mudanças da classe `Checking` (e vice-versa). Se o banco instituir uma mudança essencial para todas as contas, você pode modificar `Account` e todas as subclasses automaticamente herdarão a mudança. Mas se o banco altera medidas apenas para contas-correntes, você pode mudar somente a classe `Checking` sem afetar `Savings`.

Esse processo de selecionar propriedades comuns de classes similares é a essência da fatoração de classes.

Fatorar só é válido se o relacionamento de herança corresponder à realidade. Fatorar uma classe `Mouse` e `Joystick` juntas porque ambas são aparelhos de hardware de movimento é válido. Fatorar uma classe `Mouse` e `Display` juntas porque as duas fazem chamadas simples no sistema operacional não é válido.

Implementando Classes Abstratas

Mesmo sendo intelectualmente gratificante, a fatoração apresenta um problema. Retorne mais uma vez às classes de conta bancária, especificamente à classe base comum `Account`. Pense por um minuto como você poderia explicar as diferentes funções de membro definidas em `Account`.

A maioria das funções de membro `Account` não são um problema porque os dois tipos de conta as implementam da mesma forma. Implementar essas funções comuns com `Account::withdrawal()` é diferente, contudo. As regras para sacar da conta poupança são diferentes das regras da conta-corrente. Você deverá implementar `Savings::withdrawal()` diferentemente de `Checking::withdrawal()`. Mas como você deveria implementar `Account::withdrawal()`?

Vamos pedir ajuda ao gerente do banco. Eu imagino a conversa desta maneira:

"Quais são as regras para fazer um saque de uma conta?" você pergunta.

"Que tipo de conta? Poupança ou corrente?" vem a resposta.

"De uma conta," você diz. "Apenas uma conta."

Olhar vazio. (Alguém pode dizer um "um olhar de banco branco"... talvez não.)

O problema é que a pergunta não faz sentido. Não existe algo como "apenas uma conta." Todas as contas (nesse exemplo) são ou corrente ou poupança. O conceito de conta é um abstrato que fatora propriedades comuns a duas classes concretas. É incompleto porque lhe falta a propriedade crucial `withdrawal()`. (Depois de buscar mais detalhes, você pode encontrar outras propriedades que uma simples conta não possui.)

Uma *classe abstrata* existe apenas em subclasses. Uma *classe concreta* é uma classe que não é abstrata.

Descrevendo o conceito de classe abstrata

Uma classe abstrata é uma classe com uma ou mais funções virtuais puras. Ótimo! Isso ajuda muito.

Certo, uma função *virtual pura* é uma função de membro virtual marcada como não tendo implementação. Ela provavelmente não tem implementação porque nenhuma implementação é possível com a informação fornecida pela classe, incluindo qualquer classe base. Uma função virtual convencional, é conhecida como uma *função concreta* (note que uma função concreta pode ser virtual — infelizmente, C++ usa este termo para indicar polimórfico. Veja o Capítulo 20).

A sintaxe para declarar uma função virtual pura é demonstrada na classe `Account`:

```
// Account - essa é uma classe abstrata
class Account
{
  public:
    Account(unsigned accNo, double initialBalance = 0.0);

    // funções de acesso
    unsigned int accountNo( );
    double acntBalance( );
    static int noAccounts( );

    // funções de transação
    void deposit(double amount);

    // a próxima é uma função virtual pura
    virtual void withdrawal(double amount) = 0;
```

Capítulo 21: Fatorando Classes

```
    protected:
        // mantém as contas em uma lista ligada para não
        // haver limite de número de contas
        static int count;       // número de contas
        unsigned   accountNumber;
        double     balance;
};
```

O =0 após a declaração de `withdrawal()` indica que o programador não pretende definir essa função. A declaração é um marcador de posição para as subclasses. As subclasses de `Account` são esperadas para sobrescrever essa função por uma concreta. O programador deve fornecer uma implementação para cada função de membro não declarada virtual pura.

Eu acho essa notação boba e não gosto dela mais do que você. Mas está aqui para ficar, então você deve apenas aprender a conviver com ela. Há um motivo, se não uma justificativa, para essa observação. Toda função virtual deve ter uma entrada em uma tabela especial. Essa entrada contém o endereço da função. Presumidamente, pelo menos uma vez, a entrada para uma função virtual pura era 0. Em qualquer caso, é a sintaxe com a qual estamos presos.

Uma classe abstrata não pode ser instanciada com um objeto; isto é, você não pode fazer um objeto fora de uma classe abstrata. Por exemplo, a seguinte declaração não é possível:

```
void fn( )
{
    // declare an account with 100 dollars
    Account acnt(1234, 100.00);// isso não é possível
    acnt.withdrawal(50);       // o que você espera que
}                              // essa chamada faça?
```

Se a declaração fosse permitida, o objeto resultante seria incompleto, com falta de alguma capacidade. Por exemplo, o que a chamada anterior deveria fazer? Lembre-se, não há `Account::withdrawal()`.

Classes abstratas servem como classes bases para outras classes. Uma `Account` contém todas as propriedades associadas a uma conta bancária genérica. Você pode criar outros tipos de contas bancárias herdando de `Account`.

O termo técnico é *instanciar*. Nós dizemos que a classe `Account` não pode ser instanciada com um objeto ou um determinado objeto instanciar a classe `Savings`.

Criando uma classe honesta a partir de uma classe abstrata

A subclasse de uma classe abstrata se mantém abstrata até que todas as funções virtuais puras tenham sido sobrescritas. A classe `Savings` não é abstrata porque sobrescreve a função virtual pura `withdrawal()` com uma definição perfeita. A classe `Savings` sabe como realizar `withdrawal()` quando chamada para tal. Assim como a classe `Checking`, mesmo que a resposta seja diferente. Nenhuma das classes é virtual pois a função `withdrawal()` sobrescreve a função virtual pura na classe base.

Passando classes abstratas

Porque você não pode instanciar uma classe abstrata, pode parecer estranho que seja possível declarar um ponteiro ou uma referência a uma classe abstrata. Com o polimorfismo, entretanto, isso não é tão louco quanto parece. Observe este fragmento de código:

```
void fn(Account *pAccount);   // isso é possível
void otherFn( )
{
    Savings s; Checking c;

    // isso é válido porque Savings IS_A Account
    fn(&s);
    // o mesmo aqui
    fn(&c);
}
```

Aqui, `pAccount` é declarada como um ponteiro para uma `Account`. Todavia, é de conhecimento que quando a função é chamada, será passado o endereço de alguns objetos de subclasse não abstratos, tais como `Savings` e `Checking`.

Todos os objetos recebidos por `fn()` serão ou da classe `Savings` ou da classe `Checking` (ou alguma futura subclasse igualmente não abstrata de `Account`). A função está segura de que você nunca passará um objeto real da classe `Account` porque você jamais poderia criar um que passasse.

O material online disponível no site da editora em www.altabooks.com.br, inclui um conjunto de programas `Budget1` à `Budget5`. Cada programa resolve essencialmente o mesmo problema. Cada um permite que o usuário crie e receba o saldo de uma série de contas poupança e corrente. Entretanto, cada programa na sequência tem um pouco mais de orientação a objetos do que seu antecessor. `Budget1` é uma implementação completamente funcional sem nenhum conceito de classes. Budget2 implementa as classes Savings e Checking separadas. O programa Budget3 fatora as semelhanças dessas duas classes para uma classe abstrata e comum Account, usando as técnicas apresentadas neste capítulo. Budget4 e Budget5 continuam a usar os recursos apresentados nos capítulos seguintes.

Parte V

Segurança

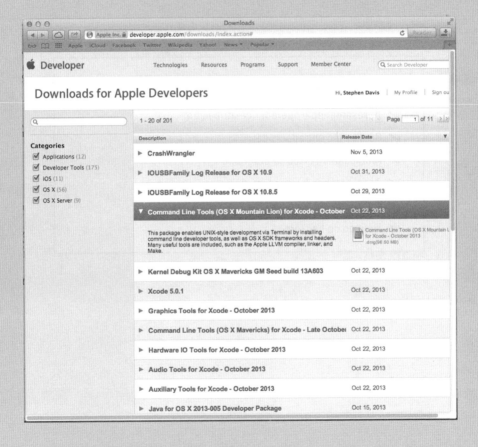

Nesta parte...

- Apresentando o operador de atribuição
- Realizando entrada/saída
- Manipulando erros de programa
- Apresentando herança múltipla
- Aplicando gabaritos
- Fugindo de hackers

Capítulo 22

Um Novo Operador de Atribuição, Caso Você Decida Aceitá-lo

Neste Capítulo

▶ Apresentando o operador de atribuição
▶ Descobrindo porque e quando o operador de atribuição é necessário
▶ Entendendo as semelhanças entre o operador de atribuição e o construtor de cópia
▶ Comparando cópias semânticas com movimentos semânticos

*O*s tipos de dados *intrínsecos* são construídos dentro da linguagem, tal como int, float e double e os outros vários tipos de ponteiros. Os Capítulos 3 e 4 descrevem os operadores que C++ define para os tipos de dados intrínsecos. C++ permite que o programador defina os operadores para classes que ele criou além desses operadores intrínsecos. Isso é chamado de sobrecarga de operador (*operator overloading*).

Normalmente, sobrecarga de operador é opcional e não é testada por programadores de C++ iniciantes. Muitos programadores experientes em C++ (incluindo eu) também não acham a sobrecarga do operador uma boa ideia. Porém, você terá que aprender a sobrecarregar um operador: o operador de atribuição.

Comparando Operadores com Funções

Um operador não é nada além de uma função embutida com uma sintaxe peculiar. A seguinte operação de adição

```
a + b
```

poderia ser compreendida como se fosse escrita

```
operator+(a, b)
```

De fato, C++ fornece a cada operador um nome de função estilo. O nome funcional de um operador é o símbolo do operador precedido pela palavra-chave `operator` e seguido pelos nomes apropriados dos tipos de argumentos. Por exemplo, o operador + que acrescenta um `int` para um `int` gerando um `int`, é chamado de `int operator+(int, int)`.

Qualquer operador existente pode ser definido como uma classe definida por usuário. Assim, eu poderia criar um `Complex operator* (const Complex&, const Complex&)` que me permitiria criar dois objetos do tipo `Complex`. O novo operador pode ter o mesmo significado do operador que ele sobrecarrega, mas não precisa ter. As seguintes regras se aplicam quando sobrecarregamos operadores:

- O programador não pode sobrecarregar os operadores (ternários). (ponto), :: (dois pontos), .*, *->, `sizeof` e ?:.
- O programador não pode inventar um operador novo. Por exemplo, você não pode criar a operação x $ y.
- A sintaxe de um operador não pode ser modificada. Assim, você não pode definir uma operação %i porque % já é definido como um operador binário.
- O operador precedente não pode mudar. Um programa não pode forçar `operator+` a ser avaliado antes de `operator*`.
- Os operadores não podem ser redefinidos quando aplicados a tipos intrínsecos — você não pode mudar o significado de 1 + 2. Operadores existentes só podem ser sobrecarregados por tipos recém-definidos.

Sobrecarregar operadores é uma daquelas ideias que parecem ser muito melhores do que realmente são. Na minha experiência, a sobrecarga de um operador introduz mais problemas do que soluções, com três exceções indispensáveis que veremos neste capítulo.

Inserindo um Novo Operador

A inserção e a extração dos operadores << e >> nada mais é do que operadores de deslocamento para direita e para esquerda sobrecarregados para um conjunto de classes de entrada/saída. Essas definições são encontradas no arquivo incluso `iostream` (por isso todo programa inclui esse arquivo). Assim, `cout << "some string"` torna-se `operator<<(cout, "some string")`. Nossos velhos amigos `cout` e `cin` são objetos predefinidos que estão amarrados ao console e ao teclado, respectivamente. Eu discuto isso em detalhes no Capítulo 23.

Criar Cópias Superficiais É um Grande Problema

Não importa o que todos acham sobre sobrecarga de operador, você precisará sobrecarregar o operador de atribuição para muitas classes que criar. C++ fornece uma definição padrão de `operator=()` para todas as classes. Essa definição padrão realiza uma cópia membro a membro. Isso funciona bem para um tipo intrínseco, como um `int` em que o único "membro" é o próprio inteiro.

```
int i;
i = 10;    // cópia membro a membro
```

Essa mesma definição padrão é usada para classes definidas pelo usuário. No exemplo a seguir, cada membro de `source` é copiado sobre o membro correspondente em `destination`.

```
void fn()
{
    MyStruct source, destination;
    destination = source;
}
```

O operador de atribuição padrão funciona para a maioria das classes; entretanto, não é certo para classes que alocam recursos, tal como a memória heap. O programador deve sobrecarregar `operator=()` para manipular a transferência de recursos.

O operador de atribuição é bem parecido com o construtor de cópia (Veja o Capítulo 17). Na prática, os dois são quase idênticos:

```
void fn(MyClass& mc)
{
    MyClass newMC(mc);      //claro, esse usa o
                            //construtor de cópia
    MyClass newerMC = mc;   //menos óbvio, mas também chama
                            //o construtor de cópia
    MyClass newestMC;       //esse cria um objeto padrão
    newestMC = mc;          //e então o sobrescreve com
                            //o argumento passado
}
```

A criação de `newMC` segue o modelo padrão de criação de um objeto como uma imagem espelhada do original usando o construtor de cópia `MyClass(const MyClass&)`. Não é tão claro que `newerMC` também seja criado usando o construtor de cópia. `MyClass a = b` é apenas uma outra forma de escrever `MyClass a(b)` — em particular, essa declaração *não* envolve o operador de atribuição apesar de sua aparência. Entretanto, newestMC é criado usando o construtor padrão e então sobrescrito com mc usando o operador de atribuição.

A regra é esta: o construtor de cópia é usado quando um objeto novo está sendo criado. O operador de atribuição é usado se o objeto à esquerda já existir.

Como o construtor de cópia, um operador de atribuição deveria ser fornecido sempre que uma cópia superficial não for apropriada (o Capítulo 17 discute construtores de cópia superficiais e profundos). Uma regra simples é fornecer um operador de atribuição para classes que possuam um construtor de cópia definido pelo usuário.

Repare que o construtor de cópia padrão trabalha para classes que possuem membros com construtores de cópia próprios, como neste exemplo:

```
class Student
{
  public:
    int nStudentID;
    string sName;
};
```

A classe string da biblioteca C++ aloca memória no heap, então os autores daquela classe incluem um construtor de cópia e um operador de atribuição que (eu espero) realize todas as operações necessárias para criar uma cópia bem-sucedida de uma string. O construtor de cópia padrão para Student chama o construtor de cópia string para copiar sName de um aluno para o próximo. Igualmente, o operador de atribuição padrão para Student faz o mesmo.

Sobrecarregando o Operador de Atribuição

O programa DemoAssignmentOperator demonstra como fornecer um operador de atribuição. O programa também inclui um construtor de cópia para fornecer uma comparação.

```
//DemoAssignmentOperator - demonstra o operador
// de atribuição em uma classe definida pelo usuário
#include <cstdio>
#include <cstdlib>
#include <iostream>
using namespace std;

// DArray - uma classe array de tamanho dinâmico
//     usada para demonstrar os operadores
```

```cpp
//      de atribuição e de cópia
class DArray
{
  public:
    DArray(int nLengthOfArray = 0)
      : nLength(nLengthOfArray), pArray(nullptr)
    {
        cout << "Creating DArray of length = "
             << nLength << endl;
        if (nLength > 0)
        {
            pArray = new int[nLength];
        }
    }
    DArray(DArray& da)
    {
        cout << "Copying DArray of length = "
             << da.nLength << endl;
        copyDArray(da);
    }
    ~DArray()
    {
        deleteDArray();
    }

    //operador de atribuição
    DArray& operator=(const DArray& s)
    {
        cout << "Assigning source of length = "
             << s.nLength
             << " to target of length = "
             << this->nLength << endl;

        //apaga coisas existentes...
        deleteDArray();
        //...antes de substituir por outras coisas
        copyDArray(s);
        //retorna a referência ao objeto existente
        return *this;
    }

    int& operator[](int index)
    {
        return pArray[index];
    }

    int size() { return nLength; }

    void display(ostream& out)
    {
        if (nLength > 0)
        {
            out << pArray[0];
            for(int i = 1; i < nLength; i++)
```

```cpp
            {
                out << ", " << pArray[i];
            }
        }
    }
    protected:
        void copyDArray(const DArray& da);
        void deleteDArray();

        int nLength;
        int* pArray;
};

//copyDArray() - cria uma cópia de um array dinâmico de ints
void DArray::copyDArray(const DArray& source)
{
    nLength = source.nLength;
    pArray = nullptr;
    if (nLength > 0)
    {
        pArray = new int[nLength];
        for(int i = 0; i < nLength; i++)
        {
            pArray[i] = source.pArray[i];
        }
    }
}

//deleteDArray() - retorna memória para o heap
void DArray::deleteDArray()
{
    nLength = 0;
    delete pArray;
    pArray = nullptr;
}

int main(int nNumberofArgs, char* pszArgs[])
{
    // um array dinâmico e atribui valor a ele
    DArray da1(5);
    for (int i = 0; i < da1.size(); i++)
    {
        // utiliza o operador de índice definido pelo
        // usuário para acessar membros do array
        da1[i] = i;
    }
    cout << "da1="; da1.display(cout); cout << endl;

    // agora cria uma cópia desse array dinâmico usando
    // o construtor de cópia; isso é o mesmo que da2(da1)
    DArray da2 = da1;
    da2[2] = 20;   // modifica o valor na cópia
    cout << "da2="; da2.display(cout); cout << endl;
```

Capítulo 22: Um Novo Operador de Atribuição... 323

```
    // sobrescreve o da2 existente com o da1 original
    da2 = da1;
    cout << "da2="; da2.display(cout); cout << endl;


    // espera até que o usuário esteja pronto antes de finalizar
    // o programa para permitir que ele veja os resultados
    cout << "Press Enter to continue..." << endl;
    cin.ignore(10, '\n');
    cin.get();
    return 0;
}
```

A classe `DArray` define um array de inteiros de tamanho variável: você diz à classe qual o tamanho do array para criar quando construir o objeto. Isso é feito envolvendo a classe por dois membros de dados: `nLength`, que contém o tamanho do array e `pArray`, um ponteiro para um bloco de memória de tamanho específico localizado no heap.

O construtor padrão inicializa `nLength` com o tamanho indicado e então `pArray` para `nullptr`.

A palavra-chave `nullptr` é nova para o padrão 2011. Se seu compilador não reconhece `nullptr`, você pode acrescentar esta definição no início do seu programa:

```
#define nullptr 0
```

Se o tamanho do array é, na verdade, maior que 0, o construtor aloca um array de `ints`, do tamanho certo, no heap.

O construtor de cópia cria um array do mesmo tamanho do objeto fonte e então copia o conteúdo do array fonte para o array atual usando o método protegido `copyDArray()`. O destrutor retorna a memória alocada no construtor para o heap usando o método `deleteDArray()`. Este método anula o ponteiro `pArray` uma vez que a memória foi excluída.

O `operator=()` de atribuição é um método da classe. Ele se parece com um destrutor, imediatamente seguido por um construtor de cópia. Isso é típico. Observe a atribuição no exemplo `da2 = da1`. O objeto `da2` já possui dados associados consigo. Na atribuição, o array dinâmico original deve ser retornado para a pilha chamando `deleteDArray()`, assim como o destrutor `DArray`. O operador de atribuição então invoca `copyDArray()` para copiar a nova informação dentro do objeto, como o construtor de cópia.

Há mais dois detalhes sobre o operador de atribuição. Primeiro, o tipo de retorno de `operator=()` é `DArray&` e o valor retornado sempre é `*this`. Expressões envolvendo o operador de atribuição possuem um tipo e um valor, ambos retirados do valor final do argumento da esquerda. No próximo exemplo, o valor de `operator=()` é 2.0, e o tipo é double.

```
double d1, d2;
void fn(double);
d1 = 2.0;           // o tipo dessa expressão é double
                    // e o valor é 2.0
```

É isto que permite que o programador escreva o seguinte:

```
d2 = d1 = 2.0
fn(d2 = 3.0);       // realiza a atribuição e passa o
                    // valor resultante para fn()
```

O valor da atribuição `d1 = 2.0` (2.0) e o tipo (double) são passados para a atribuição para d2. No segundo exemplo, o valor da atribuição `d2 = 3.0` é passado para a função `fn()`, mas o tipo de `operator=()` é combinado com as declarações para encontrar `fn(double)`.

Um operador de atribuição criado pelo usuário deveria suportar a mesma semântica da versão intrínseca:

```
fn(DArray&);        // com essa declaração...
fn(da2 = da1);      // ...isto deveria ser possível
```

O segundo detalhe é que `operator=()` foi escrito como uma função membro. O argumento da esquerda é levado para o objeto atual (this). Ao contrário dos outros operadores, o operador de atribuição não pode ser sobrecarregado com uma função não-membro.

Você pode apagar o construtor de cópia padrão e o operador de atribuição se você não quiser definir os seus próprios:

```
class NonCopyable
{
  public:
    NonCopyable(const NonCopyable&) = delete;
    NonCopyable& operator=(const NonCopyable&) = delete;
        };
```

Um objeto da classe `NonCopyable` não pode ser copiado por construção ou atribuição:

```
void fn(NonCopyable& src)
{
    NonCopyable copy(src);    // não é permitido
    copy = src;               // nem isto
}
```

Se seu compilador não suporta as extensões de 2011, você pode declarar o operador de atribuição como protegido:

```
class NonCopyable
{
  protected:
    NonCopyable(const NonCopyable&) {};
    NonCopyable& operator=(const NonCopyable&)
         {return *this};
};
```

Se sua classe aloca recursos como memória heap, você *deve* transformar o operador de atribuição padrão e os construtores de cópia inacessíveis, idealmente, trocando-os por sua própria versão.

Sobrecarregando o Operador de Índice

O programa exemplo anterior DemoAssignmentOperator, na verdade, foge para um terceiro operador que geralmente é sobrecarregado por classes contêineres: o operador de índice.

A seguinte definição permite que um objeto da classe DArray seja manipulado como um array intrínseco:

```
int& operator[](int index)
{
    return pArray[index];
}
```

Isso faz uma atribuição possível, como a seguinte:

```
int n = da[0]; // torna-se n = da.operator[] (0);
```

Repare, contudo, que, em vez de retornar um valor inteiro, o operador de índice retorna uma referência para o valor dentro de pArray. Isso permite que a função de chamada modifique o valor, como demonstrado no programa DemoAssignmentOperator:

```
da2[2] = 20;
```

Você poderá ver mais exemplos de sobrecarga do operador de índice para classes contêiner no Capítulo 27.

O Construtor e o Operador de Movimento

Todo este assunto é novo para C++ 2011.

Os construtores e os operadores de atribuição de cópia são geniais ao manter a semântica simples para as classes que você cria. No entanto, desde o início, os programadores C++ não estão felizes com as ineficiências que eles podem criar. Observe este exemplo:

```
MyContainer fn(int size)
{
    MyContainer localMC(size);
    return mc;
}

MyContainer mc(fn());
```

Nesse caso, a função `fn()` cria um objeto `localMC` local `MyContainer` e então o retorna para o chamador por valor. Essa simples chamada poderia resultar no mesmo objeto `MyContainer` sendo copiado não uma, mas duas vezes:

1. Como parte do retorno, C++ deve fazer uma cópia temporária do objeto `localMC` na pilha de retorno para voltar ao chamador.

2. A chamada subsequente para o construtor de cópia copia o conteúdo desse objeto temporário para dentro do objeto local `mc`.

A segunda cópia é desnecessária. Como o objeto temporário está prestes a ser destruído, o construtor de cópia poderia apenas retirar as propriedades do objeto temporário, em vez de se dar ao trabalho de fazer uma cópia de algo que será colocado de volta no heap de qualquer forma. Essa é a essência do construtor de movimento.

O construtor de movimento parece um construtor de cópia com exceção de dois aspectos:

- Um construtor de movimento pega os recursos da fonte e os dá para o alvo em vez de copiá-los.
- O argumento do construtor de movimento é do tipo `MyContainer&&`, o `&&` significa "apenas use para valores temporários".

O exemplo a seguir mostra o construtor de movimento e o operador de atribuição de movimento em ação:

```cpp
// DemoMoveOperator - demonstra o operador de movimento (move)
#include <cstdio>
#include <cstdlib>
#include <iostream>
#include <cstring>

using namespace std;
class MyContainer
{
  public:
    MyContainer(int nS, const char* pS) : nSize(nS)
    {
        pString = new char[nSize];
        strcpy(pString, pS);
    }
    ~MyContainer()
    {
        delete pString;
        pString = nullptr;
    }

    //construtor de cópia
    MyContainer(const MyContainer& s)
    {
        copyIt(*this, s);
    }
    MyContainer& operator=(MyContainer& s)
    {
        delete pString;
        copyIt(*this, s);
        return *this;
    }

    // construtor de movimento
    MyContainer(MyContainer&& s)
    {
        moveIt(*this, s);
    }
    MyContainer& operator=(MyContainer&& s)
    {
        delete pString;
        moveIt(*this, s);
        return *this;
    }

  protected:
    static void moveIt(MyContainer& tgt, MyContainer& src)
    {
        cout << "Moving " << src.pString << endl;
        tgt.nSize = src.nSize;
        tgt.pString = src.pString;
        src.nSize = 0;
        src.pString = nullptr;
    }
```

Parte V: Segurança

```
    static void copyIt(      MyContainer& tgt,
                       const MyContainer& src)
    {
        cout << "Copying " << src.pString << endl;
        delete tgt.pString;
        tgt.nSize = src.nSize;
        tgt.pString = new char[tgt.nSize];
        strncpy(tgt.pString, src.pString, tgt.nSize);
    }
    int nSize;
    char* pString;
};

MyContainer fn(int n, const char* pString)
{
    MyContainer b(n, pString);
    return b;
}

int main(int nNumberofArgs, char* pszArgs[])
{
    MyContainer mc(100, "Original");

    mc = fn(100, "Created in fn()");

    // espera até que o usuário esteja pronto antes de finaliza
    // o programa para permitir que ele veja os resultados
    cout << "Press Enter to continue..." << endl;
    cin.ignore(10, '\n');
    cin.get();
    return 0;
}
```

A saída desse programa aparece desta maneira:

```
Moving Created in fn()
Press Enter to continue...
```

A função fn() retorna um objeto temporário que é deslocado para dentro do objeto mc, usando o operador de atribuição de movimento, operator=(MyContainer&&). A função moveIt() é muito mais rápida de executar do que a função copyIt() jamais seria — ela não aloca memória heap ou copia alguma coisa. A função moveIt() simplesmente pega um bloco de memória do objeto src, que, nesse caso, é o temporário retornado de fn().

Certifique-se de zerar o ponteiro no objeto src; caso contrário, o destrutor retornará o bloco de memória heap, deixando o objeto alvo apontando para memória não alocada.

Capítulo 23

Usando o Fluxo de I/O

Neste Capítulo

- Realizando entrada/saída
- Redescobrindo o fluxo de I/O como um operador sobrecarregado
- Conhecendo outros métodos da classe arquivo
- Usando buffer do fluxo de I/O

Os programas que apareceram antes deste capítulo liam pela entrada do objeto cin e saíam pelo objeto de saída cout. Talvez você não tenha pensado muito sobre isso, mas essa técnica entrada/saída é um subconjunto de algo conhecido como *fluxo de entrada e saída* (stream I/O).

Neste capítulo, eu descrevo o fluxo de I/O em mais detalhes. Eu devo te avisar que o fluxo de I/O é um tópico muito grande para ser tratado completamente em um único capítulo — livros inteiros são dedicados a este tópico. Felizmente, para nós dois, não há tanta coisa assim que você precisa saber sobre fluxo de I/O para escrever a grande maioria dos programas.

Como Funciona o Fluxo de I/O

O fluxo de I/O é baseado em versões sobrecarregadas do operator>>() e operator<<(). A declaração desses operadores sobrecarregados é encontrada no arquivo include iostream, que está incluído em todos os programas deste livro desde o Capítulo 1. O código para essas funções está incluído na biblioteca padrão, com a qual seu programa C++ se vincula.

O código a seguir mostra apenas alguns dos protótipos que aparecem em iostream:

Parte V: Segurança

```
//para entrada nós temos:
istream& operator>>(istream& source, char    *pDest);
istream& operator>>(istream& source, string &sDest);
istream& operator>>(istream& source, int    &dest);
istream& operator>>(istream& source, double &dest);
//...e assim por diante...
//para saída nós temos:
ostream& operator<<(ostream& dest, char    *pSource);
ostream& operator<<(ostream& dest, string &sDest);
ostream& operator<<(ostream& dest, int    source);
ostream& operator<<(ostream& dest, double source);
//...e por aí vai...
```

Ao serem sobrecarregados para realizar I/O, o operator>>() é chamado de extrator (*extractor*) e o operator<<() é chamado de insersor (*inserter*). A classe istream é a classe básica para entrada de um arquivo ou de um dispositivo como o teclado. C++ abre o objeto cin istream quando o programa inicia. Da mesma forma, ostream é a base para saída. Os protótipos acima são para insersores e extratores, para ponteiros, para string de caracteres terminadas em nulo (como "Meu nome"), para objetos string, para ints e para doubles.

Objetos de fluxo padrão

C++ adiciona um pedaço de código na frente do seu programa que executa antes que main() tome controle. Entre outras coisas, este código cria os objetos padrões de entrada/saída mostrado na Tabela 23-1.

Tabela 23-1   Objetos Fluxo de I/O Padrão

Objeto	Classe	Finalidade
cin	istream	Padrão de entrada *char*
wcin	wistream	Padrão de entrada *wchar_t* "wide char"
cout	ostream	Padrão de saída *char*
wcout	wostream	Padrão de saída *wchar_t* "wide char"
cerr	ostream	Erro padrão de saída
wcerr	wostream	Erro padrão *wchar_t* "wide char" de saída
clog	ostream	Padrão log
wclog	ostream	Padrão *wchar_t* "wide char" log

Você viu cin e cout enquanto eles leem a entrada a partir do teclado e mostram a saída na tela, respectivamente. O usuário pode redirecionar a entrada e a saída padrões para um arquivo quando ele executar um programa como este:

```
C:>MyProgram <InputFile.txt >DefaultOut.txt
```

Capítulo 23: Usando o Fluxo de I/O

Aqui, o operador está dizendo "execute `MyProgram` mas leia a entrada padrão a partir do arquivo `InputFile.txt` no lugar do teclado e envie o que iria para a saída padrão para o arquivo `DefaultOut.txt`".

Redirecionar a entrada e saída funciona a partir do prompt DOS no Windows e em todas as versões de Unix e Linux. É a forma mais fácil de realizar entrada/saída de arquivo quando você tenta escrever algo rápido e desleixadamente.

Por padrão, o objeto `cerr` aparece na tela apenas como `cout`, exceto quando é redirecionado separadamente — o redirecionamento da saída padrão `cout` para um arquivo não redireciona a saída `cerr`. Isso permite que um programa exiba mensagens de erro para o operador mesmo se `cout` for redirecionado para um arquivo.

Mensagens de erro deveriam ser enviadas para `cerr` no lugar de `cout` apenas se o operador redirecionou a saída padrão.

`wcin`, `wcout` e `wcerr` são versões estendidas dos padrões de entrada, saída e erro, respectivamente. Esses são orientados a lidar com símbolos Unicode:

```
cout  << "This is narrow output" << endl;
wcout << L"This is wide output"  << endl;
```

Fluxo de Entrada/Saída

As classes `ifstream` e `ofstream` definidas no arquivo include `fstream` são subclasses de `istream` e `ostream` orientadas para realizar o fluxo de entrada e de saída em arquivos do disco. Você pode usar os mesmos extratores e insersores em objetos `ifstream` e `ofstream` que tem usado em `cin` e `cout`.

O `ifstream` é, na verdade, uma instanciação do gabarito de classe `basic_ifstream<T>` com T ajustado para char. Eu falo de gabarito de classes no Capítulo 26. A classe modelo `basic_ifstream<T>` também é instanciada com outros tipos para fornecer tipos diferentes de classes de entrada. Por exemplo, a classe do arquivo de fluxo `wifstream` é baseada na mesma `basic_ifstream<T>` com T ajustado para char. `ofstream` é igual a `basic_ofstream<char>`.

As classes `ifstream` e `ofstream` fornecem construtores usados para abrir um arquivo para entrada e saída, respectivamente:

```
ifstream::ifstream(const char *pszFileName,
  ios_base::openmode mode = ios_base::in);
ofstream::ofstream(const char *pszFileName,
  ios_base::openmode mode = ios_base::out|ios_base::trunc);
```

O primeiro argumento é um ponteiro para o nome do arquivo a ser aberto. O segundo especifica o modo. O tipo modo aberto (*openmode*) é um tipo de inteiro definido em `ios_base`. Os possíveis valores para modo (*mode*), listados na Tabela 23-2, também são definidos em `ios_base`. Esses são campos de bit nos quais o programador faz operações bitwise OU (Veja o Capítulo 4 para uma explicação sobre operações lógicas ou nos campos de bit). O modo padrão para `ifstream` é abrir o arquivo para entrada com o ponteiro direcionado para o início do arquivo (isso é bem lógico).

Tabela 23-2   Constantes que Controlam Como os Arquivos São Abertos

Sinalização	Significado
ios_base::app	Busca por end-of-file (fim do arquivo) antes de cada escrita.
ios_base::ate	Busca por end-of-file imediatamente após abrir o arquivo, se ele existir.
ios_base::binary	Abre o arquivo em modo binário (a alternativa é o modo texto).
ios_base::in	Abre arquivo para entrada (sugerido por *istream*).
ios_base::out	Abre arquivo para saída (sugerido por *ostream*).
ios_base::trunc	Arquivo truncado, se existir (padrão para *ostream*).

O padrão para `ofstream` é abrir para saída e truncar o arquivo se ele já existir. A alternativa para truncar é `ios_base::app`, que significa anexar a nova saída ao final do arquivo se ele já existir. As duas opções criam um arquivo se ele não existir.

Por exemplo, o programa `StreamOutput` abre o arquivo `MyName.txt` e então escreve algumas informações importantes e absolutamente verdadeiras no arquivo:

```
// StreamOutput - simples saída para um arquivo
#include <fstream>
using namespace std;

int main(int nNumberofArgs, char* pszArgs[])
{
    ofstream my("MyName.txt");
    my << "Stephen Davis is suave and handsome\n"
       << "and definitely not balding prematurely"
       << endl;
    return 0;
}
```

O destrutor para as classes de fluxo do arquivo automaticamente fecha o arquivo associado. No meu simples exemplo, o arquivo `MyName.txt` estava fechado quando o objeto my saiu do escopo após retornar de main(). Os objetos globais são fechados como parte da finalização do programa.

Modos de abertura

A Tabela 23-2 mostra os tipos de modos diferentes que são possíveis ao abrir um arquivo. Entretanto, você precisa responder três perguntas básicas toda vez que for abrir um arquivo:

- Você quer ler do arquivo ou escrever nele? Use ifstream para ler e ofstream para escrever. Se você pretende fazer ambos, escrever e ler no mesmo arquivo, use fstream e coloque no modo in|out, e boa sorte — é muito melhor escrever completamente em um arquivo e então fechá-lo e reabri-lo para leitura como um objeto separado.

- Se você está tentando escrever no arquivo e ele já existe, você quer adicionar conteúdos existentes (nesse caso, abra com o modo ajustado para out|ate) ou truncar o arquivo e recomeçar (nesse caso, use out|trunc)?

- Você está lendo ou escrevendo texto ou dados binários? ifstream e ofstream são padrão para o modo texto. Use o modo *binário* se estiver lendo ou escrevendo dados brutos, sem texto.

A principal diferença entre modo binário e modo texto está na forma de manuseio das novas linhas. O sistema operacional Unix foi escrito na época em que máquinas de escrever ainda estavam na moda (quando falavam datilografar em vez de digitar). Unix terminava as sentenças com um avanço de linha (*linefeed*) seguido de um código de fim de linha.

Sistemas operacionais subsequentes não viam motivo para continuar usando dois caracteres para terminar uma sentença, mas eles não conseguiam concordar em qual caractere usar. Alguns usavam código de fim de linha, outros avanço de linha, agora renomeado para nova linha (*newline*). O padrão C++ é apenas o newline.

Quando um arquivo é aberto em modo texto, a biblioteca C++ converte o caractere newline no que for apropriado para seu sistema operacional na saída, seja código de fim de linha mais avanço de linha, um único código de fim de linha, um avanço de linha, ou algo totalmente diferente. Ele realiza a conversão oposta enquanto lê o arquivo. A biblioteca C++ não faz tais conversões para um arquivo aberto no modo binário.

Sempre use modo binário ao manipular um arquivo que não esteja em um formato que os seres humanos possam ler. Caso contrário, se um byte nos dados de fluxo forem os mesmos do código de fim de linha ou do avanço de linha, o arquivo da biblioteca I/O irá modificá-lo.

Ei, arquivo, em qual posição você está?

Um objeto fstream construído (incluindo ifstream e ofstream) se torna um substituto (*proxy*) para o próximo arquivo com o qual é associado. Por exemplo, o objeto de fluxo mantém a informação de posição sobre o processo de I/O. A função de membro bad() retorna true se algo de ruim (*bad*) acontecer. Esse termo tenebroso significa que o arquivo não pôde ser aberto, algum objeto interno estava danificado, ou as coisas estão completamente empacadas. Um erro menor, fail(), indica que algo bad() aconteceu ou que a última leitura falhou — por exemplo, se você tentar ler um int e tudo o que programa encontrar é um caractere que avalia um fail() mas não um bad(), a função de membro good() retorna true se ambos bad() e fail() forem false.

Tentativas de entrada a partir de ou de saída para um objeto de fluxo que está com erro ajustado são ignoradas. A função de membro clear() zera a sinalização fail() para lhe dar outra chance se o erro for temporário — no geral, clear() limpa as falhas mas não as coisas ruins (*bad*). Todas as tentativas de saída para um objeto ofstream que possuem erro não produzem efeito.

Esse último parágrafo tem significado literal — nenhuma entrada ou saída é possível enquanto a posição do erro interno do objeto de fluxo que você está usando seja outra que não zero. O programa nem vai tentar até você chamar clear() para limpar as sinalizações de erro, se o erro for temporário e você limpá-lo.

Você pode me mostrar um exemplo?

O próximo programa de exemplo demonstra como comportar-se usando a classe ifstream para extrair uma série de inteiros:

```
// StreamInput - simples entrada a partir de um
//               arquivo usando fstream
#include <cstdio>
#include <cstdlib>
#include <fstream>
#include <iostream>
using namespace std;

ifstream& openFile()
{
    ifstream* pFileStream = 0;
    for(;;)
    {
        // abre o arquivo especificado pelo usuário
        string sFileName;
        cout << "Enter the name of a file with integers:";
        cin >> sFileName;
```

```cpp
        // abre arquivo para leitura
        pFileStream = new ifstream(sFileName.c_str());
        if (pFileStream->good())
        {
            pFileStream->seekg(0);
            cerr << "Successfully opened "
                << sFileName << endl;
            break;
        }
        cerr << "Couldn't open " << sFileName << endl;
        delete pFileStream;
    }
    return *pFileStream;
}

int main(int nNumberofArgs, char* pszArgs[])
{
    // pega um arquivo de fluxo
    ifstream& fileStream = openFile();

    // para quando não há mais dados no arquivo
    while (!fileStream.eof())
    {
        // lê um valor
        int nValue = 0;
        fileStream >> nValue;

        // para se a leitura do arquivo falhou
        // (provavelmente porque encontramos algo
        // porque encontramos uma newline com nada
        // que não é um int ou após ela)
        if (fileStream.fail())
        {
            break;
        }

        // exibe a saída do valor lido
        cout << nValue << endl;
    }

    cout << "Press Enter to continue..." << endl;
    cin.ignore(10, '\n');
    cin.get();
    return 0;
}
```

A função `openFile()` sugere ao usuário o nome de um arquivo para abrir. A função cria um objeto `ifstream()` com nome específico. A criação de um objeto `ifstream` automaticamente abre o arquivo para entrada. Se o arquivo for aberto adequadamente, a função retorna uma referência ao objeto `ifstream` para usar na leitura. Caso contrário, o programa apaga o objeto e tenta de novo. A única forma de sair do loop é inserir um nome de arquivo válido e abortar o programa.

Não se esqueça de apagar o objeto `pFileStream` se a abertura falhar. Essas são as maneiras sorrateiras que o escape de memória caminha.

O programa lê os valores inteiros a partir do objeto referenciado por `fileStream` até acontecer `fail()` ou o programa chegar no final da linha (*end-of-file*) enquanto indicado pela função de membro `eof()`.

Deixe-me avisar mais uma vez: não somente não há nada de retorno da leitura de uma entrada de fluxo que contenha erro, mas também o buffer retorna sem mudança. Esse programa pode facilmente chegar a uma falsa conclusão de que leu o mesmo valor lido anteriormente. Além disso, `eof()` nunca retornará `true` em uma entrada de fluxo que contenha erro.

Não estoure aquele buffer!

Se você olhar de perto o método `openFile()` no programa de exemplo StreamInput, você verá outra forma de certificar-se que o operador não exceda o caractere buffer. Vamos revisar. Eu poderia ter usado algo como o seguinte:

```
char szFileName[80];   // qualquer tamanho de array é possível
cin >> szFileName;     // insere o nome do arquivo a abrir
```

Você provavelmente pode encontrar códigos assim em capítulos anteriores deste livro (quando você ainda estava usando suas rodinhas de treino em C++). O problema com essa abordagem é que nada diz ao extrator que o buffer só tem 80 caracteres de comprimento — ele continuará a ler até que veja uma newline, que pode estar milhares de caracteres a frente.

Bom, 80 caracteres é um tanto pequeno. Que tal aumentar o tamanho do buffer para 256 caracteres? Isso meio que não faz sentido; a suposição implícita que você está fazendo com esse tipo de abordagem é que qualquer estouro no buffer (buffer overflow) é resultado de um simples erro (e um nome de arquivo muito longo!). Mais e mais esse não é o caso. Usuários maliciosos encontram formas de exceder os buffers de tamanho fixo o tempo todo. Muitos worms mais graves foram lançados por trás de ataques para exceder o buffer (Explicarei o excesso no buffer em detalhes no Capítulo 28).

Um outro método para evitar o excesso no buffer que você viu nos capítulos anteriores é usar o método `getline()` para limitar para o tamanho do buffer, o número de caracteres que o programa lerá:

```
char szFileName[80];
cin.getline(szFileName, 80); // não lê mais do que 80 caracteres
```

Esse segmento de código diz ler uma linha de entrada (até o próximo caractere newline) mas não mais do que 80 caracteres desde que esse seja o tamanho do buffer. Quaisquer caracteres não lidos são deixados para a próxima chamada a `getline()`.

Outra abordagem é fazer com que o tamanho do buffer adeque-se ao número de caracteres disponíveis. O extrator para a classe string é esperto o bastante para redimensionar o buffer para se ajustar aos dados disponíveis:

```
string sFileName;
cin >> sFileName; // string mede o buffer para se adequar
                  // à quantidade de dados
```

A saída desse programa aparece da seguinte forma (eu adicionei negrito à minha entrada):

```
Enter the name of a file with integers:chicken
Couldn't open chicken
Enter the name of a file with integers:integers.txt
Successfully opened integers.txt
1
2
3
4
5
6
Press Enter to continue...
```

Code::Blocks para Windows abre o aplicativo no diretório projeto, então tudo que você precisa é entrar com o nome do arquivo, como mostrado. Code::Blocks para Macintosh abre uma janela no seu diretório de usuário, então você precisa entrar com o caminho para o arquivo: `Desktop/CPP_Programs_from_Book/Chap23/StreamInput/integers.txt` (supondo que você tenha instalado os arquivos-fonte no local padrão).

Outros Métodos das Classes de Fluxo

As classes `istream` e `ostream` fornecem um número de métodos, como visto na Tabela 23-3 (não é uma lista completa). Os protótipos para essas funções estão no arquivo include `fstream`. Eles estão descritos no restante desta seção.

Tabela 23-3	Principais Métodos de Classes de Fluxo de I/O
Método	*Significado*
`bool bad()`	Retorna *true* se tiver ocorrido um erro grave.
`void clear (iostate flags = ios_base::goodbit)`	Limpa (ou ajusta) as sinalizações de posição de I/O.
`void close()`	Fecha o arquivo associado ao objeto de fluxo.
`bool eof()`	Retorna *true* se mais nenhum caractere é deixado no arquivo para ser lido.
`iostate exception()`	Retorna as condições que causarão uma exceção.

(Continua)

Tabela 23-3 *(continuação)*

Método	Significado
`void exception(iostate)`	Ajusta as condições que causarão uma exceção. Múltiplas condições podem ser executadas com operação ou junto; por exemplo, *exception(ios_base::badbit|ios_base::failbit)*. Veja exceções no Capítulo 24.
`char fill () char fill (char newFill)`	Retorna ou ajusta o caractere de preenchimento
`fmtflags flags () fmtflags flags (fmyflags f)`	Retorna ou ajusta as sinalizações de formatos (Veja a seção "Controlando o formato").
`void flush()`	Descarrega o buffer de saída para o disco.
`int gcount()`	Retorna o número de bytes lidos durante a última entrada.
`char get()`	Lê caracteres individuais do arquivo.
`char getline(char* buffer, int cout, char delimiter = '\n')`	Lê múltiplos caracteres, seja até o end-of-file, até encontrar um delimitador, ou até que os caracteres *count count-1* sejam lidos. Fixa um nulo ao final da linha lida. Não armazena o delimitador lido no buffer.
`bool good()`	Retorna true se nenhuma condição de erro for ajustada.
`void open (const char* filename, openmode mode = default)`	Os mesmos argumentos que o construtor. Executa o mesmo arquivo aberto em um objeto existente que o construtor realiza ao criar um objeto novo.
`streamsize precision() streamsize precision (streamsize s)`	Lê ou ajusta o número de dígitos exibidos por variáveis de ponto flutuante.
`ostream& put(char ch)`	Escreve um único caractere para o fluxo.
`istream& read (char* buffer, streamsize num)`	Lê um bloco de dados. Ou lê número de bytes ou até um end-of-file ser encontrado, o que acontecer primeiro.
`istream& seekg (pos_type position) istream& seekg (off_type offset, ios_base::seekdir)`	Posiciona o ponteiro de leitura, ou *position bytes* no início do arquivo ou *offset bytes* da posição atual.

(continua)

Tabela 23-3 *(continuação)*

Método	Significado
`istream& seekp (pos_type position)` `istream& seekp (off_type offset, ios_base::seekdir)`	Posiciona o ponteiro de escrita.
`fmtflags setf (fmtflags)`	Ajusta o formato especifico das sinalizações. Retorna valor antigo.
`pos_type tellg()`	Retorna a posição do ponteiro de leitura.
`pos_type tellp()`	Retorna a posição do ponteiro de escrita.
`fmtflags unsetf (fmtflags)`	Limpa os formatos específicos das sinalizações. Retorna valor antigo.
`int width()` `int width (int w)`	Lê e ajusta o número de caractere a serem exibidos pela próxima declaração formatada de saída.
`ostream& write (const char* buffer, streamsize num)`	Escreve um bloco de dados para o arquivo de saída.

Lendo e escrevendo fluxos diretamente

Os operadores de inserção e de extração fornecem um mecanismo conveniente para ler entrada formatada. Entretanto, algumas vezes você só quer dizer: "Me dê isso; eu não me importo qual o formato". Vários métodos são úteis nesse contexto.

A simples função, `get()`, apenas retorna o próximo caractere no arquivo de entrada. Sua saída equivalente é `put()`. A função `getline()` retorna uma string de caracteres até algum finalizador — o padrão é uma nova linha. `getline()` remove o finalizador mas não faz outra tentativa de reformatar ou então interpretar a entrada.

A função de membro `read()` é ainda mais básica. Essa função lê o número de caracteres que você especifica, ou menos, se o programa encontra uma end-of-line. A função `gcount()` sempre retorna o número atual de caracteres lidos. A saída equivalente é `write()`.

O exemplo de programa a seguir usa as funções `read()` e `write()` para criar um backup de qualquer arquivo que você forneça, fazendo uma cópia com a string ".backup" anexada ao nome:

```cpp
// FileCopy - faz backup dos arquivos passados
//            para o programa
#include <cstdio>
#include <cstdlib>
#include <fstream>
#include <iostream>
using namespace std;

int main(int nNumberofArgs, char* pszArgs[])
{
    // repete o processo para cada arquivo passado
    for (int n = 1; n < nNumberofArgs; n++)
    {
        // cria um nome do arquivo e um nome ".backup"
        string szSource(pszArgs[n]);
        string szTarget = szSource + ".backup";

        // agora abra a fonte para ler e o
        // alvo para escrever
        ifstream input(szSource.c_str(),
                       ios_base::in|ios_base::binary);

        ofstream output(szTarget.c_str(),
          ios_base::out|ios_base::binary|ios_base::trunc);
        if (input.good() && output.good())
        {
            cout << "Backing up " << szSource << "...";

            // lê e escreve 4 blocos até um
            // erro ocorrer ou o arquivo chegar em EOF
            while(!input.eof() && input.good())
            {
                char buffer[4096];
                input.read(buffer, 4096);
                output.write(buffer, input.gcount());
            }
            cout << "finished" << endl;
        }
        else
        {
            cerr << "Couldn't copy " << szSource << endl;
        }
    }

    cout << "Press Enter to continue..." << endl;
    cin.ignore(10, '\n');
    cin.get();
    return 0;
}
```

O programa itera os argumentos passados por ele, lembrando que `pszArgs[0]` aponta para o nome do próprio programa. Para cada arquivo-fonte passado como argumento, o programa cria um nome do arquivo alvo fixando ".backup" ao final. Então ele abre o arquivo-fonte para entrada binária e o alvo para saída binária, especificando para truncar o arquivo alvo se ele já existir.

Se o objeto de *entrada* ou de *saída* tiverem um conjunto de erros, o programa exibe a mensagem "Couldn't copy" sem tentar descobrir o que deu errado. Se os dois objetos estiverem `good()`, o programa entra em um loop em que ele lê 4 blocos da *entrada* e os escreve na *saída*.

Note que na chamada para `write()`, o programa usa o valor retornado de `gcount()` em vez de decodificar 4096. Isso porque, a não ser que o arquivo-fonte simplesmente seja um inteiro múltiplo de 4096 bytes de tamanho, a última chamada para `read()` buscará menos do que o número de bytes solicitado antes de encontrar o end-of-file.

Controlando formatos

Os métodos `flags()`, `setf()` e `unsetf()` são todos usados para ajustar ou recuperar um conjunto de sinalizações de formato mantidos dentro dos objetos `istream` e `ostream`. Essas sinalizações são ajustadas quando o objeto é criado para um valor padrão que representa a opção mais comum de formato. As opções estão exibidas na Tabela 23-4.

Tabela 23-4	Fluxo de Sinalizações de I/O
Sinalização	***Se a sinalização for true, então...***
`boolalpha`	Exibe bool como true ou false em vez de 1 ou 0.
`dec`	Lê ou escreve inteiros em formato decimal (padrão).
`fixed`	Exibe pontos flutuantes em ponto fixo oposto ao científico (padrão).
`hex`	Lê ou escreve inteiros em hexadecimais.
`left`	Exibe a saída justificada à esquerda (isto é, alinha à direita).
`oct`	Lê ou escreve inteiros em octodecimais.
`right`	Exibe a saída justificada à direita. (isto é, alinha à esquerda).
`scientific`	Exibe ponto flutuante em formato científico.
`showbase`	Exibe um 0 a frente para saída octal e 0x para hexadecimal.
`showpoint`	Exibe um ponto decimal para saída de ponto flutuante mesmo que a porção fracionária seja 0.

(continua)

Tabela 23-4 (continuação)

Sinalização	Se a sinalização for true, então...
`skipws`	Ao ler, pula o espaço em branco usando o extrator.
`unitbuf`	Limpa saída após cada operação de saída.
`uppercase`	Substitui letras minúsculas pelas equivalentes maiúsculas na saída.

O próximo fragmento de código foi usado anteriormente para exibir números em formato hexadecimal (veja o programa `BitTest` no Capítulo 4):

```
// lê o formato atual das sinalizações
// (isso é importante quando precisa restaurar
// o formato da saída mais tarde)
ios_base::fmtflags prevValue = cout.flags();

// limpa a sinalização decimal
cout.unsetf(cout.dec);

// agora ajusta a sinalização hexadecimal
cout.setf(cout.hex);

// ...faz coisas...

// chama sinalizações() para restaurar o formato
// das sinalizações para seus valores anteriores
cout.flags(prevValue);
```

Nesse exemplo, o programa deve ajustar as sinalizações hexadecimais usando `setf()` e desajustar (ou seja, limpar) a sinalização decimal usando `unsetf()` porque as sinalizações decimais, octais e hexadecimais são mutuamente exclusivas.

A chamada final para as `flags()` restaura o formato das sinalizações para seus últimos valores lidos. Isso não é necessário se o programa está perto de terminar.

Mais controle de formato é fornecido pelo método `width()` que ajusta a largura mínima da próxima operação de saída. No evento em que os campos não preenchem a largura especificada, o inseridor adiciona o número exigido de caracteres de preenchimento. O caractere de preenchimento padrão é um espaço, mas você pode mudar isso chamando `fill()`. Se C++ adiciona os caracteres de preenchimento à esquerda ou à direita, é determinado se o formato das sinalizações `left` ou `right` forem ajustados.

Por exemplo, este fragmento:

```
int i = 123;
cout.setf(cout.right);
cout.unsetf(cout.left);
cout.fill('+');
cout << "i = [";
cout.width(10);
cout << i;
cout << "]" << endl;
```

gera a seguinte saída:

```
i = [+++++++123]
```

Repare que o método width() se aplica somente para a primeira instrução saída na sequência. Diferente de outros formatos de sinalizações, o width() deve ser zerado após cada valor que você exibe como saída.

Qual o problema com endl?

A maioria dos programas neste livro terminam um fluxo de saída inserindo o objeto endl. Entretanto, alguns programas incluem \n dentro do texto para exibir uma nova linha. Qual é a diferença?

O \n é, na verdade, um caractere de nova linha (*newline*). A expressão cout<< "First line\nSecond line; exibe como saída duas linhas. O objeto endl exibe uma nova linha, mas vai um passo adiante.

Discos são dispositivos lentos. Escrever em um disco com mais frequência do que o necessário deixa seu programa consideravelmente lento. Para evitar isso, a classe fstream coleta a saída para um buffer interno conhecido como *cache* (pronunciado como "cash"). A classe escreve o conteúdo no disco quando o buffer está cheio (isso é conhecido como esvaziar o cache (*flushing the cache*). O objeto endl exibe uma nova linha e então esvazia o cache de saída no disco sem ficar uma nova linha no final.

Note que o objeto de erro padrão cerr não faz buffer na saída.

Posicionando o ponteiro dentro de um arquivo

A classe istream mantém um ponteiro de leitura que é a localização dentro do arquivo do próximo byte a ser lido. Isso é medido como "número de bytes desde o início do arquivo." Você pode recuperar isso usando o método tellg().

Da mesma forma, `tellp()` retorna um ponteiro para a próxima localização para escrever em um objeto `ostream`. Como foi salvo fora da localização, você pode retornar mais tarde para o mesmo local passando o valor para `seekg()`.

Uma versão sobrecarregada de `seekg()` não tem posição certa mas uma direção seek e offset. O valor possível para buscar direção é uma das três constantes a seguir:

- `ios_base::beg` (*beg* para *beginning of file*): o offset deve ser positivo e é usado para ser o número de bytes desde o início do arquivo.
- `ios_base::end` (*end* para *end of file*): o offset deve ser negativo e usado para ser o número de bytes do final do arquivo.
- bytes `ios_base::cur` (*cur* para *current position*): o offset pode ser positivo ou negativo e é o número de bytes para mover o ponteiro (para frente ou para trás) da posição atual.

Mover o ponteiro de leitura (ou escrita) em arquivo pode ser muito lento (em termos computacionais), então seja sensato no uso desse atributo.

Usando as Subclasses stringstream

As classes de fluxo dão ao programador mecanismos para quebrar facilmente a entrada entre as variáveis do array `int`, `float` e `char` (dentre outras). Um conjunto de classes chamadas `stringstream` permite que o programa leia a partir de qualquer array de caractere na memória, como se estivesse lendo de um arquivo. As classes `istringstream` e `ostringstream` são definidas no arquivo include `sstream`.

As versões anteriores dessas classes são `istrstream` e `ostrstream` definidas no arquivo include `strstream`.

As classes `stringstream` possuem a mesma semântica das classes baseadas em aquivos correspondentes. Isso é demonstrado no programa StringStream, que analisa informações da conta a partir de um arquivo:

```
// StringStream - lê e analisa o conteúdo de um arquivo
#include <cstdio>
#include <cstdlib>
#include <fstream>
#include <sstream>
#include <iostream>
using namespace std;

// parseAccountInfo - lê um buffer passado como se fosse
//                    um arquivo real — lê o seguinte
//                    formato:
```

```cpp
//                 name, account balance
//                 retorna true se tudo funcionar bem
bool parseString(const char* pString,
                char* pName, int arraySize,
                long& accountNum, double& balance)
{
    // associa um objeto istrstream com a string
    // de caractere de entrada
    istringstream inp(pString);

    // lê até a vírgula separadora
    inp.getline(pName, arraySize, ',');

    // agora o número da conta
    inp >> accountNum;

    // e o saldo
    inp >> balance;

    // retorna o status de erro
    return !inp.fail();
}

int main(int nNumberofArgs, char* pszArgs[])
{
    // deve fornecer nome do arquivo
    char szFileName[128];
    cout << "Input name of file to parse:";
    cin.getline(szFileName, 128);

    // pega um fluxo de arquivo
    ifstream* pFileStream = new ifstream(szFileName);
    if (!pFileStream->good())
    {
        cerr << "Can't open " << pszArgs[1] << endl;
        return 0;
    }

    // lê uma linha fora do arquivo, analisa
    // e exibe resultados
    for(int nLineNum = 1;;nLineNum++)
    {
        // lê um buffer
        char buffer[256];
        pFileStream->getline(buffer, 256);
        if (pFileStream->fail())
        {
            break;
        }

        cout << nLineNum << ":" << buffer << endl;

        // analisa campos individuais
        char name[80];
        long accountNum;
```

```cpp
            double balance;
            bool result = parseString(buffer, name, 80,
                                    accountNum, balance);
            if (result == false)
            {
                cerr << "Error parsing string\n" << endl;
                continue;
            }

            // exibe como saída os campos que analisamos
            cout << "Read the following fields:" << endl;
            cout << "  name = " << name << "\n"
                 << "  account = " << accountNum << "\n"
                 << "  balance = " << balance << endl;

            // coloca os campos juntos novamente em ordem
            // diferentes (inserindo os 'ends' certifica
            // que o buffer é terminando em zero)
            ostringstream out;
            out << name << ", "
                << balance << " "
                << accountNum << ends;

            string oString = out.str();
            cout << "Reordered fields: " << oString << endl;
        }

        cout << "Press Enter to continue..." << endl;
        cin.ignore(10, '\n');
        cin.get();
        return 0;
    }
```

Esse programa começa abrindo um arquivo chamado `Accounts.txt` que contém informações de conta no formato name, accountNumber, balance, \n. Supondo que o arquivo foi aberto com sucesso, o programa entra em um loop, lendo as linhas até que o conteúdo dos arquivos cheguem ao fim. A chamada para `getline()` lê até o finalizador newline padrão. O programa passa a linha recém-lida para a função `parseString()`.

`parseString()` associa um objeto `istringstream` com a string de caractere. O programa lê os caracteres até a "," (ou o final do buffer da string) usando a função de membro `getline()`. O programa, então, usa os extratores convencionais para ler `accountNum` e `balance`.

Após a chamada para `parseString()`, `main()` exibe como saída o buffer lido a partir do arquivo seguido por valores analisados. Então, usa a classe `ostringstream` para reconstruir um objeto string com os mesmos dados mas um formato diferente (apenas por diversão).

O resultado de uma amostra de execução aparece como:

```
Input name of file to parse:Accounts.txt
1:Chester, 12345 56.60
Read the following fields:
  name = Chester
  account = 12345
  balance = 56.6
Reordered fields: Chester, 56.6 12345
2:Arthur,  34567 67.50
Read the following fields:
  name = Arthur
  account = 34567
  balance = 67.5
Reordered fields: Arthur, 67.5 34567
3:Trudie,  56x78 78.90
Error parsing string

4:Valerie, 78901 89.10
Read the following fields:
  name = Valerie
  account = 78901
  balance = 89.1
Reordered fields: Valerie, 89.1 78901
Press Enter to continue ...
```

Reflita um segundo antes de continuar. Note como o programa conseguiu se ressincronizar após o erro no arquivo de entrada. Note, também, a simplicidade do coração do programa, a função parseString(). Considere como esta função seria sem o benefício da classe istringstream.

Manipulando os Manipuladores

Você pode usar fluxo de I/O para exibir membros e strings de caracteres usando formatos padrões. Geralmente os padrões são bons, mas às vezes eles não são o bastante.

Por exemplo, eu estava pouco encantado quando o resultado total de um cálculo financeiro de um programa recente apareceu como 249,600006 em vez de 249,6 (ou, ainda melhor, 249,60). Deve haver uma maneira de moldar os padrões aos meus desejos. Como esperado, C++ fornece não uma, mas duas formas de controlar o formato de saída.

Dependendo das configurações padrões do seu computador, você pode chegar em 249,6 como saída. Contudo, você quer mesmo 249,60.

Primeiro, você pode controlar o formato chamando uma série de funções de membro no objeto de fluxo. Por exemplo, o número de dígitos significantes para exibir é ajustado usando a função `precision()` como a seguir (veja Tabela 23-3):

```
#include <iostream>
void fn(double interest, double dollarAmount)
{
    cout << "Dollar amount = ";
    cout.precision(2);
    cout << dollarAmount;
    cout.precision(4);
    cout << interest << endl;
}
```

Nesse exemplo, a função `precision()` ajusta a precisão para 2 imediatamente antes de exibir o valor `dollarAmount`. Isso lhe dá um número como 249,60, o tipo de resultado que você quer. Então, ela ajusta a precisão para 4 antes de exibir os juros.

Uma segunda abordagem usa o que chamados de manipuladores (*manipulators*). (Parece alguém nos bastidores da Bolsa de Valores de Nova Iorque, não é?) Os manipuladores são objetos definidos no arquivo include `iomanip`, para ter o mesmo efeito da chamada da função de membro(Você deve incluir `iomanip` para ter acesso a manipuladores). A única vantagem de manipuladores é que o programa pode inseri-los diretamente no fluxo em vez de usar uma função de chamada separada.

Os manipuladores mais comuns e seus significados estão exibidos na Tabela 23-5:

Tabela 23-5 Manipuladores Comuns e Formato fluxo de Funções de Controle

Manipulador	Função de Membro	Descrição
dec	setf(dec)	Ajusta radix para 10
hex	setf(hex)	Ajusta radix para 16
oct	setf(oct)	Ajusta radix para 8
setfill(c)	fill(c)	Ajusta o caractere de preenchimento para c
setprecision(n)	precision(n)	Ajusta a precisão de display para n
setw(n)	width(n)	Ajusta a largura do campo para caracteres*n

Se você reescrever o exemplo anterior para usar manipuladores, o programa vai aparecer da seguinte forma:

```cpp
#include <iostream>
#include <iomanip>
void fn(double interest, double dollarAmount)
{
    cout << "Dollar amount = "
         << setprecision(2) << dollarAmount
         << setprecision(4) << interest << endl;
```

Capítulo 24

Tratamento de Erros — Exceções

Neste Capítulo

▶ Apresentando uma maneira excepcional de tratar erros no programa
▶ Descobrindo o que há de errado com retornos de erro
▶ Examinando exceções throw (lançar) e catch (capturar)
▶ Fazendo um lançamento com mais emoção

*E*u sei que é difícil de aceitar, mas ocasionalmente funções não funcionam devidamente — nem mesmo as minhas. O modo tradicional para reportar falhas é retornar alguma indicação para o chamador. C++ inclui um mecanismo para capturar e tratar erros chamados de *exceções*. A manipulação das condições de erro com exceções é o assunto deste capítulo.

O mecanismo de exceção é baseado nas palavras-chave try, catch e throw (isso mesmo, mais nomes de variáveis que você não pode usar). Resumindo, funciona assim: uma função *try* (tenta) entrar por um pedaço do código. Se o código detecta um problema, ele *throw* (lança) uma indicação de erro que a função de chamada deve *catch* (capturar).

Este fragmento de código demonstra como isso funciona em 1s e 0s:

```
//   FactorialException - demonstra exceções usando
//                        uma função fatorial
//
#include <cstdio>
#include <cstdlib>
#include <iostream>
using namespace std;

// factorial - computa fatorial
int factorial(int n)
```

```cpp
{
    // você não pode manipular valores negativos
    // de n; melhor checar a condição primeiro
    if (n < 0)
    {
        throw string("Argument for factorial negative");
    }

    //  siga em frente e calcule o fatorial
    int accum = 1;
    while(n > 0)
    {
        accum *= n;
        n--;
    }
    return accum;
}

int main(int nNumberofArgs, char* pszArgs[])
{
    try
    {
        // isso funcionará
        cout << "Factorial of 3 is "
             << factorial(3) << endl;

        // isso gerará uma exceção
        cout << "Factorial of -1 is "
             << factorial(-1) << endl;

        // o controle jamais chegará aqui
        cout << "Factorial of 5 is "
             << factorial(5) << endl;
    }
    // control passes here
    catch(string error)
    {
        cout << "Error occurred: " << error << endl;
    }
    catch(...)
    {
        cout << "Default catch " << endl;
    }

    // espera até que o usuário esteja pronto antes de fi
    // o programa para permitir que ele veja os resultado
    cout << "Press Enter to continue..." << endl;
    cin.ignore(10, '\n');
    cin.get();
    return 0;
}
```

main() começa criando um bloco com a palavra-chave try. Dentro deste bloco, ela pode proceder como faria se o bloco não estivesse presente.

Nesse caso, main() tenta calcular o fatorial de um número negativo. Para não ser enganada, a esperta função factorial() detecta o falso pedido e lança uma indicação de erro usando a palavra-chave throw. O controle passa para a expressão catch, que imediatamente segue o bloco try. A terceira chamada para factorial() não é executada.

Por meio de uma não-tão-esperta funcionalidade chamada *especificação de exceção*, você pode acrescentar tipos de objetos que factorial() lança para sua declaração. Em algum momento, alguém pensou que isso seria uma boa ideia, mas os tempos mudaram. Especificações de exceção nunca foram obrigatórias e tornaram-se menosprezadas no padrão 2011 e não estão presentes neste livro.

Justificando um Mecanismo de Erro Novo?

O que há de errado com o retorno de erro que FORTRAN costumava fazer? Fatoriais não podem ser negativos, então eu poderia dizer algo como "Tudo bem, se factorial() detectar um erro, ele retorna um número negativo. O valor real indica a fonte do problema." O que há de errado nisso? Era assim que costumávamos fazer por anos ("Se era bom o bastante para meu avô...")

Infelizmente, vários problemas surgiram. Primeiro, mesmo sendo verdade que o resultado de um fatorial não possa ser negativo, outras funções não são tão sortudas. Por exemplo, não existe o log de um número negativo, mas os logaritmos podem ser positivos ou negativos. Não há valor que uma função logaritmo não possa retornar.

Segundo, há uma certa quantidade de informações que você pode armazenar em um inteiro. Talvez você tenha -1 para "argumento negativo" e -2 para "argumento é muito grande". Mas, se o argumento for muito grande, você deveria saber qual argumento é esse porque tal informação pode lhe ajudar a depurar o problema. Não há lugar para armazenar esse tipo de informação.

Terceiro, o processamento de retorno de erros é opcional. Suponha que alguém escreva factorial() para que ela obrigatoriamente verifique o argumento e retorne um número negativo se o argumento estiver fora de alcance. Se a função que chama factorial() não verificar o retorno de erro, então retornar um valor de erro não é bom. Claro, você pode fazer todo tipo de ameaça, tal como "você verificará seus retornos de erro, senão", e o programador pode ter as melhores intenções, mas você sabe que as pessoas ficam preguiçosas e voltam a seus velhos hábitos de não verificar erros.

Mesmo que você verifique o retorno de erro de `factorial()` ou de qualquer outra função, o que a função pode fazer com o erro? Provavelmente, ela não pode fazer nada mais do que exibir uma mensagem de erro própria e retornar outra indicação de erro ao chamador, que provavelmente faz o mesmo. Dentro de pouco tempo, há mais código de detecção de erro do que código "real" e eles estarão todos misturados.

O mecanismo de exceção trata esses problemas removendo o caminho do erro do caminho do código normal. Além disso, exceções tornam a manipulação de erro obrigatória. Se sua função não manipula a exceção lançada, o controle passa para as funções chamadas até que C++ encontre uma função para manipular o erro. Isso também dá flexibilidade para ignorar erros dos quais não há nada que possa fazer. Somente as funções que podem realmente controlar o problema precisam capturar a exceção.

Examinando o Mecanismo de Exceção

Dê uma olhada mais de perto nos passos que o código percorre para controlar uma exceção. Quando o lançamento ocorre, C++ primeiro copia o objeto lançado para algum local neutro. Então ele começa a procurar pelo final do bloco atual `try`.

Se um bloco `try` não é encontrado na função atual, o controle passa para a chamada da função. Então uma pesquisa é feita naquela função. Se o bloco `try` não é encontrado lá, o controle passa para a função que o chamou, e então para a pilha de funções de chamada. Esse processo é chamado desenrolando a pilha (*unwinding the stack*).

Uma característica importante de desenrolar a pilha é que a cada pilha desenrolada, os objetos que saem do escopo são destruídos como se a função tivesse executado uma instrução `return`. Isso evita que o programa perca recursos ou deixe objetos soltos.

Quando o revestido bloco `try` é encontrado, o código busca a primeira expressão `catch` seguindo imediatamente para as chaves fechadas do bloco `catch`. Se o objeto lançado combinar com o tipo de argumento especificado na declaração de `catch`, o controle passa para aquela expressão `catch`. Senão, uma verificação é feita na expressão `catch` subsequente. Se não forem encontradas expressões `catch` que correspondam, o código pesquisa pelo próximo bloco `try` em um nível mais alto, em uma espiral para o exterior até que um `catch` apropriado seja encontrado. Se nenhuma expressão `catch` for encontrada, o programa é finalizado.

Considere o seguinte exemplo:

```cpp
// CascadingException - o programa a seguir demonstra
//                um exemplo de desenrolar a pilha
#include <cstdio>
#include <cstdlib>
#include <iostream>
using namespace std;

// protótipos de algumas funções que precisaremos mais tarde
void f1();
void f2();
void f3();

class Obj
{
  public:
    Obj(char c) : label(c)
    { cout << "Constructing object " << label << endl;}
    ~Obj()
    { cout << "Destructing object " << label << endl; }

  protected:
    char label;
};
int main(int nNumberofArgs, char* pszArgs[])
{
    f1();

    // espera até que o usuário esteja pronto antes de finalizar
    // o programa para permitir que ele veja os resultados
    cout << "Press Enter to continue..." << endl;
    cin.ignore(10, '\n');
    cin.get();
    return 0;
}

void f1()
{
    Obj a('a');
    try
    {
        Obj b('b');
        f2();
    }
    catch(float f)
    {
        cout << "Float catch" << endl;
    }
    catch(int i)
    {
        cout << "Int catch" << endl;
    }
    catch(...)
    {
```

```
            cout << string("Generic catch") << endl;
        }
    }

    void f2()
    {
        try
        {
            Obj c('c');
            f3();
        }
        catch(string msg)
        {
            cout << "String catch" << endl;
        }
    }

    void f3()
    {
        Obj d('d');
        throw 10;
    }
```

A saída de execução desse programa aparece assim:

```
Constructing object a
Constructing object b
Constructing object c
Constructing object d
Destructing object d
Destructing object c
Destructing object b
Int catch
Destructing object a
Press Enter to continue...
```

Primeiro, você pode ver quatro objetos a, b, c e d sendo construídos enquanto main() chama f1() que chama f2() que chama f3(). Em vez de retornar, f3() lança o inteiro 10. Por que nenhum bloco try é definido em f3(), C++ desenrola a pilha de f3(), causando a destruição do objeto d. A função seguinte subindo a corrente, f2(), define um bloco try, mas sua única expressão catch é destinada a manipular uma string que não corresponde ao int lançado. Logo, C++ continua procurando. Isso desenrola a pilha de f2(), resultando na destruição do objeto c.

Voltando para f1(), C++ encontra outro bloco try. Sair daquele bloco faz o objeto b sair do escopo. C++ pula a primeira expressão catch para um float. A próxima expressão catch corresponde exatamente ao int, então C++ passa o controle para esta expressão.

O controle passa da expressão catch(int) para o final da expressão catch, e de lá volta para main(). A última expressão catch(...), que capturaria qualquer objeto lançado, é ignorada porque uma expressão catch corresponde já foi encontrada.

Que Tipos de Coisas Eu Posso Lançar?

Tudo que segue a palavra-chave throw é, na verdade, uma expressão que cria um objeto de algum tipo. Nos exemplos até agora, eu lancei um objeto int e uma string, mas throw pode manipular qualquer tipo de objeto. Isso significa que você pode lançar quase quanta informação quiser. Considere a seguinte atualização no programa fatorial, CustomExceptionClass:

```
//
// CustomExceptionClass - demonstra a flexibilidade
//          do mecanismo de exceção, criando
//          uma classe de exceção personalizada
//
#include <cstdio>
#include <cstdlib>
#include <iostream>
#include <sstream>
using namespace std;

// MyException - exceção genérica manipulando a classe
class MyException
{
  public:
    MyException(const char* pMsg, int n,
                const char* pFunc,
                const char* pFile, int nLine)
      : msg(pMsg), errorValue(n),
        funcName(pFunc), file(pFile), lineNum(nLine){}

    virtual string display()
    {
        ostringstream out;
        out << "Error <" << msg << ">"
            << " - value is " << errorValue << "\n"
            << "in function " << funcName << "()\n"
            << "in file " << file
            << " line #" << lineNum << ends;
        return out.str();
    }
  protected:
    // mensagem de erro
    string msg;
    int    errorValue;
```

```cpp
    // nome da função, nome do arquivo e
    // número da linha onde ocorreu o erro
    string funcName;
    string file;
    int lineNum;
};

// factorial - computa fatorial
int factorial(int n) throw(MyException)
{
    // você não pode manipular valores negativos
    // de n; melhor verificar a condição primeiro
    if (n < 0)
    {
        throw MyException("Negative argument not allowed",
                    n, __func__, __FILE__, __LINE__);
    }

    // continue e calcule fatorial
    int accum = 1;
    while(n > 0)
    {
        accum *= n;
        n--;
    }
    return accum;
}
int main(int nNumberofArgs, char* pszArgs[])
{
    try
    {
        // isto funcionará
        cout << "Factorial of 3 is "
             << factorial(3) << endl;

        // isto gerará uma exceção
        cout << "Factorial of -1 is "
             << factorial(-1) << endl;

        // o controle nunca chegará aqui
        cout << "Factorial of 5 is "
             << factorial(5) << endl;
    }
    // o controle passa aqui
    catch(MyException e)
    {
        cout << e.display() << endl;
    }
    catch(...)
    {
        cout << "Default catch " << endl;
    }
```

```
    // espera até que o usuário esteja pronto antes de finalizar
    // o programa para permitir que ele veja os resultados
    cout << "Press Enter to continue..." << endl;
    cin.ignore(10, '\n');
    cin.get();
    return 0;
}
```

Esse programa parece muito como o mesmo programa fatorial do início deste capítulo. A diferença é o uso de uma classe `MyException` definida pelo usuário que contém mais informação no que diz respeito à natureza do erro do que uma simples string tem. O programa fatorial consegue lançar a mensagem de erro, o valor ilegal e a localização exata de onde o erro ocorreu.

`_FILE_`, `_LINE_` e `_func_` são `#define` intrínsecos que são ajustados para o nome do arquivo-fonte, para o número da linha atual naquele arquivo e para o nome da função atual, respectivamente.

A captura rompe o objeto `MyException` e então usa a função membro embutida `display()` para exibir a mensagem de erro. (Veja o Capítulo 23 para uma revisão sobre como usar a classe `ostringstream` para formatar uma string interna.) A saída desse programa aparece como segue:

```
Factorial of 3 is 6
Error <Negative argument not allowed> - value is -1
in function factorial()
in file C:\CPP_Programs_from_Book\Chap24\CustomExceptionClass\main.cpp line #52
Press Enter to continue...
```

Apenas Passando

Uma função que aloca recursos localmente pode precisar capturar uma exceção, fazer algum processamento, e então relança-la na pilha. Considere o seguinte exemplo:

```
void fileFunc()
{
    ofstream* pOut = new ofstream("File.txt");
    otherFunction();
    delete pOut;
}
```

Qualquer um que leu o Capítulo 8 sabe que a memória alocada por `new` não é retornada para o heap automaticamente. Se `otherFunction()` lançasse uma exceção, o controle fecharia o programa sem chamar delete, e a memória alocada no início de `fileFunc()` seria perdida.

Para evitar este problema, `fileFunc()` pode incluir um catch(...) para capturar qualquer exceção lançada:

```
void fileFunc()
{
    ofstream* pOut = new ofstream("File.txt");
    try
    {
      otherFunction();

      delete pOut;
    }
    catch(...)
    {
        delete pOut;
        throw;
    }
}
```

Nessa expressão, `fileFunc()` retorna a memória que alocou anteriormente heap. Entretanto, ele não consegue processar o resto da exceção, porque ele não sabe o que aconteceu de errado. Ele nem sabe que tipo de objeto acabou de capturar.

A palavra-chave `throw` sem quaisquer argumentos relança a exceção atual de volta para alguma função que possa processar o erro devidamente.

Capítulo 25

Herdando Heranças Múltiplas

Neste capítulo

- Apresentando herança múltipla
- Evitando ambiguidades com herança múltipla
- Evitando ambiguidades com herança virtual
- Descobrindo as regras de ordenação para construtores múltiplos
- Entendendo problemas com herança múltipla

Na hierarquia de classe discutida nos capítulos anteriores, cada classe herda de um único pai. Tal herança única é suficiente para descrever a maioria dos relacionamento da vida real. No entanto, algumas classes representam a união de múltiplas classes em uma. (Parece um pouco romântico, não é?)

Um exemplo de tal classe é o sofá-cama (*sleeper sofa*) que cria a combinação imbatível de uma cama dura e um sofá desconfortável. Para descrever adequadamente o sofá-cama em C++, esse deveria conseguir herdar as duas propriedades, da cama e do sofá. Isso é chamado de *herança múltipla*.

Descrevendo o Mecanismo de Herança Múltipla

A Figura 25-5 mostra o gráfico de herança para a classe SleeperSofa, que herda das classes Sofa (sofá) e Bed (cama).

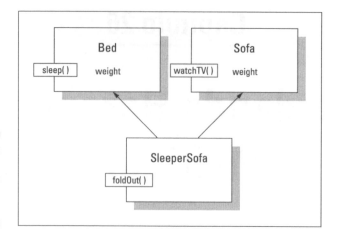

Figura 25-1: Hierarquia de classes de um sofá--cama

O código para implementar a classe SleeperSofa se parece com este:

```
//    MultipleInheritance - uma única classe pode
//                herdar de mais de uma classe base
//
#include <cstdio>
#include <cstdlib>
#include <iostream>
using namespace std;

class Bed
{
  public:
    Bed(){}
    void sleep(){ cout << "Sleep" << endl; }
    int weight;
};

class Sofa
{
  public:
    Sofa(){}
    void watchTV(){ cout << "Watch TV" << endl; }
    int weight;
};

// SleeperSofa - é uma Bed e um Sofa
class SleeperSofa : public Bed, public Sofa
{
  public:
    SleeperSofa(){}
    void foldOut(){ cout << "Fold out" << endl; }
};
int main(int nNumberofArgs, char* pszArgs[])
{
```

```
    SleeperSofa ss;

    // você pode assistir TV em um sofá-cama como um sofá.
    ss.watchTV();      // chama Sofa::watchTV()

    //...e então você pode desdobrá-lo...
    ss.foldOut();      // chama SleeperSofa::foldOut()

    // ...e dormir nele
    ss.sleep();        // chama Bed::sleep()

    // espera até que o usuário esteja pronto antes de
    // finalizar o programa para que ele veja os resultadc
    cout << "Press Enter to continue..." << endl;
    cin.ignore(10, '\n');
    cin.get();
    return 0;
}
```

Aqui as classes `Bed` e `Sofa` aparecem como classes convencionais. Diferente dos exemplos anteriores, entretanto, a classe `SleeperSofa` herda tanto de `Bed` quanto de `Sofa`. Isto é aparente na chegada das duas classes na declaração de classe. `SleeperSofa` herda todos os membros das duas classes bases. Assim, as duas chamadas `ss.sleep()` e `ss.watchTV()` são possíveis. Você pode usar `SleeperSofa` como `Bed` ou como `Sofa`. Além disso, a classe `SleeperSofa` pode ter membros próprios, como `foldOut()`. A saída desse programa é esta:

```
Watch TV
Fold out
Sleep
Press Enter to continue...
```

Este país é ótimo ou o quê?

Acertando as Ambiguidades de Herança

Embora herança múltipla seja um recurso poderoso, ela traz vários problemas possíveis. Um está evidente no exemplo anterior. Note que tanto `Bed` quanto `Sofa`, contêm um membro `weight`. Isso é óbvio pois as duas possuem um peso mensurável. A questão é, "Qual `weight` `SleeperSofa` herda?"

A resposta é "ambos". `SleeperSofa` herda um membro `Bed::weight` e um membro separado `Sofa::weight`. Por eles possuírem o mesmo nome, referências inadequadas para `weight` agora são ambíguas. Isso é demonstrado neste fragmento, que gera um erro no momento da compilação:

```cpp
#include <iostream>

void fn()
{
    SleeperSofa ss;
    cout << "weight = "
         << ss.weight // impossível - qual peso (weight)?
         << "\n";
}
```

O programa deve indicar um dos dois pesos, especificando a classe base desejada. Agora, o código está correto:

```cpp
#include <iostream>
void fn()
{
    SleeperSofa ss;
    cout << "sofa weight = "
         << ss.Sofa::weight // especifica qual peso (weight)
         << "\n";
}
```

Embora essa solução corrija o problema, especificar a classe base na função de aplicação não é o ideal porque força que informações da classe saiam da classe para o código de aplicação. Nesse caso, fn() precisa saber que SleeperSofa herda de Sofa. Esses tipos, também chamados de colisões, não são possíveis com uma única herança mas são um perigo constante com herança múltipla.

Adicionando Herança Virtual

No caso de SleeperSofa, o nome da colisão em weight foi algo além de um mero acidente. Um SleeperSofa não possui um peso de cama separado do seu peso de sofá. A colisão ocorreu pois essa hierarquia de classe não descreveu completamente o mundo real. Especificamente, as classes não foram completamente fatoradas.

Pensando um pouco mais sobre isso, torna-se claro que tanto cama quanto sofá são casos especiais de um conceito mais fundamental: móveis (acredito que poderia ir ainda mais fundo e usar algo como objeto com massa, mas móvel já é profundo o bastante). Peso é uma propriedade de todos os móveis. Esse relacionamento é mostrado na Figura 25-2.

Capítulo 25: Herdando Heranças Múltiplas 365

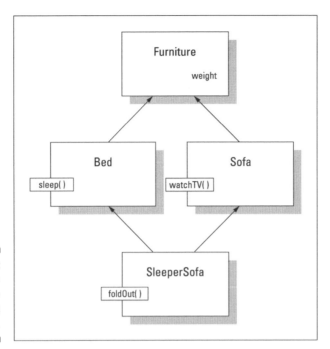

Figura 25-2: Mais fatoração de camas e sofás (por peso).

Fatorar a classe Furniture deveria aliviar a colisão de nome. Com muito alívio e grande antecipação de sucesso, eu gero a hierarquia de classe C++ exibida no programa MultipleInheritanceFactoring:

```
// MultipleInheritanceFactoring - uma única classe
//          pode herdar de mais de uma classe base
//
#include <cstdio>
#include <cstdlib>
#include <iostream>
#define TRYIT false
using namespace std;

// Furniture - conceito mais fundamental; esta
//    classe possui "weight" como uma propriedade
class Furniture
{
  public:
    Furniture(int w) : weight(w) {}
    int weight;
};

class Bed : public Furniture
{
  public:
    Bed(int weight) : Furniture(weight) {}
    void sleep(){ cout << "Sleep" << endl; }
};
```

```cpp
class Sofa : public Furniture
{
  public:
    Sofa(int weight) : Furniture(weight) {}
    void watchTV(){ cout << "Watch TV" << endl; }
};

// SleeperSofa - é uma Bed e um Sofa
class SleeperSofa : public Bed, public Sofa
{
  public:
    SleeperSofa(int weight) : Bed(weight), Sofa(weight) {}
    void foldOut(){ cout << "Fold out" << endl; }
};

int main(int nNumberofArgs, char* pszArgs[])
{
    SleeperSofa ss(10);

    // Section 1 -
    // este é ambíguo; isto é um
    // Furniture::Sofa ou Furniture::Bed?
#if TRYIT
    cout << "Weight = " << ss.weight << endl;
#endif

    // Section 2 -
    // este especifica o caminho de herança
    // ambiguamente mas destrói o efeito
    SleeperSofa* pSS = &ss;
    Sofa* pSofa = (Sofa*)pSS;
    Furniture* pFurniture = (Furniture*)pSofa;
    cout << "Weight = " << pFurniture->weight << endl;

    // espera até que o usuário esteja pronto antes de final:
    // o programa para permitir que ele veja os resultados
    cout << "Press Enter to continue..." << endl;
    cin.ignore(10, '\n');
    cin.get();
    return 0;
}
```

Imagine minha tristeza quando eu descobri que isso não ajuda em nada — a referência para weight na Seção 1 de main() ainda é ambígua. "Tudo bem", eu digo (não entendo muito bem porque weight ainda é ambíguo), "Eu vou tentar lançar ss para Furniture".

```
#include <iostream.h>

void fn()
{
  SleeperSofa ss;
  Furniture* pF;
  pF = (Furniture*)&ss; // usa um ponteiro Furniture...
  cout << "weight = "   // ...para chegar ao peso
       << pF->weight
       << "\n";
};
```

Lançar ss a Furniture também não funciona. Agora, eu recebo uma mensagem estranha que o lançamento de SleeperSofa* para Furniture* é ambíguo. O que está acontecendo?

A explicação é direta. SleeperSofa não herda de Furniture diretamente. Mas Bed e Sofa herdam de Furniture e então SleeperSofa herda deles. Para lembrar, um SleeperSofa tem o aspecto da Figura 25-3.

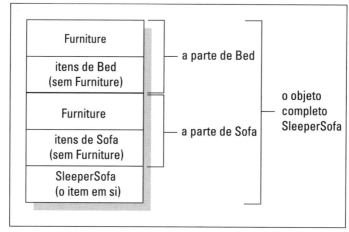

Figura 25-3: Layout de memória de um Sleeper-Sofa.

Você pode ver que um SleeperSofa consiste em uma Bed completa seguida de um Sofa completo seguido de algumas características próprias de SleeperSofa. Cada um desses sub-objetos em SleeperSofa possui sua própria parte Furniture porque cada um herda de Furniture. Desse modo, um SleeperSofa contém dois objetos Furniture!

Eu não criei a hierarquia mostrada na Figura 25-2 afinal. A hierarquia de herança que eu, de fato, criei é a exibida na Figura 25-4.

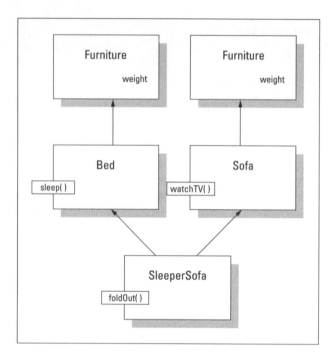

Figura 25-4: Resultado real da minha primeira tentativa.

O programa `MultipleInheritanceFactoring` demonstra essa duplicação da classe base. A seção 2 especifica exatamente qual objeto `weight`, lançando novamente o ponteiro `SleeperSofa` primeiro para `Sofa*` e depois para `Furniture*`.

Mas `SleeperSofa` conter dois objetos `Furniture` não faz sentido. `SleeperSofa` só precisa de uma cópia de `Furniture`. Eu quero que `SleeperSofa` herde apenas uma cópia de `Furniture` e quero que `Bed` e `Sofa` compartilhem essa cópia. C++ chama isso de *herança virtual* porque é utilizada a palavra-chave `virtual`.

Essa é outra, infeliz (na minha opinião), sobrecarga de uma palavra-chave.

Munido com esse novo conhecimento, eu retorno para a classe `SleeperSofa` e implemento-a desta forma:

```
// VirtualInheritance - usando herança virtual, as
//     classes Bed e Sofa podem compartilhar uma base comum
//
#include <cstdio>
#include <cstdlib>
#include <iostream>
using namespace std;

// Furniture - conceito mais fundamental; esta
//     classe possui "weight" como uma propriedade
class Furniture
{
```

```cpp
        Furniture(int w) : weight(w) {}
        int weight;
};

class Bed : virtual public Furniture
{
  public:
    Bed(int w = 0) : Furniture(w) {}
    void sleep(){ cout << "Sleep" << endl; }
};

class Sofa : virtual public Furniture
{
  public:
    Sofa(int w = 0) : Furniture(w) {}
    void watchTV(){ cout << "Watch TV" << endl; }
};

// SleeperSofa - é uma Bed e um Sofa
class SleeperSofa : public Bed, public Sofa
{
  public:
    SleeperSofa(int w) : Furniture(w) {}
    void foldOut(){ cout << "Fold out" << endl; }
};

int main(int nNumberofArgs, char* pszArgs[])
{
    SleeperSofa ss(10);

    // este não é mais ambíguo;
    // só há um weight compartilhado entre Sofa e Bed
    // Furniture::Sofa ou Furniture::Bed?
    cout << "Weight = " << ss.weight << endl;

    // espera até que o usuário esteja pronto antes de finalizar
    // o programa para permitir que ele veja os resultados
    cout << "Press Enter to continue..." << endl;
    cin.ignore(10, '\n');
    cin.get();
    return 0;
}
```

Repare no acréscimo da palavra-chave `virtual` na herança de Furniture em Bed e Sofa. Isso quer dizer: "me dê uma cópia de Furniture a não ser que você, de alguma forma, já tenha uma, nesse caso eu só usarei aquela". Um SleeperSofa acaba parecido com a Figura 25-5.

Parte V: Segurança

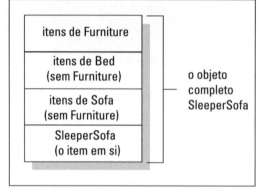

Figura 25-5: Layout de memória de `SleeperSofa` com herança virtual

Aqui você pode ver que `SleeperSofa` herda `Furniture` e, então, `Bed` menos a parte `Furniture`, seguido por `Sofa` menos a parte `Furniture`. Falando da parte de trás, estão os membros únicos para `SleeperSofa` (note que essa pode não ser a ordem dos elementos na memória, mas isso não é importante para o propósito desta discussão).

Agora, a referência em `fn()` para `weight` não é ambígua porque `SleeperSofa` contém apenas uma cópia de `Furniture`. Ao herdar `Furniture` virtualmente, você consegue o relacionamento de herança desejado, como mostra a Figura 25-2.

Se a herança virtual resolve esse problema tão bem, por que não é a regra? O primeiro motivo é que classes bases virtualmente herdadas são controladas internamente de forma muito diferente das classes bases herdadas normalmente, e essas diferenças envolvem despesas extras. A segunda razão é que, às vezes, você quer duas cópias da classe base.

Como exemplo do último, considere um `TeacherAssistant` (professor-assistente) que é um `Student` (aluno) e um `Teacher` (professor), em que são subclasses de `Academician` (acadêmico). Se a universidade dá a seus professores-assistentes duas IDs — uma ID de estudante e uma ID de professor separada — a classe `TeacherAssistant` precisará conter duas cópias da classe `Academician`.

Construindo Objetos de Herança Múltipla

As regras para a construção de objetos precisam ser expandidas para lidar com herança múltipla. Os construtores são chamados na seguinte ordem:

1. Primeiro, o construtor para quaisquer classes bases virtuais é chamado na ordem em que as classes são herdadas.

2. Então, o construtor para todas as classes bases não virtuais é chamado na ordem em que as classes são herdadas.

3. Em seguida, o construtor para todos os objetos membros é chamado na ordem em que os objetos membros aparecem na classe.

4. Finalmente, o construtor para a própria classe é chamado.

Repare que as classes bases são construídas na ordem em que são herdadas, e não como aparecem na linha do construtor.

Expressando uma Opinião Contrária

Eu deveria indicar que nem todos os profissionais de orientação a objeto acham a herança múltipla uma boa ideia. Além disso, muitas linguagens orientadas a objeto não suportam herança múltipla.

A herança múltipla não é algo fácil para a linguagem implementar. Esse é o maior problema do compilador (ou problema de quem escreve no compilador). Mas a herança múltipla adiciona despesas ao código quando comparada à herança simples, e essa despesa pode tornar-se problema do programador.

Mais importante: a herança múltipla abre as portas para erros adicionais. Primeiro, ambiguidades como aquelas mencionadas na seção "Acertando as Ambiguidades de Herança" aparecem. Segundo, na presença de herança múltipla, atribuir um ponteiro de uma subclasse para uma classe base geralmente envolve mudanças no valor do ponteiro de forma sofisticada e misteriosa. Deixarei os detalhes para os defensores da linguagem e escritores de compilador.

Terceiro, a forma como os construtores são chamados pode ser um pouco misteriosa. Veja no exemplo `VirtualInheritance` que `SleeperSofa` deve invocar o construtor `Furniture` diretamente. `SleeperSofa` não pode inicializar `weight` por meio dos construtores `Bed` ou `Sofa`.

Sugiro que você evite usar herança múltipla até você estar confortável com C++. Herança simples proporciona poder relevante o bastante para se acostumar.

Uma exceção é o fato de ser razoavelmente seguro herdar multiplamente uma classe que contenha somente métodos virtuais puros e nenhum membro de dados. Isso é, para todos os propósitos, implementação de C++ para o que outras linguagens como Java e C# chamam de *interface*. O tópico de interfaces está um pouco além do escopo deste livro por não ser realmente parte de C++.

Capítulo 26

Templates Tentadores em C++

Neste capítulo

- Examinando como gabaritos podem ser aplicados a funções
- Combinando funções comuns em uma única definição de gabarito
- Definindo um gabarito ou classe
- Implementando uma lista inicializadora para uma classe definida por usuário

A biblioteca padrão do C++ proporciona um conjunto de operações de matemática, tempo, entrada/saída e operações no DOS, citando apenas algumas. Muitos dos programas anteriores neste livro usam as chamadas funções de string de caractere definidas no arquivo incluso *strings*. Os tipos de argumentos para muitas dessas funções são fixos. Por exemplo, ambos os argumentos para srtcpy(char*, char*) devem ser um ponteiro para uma string de caractere terminado em nulo — nada mais faz sentido.

Existem funções que são aplicáveis a tipos múltiplos. Observe o exemplo da humilde função maximum(), que retorna o máximo entre dois argumentos. Todas as variações a seguir fazem sentido:

```
int      maximum(int n1, int n2); // retorna o máximo de dois inteiros
unsigned maximum (unsigned u1, unsigned u2);
double   maximum (double d1, double d2);
char     maximum (char c1, char c2);
```

Eu gostaria de implementar maximum() para todos os quatro casos.

Claro, eu poderia sobrecarregar maximum() com todas as possíveis versões:

```
double maximum(double d1, double d2)
{
    return (d1 > d2) ? d1:d2;
}
int maximum(int n1, int n2)
{
    return (n1 > n2) ? n1:n2;
}
char maximum(char c1, char c2)
{
    return (c1 > c2) ? c1:c2;
}
// ...repita para todos os outros tipos numéricos...
```

Essa abordagem funciona. Agora C++ seleciona a melhor dupla, `maximum(int, int)`, para uma referência como `maximum(1, 2)`. Porém, criar a mesma função para cada tipo de variável é uma perda de tempo.

O código-fonte para todas as funções `maximum(T, T)` segue o mesmo padrão, em que `T` é um dos tipos numéricos. Seria tão conveniente se você pudesse escrever a função uma vez e deixar C++ fornecer o tipo `T` quando necessário, ao usar a função. Na verdade, C++ permite que você faça exatamente isso. Essas *definições de gabarito* são o assunto deste capítulo.

Generalizando uma Função em um Gabarito (Template)

Um gabarito (template) de função permite que você escreva algo que se parece com uma função mas usa um ou mais tipos de suportes que C++ converte em um tipo verdadeiro no momento de compilação.

O programa `MaxTemplate` define um gabarito para uma função genérica `maximum()`:

```
// MaxTemplate - cria uma função gabarito max()
//               que retorna o maior entre dos tipos
#include <cstdio>
#include <cstdlib>
#include <iostream>

using namespace std;

template <class T> T maximum(T t1, T t2)
{
```

Capítulo 26: Templates Tentadores em C++

```
        return (t1 > t2) ? t1 : t2;
}

int main(int argc, char* pArgs[])
{
    // encontra o máximo de dois ints;
    // aqui C++ cria maximum(int, int)
    cout << "maximum(-1, 2) = "<<maximum(-1, 2) << endl;
    // repete para dois doubles;
    // neste caso, nós temos que fornecer T explicitamente
    // já que os tipos de argumentos são diferentes
    cout << "maximum(1, 2.5) = "<<maximum<double>(1, 2.5)
         << endl;

    cout << "Press Enter to continue..." << endl;
    cin.ignore(10, '\n');
    cin.get();
    return 0;
}
```

A palavra-chave `template` (gabarito ou modelo) é seguida por maior e menor que (`<>`) contendo um ou mais tipos de suporte conhecidos como parâmetros de gabarito, cada um precedido da palavra-chave `class`, uma constante, ou ambos. Nesse caso, a definição de `maximum<T>(T, T)` chamará o "tipo desconhecido" T. Depois dos sinais, está o que parece ser uma definição de função normal. Nesse caso, a função modelo T `maximum<T>(T t1, T t2)` retorna o maior dos dois objetos `t1` e `t2`, cada qual do tipo T, em que T é uma classe a ser definida mais tarde.

Uma função modelo não possui utilidade até ser convertida em uma função real. C++ substitui T por um tipo verdadeiro conhecido como argumento modelo. A função `main()` primeiro chama a definição de modelo, passando dois argumentos do tipo `int`. Nesse caso, C++ pode instanciar o gabarito fornecendo `int` como a definição para T.

Criar uma função a partir de um gabarito é chamado de *instanciar* o gabarito.

A segunda chamada é um problema — nenhum tipo único pode ser fornecido a T na definição de gabarito que corresponda com o primeiro argumento `int` e o segundo argumento `double`. Aqui, a referência explícita instancia a função `maximum(double, double)`. C++ promove o argumento `int` 1 para `double` 1.0 antes de fazer a chamada.

A saída desse programa aparece assim:

```
maximum(-1, 2) = 2
maximum(1, 2.5) = 2.5
Press Enter to continue...
```

Parte V: Segurança

Tenha cuidado com a terminologia. Por exemplo, eu costumava ser um quadriciclista ruim, que não é a mesma coisa que um ciclista com quadril ruim. Eis outro exemplo: uma função gabarito não é uma função. O protótipo para uma função modelo é `maximum<T>(T, T)`. A função que esse modelo cria quando `T` é `int` é a função (não a função modelo) `maximum(int, int)`. Sua vida ficará mais fácil se você lembrar de usar os termos corretamente.

Modelos de Classe

C++ permite que o programador defina gabaritos de classes. Um *gabarito de classe* segue o mesmo princípio de usar uma definição de classe convencional com um marcador de posição para algumas classes de suporte desconhecidas. Por exemplo, o programa `TemplateVector` cria um vetor para qualquer classe que o usuário forneça (Um *vetor* é um tipo de recipiente onde os objetos são armazenados em fila; um array é o exemplo clássico de vetor).

Eu armazenei a definição do modelo de classe `TemplateVector` em um arquivo include chamado `templatevector.h` que aparece assim:

```cpp
// TemplateVector - um simples vetor de classe modelada
template <class T>
class TemplateVector
{
 public:
    TemplateVector(int nArraySize)
    {
        // armazena o número de elementos
        nSize = nArraySize;
        array = new T[nArraySize];
        reset();
    }
    int size() { return nWriteIndex; }
    void reset() { nWriteIndex = 0; nReadIndex = 0; }
    void add(const T& object)
    {
        if (nWriteIndex < nSize)
        {
            array[nWriteIndex++] = object;
        }
    }
    T& get()
    {
        return array[nReadIndex++];
    }
```

```cpp
    protected:
        int nSize;
        int nWriteIndex;
        int nReadIndex;
        T* array;
};
```

O programa `TemplateVector` inclui e usa aquela definição de gabarito:

```cpp
// TemplateVector - implementa um vetor que usa
//                  um tipo de modelo
#include <cstdlib>
#include <cstdio>
#include <iostream>
#include "templatevector.h"
using namespace std;

// intFn() - manipula uma coleção de inteiros
void intFn()
{
    // cria um vetor de inteiros
    TemplateVector<int> integers(10);

    // adiciona valores ao vetor
    cout << "Enter integer values to add to a vector\n"
         << "(Enter a negative number to terminate):"
         << endl;
    for(;;)
    {
        int n;
        cin  >> n;

        if (n < 0) { break; }
        integers.add(n);
    }

    cout << "\nHere are the numbers you entered:" << endl;
    for(int i = 0; i < integers.size(); i++)
    {
        cout << i << ":" << integers.get() << endl;
    }
}

// Names - cria e manipula um vetor de nomes
class Name
{
  public:
    Name() = default;
    Name(string s) : name(s) {}
    const string& display() { return name; }
  protected:
    string name;
};
```

```
void nameFn()
{
    // cria um vetor Name de objetos
    TemplateVector<Name> names(20);

    // adiciona valores ao vetor
    cout << "Enter names to add to a second vector\n"
         << "(Enter an 'x' to quit):" << endl;
    for(;;)
    {
        string s;
        cin >> s;
        if (s == "x" || s == "X") { break; }
        names.add(Name(s));
    }

    cout << "\nHere are the names you entered" << endl;
    for(int i = 0; i < names.size(); i++)
    {
        Name& name = names.get();
        cout << i << ":" << name.display() << endl;
    }
}
int main(int argc, char* pArgs[])
{
    intFn();
    nameFn();

    cout << "Press Enter to continue..." << endl;
    cin.ignore(10, '\n');
    cin.get();
    return 0;
}
```

O gabarito de classe `TemplateVector<T>` contém um array de objetos da classe `T`. O gabarito de classe apresenta duas funções de membro: `add()` e `get()`. A função `add()` adiciona um objeto da classe `T` na próxima posição vazia no array. A função correspondente `get()` retorna o próximo objeto no array. Os membros `nWriteIndex` e `nReadIndex` monitoram a próxima entrada vazia e a próxima entrada a ser lida, respectivamente.

A função `intFn()` cria um vetor de inteiros com espaço para 10 com a declaração:

```
TemplateVector<int> integers(10);
```

O programa lê valores inteiros a partir do teclado, os salva, e então diz os valores usando as funções fornecidas por `TemplateVector`.

A segunda função, `nameFn()`, cria um vetor de objetos `Name`. Novamente, a função lê em nomes e então os exibe de volta para o usuário.

Repare que `TemplateVector` manipula os valores `int` e os objetos `Name` com a mesma facilidade. Observe, também, a semelhança entre as funções `nameFn()` e `intFn()`, embora inteiros e nomes não tenham relação alguma entre si.

Uma sessão exemplo aparece assim (deixei em negrito as entradas do teclado):

```
Enter integer values to add to a vector
(Enter a negative number to terminate):
5
10
15
-1

Here are the numbers you entered:
0:5
1:10
2:15
Enter names to add to a second vector
(Enter an 'x' to quit):
Chester
Trude
Lollie
Bodie
x

Here are the names you entered
0:Chester
1:Trude
2:Lollie
3:Bodie
Press Enter to continue...
```

Dicas para Usar Gabaritos

Você deveria lembrar de algumas coisas ao usar gabaritos. Primeiro, nenhum código é gerado para um gabarito (Código é gerado depois que o gabarito é convertido em uma classe concreta ou em uma função). Isso sugere que um arquivo-fonte .cpp quase nunca é associado com um gabarito de classe. Toda a definição de gabarito de classe, incluindo todas as funções membro, geralmente estão contidas em um arquivo include para que possa estar disponível para o compilador expandir.

Segundo, um gabarito de classe não consome memória. Logo, não há penalidade por criar gabaritos de classes se elas nunca são instanciadas. Por outro lado, um gabarito de classe usa memória toda vez que é instanciado (exceto como explicado na próxima seção). Assim, o código para `Array<Student>` consome memória mesmo se `Array<int>` já existir.

Finalmente, um gabarito de classe não pode ser compilado e verificado para erros até que seja convertido em uma classe real. Assim, um programa que faça referência ao gabarito de classe `Array<T>` pode compilar mesmo que `Array<T>` contenha erros sintáticos óbvios. Os erros não aparecerão até que uma classe, como `Array<int>` ou `Array<Student>`, seja criada.

Instanciações de Modelo Externo

O programa de exemplo `TemplateVector` instanciou `TemplateVector` duas vezes: uma vez para inteiros e uma para os objetos `Name`. Uma vez instanciado, outras funções dentro de `main.cpp` poderiam fazer referência a `TemplateVector<int>` sem sofrerem nenhuma penalidade. Entretanto, suponha que meu programa tenha incluído um segundo módulo de fonte; digamos, `secondModule.cpp`. Agora, suponha que `secondModule.cpp` também usou `TemplateVector<int>`. Esse segundo módulo instanciaria sua própria cópia de `TemplateVector<int>`. Para programas maiores, baseados em dúzias de módulos separados, isso poderia significar recompilar dúzias de cópias do mesmo código. E isso pode levar a muitos excessos, tanto no momento de compilação quanto no tamanho do código resultante.

O padrão 2011 acrescenta a palavra-chave `extern` para evitar esse excesso. Nesse exemplo, o programador incluiria a seguinte declaração em algum lugar perto do início de `secondModule.cpp`:

```
extern template class TemplateVector<int>;
```

Isso quer dizer: "não instancie outra cópia de `TemplateVector<int>` porque outro módulo já instanciou uma que você pode usar."

Implementando uma Lista Inicializadora

Arrays simples podem ser inicializados com uma lista inicializadora como:

```
int myArray[] = {10, 20, 30, 40, 50};
```

O padrão 2011 implementa um modelo de classe conhecido como `initializer_list<T>` que fornece a mesma capacidade para contêineres definidos pelo usuário.

Capítulo 26: Templates Tentadores em C++

A versão de Code::Blocks para Macintosh não suporta listas inicializadoras como as vistas aqui.

O padrão C++ 2011 converte uma lista de objetos contidos em colchetes em um vetor da classe `initializer_list<T>`. O programador pode usar essa lista para inicializar um objeto definido pelo usuário. Por exemplo, a classe `TemplateVector` no programa `MyVector` adiciona o seguinte construtor:

```
class TemplateVector
{
  public:
    TemplateVector(const std::initializer_list<T> il) :
        TemplateVector(il.size())
    {
        // copia o conteúdo de il para o vetor
        for(const T* p = il.begin(); p < il.end(); p++)
        {
            add(*p);
        }
    }
    // ...o restante da classe é o mesmo...
};
```

Isso permite que o programador escreva o seguinte:

```
// MyVector - demonstra o uso da lista inicializadora
#include <cstdlib>
#include <cstdio>
#include <iostream>
#include "templatevector.h"
using namespace std;

int main(int argc, char* pArgs[])
{
    // estes são equivalentes
    // TemplateVector<int> myVector{10, 20, 30, 40, 50};
    TemplateVector<int> myVector = {10, 20, 30, 40, 50};

    for(int i = 0; i < myVector.size(); i++)
    {
        cout << i << " : " << myVector.get() << "\n";
    }

    cout << "Press Enter to continue..." << endl;
    cin.ignore(10, '\n');
    cin.get();
    return 0;
}
```

A lista {10, 20, 30, 40, 50} é passada para o construtor `TemplateVector(initializer_list<int>)`. Esse construtor primeiro aloca um vetor de tamanho 5 e então copia o conteúdo da lista inicializadora para dentro do vetor. A saída desse programa fica assim:

```
0 : 10
1 : 20
2 : 30
3 : 40
4 : 50
Press Enter to continue...
```

Capítulo 27

Padronizando na Biblioteca Padrão de Gabaritos (STL)

Neste Capítulo

- Usando a classe string
- Mantendo entradas em uma lista da Biblioteca Padrão de Gabaritos
- Acessando elementos contêiner a partir de um iterador

Alguns programas conseguem lidar com dados assim que eles chegam e os dispensam logo. A maioria dos programas, no entanto, deve armazenar dados para processar mais tarde. Uma estrutura que é usada para armazenar dados é conhecida genericamente como um *contêiner* ou uma *coleção* (Eu sempre uso os dois termos). Este livro tem confiado puramente em arrays para armazenamento de dados até agora. O contêiner array tem algumas propriedades boas: Ele pode armazenar e recuperar coisas rapidamente. Além disso, o array pode ser declarado para segurar qualquer tipo de objeto de forma segura. Entretanto, há duas grandes desvantagens.

Primeiro, você deve saber o tamanho do array quando ele é criado. Esse requisito geralmente não é alcançável, apesar de você às vezes saber que o número de elementos não pode exceder algum "valor grande". Alguns vírus, no entanto, frequentemente exploram esse tipo de suposição "não pode ser maior que isso", o que acaba estando errado. Não há uma forma real para "crescer" um array exceto declarando um array novo e copiando o conteúdo do array antigo para a versão maior e mais nova.

Segundo, inserir e remover elementos de qualquer lugar dentro do array envolve a cópia de elementos no array. Isso é custoso em termos de memória e tempo de computação. Ordenar os elementos no array é ainda mais caro.

C++ agora traz a Biblioteca Padrão de Gabaritos (STL, do inglês *Standard Template Library*), que inclui muitos tipos diferentes de contêineres, cada qual com suas vantagens (e desvantagens).

A Biblioteca Padrão de Gabaritos é uma biblioteca muito grande de alguns contêineres complexos. Esta seção é considerada somente uma visão geral do poder da STL.

O Contêiner *string*

A forma mais comum de array é o string de caractere terminado em nulo usado para exibir texto que, claramente mostra as vantagens e as desvantagens do array. Observe como pode parecer fácil:

```
cout << "This is a string";
```

Mas strings azedam rapidamente quando você tenta efetuar uma operação simples como concatenar duas dessas strings terminadas em nulo:

```
char* concatCharString(const char* s1, const char* s2)
{
    int length = strlen(s1) + strlen(s2) + 1;
    char* s = new char[length];
    strcpy(s, s1);
    strcat(s, s2);
    return s;
}
```

A STL fornece um contêiner string para manipular strings de exibição. A classe *string* fornece um número de operações (incluindo operadores sobrecarregados) para simplificar a manipulação de strings de caracteres (veja a Tabela 27-1). A mesma operação concat() pode ser realizada usando objetos string:

```
string concat(const string& s1, const string& s2)
{
    return s1 + s2;
}
```

Tabela 27-1	Principais Métodos da Classe *string*
Método	**Significado**
`string()`	Cria um objeto string vazio.
`string(const char*)`	Cria um objeto string a partir de um array de caractere terminado em nulo.
`string(const string& s)`	Cria um novo objeto string como cópia de um objeto string existente s.

Capítulo 27: Padronizando na Biblioteca Padrão... 385

Método	Significado
`~string()`	O destrutor retorna memória interna para o heap.
`string& operator=(const string& s)`	Sobrescreve o objeto atual com uma cópia da string s.
`istream operator>>()`	Extrai uma string do arquivo de entrada. Para ao ler caracteres após istream::width(), ocorrer algum erro, encontrar EOF ou encontrar espaço em branco. Garantia de não exceder o buffer interno.
`ostream& operator<<()`	Insere uma string no arquivo de saída.
`string operator+ (const string& s1, const string& s2)`	Cria uma nova string que é a concatenação de duas strings existentes.
`string operator+ (const string& s1, const char* pszS)`	
`string operator+= ( const string& s);` `string& Operator+= (const char* pszS)`	Anexa uma string ao final da string atual.
`char& operator[] (size_type index)`	Retorna o caractere `index` da string atual.
`bool operator==(const string& s1, const string s2)`	Retorna `true` se as duas strings forem equivalentes no glossário.
`boll operator<(const string& s1, const string& s2)`	Retorna `true` se s1 for menor em ordem alfabética do que s2 (ou seja, se s1 estiver antes de s2 no dicionário).
`boll operator>(const string& s1, const string& s2)`	Retorna `true` se s1 for maior em ordem alfabética do que s2 (ou seja, se s1 estiver depois de s2 no dicionário).
`size_t capacity()`	Retorna o número de caracteres que o objeto string atual pode acomodar sem alocar mais espaço do heap.

(continua)

Tabela 27-1 *(Continuação)*

Método	Significado
`int compare (const string& s)`	Retorna <0 se o objeto atual for menor em ordem alfabética do que s, 0 se for o objeto atual for igual a s, e >0 se for maior que s.
`const char* c_str() const char* data()`	Retorna um ponteiro para o string de caractere array terminado em nulo dentro do objeto atual.
`bool empty()`	Retorna `true` se o objeto atual estiver vazio.
`size_t find (const string& s, size_t index = 0);`	Procura a substring s dentro da string atual começando no caractere `index`. Retorna o índice da substring. Retorna `string::npos` se a substring não for encontrada.
`string& insert (size_t index, const string& s) string& insert (size_t index, const char* pszS)`	Insere uma string na string atual começando no `index` deslocado.
`size_t max_size()`	Retorna o número máximo de objetos que um objeto string pode armazenar, sempre.
`string& replace (size_t index, size_t num, const string& s) string& replace(size_t index, size_t num, const char* pszS)`	Substitui caracteres `num` na string atual começando no `index` deslocado. Aumenta o tamanho da string atual se necessário.
`void resize (size_t size)`	Redimensiona o buffer interno para o tamanho especificado.
`size_t size() size_t length()`	Retorna o tamanho da string atual
`string substr (size_t index, size_t length)`	Retorna uma string que consiste da string atual começando no índice deslocado e continuando para o tamanho dos caracteres.

O padrão C++ 2011 diz que funções como `max_size()` retorna uma quantidade do tipo `size_type`. Eu listei os tipos de argumentos na Tabela 27-1 como `size_t` porque é assim que eles são declarados no compilador gcc que vem com este livro. Atualmente, eles são sinônimos para `long int` sem sinal. Fique atento pois no futuro esses dois tipos podem divergir e os tipos de argumentos na Tabela 27-1 podem mudar de `size_t` para `size_type`.

O seguinte programa STLString demonstra apenas algumas das capacidades da classe string:

```cpp
// STLString - demonstra apenas alguns recursos
//              da classe string, a qual faz parte
//              da Biblioteca Padrão de Gabaritos
#include <cstdlib>
#include <cstdio>
#include <iostream>
using namespace std;

// removeSpaces - remove qualquer espaço dentro da string
string removeSpaces(const string& source)
{
    // faz uma cópia da string fonte para que não
    // façamos modificações nela
    string s = source;

    // encontra o deslocamento do primeiro espaço busca
    // a string até que mais nenhum espaço seja encontrado
    size_t offset;
    while((offset = s.find(" ")) != string::npos)
    {
        // remove o espaço recém-descoberto
        s.erase(offset, 1);
    }
    return s;
}

// insertPhrase - insere uma frase na posição de
//                <ip> para ponto de inserção
string insertPhrase(const string& source)
{
    string s = source;
    size_t offset = s.find("<ip>");
    if (offset != string::npos)
    {
        s.erase(offset, 4);
        s.insert(offset, "Randall");
    }
    return s;
}

int main(int argc, char* pArgs[])
{
    // cria uma string que é a soma de duas strings
    cout << "string1 + string2 = "
         << (string("string 1") + string("string 2"))
         << endl;
    // cria uma string de teste e então remove todos
    // os espaços dela usando métodos de string simples
    string s2("This is a test string");
    cout << "<" << s2 << "> minus spaces = <"
```

```
             << removeSpaces(s2) << ">" << endl;

    // insere uma frase no meio de uma frase
    // existente (na posição de "<ip>")
    string s3 = "Stephen <ip> Davis";
    cout << s3 + " -> " + insertPhrase(s3) << endl;

    cout << "Press Enter to continue..." << endl;
    cin.ignore(10, '\n');
    cin.get();
    return 0;
}
```

A função `main()` começa usando `operator+()` para unir duas strings. `main()` chama o método `removeSpaces()` para remover quaisquer espaços encontrados na string fornecida. Isso é feito usando a operação `string.find()` para retornar o deslocamento das primeiras "" que ele encontrar. Uma vez encontrado, `removeSpaces()` usa o método `erase()` para remover o espaço. Essa função continua de onde parou, procurando espaços e os apagando até `find()` retornar `npos`, indicando que ele não encontrou o que procurava.

A constante `npos` é uma constante do tipo `size_t` que é o maior valor sem sinal possível. Ela é numericamente igual a –1. Isso é usado para a "posição não encontrada", assim como `'\0'` é o "não-caractere".

O método `insertPhrase()` usa o método `find()` para encontrar o ponto de inserção sinalizado pela substring "`<ip>`". A função então chama `erase` para remover a sinalização "`<ip>`" e `string.insert()` para inserir uma nova string no meio de uma string existente.

O resultado da saída é este:

```
string1 + string2 = string1string2
<this is a test string> minus spaces = <thisisateststring>
Stephen <ip> Davis -> Stephen Randall Davis
Press Enter to continue...
```

No fundo, uma string ainda é um array. As operações fornecidas pela STL facilitam a manipulação de objetos string, mas não tão mais rápido. Inserir no meio de string ainda envolve movimentar os conteúdos dos arrays.

A classe string é, na verdade, uma instanciação do modelo de classe `basic_class<T>` com T ajustado para `char`. A classe `wstring` é outro nome para `basic_class<wchar_t>`. Essa classe fornece as mesmas manipulações de caractere mostradas aqui para grandes strings. A definição do C++ de 2011 acrescenta `u16string` e `u32string`, que estendem os métodos string de manipulação para string de caracteres UTF-16 e UTF-32. Todas as comparações entre dois objetos string são feitas de forma lexicográfica — ou seja, qual das duas strings apareceria primeiro no dicionário da linguagem atual.

Iterando as Listas

A Biblioteca Padrão de Gabaritos dispõe de uma grande número de contêineres — muito mais do que eu posso descrever em um único capítulo. Entretanto, eu ofereço aqui uma descrição de uma das mais úteis famílias de contêineres.

A *lista* de contêineres da STL retém objetos ligando-os como blocos de Lego (o Capítulo 13 mostra uma implementação simplista de uma lista ligada.). Objetos podem se separados e reunidos em qualquer ordem. É por isso que a *lista* é ideal para inserir objetos e os ordenar, unir e rearranjar. A Tabela 27-2 mostra alguns dos métodos da *lista* de contêineres.

Tabela 27-2 Principais Métodos da Classe de Modelo *list*

Método	Significado
`list<T>()`	Cria uma lista vazia de objetos da classe `T`.
`~list<T>()`	Destrói a lista, incluindo a chamada do destrutor para quaisquer objetos `T` remanescentes na lista.
`list operator=(const list<T>& I)`	Substitui o conteúdo da lista atual por cópias de objetos na lista `I`.
`bool operator==(const list<T>& I1, const list<T>& I2)`	Realiza uma comparação lexicográfica entre cada elemento nas duas listas.
`list<T>::iterator begin()`	Retorna um iterador que aponta para o primeiro elemento na lista atual.
`void clear()`	Remove e destrói todos os objetos na lista atual.
`bool empty()`	Retorna `true` se a lista atual está vazia.
`list<T>::iterator end()`	Retorna um iterador que aponta para a próxima entrada além do final da lista atual.
`list<T>::iterator insert (list<T>::iterator loc, const T& object)`	Adiciona `object` à lista na posição apontada pelo iterador `loc`. Retorna um iterador que aponta para o objeto adicionado.

(continua)

Tabela 27-2 (Continuação)

Método	Significado
`void pop_back()` `void pop_front()`	Remove o último ou o primeiro objeto da lista atual.
`voud push_back (const T& object)` `void push_front (const T& object)`	Adiciona um objeto no início ou no final da lista atual.
`list<T>::reverse_ iterator rbegin()`	Retorna um iterador que aponta para a última entrada na lista (útil quando iterar a lista de trás para frente, começando no final em direção ao início).
`list<T>::reverse_ iterator rend()`	Retorna um iterador que aponta para a entrada antes da primeira entrada na lista (útil quando iterar a lista de trás para frente).
`void remove (const T& object)`	Remove todos os objetos da lista atual que são iguais a object (como determinado pelo `operator==(T&, T&)`).
`size_t size()`	Retorna o número de entradas na lista atual.
`void sort()`	Ordena a lista atual de modo que cada objeto na lista seja menor que o objeto seguinte como determinado pelo `operator<(T&, T&)`.
`voi splice (list<T>::iterator pos, list<T>& source)`	Remove os objetos da lista source e os adiciona na lista atual na frente do objeto referenciado por pos.
`void unique()`	Remove quaisquer objetos iguais subsequentes (como determinado pelo `operator==(T&, T&)`).

O construtor para `list<T>` cria uma lista vazia. Objetos podem ser adicionados pelo início ou pelo final da lista usando `push_front()` ou `push_back()`. Por exemplo, o seguinte fragmento de código cria uma lista vazia de objetos Student e adiciona dois alunos à lista:

```
list<Student> students;
students.push_back(Student("Dewie Cheatum"));
students.push_back(Student("Marion Haste"));
```

Abrindo caminho por uma lista

O programador itera um array fornecendo o índice de cada elemento. Entretanto, essa técnica não funciona para contêineres como list que

Capítulo 27: Padronizando na Biblioteca Padrão... 391

não permitem acesso aleatório. Alguém poderia imaginar uma solução baseada em métodos como `getFirst()` e `getNext()`; mas os designers da Biblioteca Padrão de Gabaritos queriam proporcionar um método comum para atravessar qualquer tipo de contêiner. Para tal, a Biblioteca Padrão de Gabaritos define o iterador.

Um *iterador* é um objeto que aponta para os membros de um contêiner. No geral, todo iterador suporta as seguintes funções:

- Uma classe pode retornar um iterador que aponta para o primeiro membro da coleção.
- O iterador pode ser movido de um membro para o próximo.
- O iterador retorna uma indicação quando ele chega ao final da lista.
- O programa pode recuperar o elemento apontado pelo iterador.

A Biblioteca Padrão de Gabaritos também permite iteradores reversos para movimentações retrógradas pelas listas. Tudo que eu disse sobre iteradores se aplica igualmente para iteradores reversos.

O código necessário para iterar uma `list` é diferente daquele usado para atravessar um *vetor* (para nomear só dois exemplos). Todavia, o iterador esconde esses detalhes.

O método `begin()` retorna um iterador que aponta para o primeiro elemento de uma lista. O `operator*()` indireto recupera uma referência ao objeto apontado pelo iterador. O operador ++ move o iterador para o próximo elemento na lista. Um programa continua incrementando pela lista até o iterador ser igual ao valor retornado por `end()`. O seguinte fragmento de código começa no início de uma lista de estudantes e exibe cada um de seus nomes:

```
void displayStudents(list<Student>& students)
{
    // aloca um iterador que aponta para
    // o primeiro elemento na lista
    list<Student>::iterator iter = students.begin();

    // continua fazendo loop até o iterador
    // chegar ao final da lista
    while(iter != students.end())
    {
        // recupera o Student para o qual o iterador apontou
        Student& s = *iter;
        cout << s.sName << endl;

        // agora move o iterador para o próximo
        // elemento na lista
        iter++;
    }
}
```

Declarações para iteradores podem ser muito complexas. Esta provavelmente é a melhor justificativa para a declaração `auto` apresentada no padrão 2011:

```
for(auto iter = students.begin(); iter != students.end(); iter++)
{
    cout << iter->sName << endl;
}
```

Isso declara `iter` como um iterador de qualquer tipo retornado pelo método `list<Student>::begin()`, evitando as declarações sofridas mostradas anteriormente. Como isso é legal!

Operações em uma lista inteira

A STL define certas operações na lista inteira. Por exemplo, o método `list<T&>::sort()` diz "Eu ordenarei a lista para você se você me disser quais objetos vão primeiro." Você faz isso definindo `operator<(const T&, constT&)`. Esse operador já está definido pelos tipos intrínsecos e muitas bibliotecas de classes, tal como string. Por exemplo, você não tem que fazer nada para ordenar uma lista de inteiros:

```
list<int> scores;
scores.push_back(10);
scores.push_back(1);
scores.push_back(5);
scores.sort();
```

O programador deve definir seu próprio operador de comparação para suas próprias classes se quiser que C++ os ordene. Por exemplo, a próxima comparação ordena objetos Student por seus IDs:

```
bool operator<(const Student& s1, const Student& s2)
{
    return s1.ssID < s2.ssID;
}
```

Você pode me mostrar um exemplo?

O seguinte programa `STLListStudents` demonstra várias funções que você viu nesta seção. Ele cria uma lista de objetos definidos pelo usuário, itera e ordena a lista.

O programa aparece como segue:

```cpp
// STLListStudents - usa uma lista para conter e
//          ordenar uma classe definida por usuário
#include <cstdio>
#include <cstdlib>
#include <iostream>
#include <list>

using namespace std;

// Student - um exemplo de classe definida por usuário
class Student
{
  public:
    Student(const char* pszS, int id)
      : sName(pszS), ssID(id) {}
    string sName;
    int ssID;
};

// a seguinte função é necessária para
// suportar a operação de ordenação
bool operator<(const Student& s1, const Student& s2)
{
    return s1.ssID < s2.ssID;
}

// displayStudents - itera a lista exibindo
//                   cada elemento
void displayStudents(list<Student>& students)
{
    // aloca um iterador que aponta para o
    // primeiro elemento na lista
    // list<Student>::interator iter = students.begin();
    auto iter = students.begin();

    // continua o loop pela lista até que
    // o iterador chegue ao final da lista
    while(iter != students.end())
    {
        // recupera o Student para onde o iterador aponta
        Student& s = *iter;
        cout << s.ssID << " - " << s.sName << endl;

        // agora move o iterador para o próximo
        // elemento na lista
        iter++;
    }
}

int main(int argc, char* pArgs[])
{
    // define uma coleção de alunos
    list<Student> students;
```

```
        // adiciona três objetos alunos para a lista
        students.push_back(Student("Marion Haste", 10));
        students.push_back(Student("Dewie Cheatum", 5));
        students.push_back(Student("Stew Dent", 15));

        // exibe a lista
        cout << "The original list:" << endl;
        displayStudents(students);

        // agora ordena a lista e exibe novamente
        students.sort();
        cout << "\nThe sorted list:" << endl;
        displayStudents(students);

        cout << "Press Enter to continue..." << endl;
        cin.ignore(10, '\n');
        cin.get();
        return 0;
}
```

Esse programa define uma lista de objetos Student definidos pelo usuário. Três chamadas para push_back() acrescentam elementos na lista (codificar essas chamadas mantém o programa menor). O programa, então, chama displayStudents() para exibir os conteúdos da lista antes e depois de ela ser ordenada usando a função sort() da STL.

A saída desse programa aparece da seguinte maneira:

```
The original list:
10 - Marion Haste
5 - Dewie Cheatum
15 - Stew Dent

The sorted list:
5 - Dewie Cheatum
10 - Marion Haste
15 - Stew Dent
Press Enter to continue...
```

O iterador iter é declarado duas vezes nesse programa. Use a versão auto se seu compilador suportar o padrão 2011. Transforme o bloco de código em comentário na linha e tire-o da declaração mais complicada antes dela, ou não.

Capítulo 28

Escrevendo Código a Prova de Hackers

Neste Capítulo

- Como evitar se tornar um soldado no exército botnet de outra pessoa
- Compreendendo o SQL Injector
- Entendendo o ataque de estouro de buffer (buffer overflow)
- Programação defensiva contra estouro de buffer
- Obtendo um pouco de ajuda do sistema operacional

Com interesse em revelação total, eu deveria admitir agora mesmo: eu não tenho certeza de que é possível escrever código a prova de hackers. Aqueles demônios ardilosos sempre conseguem encontrar uma maneira. Mas conhecendo alguns de seus truques e como encontrá-los, você pode escrever programas que são bem resistentes a hackers.

Há mais sobre ficar a prova de hackers do que apenas escrever o código. Proteção de programa usa uma multidão de formas que eu descrevo no Capítulo 30. No entanto, como, no final das contas este livro é sobre escrever programas, e como escrever código é provavelmente o componente mais importante de ser a prova de hacker, vamos começar aqui.

Entendendo os Motivos dos Hackers

Por que um hacker quebraria um dos simples programas de console C++ apresentados neste livro? A resposta curta é: "Ele não quebraria". Os programas neste livro são todos escritos para serem executados do teclado com privilégios de usuário comuns. Se o usuário pode usar o teclado para executar um desses programas, então ele pode executar qualquer outro comando que queira. Ele não precisa recorrer a hacks.

No entanto, pense um pouco sobre no futuro. Depois que você terminar este livro e aprimorar suas habilidades em C++, você conseguirá aquele ótimo emprego que procurava no, hhmm, no banco. Sim, esse é o começo. Você é um importante programador no banco, e você acabou de escrever um código para alguma aplicação de contabilidade genial que clientes usam para ver o saldo de suas contas. O desempenho é ótimo porque é C++, e os clientes amam. Você está ansioso por aquele bônus que sem dúvidas você receberá.

Então você é chamado pelo escritório do Departamento do Vice-Presidente. Parece que os hackers encontraram uma forma de entrar no seu programa pela interface de internet e transferiram dinheiro das contas de outras pessoas para as deles. Milhões foram perdidos. Que desastre! Esqueça o bônus. Não haverá promoção. Ninguém vai sentar ao seu lado na cafeteria. Seus filhos sofrerão bullying no parquinho. Você terá sorte de manter seu emprego incrivelmente reduzido.

Estou contando essa história porque programas do mundo real oferecem múltiplas interfaces, diferente dos programas simples deste livro. Por exemplo, qualquer programa que leia uma porta ou se conecte a um banco de dados é suscetível a ser hackeado.

O que o hacker procura:

- Se você for sortudo, o hacker não fará nada além de explorar alguma falha na lógica do seu programa para fazê-lo falhar. Acontecendo isso, ninguém mais pode usá-lo. Isso é chamado de ataque *Denial of Service (DoS)*, ou Ataque de Negação, porque ele nega o serviço fornecido pelo programa para qualquer pessoa.

  Ataques DoS podem ser caros pois eles custam para sua empresa perda de receita de negócios que não podem ser conduzidos ou clientes que desistem por estarem frustrados porque seu programa não está aceitando chamadas neste momento. E isso nem inclui o custo de alguém entrar no código para procurar e consertar a vulnerabilidade.

- Alguns hackers estão tentando pegar informações as quais seu programa tem acesso mas as quais o usuário não tem permissão de acesso. Um bom exemplo disso seria definido como *roubo de identidade (identify theft)*.

  A perda de informação é mais do que constrangedora, pois um bom hacker pode conseguir usar essa informação dar meia volta e roubar. Por exemplo, armado com as devidas credenciais, o hacker pode ligar para o contador do banco e solicitar uma soma de dinheiro para ser transferida das contas hackeadas dos clientes para a sua própria de onde, subsequentemente, ele poderá sacar a quantia. Isso é comumente o caso com ataques de injeção de SQL (*SQL Injection*), que eu descrevo na seguinte seção.

Capítulo 28: Escrevendo Código a Prova de Hackers

> Finalmente, alguns hackers estão em busca de controle remoto de seu computador. Se seu programa abre uma conexão com a internet e um hacker consegue fazer seu programa executar as chamadas próprias do sistema, aquele hacker consegue fazer seu programa se tornar um terminal remoto no seu sistema. A partir daí, o hacker pode fazer download de seu próprio programa para a sua máquina, e daí por diante você estará *possuído (owned)*.
>
> Talvez o hacker queira acessar suas contas, de onde ele pode furtar dinheiro, ou talvez ele só queira seu computador. Esse é o caso com grupos de computadores usufruídos que criaram o que é conhecido como *botnet*.
>
> Mas como isso funciona? Seu programa bancário possui uma interface bem limitada. Ele pede a conta do usuário, o nome e a quantia de depósito. Em nenhum lugar diz: "Você gostaria de controlar esse computador?" ou "Qual código extra você gostaria que esse computador executasse?"

Um bot o quê?

O termo *botnet* é uma abreviação de "robot network", que significa uma rede de computadores robôs (também chamado de *zombie*). Um computador zumbi funciona como um normal desde que não seja solicitado. Ele pode fazer planilhas e Code::Blocks e qualquer outra coisa, mas lá no fundo está uma porta que abre para a pessoa com o programa e senhas apropriadas — o botnet mestre.

Quando o botnet mestre decide que ele precisa de um computador zumbi, ele envia comandos para seu escravo, e ele obedientemente segue as instruções do mestre. O dono do computador zumbi pode nem ter notado que há algo errado, apenas que seu computador fica lento às vezes.

Botnets podem fazer muitas coisas, mas um de seus principais truques é sobrecarregar websites legítimos com pedidos falsos em outra forma de ataque de negação de serviço. Suponha, por exemplo, que você não goste da Brotherhood of Aryan Goatherders e você quer derrubar o site BAG deles para que ninguém possa ler suas mentiras. Você tenta sobrecarregar o site com pedidos do seu computador, mas você não pode porque o computador de BAG é tão rápido quanto o seu. Então você compra quatro ou cinco computadores e faz todos eles atacarem o website dele de uma vez. Isso funciona por alguns minutos, mas não demora muito para descobrir que todos esses pedidos estão vindo de algumas fontes de endereços de IP, então o administrador de sistemas para Brotherhood (muito injustamente) bloqueia os pedidos dos seus PCs!

Mas e se você pudesse alugar serviços de um exército botnet que consiste em milhares de PCs por todo o mundo? Cada computador deve gerar apenas alguns pedidos por segundo para derrubar completamente o site BAG. E o que o administrador de sistemas pode fazer em relação a isso? Ele não pode bloquear cada computador que ele vê sem bloquear usuários legítimos do site. BAG pode simplesmente desistir e fechar o site.

Os dois truques mais comuns com os quais você pode se envolver são injeção de código e estouro de buffer.

Entendendo Injeção de Código

Injeção de código ocorre quando o usuário incentiva seu programa a executar algum pedaço de código criado por ele. "O que? Meu programa jamais faria isso!", você diz. Considere a mais comum e, felizmente para nós, mais fácil pra entender, variante deste pequeno esquema: a injeção de SQL.

Examinando um exemplo de injeção de SQL

Deixe-me começar com alguns fatos sobre SQL:

- *SQL* (geralmente pronunciado "sequel") significa Structured Query Language.
- SQL é a linguagem mais comum para acessar bancos de dados.
- SQL é usada quase universalmente em acesso a bancos de dados relacionais.
- SQL não é matéria deste livro.

Esse último tópico é importante porque eu não tenho a intenção de ensinar SQL para vocês só para que sigam os exemplos apresentados aqui. Se você ainda não conhece SQL, é suficiente dizer que SQL geralmente é interpretada no momento da execução. Frequentemente, instruções C++ enviarão uma consulta SQL para um servidor de banco de dados separado e então processarão e exibirão o que o servidor enviar de volta. Uma típica consulta SQL dentro de um programa C++ parece com o seguinte:

```
char* query = "SELECT * FROM transactions WHERE
        accountID='123456789';"
results = submit(query);
```

Esse código diz: "`SELECT` (selecione) todos os campos `FROM` (das) tabelas de transação `WHERE` (onde) `accountID` (presumidamente um dos campos na tabela de transação) é igual a 123456789 (id de conta do usuário)". A função da biblioteca `submit()` pode enviar essa consulta para o servidor de banco de dados. O servidor responderia com todos os dados que possui de todas as transações que o usuário já fez nessa conta, que seria armazenado na coleção `results`. O programa então iteraria os `results`, provavelmente exibindo as transações na tabela com cada transação em uma linha diferente.

O usuário provavelmente não precisa de tantos dados assim. Talvez apenas aquelas transações entre `startDate` e `endDate`, duas variáveis que o programa lê da página consulta do usuário. Esse programa C++ mais seletivo pode conter declarações como a seguinte:

```
char* query = "SELECT * FROM transactions WHERE
        accountID='123456789'"
    " AND date > '" + startDate + "' AND date < '" +
        endDate + "';";
```

Se o usuário registrar **2013/10/1** para `startDate` e **2013/11/1** para `endDate`, então a consulta resultante que é enviada ao banco de dados é a seguinte:

```
SELECT * FROM transactions WHERE accountID='123456789' AND
        date > '2013/10/1' AND date < '2013/11/1';
```

Em outras palavras, mostra todas as transações feitas em Outubro de 2013. Isso faz sentido. Qual é o problema?

O problema aparece se o programa aceitar qualquer coisa que o usuário digitar como datas de início e de final e colocar na consulta. Não é feita nenhuma checagem para ter certeza de que o usuário esteja registrando uma data e nada além da data. Esse programa até então é confiável.

E se o hacker entrasse com **2013/10/1** para `startDate`, mas em `endDate` entrasse com algo como **2013/11/1' OU accountID='234567890**. (Note as aspas únicas desiguais.) Agora, a consulta SQL combinada que é enviada para o banco de dados deveria parecer com isso:

```
SELECT * FROM transactions WHERE accountID='123456789' AND
        date > '2013/10/1' AND date < '2013/11/1' OR
        accountID='234567890';
```

Isso diz: "mostre-me todas as transações da conta 123456789 para o mês de outubro de 2013, mais as transações de outras contas 234567890 que eu não possua para qualquer data."

Esse pequeno exemplo pode levantar algumas questões na mente do leitor: "Como o hacker sabia que ele podia entrar com declarações SQL em vez de datas?" Ele não sabia — ele apenas tenta entrar com um SQL falso em cada campo que aceite caracteres texto e vê o que acontece. Se o programa reclamar: "Esta não é uma data permitida", então o hacker sabe que o programa verifica para ter certeza que as datas inseridas são válidas e a injeção de SQL não funcionará aqui. Se, por outro lado, o programa exibir uma mensagem de erro como `Illegal SQL Statement`, então o hacker sabe que o programa aceitou a entrada falsa e a levou para o servidor de banco de dados que então a retornou. Sucesso! Agora tudo o que ele tem que fazer é formular a consulta perfeitamente.

Então como hacker sabia que a conta era chamada `accountID`? Ele também não sabia disso, mas quanto tempo levaria para adivinhar essa? Hackers são muito persistentes.

Finalmente, como o hacker sabia que 234567890 era um número de conta válida? Mais uma vez, ele não sabia — mas você realmente acha que o hacker vai parar aí? Não mesmo. Ele tentará todas as combinações de dígitos em que ele possa pensar até que encontre algumas contas muito grandes com muito saldo das quais vale a pena furtar.

Deixe-me assegurar-lhe de três coisas:

- Injeção de SQL era muito comum anos atrás.
- Era simples assim.
- Com um conhecimento melhor de SQL e alguma sintaxe realmente deformada, um bom hacker pode fazer quase tudo o que ele quer com uma injeção de SQL desse tipo.

Então como o programador pode evitar essa invasão?

Evitando injeção de código

A primeira regra para evitar injeção de código é: *nunca* permita que os inputs do usuário sejam processados por um intérprete de linguagem de uso geral. O erro com o exemplo de injeção SQL era que o programa aceitava entradas do usuário como se sempre fossem dados e as inseria na consulta SQL que então levava para processamento na máquina de banco de dados.

A abordagem mais segura e mais amigável seria fornecer ao usuário um calendário gráfico em que ele poderia selecionar as datas de início e de fim para certificar que a entrada estava em formato próprio para data, nesse caso **aaaa/mm/dd** — em outras palavras, quatro dígitos seguidos de uma barra seguida de dois dígitos uma barra e finalmente mais dois dígitos. Nada mais deveria ser considerado como uma entrada aceitável.

Às vezes, você não pode ser tãoo específico sobre o formato. Se você deve permitir que o usuário entre com texto flexível, então pode ao menos evitar caracteres especiais. Por exemplo, é muito menos possível fazer injeção de código SQL sem usar aspas duplas ou únicas. Você não pode inserir tags HTML sem usar os sinais menor que (<) e maior que (>). Ou você poderia usar a abordagem que nada além de texto ASCII será tolerado:

```
// checa alguma string "s" para certificar que é ASCII
size_type off = s.find_first_not_of(
    "abcdefghijklmnopqrstuvwxyzABCDEFGHIJKLMNOPQRSTUVWXYZ0123456789_");
if (off != string::npos)
{
    cerr << "Error\n";
}
```

Esse código busca a string s por um caractere que não seja um dos caracteres A à Z, a à z, 0 à 9, ou sublinhado. Se ele encontrar tal caractere, então o programa rejeita a entrada.

Se você permitir somente os caracteres latinos mostrados aqui, sua aplicação não será utilizável em muitos países como aqueles que não usam o alfabeto americano (como árabe, hebraico, chinês, ou russo, só para citar alguns). Você precisar usar uma abordagem oposta e apenas procurar por caracteres ruins.

Estourando Buffers por Diversão e Lucro

O segundo método hacker comum que eu apresento é o temido estouro de buffer (*buffer overflow*). Primeiro você verá um pequeno programa com uma vulnerabilidade muito grande. Você verá como essa vulnerabilidade acontece e como ela pode ser explorada pelo hacker. Então você verá um número de formas diferentes para mitigar essa vulnerabilidade.

Posso ver um exemplo?

Considere o menor e mais simples programa suscetível a hackers que eu pude inventar:

```
// BufferOverflow - este programa demonstra
//                 como um programa lê dados em um
//                 buffer de tamanho fixo sem verificar
//                 se ele pode ser hackeado
#include <cstdio>
#include <cstdlib>
#include <fstream>
#include <iostream>
#include <cstring>
#include <string>

using namespace std;

// getString - lê uma string de entrada do usuário e
//             a retorna para o chamador
char* getString(istream& cin)
{
```

```cpp
        char buffer[64];

        // agora insere uma string a partir do arquivo
        char* pB;
        for(pB = buffer;*pB = cin.get(); pB++)
        {
            if (cin.eof())
            {
                break;
            }
        }
        *pB = '\0';

        // retorna uma cópia da string para o chamador
        pB = new char[strlen(buffer) + 1];
        strcpy(pB, buffer);
        return pB;
    }

    int main(int argc, char* pArgv[])
    {
        // pega o nome do arquivo a ser lido
        cout <<"This program reads input from an input file\n"
               "Enter the name of the file:";
        string sName;
        cin >> sName;

        // abre o arquivo
        ifstream c(sName.c_str());

        if (!c)
        {
            cout << "\nError opening input file" << endl;
            exit(-1);
        }

        // lê o conteúdo do arquivo para uma string
        char* pB = getString(c);

        // exibe o que conseguimos
        cout << "\nWe successfully read in:\n" << pB << endl;

        cout << "Press Enter to continue..." << endl;
        cin.ignore(10, '\n');
        cin.get();
        printf("Done!");
        exit(0);
        return 0;
    }
```

Esse programa começa pedindo ao usuário o nome de um arquivo. O programa então abre aquele arquivo e passa o controle do arquivo aberto para a função `getString()`. Essa função não faz nada além de ler o conteúdo do arquivo para um buffer, criar uma cópia daquele buffer

Capítulo 28: Escrevendo Código a Prova de Hackers

em um bloco de memória que a aloca no heap, e então retornar aquele pedaço de memória da pilha para o chamador.

A saída desse exemplo de programa aparece da seguinte maneira:

```
This program reads input from an input file
Enter the name of the file:OK_File.txt

We successfully read in:
This is benign input.
Press Enter to continue...
```

Aqui o usuário disse para o programa ler o arquivo `OK_File.txt` e exibir os resultados, o que ele fez.

O Code:Blocks para Windows abre a aplicação console no diretório do projeto, então tudo que você precisa inserir é o nome do arquivo `OK_File.txt` como mostrado. Code::Blocks para Macintosh abre uma janela no console em seu diretório de usuário, então tudo que precisa inserir é o caminho completo para o arquivo: `Desktop/CPP_Programs_from_Book/Chap28/`

`BufferOverflow/OK_File.txt` (presumindo que você instalou os arquivos-fontes no local padrão). Essa mesma dica é aplicável para qualquer arquivo deste capítulo.

O problema que este programa está em `getString()`. Foi dito ao programador que cada arquivo de entrada contém uma pequena string de não mais que 20 caracteres. Não querendo ser mão de vaca, ela alocou um buffer de 64 caracteres só para ter certeza que haveria espaço o suficiente para armazenar os conteúdos do arquivo. O arquivo `OK_File.txt` contém a string `This is benign input.` que pode ser um pouco maior que os 20 caracteres prometidos mas encaixa perfeitamente no buffer de 64 caracteres. Mas vamos testar o programa novamente com o arquivo `Big_File.txt`; a saída dessa execução é mostrada na Figura 28-1.

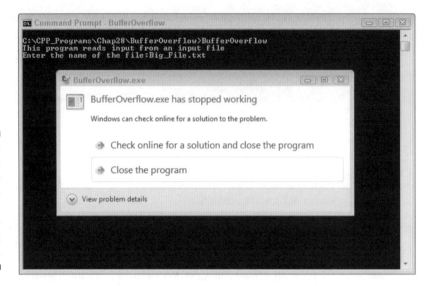

Figura 28-1: O resultado da execução do programa BufferOverflow em Big_File.txt.

Quando apresentado esse novo arquivo, o programa BufferOverflow falhou em vez de gerar uma saída razoável.

O que você não sabe é que o arquivo Big_File.txt contém o seguinte:

```
ABCDEFGHIJKLMNOPQRSTUVWXYZ0123456789
abcdefghijklmnopqrstuvwxyz0123456789
ABCDEFGHIJKLMNOPQRSTUVWXYZ0123456789
abcdefghijklmnopqrstuvwxyz0123456789
ABCDEFGHIJKLMNOPQRSTUVWXYZ0123456789
abcdefghijklmnopqrstuvwxyz0123456789
ABCDEFGHIJKLMNOPQRSTUVWXYZ0123456789
abcdefghijklmnopqrstuvwxyz0123456789
```

"Espere um minuto!",você diz. "Isso não é justo. Aquele arquivo contém mais de 20 caracteres." Verdade. E contém mais de 64 caracteres, e por algum motivo isso causou a falha no programa. Hackers não jogam honestamente.

Como uma chamada empilha?

Esta seção inteira é imparcialmente técnica. Você pode pula-la se não gosta de detalhes de memória computacional.

Considere como a memória é organizada: há variáveis conhecidas como globais que são acessíveis a todas as funções. Essas variáveis estão em localizações fixas na memória para que qualquer um possa encontrá-las. Mas a maioria das variáveis são declaradas no escopo de uma única função. A memória para essas variáveis é alocada quando a função é chamada e desalocada quando a função retorna. Computadores fazem isso por meio de um mecanismo chamado pilha (*stack*).

Capítulo 28: Escrevendo Código a Prova de Hackers

O ponteiro de pilha (que em linguagem de montagem normalmente recebe o nome de ESP) aponta para a próxima localização disponível na pilha. Uma função pode chamar uma instrução `PUSH` para salvar um valor em um registro na pilha. Isto automaticamente decrementa o ESP para que a memória não seja usada para outra coisa. A instrução `POP` correspondente restaura o valor para o registro e incrementa ESP de volta a sua localização original pre-`PUSH`.

Outro valor que é levado para a pilha é o endereço de retorno quando uma função é chamada. A instrução `CALL getString` de 80x86 leva o próximo endereço para a pilha e então pula para o endereço da função `getString()`. Isso é mostrado graficamente como uma captura trabalhosa mas interessante do depurador Code::Blocks na Figura 28-2.

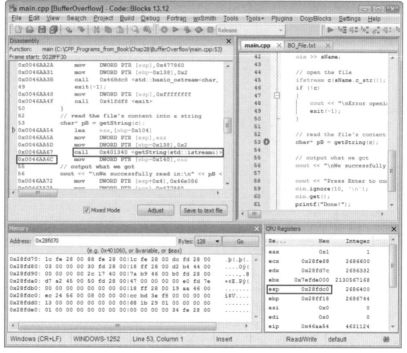

Figura 28-2: O ESP e a memória da pilha imediatamente antes da chamada a getString().

O programa é parado no início da chamada para `getString()` (que você pode ver pelas setas amarelas na Figura 28-2, as duas no modo de visualização à direita que mostram apenas a fonte C++ e na janela de desmontagem à esquerda que mostra o código C++ e a linguagem de montagem 80x86 que foi gerada.) Note na esquerda que a instrução após `CALL` para `getString()` é `0x0046AA6C`. A janela de registros da CPU mostra que o valor de ESP é `0x0028FDC0`.

A Figura 28-3 exibe as mesmas janelas imediatamente após a chamada para `getString()`. Note que ESP foi decrementado de 4 bytes (o tamanho de um endereço de retorno) para `0x0028FDBC` e que ESP agora aponta para o valor `0x0046AA6C`, o endereço da próxima instrução após `CALL`. Isso é chamado de *endereço de retorno*.

O que você pode, na verdade, ver na pilha da Figura 28-3 é `6C-AA-46-00`. Isso porque o processador 80x86 armazena todos os valores com o byte menos significativo no menor endereço. Isso é chamado *Little Endian*.

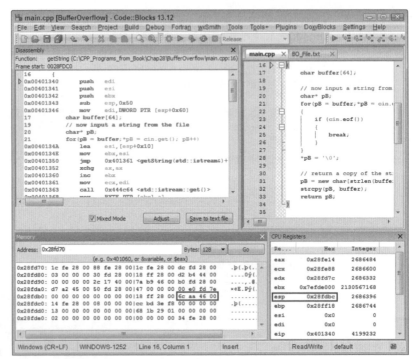

Figura 28-3: O ESP e a pilha de memória imediatamente depois da chamada a `getString()`.

A Figura 28-4 mostra a situação imediatamente após o retorno bem-sucedido de `getString()`. A pequena seta amarela na janela de desmontagem mostra que o ponteiro de instrução está sem dúvidas apontando para a instrução imediatamente após a `CALL` e ESP retornou para seu valor anterior de `0x0028FDC0`.

Isso é tudo muito legal, mas e daí? Bem, C++ armazena localmente variáveis definidas na pilha. Por exemplo, o buffer de 64-byte em `getString()` é armazenado na pilha. Desde que o programa escreva apenas 64 bytes (ou menos) nesse buffer, tudo estará bem; mas se o programa tentar escrever mais dados no buffer do que o buffer pode aguentar, os dados remanescentes transbordam e começam a escrever outros dados. Se o programa escrever longe o bastante, isso eventualmente sobrescreverá o endereço de retorno. Isso é exatamente o que aconteceu quando `getString()` leu o desproporcional `Big_File.txt`. Isso é mostrado na Figura 28-5.

Capítulo 28: Escrevendo Código a Prova de Hackers

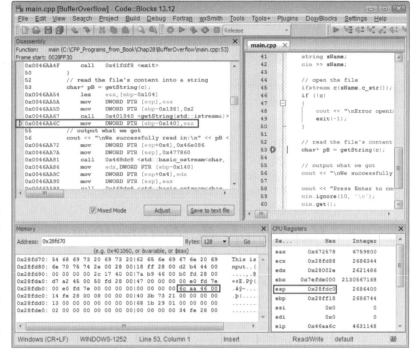

Figura 28-4: O ESP e a memória de pilha imediatamente após o retorno de `getString()`.

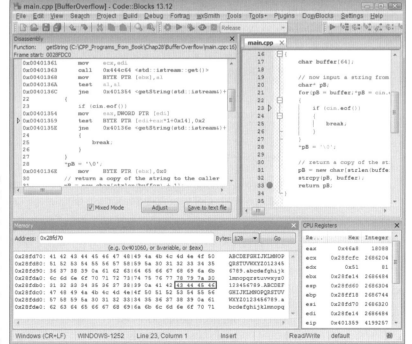

Figura 28-5: O endereço de retorno na pilha é sobrescrito quando `getString()` tenta ler `Big_File.txt`.

Você pode ver que a localização 0x0028FDC0 não mais contém o endereço de retorno, mas sim o valor 0x46454443, que são os caracteres ASCII "FEDC", que você também pode ver junto com muitos outros caracteres de Big_File.txt à direita na Figura 28-5.

Lembre-se de ler os bytes da direita para a esquerda já que 80x86 é Little Endian.

Isso não causa um problema desde que o programa esteja processando por getString(), mas quando o programa tenta retornar, o endereço de retorno que está na pilha não é, na verdade, um endereço de retorno. Em vez disso, ele aponta para algum endereço não permitido, e o programa falha assim que executa a instrução RET no final de getString().

Hackeando BufferOverflow

O programa BufferOverflow falhou porque o conteúdo de Big_File.txt estourou o buffer e sobrescreveu o endereço de retorno da função getString(). Quando a função tentou executar uma instrução de retorno, o controle passou para algum endereço ruim e o programa falhou.

Mas, e se você pudesse construir o arquivo-texto para que ele sobrescrevesse o endereço de retorno não com alguns caracteres ASCII loucos, mas com o endereço de algum código que você queira forçar o programa a executar? Quando getString() executou RET, ele não ia falhar, ele ia executar o código que você queria.

Mas onde você colocaria esse código extra? Que lugar melhor do que dentro do texto que já foi lido no buffer? O golpe funciona assim:

1. Cria um programa de linguagem de máquina que faz o que você quiser que o programa faça e o insere no arquivo de entrada primeiro.

2. Certifique-se de que a entrada excede o buffer o bastante para que o endereço de retorno seja sobrescrito com o próprio endereço do buffer.

3. Quando o programa lê o texto no buffer, ele irá de fato carregar o código hacker para o buffer e então sobrescrever o endereço de retorno.

4. Quando getString() tenta retornar para onde foi chamada em main(), o controle passa para o início do buffer, onde o código hacker consegue ser executado.

Isso parece bem complicado, e realmente é. Mas lembre-se que o hacker pode executar seu programa com a frequência que quiser. Quando executado com um bom depurador, ele consegue descobrir como fazer o buffer e qual endereço usar para o buffer.

Apenas para mostrar como tal coisa é possível, dê uma olhada na seguinte execução:

```
C:\CPP_Programs\Chap28\BufferOverflow>BufferOverflow
This program reads input from an input file
Enter the name of the file:BO_File.txt
You've been hacked!
C:\CPP_Programs\Chap28\BufferOverflow>
```

Aqui o programa começa normal, sugerindo ao usuário um arquivo de entrada. Dessa vez, o usuário entrou o arquivo `BO_File.txt`. Em resposta, o programa não exibiu o conteúdo do arquivo como você poderia esperar, e também não falhou. Em vez disso, em resposta a esse arquivo, o programa exibiu a mensagem maliciosa "Você foi hackeado!" e fechou. Note em particular que o programa não exibiu o normal "Pressione enter para continuar...". Esse programa foi diretamente para a Cadeia, não passou pelo Início e não recebeu $200! O controle nunca retornou de `getString()` de volta para `main()`.

Como essa invasão funcionou?

Deixe-me começar dizendo que o motivo deste capítulo não é ensinar a hackear programas de outras pessoas — o motivo é evitar que você seja hackeado. Deixe-me também dizer que os detalhes desta invasão nada têm a ver com programação em C++, então sinta-se livre para pular esta parte se quiser. Entretanto, parece justo você querer ver como esta invasão funcionou em detalhes. Se você está familiarizado com linguagem de montagem 80x86, você provavelmente conseguirá seguir este pequeno programa. Se não, então você pode querer apenas aceitar minhas certezas de que isso funciona e deixar para entender depois.

O Editor Hex que vem com Code::Blocks exibe o conteúdo de `BO_Text.txt` como segue:

```
0000: 90 90 55 89 E5 31 C0 B0 F8 29 C4 90 90 EB 24 31    U  1   )    $1
0010: C0 8B 1C E4 36 88 43 13 B8 45 AA 47 01 WD 01 01       6 C  U G -
0020: 01 01 FF D0 31 C0 50 B8 F9 FE 42 01 2D 01 01 01      1 P   B -
0030: 01 FF D0 E8 D7 FF FF FF 59 6F 72 27 76 65 20 62            You've b
0040: 65 65 6E 20 68 61 63 6B 65 64 21 90 70 FD 28 00    een hacked! p (
```

Isso não é muito revelador. A não ser pela string *You've been hacked!*, o resto do arquivo parece ser lixo. Vamos tentar um desmontador 80x86.

```
; set up a stack frame to protect our code from being
; overwritten when we make a function call below
; we do this by subtracting a big number like F8 from ESP
entryPoint:
    NOP                    ; 90
    NOP                    ; 90
    PUSH EBP               ; 55
    MOV ESP,EBP            ; 89 E5
    XOR EAX,EAX            ; 31 C0
    MOV F8,AL              ; B0 F8
    SUB EAX,ESP            ; 29 C4
```

(Continua)

410 Parte V: Segurança

(Continuação)

```
; the following can be replaced by an INT 3 (0xCC) during debug and test
    NOP                      ; 90
    NOP                      ; 90

; put the address of the output message on the stack by jumping to a call
    JMP label2               ; EB 24
label1:

; null terminate the string by writing a 0 to *ESP + 13
    XOR EAX,EAX              ; 31 C0
    MOV [ESP],EBX            ; 8B 1C E4
    MOV AL,SS:[BX+13]        ; 36 88 43 13

; now call print (but can't have any zeros in the address)
; this value changes every time you rebuild the program!
    MOV print+01010101,EAX   ; B8 45 AA 47 01
    SUB 01010101,EAX         ; 2D 01 01 01 01
    CALL EAX                 ; FF D0 (calls 0047AA45)

; and then call exit passing a 0 (this call doesn't return)
    XOR EAX,EAX              ; 31 C0
    PUSH EAX                 ; 50
    MOV exit+01010101,EAX    ; B8 F9 FE 42 01
    SUB 01010101,EAX         ; 2D 01 01 01 01
    CALL EAX                 ; FF D0 (calls 0041FDF8)

label2:
    CALL label1              ; E8 D7 FF FF FF
    "You've been hacked!"
    90                       ; this will be overwritten the terminating null
    address of entryPoint    ; B0 FD 28 00
                             ; this will overwrite the return address
```

Claro, o desmontador não criou os comentários — eu os acrescentei para te ajudarem um pouco.

A parte mais importante desse programa são os últimos 4 bytes. Estes sobrescrevem o endereço de retorno com o endereço 0x0028FDB0, que é o endereço do *buffer* na pilha. Como eu sabia disso? Eu tinha que dar um passo com o programa com um depurador em linguagem de montagem e notar o endereço do *buffer* sozinho.

A função getString() copia esse arquivo no buffer de tamanho fixo, sobrescrevendo seu próprio endereço de retorno antes de encontrar a finalização NULL. Ela continua e faz uma cópia da string para a memória da pilha, um processo que não nos importa. Quando getString() tenta retornar para *main()*, o controle passa para o rótulo entryPoint.

As duas primeiras instruções nada fazem — NOP significa No Op ou No Operation (Sem Operações). Elas estão lá caso a invasão perca o endereço por alguns bytes.

As próximas instruções são muito importantes. Depois que getString() executa um retorno, buffer não está mais no escopo. Isso significa que todo o seu código está vulnerável a ser sobrescrito se uma interrupção ocorrer ou na próxima vez que a função for chamada. Essa pequena seção de código move ESP pelo pequeno programa para que não seja sobrescrito por uma chamada de função iminente.

Capítulo 28: Escrevendo Código a Prova de Hackers

A próxima pequena seção de código é onde eu escrevi instruções de pausa (*INT3* ou 0x*CC*) quando eu estava fazendo depuração nesse código. Elas aparecem como *NOPs* na versão de produção que você está vendo.

A próxima instrução `JMP` pula para `label2`. A instrução `CALL` localizada aqui, primeiro empurra o endereço da instrução seguinte, que na verdade é o endereço da string *You've been hacked!* e então volta para `label1`. Esse truque é como o hacker leva o endereço da string para a pilha. Feito isso, o programa se certifica de que a string é terminada por nulo escrevendo 0 no local 13 bytes dentro da string. (`XOR EAX, EAX`, que significa OU EXCLUSIVO o conteúdo de `EAX` se registram sozinhos, colocam um zero no registro `EAX`.)

O próximo bloco de código não faz nada além de chamar `print()`, que está localizado em `0x0046A944`. Infelizmente, o programa não pode chamar essa função diretamente pois seu endereço contém um byte nulo. Esse byte nulo faria a cópia do bloco terminar antes de sobrescrever o endereço de retorno. Para evitar isso, eu adicionei um 1 em cada byte do endereço guardado na memória, e então eu subtrai este 1 de volta antes de usar o endereço. O programa copia `0x0147AA45` para o registro `EAX` e então subtrai `0x01010101` para calcular o endereço desejado. `CALL EAX` chama o endereço resultante contido no registro `EAX`. Isso exibe a mensagem "You've been hacked!".

Como eu sabia que `print()` estava localizado em `0x0046A944`? Examinando a chamada de `print()` em `main()`.

O bloco final chama a função `exit()` usando o mesmo truque para finalizar o programa. O controle não retorna de `exit()`.

Na verdade, o arquivo `BO_File.txt` (que significa Buffer excede File) contém um pequeno programa em linguagem de máquina que exibe a mensagem "You've been hacked!" e então chama `exit(0)` para sair normalmente. Além disso, é feito de tal forma que ele sobrescreve o endereço de retorno com o início do buffer para fazer o programa ser executado quando `getString()` tentar retornar, como eu descrevi anteriormente.

Os detalhes de uma invasão como essa são muito específicos em como o arquivo executável fica na memória. Essa versão específica de `BO_File.txt` funciona somente em versões de `BufferOverflow` construídas para Windows com uma versão específica de gcc. Essa não é uma limitação da invasão de excesso — eu poderia criar uma versão de `BO_File.txt` para Linux ou Macintosh e para uma versão diferente de gcc. Como talvez você não use a mesma versão de gcc que eu uso, eu inclui o executável `.exe` no diretório `BufferOverflow` próximo ao código-fonte. Para executar essa versão, você precisará abrir o programa no Windows, navegar para o diretório apropriado (no meu caso, `C:\CPP_Programs_from_Book\Chap28\BufferOverflow`), e então inserir o comando **BufferOverflow**.

Evitando estouro de buffer — primeira tentativa

Você pode ver o erro suscetível a ser hackeado em getString() como uma combinação de dois problemas: o programador usou um buffer de tamanho fixo, e presumiu que as entradas não causariam excesso naquele buffer. Tal erro pode ser consertado endereçando qualquer uma dessas suposições.

O seguinte programa NoBufferOverflow1 direciona a segunda suposição, certificando que a entrada não exceda o tamanho alocado para o buffer de tamanho fixo:

```cpp
// NoBufferOverflow1 - este programa evita ser hackeado
// limitando a quantidade de entrada em um buffer fixo
#include <cstdio>
#include <cstdlib>
#include <fstream>
#include <iostream>
#include <cstring>
#include <string>

using namespace std;

// getString - lê uma string de entrada do usuário
//             e a retorna para o chamador
char* getString(istream& cin)
{
    char buffer[64];

    // agora insere uma string a partir do arquivo
    // (mas nada além do que nosso buffer suporta)
    int i;
    for(i = 0; i < 63; i++)
    {
        // lê o próximo caractere no buffer
        buffer[i] = cin.get();

        // sai do loop se nós lermos um NULL ou EOF
        if ((buffer[i] == 0) || cin.eof())
        {
            break;
        }
    }
    // certifica-se que o buffer é terminado em nulo
    buffer[i] = '\0';

    // retorna uma cópia da string para o chamador
    char* pB = new char[strlen(buffer) + 1];
    if (pB != nullptr)
    {
        strcpy(pB, buffer);
    }
    return pB;
}
```

Capítulo 28: Escrevendo Código a Prova de Hackers

Essa versão de `getString()` lê a entrada do arquivo até que uma dos três coisas aconteça: a função lê um nulo, a função lê um Fim de Arquivo (*End of File, EOF*) ou a função lê 63 bytes.

Lembre-se de deixar 1 byte extra para terminar em nulo.

A mensagem de exibição desse programa para todos os três arquivos é como você esperaria. `OK_File.txt` exibe uma mensagem benigna:

```
This program reads input from an input file
Enter the name of the file:OK_File.txt

We successfully read in:
This is benign input.
Press any key to continue...
```

O programa exibe apenas os primeiros 63 bytes de `Big_File.txt` mas ele não falha:

```
This program reads input from an input file
Enter the name of the file:Big_File.txt

We successfully read in:
ABCDEFGHIJKLMNOPQRSTUVWXYZ0123456789
abcdefghijklmnopqrstuvwxyz
Press any key to continue...
```

O programa também lê os primeiros 63 bytes do nosso programa de invasão contido em `BO_File.txt`, mas desde que não exceda os limites do buffer e portanto não sobrescreva o endereço de retorno, nenhum dano é feito e não há invasão.

```
This program reads input from an input file
Enter the name of the file:BO_File.txt

We successfully read in:
ÉÉÜëσ1 ╚╪°)─ÉÉδ$1 ╚ïL∑6êC‼╕U¬G☺-☺☺☺☺ ╩1 ╚P╕·■B☺-☺☺☺☺ ╩Φ╫
         You've
Press Enter to continue...
```

Esse é o modo normal de evitar estouro de buffer: certifique-se que não copiou mais dados para dentro buffer do que ele pode aguentar, não importa que tipo de lixo esteja contido no buffer.

Evitando estouro de buffer — segunda tentativa

Uma abordagem alternativa para estouro de buffer é certificar-se que o buffer pode crescer para acomodar o tamanho da entrada. Existem vários

Parte V: Segurança

contêineres de tamanhos flexíveis na Biblioteca Padrão de Gabaritos. O mais comum é a classe `vector`. (Veja o Capítulo 27 para detalhes.)

```cpp
// NoBufferOverflow2 - esse programa evita ser hackeado
//                usando um buffer de tamanho variável
#include <cstdio>
#include <cstdlib>
#include <fstream>
#include <iostream>
#include <cstring>
#include <string>
#include <vector>

using namespace std;

// getString - lê uma string de entrada do
//         usuário e a retorna para o chamador
char* getString(istream& cin)
{
    // cria um buffer de tamanho variável com tamanho
    // inicial de 64 caracteres; porém, esse buffer
    // pode crescer se tiver mais do que
    // 64 caracteres no arquivo de entrada
    vector<char> buffer;
    buffer.reserve(64);

    // insere uma string a partir do arquivo
    for(;;)
    {
        // lê o próximo caractere
        char c = cin.get();

        // sai do loop se nós lermos um NULL ou EOF
        if ((c == 0) || cin.eof())
        {
            break;
        }

        // adiciona o caractere ao buffer e aumenta o
        // buffer se necessário para acomodá-lo
        buffer.push_back(c);
    }
    // certifica que o buffer é terminado em nulo
    buffer.push_back('\0');

    // retorna uma cópia da string para o chamador
    char* pB = new char[buffer.size()];
    if (pB != nullptr)
    {
        strcpy(pB, buffer.data());
    }
    return pB;
}
```

Capítulo 28: Escrevendo Código a Prova de Hackers

Essa versão de `getString()` cria um `vector` de tamanho variável de objetos `char`. A função fixa o tamanho inicial do vetor em 64 caracteres, mas buffer crescerá automaticamente se necessário. Uma vez no loop, a função usa a função `push_back()` para empurrar cada caractere para o fim do vetor.

A classe `vector` sobrecarrega o operador colchetes, então eu poderia ter dito `buffer[index] = c`; no entanto, para melhorar a performance, o operador colchetes não verifica estouro de buffer. O método `push_back()` primeiro verifica se há espaço o suficiente para controlar o caractere sendo adicionado. Se não, `push_back()` aloca outro buffer, duas vezes maior que o primeiro, e copia o conteúdo do buffer menor para o maior. Esse processo é repetido toda vez que é preciso mais espaço na entrada buffer.

A saída de `NoBufferOverflow2` é indistinguível da versão do buffer fixo quando lê pequenos arquivos:

```
This program reads input from an input file
Enter the name of the file:OK_File.txt

We successfully read in:
This is benign input.
Press Enter to continue...
```

Entretanto, a saída difere do buffer fixo quando lê argumentos realmente grandes:

```
This program reads input from an input file
Enter the name of the file:Big_File.txt

We successfully read in:
ABCDEFGHIJKLMNOPQRSTUVWXYZ0123456789
abcdefghijklmnopqrstuvwxyz0123456789
ABCDEFGHIJKLMNOPQRSTUVWXYZ0123456789
abcdefghijklmnopqrstuvwxyz0123456789
ABCDEFGHIJKLMNOPQRSTUVWXYZ0123456789
abcdefghijklmnopqrstuvwxyz0123456789
ABCDEFGHIJKLMNOPQRSTUVWXYZ0123456789
abcdefghijklmnopqrstuvwxyz0123456789
Press Enter to continue...
```

Você pode ver que essa versão de `getString()` lê o arquivo de entrada inteiro em vez de cortar a entrada em 63 bytes.

Similarmente, `NoBufferOverflow2` não tem problema em ler o arquivo de invasão estouro de buffer:

```
This program reads input from an input file
Enter the name of the file:BO_file.txt

We successfully read in:
ÉéÜêo1 ╜╜º)–Éɧ$1 ╚iL∑6êC‼╕U¬G☻-☺☺☺☻ ╜1╚P╕·■B☻-☺☺☺☻ ╜♀╫   You've been hacked!Ép²(
Press Enter to continue...
```

Muita baboseira é impressa, mas nenhuma invasão ocorre.

Outro argumento para a classe string

De uma certa forma, todos os exemplos de estouro de buffer neste capítulo são planejados. Na prática real, a abordagem mais segura seria ler a entrada em um objeto de classe `string`. A maioria das funções associadas com string são feitas para variar o tamanho do buffer interno para acomodar a quantidade de entrada.

```cpp
// NoBufferOverflow3 - esse programa evita ser
//                     hackeado usando a classe string
#include <cstdio>
#include <cstdlib>
#include <fstream>
#include <iostream>
#include <string>

using namespace std;

// getString - lê uma string de entrada do usuário e
//             a retorna para o chamador. Termina a
//             string em nulo ou Fim de Arquivo
string getString(istream& cin)
{
    string s;
    getline(cin, s, '\0');
    return s;
}
```

A chamada para `getline()` diz, leia de `cin` na string `s` até que um nulo ou o final do arquivo seja encontrado. Fim de Arquivo está implícito em toda chamada para `getline()`. O tamanho do buffer em `s` não é fixo mas expande para segurar o que quer que joguem nele.

Assim como antes, a saída dessa versão é indistinguível das outras quando lê um arquivo benigno:

```
This program reads input from an input file
Enter the name of the file:OK_File.txt

We successfully read in:
This is benign input.
Press Enter to continue...
```

A saída dessa versão também é idêntica a `NoBufferOverflow2` para casos grandes como `Big_File.txt`:

```
This program reads input from an input file
Enter the name of the file:Big_File.txt

We successfully read in:
ABCDEFGHIJKLMNOPQRSTUVWXYZ0123456789
abcdefghijklmnopqrstuvwxyz0123456789
ABCDEFGHIJKLMNOPQRSTUVWXYZ0123456789
abcdefghijklmnopqrstuvwxyz0123456789
ABCDEFGHIJKLMNOPQRSTUVWXYZ0123456789
abcdefghijklmnopqrstuvwxyz0123456789
ABCDEFGHIJKLMNOPQRSTUVWXYZ0123456789
abcdefghijklmnopqrstuvwxyz0123456789
Press Enter to continue...
```

E para o caso de estouro de buffer `BO_File.txt`:

```
This program reads input from an input file
Enter the name of the file:

We successfully read in:
ÉÉÜëσ1╚╝°)-ÉÉδ$1╘ī LΣ6êC╝╕U¬G☻-☺☻☻☻ ╜1╚P╕ ·■B☻-☺☻☻☻ ╜Φ╫   You've been hacked!Ép²(
Press Enter to continue...
```

Novamente, lixo mas nenhuma invasão.

Por que não usar funções string sempre?

Dada a simplicidade relativa do programa `NoBufferOverflow3` comparado aos outros dois, por que um programador não usaria sempre a classe string e suas funções associadas? De certa forma, a resposta é: "Você deveria." Mas você precisa lembrar que internamente esse programa é tão complicado quanto a versão baseada em vetor `NoBufferOverflow2`. A função `getline()` está chamando um contêiner de tamanho variável, como `vector`, para você. Mesmo que você não esteja fazendo todas essas chamadas extras, as chamadas estão sendo feitas e a performance da função reflete esse fato. As versões de `getString()` que confiam em buffers de tamanho fixo são consideravelmente mais rápidas do que aquelas que usam estruturas de tamanho variável.

Essa diferença não é notória se o programa chama `getString()` apenas uma ou milhares de vezes, mas pode ser considerável se essa função fosse chamada no meio de um loop crítico.

Assim, as versões `string` ou `vector` de `getString()` são a melhor opção para uso geral, mas podem haver condições que justifiquem o uso de buffers de tamanho fixo.

Não ha diferença mensurável em performance entre a versão `getString()` que não verifica estouro de buffer e a que verifica. Não há justificativa para se deixar ser exposto a hackers por estouro de buffer, mesmo se você tentar remover algumas instruções do momento de execução.

Deixe o sistema operacional ajudar

Fábricas de CPU e vendedores de sistemas operacionais planejaram formas de ajuda a evitar invasões estouro de buffer. Dois dos mais comuns são Address Space Layout Randomization (ASLR) e Prevenção da Execução de Dados (Data Execution Prevention, DEP).

Um dos calcanhares de Aquiles da invasão precedente é que eu tinha que codificar o endereço do buffer na pilha. Eu consegui fazer isso porque minha versão do Windows sempre carrega aquele programa específico, `BufferOverflow.exe`, da mesma forma. Mas e se fosse possível variar um pouco as coisas toda vez que executasse o programa? Por exemplo, e se o sistema operacional adicionasse alguma pequena constante ao ponteiro da pilha antes de executar o programa a cada vez? Isso não faria nenhuma diferença para o programa, mas tornaria impossível para o hacker saber com qual valor sobrescrever o endereço de retorno, já que o endereço do buffer estaria um pouco diferente cada vez que o programa fosse executado. Essa movimentação de memória é conhecida como Address Space Layout Randomization (ASLR).

Outra vulnerabilidade dessa invasão é o fato de que, pelo menos por um pequeno período de tempo, o processador foi pedido para executar as instruções de máquina que estavam armazenadas em uma área reservada para dados (a saber, o código de máquina que foi carregado para o buffer). A maioria dos processadores 80x86 têm a habilidade conhecida como DEP, para marcar seguimentos de código como executável ou não executável (usando uma sinalização conhecida como sinalização Nx). Sistemas operacionais que suportam DEP marcam seguimentos de memória onde o código é armazenado como executável enquanto marcam áreas designadas apenas para dados, tal como a pilha onde buffer é armazenado como não executável. Essa invasão de estouro de buffer teria sido detida pelo processador assim que o controle passasse para o início de buffer. A CPU teria lançado uma exceção que alguém estava tentando executar instruções armazenadas em memória não executável — um não-não de primeira ordem. O sistema operacional teria pegado a exceção e imediatamente lançado o programa canalha para fora da memória antes que qualquer dano de hacker pudesse ser feito.

No Windows Vista ou posterior, a DEP é habilitada para a maioria dos processos kernel do Windows e muitas aplicações para evitar que hackers ganhem privilégios

Capítulo 28: Escrevendo Código a Prova de Hackers

de administrador, mas geralmente não é habilitado para código de usuário. O gerenciador de arquivos lhe mostrará quais processos possuem DEP habilitado e quais não (você deve habilitar essa coluna — por padrão, esta coluna não é exibida). Esta figura mostra a exibição do gerenciador de arquivos da minha máquina Windows 7 enquanto BufferOverflow está executando. Note que o processo criado é chamado BufferOverflow.exe*32, indicando que é um processo 32-bit. Note, também, que DEP está desabilitado para esse processo. Parece que não há uma forma de dizer a gcc para gerar código que habilite DEP no Windows.

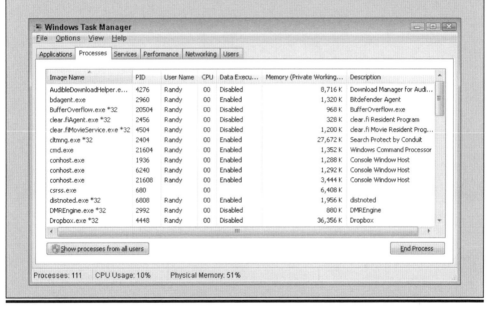

Parte VI

a parte dos dez

Nesta parte...

- Evitando bugs
- Prevenindo invasões

Capítulo 29

10 Maneiras de Evitar Adicionar Bugs ao Seu Programa

Neste Capítulo
- Habilitando todos os avisos e mensagens de erro
- Utilizando um estilo de código limpo e consistente
- Limitando a visibilidade
- Adicionando comentários ao seu código enquanto você o escreve
- Verificando cada passo pelo menos uma vez
- Evitando operadores sobrecarregados
- Manipulando o heap
- Usando exceções para manipular erros
- Declarando destrutores como virtuais
- Evitando herança múltipla

Neste capítulo eu demonstro diversas maneiras de minimizar erros, bem como maneiras de eliminar erros que são inseridos mais facilmente.

Habilitando Todos os Avisos e Mensagens de Erro

A sintaxe de C++ possibilita muitas verificações de erro. Quando o compilador encontra uma construção que não pode ser decifrada, ele não tem escolha a não ser gerar uma mensagem de erro. Embora o compilador tente sincronizar de volta para a próxima instrução, ele não tenta gerar um programa executável.

Desabilitar avisos e mensagens de erro é um pouco como desconectar a luz de verificação do motor no seu carro porque incomoda você: Ignorar o problema não faz ele ir embora. Se seu compilador tem uma sintaxe de verificação do modo inferno, habilite-a.

Não comece a eliminar erros do seu código até que você remova ou, pelo menos, entenda todos os avisos gerados durante a compilação. Habilitar todas as mensagens de aviso se você depois as ignora, não traz nenhum benefício. Se você não entende o aviso, procure. O que você não conhece *irá* lhe prejudicar.

Adote um Estilo de Código Limpo e Consistente

Codificar em um estilo limpo e consistente não apenas melhora a leitura do seu programa, mas também resulta em menos erros de código. Lembre-se, quanto menos neurônios você queimar decifrando a sintaxe C++, mais você terá para pensar na lógica do programa em mãos. Um bom estilo de código permite que você faça com facilidade o seguinte:

- Diferenciar nomes de classes, objetos e funções.
- Saber algo sobre o objeto baseado em seu nome.
- Diferenciar símbolos predecessores de C++ (isto é, objetos `#defined` deveriam sobressair).
- Identificar blocos de código C++ no mesmo nível (isso é o resultado de endentação consistente).

Além disso, você precisa estabelecer um módulo cabeçalho padrão que forneça informações sobre funções ou classes no módulo, o autor (presumidamente é você), a data, a versão do compilador que você está usando e um histórico de modificação.

Finalmente, todos os programadores envolvidos em um único projeto deveriam usar o mesmo estilo. Tentar decifrar um programa com um *patchwork* de estilos de códigos diferentes é confuso.

Você pode deixar Code::Blocks manter seu estilo de código fonte para você. Selecione Settings ⇨ Editor e então Source Formatter à esquerda. Do menu à direita, você pode selecionar seu estilo de código fonte preferido. Agora selecione Pluggins ⇨ Source Code Formatter para reformatar completamente seus módulos.

Limite a Visibilidade

Limitar a visibilidade de classes internas para o mundo exterior é fundamental à programação orientada a objeto. A classe é responsável por suas próprias internas; a aplicação é responsável por usar a classe para resolver o problema em questão.

Especificamente, visibilidade limitada significa que membros de dados não deveriam ser acessíveis de fora da classe — isto é, eles deveriam estar marcados como *protegidos* (outra classe de armazenamento, `private`, não é discutida neste livro). Além disso, funções membro que o software de aplicação não precisa conhecer deveriam também ser marcadas como protegidas. Não exponha mais nenhuma classe interna do que o necessário.

Uma regra relacionada é que funções membro públicas deveriam confiar no código de aplicação o mínimo possível. Qualquer argumento passado para uma função membro pública deveria ser tratado como se causasse bugs até terem provas de que é seguro. Uma função como a seguinte é um acidente esperando acontecer:

```cpp
class Array
{
  public:
    explicit Array(int s)
    {
        size = 0;
        // novos lançamentos de exceção se não há memória disponível
        pData = new int[s];
        size = s;
    }
    ~Array()
    {
        delete[] pData;
        size = 0;
        pData = nullptr;
    }
    //retorna ou ajusta os dados do array
    int data(int index)
    {
        return pData[index];
    }
    int data(int index, int newValue)
    {
        int oldValue = pData[index];
        pData[index] = newValue;
        return oldValue;
    }
  protected:
    int size;
    int *pData;
};
```

A função data(int) permite que o software de aplicação leia dados fora do Array. Essa função é muito confiável; ela presume que o índice fornecido está dentro dos limites dos dados. E se index não estiver? A função data(int, int) ainda é pior porque ela sobrescreve um local desconhecido.

O que é preciso é uma verificação para certificar que index está no limite. No seguinte programa, para ser breve, apenas a função data(int) é exibida:

```
int data(unsigned int index)
{
    if (index >= size)
    {
        throw Exception("Array index out of range");
    }
    return pData[index];
}
```

Agora um index fora do limite será pego pela verificação (fazer o índice sem atribuição evita a necessidade de acrescentar uma verificação por valores de índice negativos).

Comente Seu Código Enquanto Você o Escreve

Você pode evitar erros se comentar seu código enquanto você o escreve em vez de esperar até que tudo funcione para então voltar e acrescentar comentários. Eu posso entender não querer separar um tempo para escrever cabeçalhos volumosos e descrições de funções até mais tarde, mas você sempre tem tempo para acrescentar pequenos comentários enquanto escreve o código.

Pequenos comentários são esclarecedores. Se eles não são, eles não valem tanto a pena. Você precisa de todo o entendimento que puder enquanto você está tentando fazer o programa funcionar. Quando você olha para um pedaço de código que escreveu alguns dias atrás, comentários que são pequenos, descritivos e diretos ao ponto podem ter uma contribuição imensa em te ajudar a descobrir exatamente o que você estava tentando fazer.

Além disso, endentação consistente de código e convenções de nomeação podem tornar o código mais fácil de entender. É muito bom quando o código é fácil de ler depois que você terminou com ele, mas tão importante quanto é deixar o código fácil de ser entendido enquanto você o escreve. É aí que você precisa de ajuda.

Verifique Cada Passo Pelo Menos Uma Vez

Pode parecer uma instrução óbvia, mas vou fazê-la mesmo assim: como programador, é importante que você entenda o que seu programa está fazendo. Nada lhe dá uma noção melhor do que está acontecendo do que verificar cada passo do programa com um depurador (Code::Blocks contém um depurador integrado).

Além disso, enquanto você escreve o programa, às vezes você precisa de material puro para entender algum comportamento bizarro. Nada lhe dá aquele material de forma melhor do que verificar cada passo de funções novas enquanto elas entram em serviço.

Finalmente, quando uma função está finalizada e pronta para ser adicionada ao programa, cada caminho lógico precisa ser percorrido pelo menos uma vez. Bugs são muito mais fáceis de encontrar quando a função é examinada do que depois que ela é lançada no pote com o resto das funções — e sua atenção foi para os novos desafios de programação.

Evite Operadores Sobrecarregados

No lugar de usar o operador de atribuição `operator=()`, você deveria resistir à sobrecarga de operadores até que se sinta confortável com C++. Sobrecarregar operadores que não sejam o de atribuição quase nunca é necessário e pode acrescentar significantes infortúnios de depuração para um programador novo. Você pode conseguir o mesmo efeito definindo e usando funções membro públicas adequadas.

Quando você estiver programando em C++ por alguns meses, sinta-se livre para retornar e começar a sobrecarregar operadores para sua felicidade.

Controle o Heap Sistematicamente

Como regra geral, programadores deveriam alocar e liberar memória heap no mesmo "nível". Se uma função membro `MyClass::create()` aloca um bloco de memória heap e a retorna para o chamador, deveria haver uma função membro `MyClass::release()` que devolve a memória para o heap. Especificamente, `MyClass::create()` não deveria solicitar uma função pai para liberar a memória. Isso certamente não evita todos os problemas de memória — a função pai pode esquecer de chamar `MyClass::release()` — mas reduz a possibilidade de tal.

Use Exceções para Tratar Erros

O mecanismo de exceção em C++ é feito para controlar erros convenientemente e eficientemente. No geral, você deveria lançar um indicador de erro em vez de retornar uma sinalização de erro. O código resultante é mais fácil de escrever, ler e manter. Além do mais, outros programadores esperam por isso — você não gostaria de desapontá-los, não é?

Não é necessário lançar uma exceção de uma função que retorna um indicador "não funcionou" se essa é uma parte da vida cotidiana daquela função. Considere uma função `lcd()` que retorna o mínimo múltiplo comum de um número passado para ela como um argumento. Aquela função não retornará nenhum valor quando apresentado um número primo (um número primo só pode ser dividido por 1 e ele mesmo). Isso não é um erro — a função `lcd()` não tem nada a dizer quando dado um primo.

Declare Destrutores Virtuais

Não se esqueça de criar um destrutor para sua classe se o construtor aloca recursos (como a memória heap) que precisem ser retornados quando o objeto chegar a seu fim. Tendo criado um destrutor, não esqueça de declará-lo virtual (quase) todas as vezes, especialmente se você sabe que sua classe provavelmente é herdada e estendida por subclasses. O problema é demonstrado no seguinte fragmento de código

```cpp
#include <iostream>

using namespace std;
class Person
{
  public:
    Person(const char* pszName)
    {
        psName = new string(pszName);
    }
    ~Person()
    {
        delete psName; psName = nullptr;
    }

  protected:
    string* psName;
};
```

```cpp
class Student : public Person
{
  public:
    Student(const char* pszName, unsigned ID,
            const char* pszMajor)
      : Person(pszName), mID(ID)
    {
        psMajor = new string(pszMajor);
    }
    ~Student()
    {
        delete psMajor; psMajor = nullptr;
    }
  protected:
    unsigned mID;
    string* psMajor;
};

void fn()
{
    Person* p = new Student("Stew Dent", 1234, "Physics");
    delete p;
}
```

A função `fn()` cria um objeto Student. A classe Student estende a classe Person que aloca memória heap para segurar o nome da pessoa no construtor e o retorna no destrutor. Além disso, o construtor Student aloca memória que retorna em seu próprio destrutor.

O problema ocorre quando `fn()` armazena o ponteiro retornado para um Student em uma variável declarada Person*. Isso é permitido porque um Student É_UM Person (veja o Capítulo 11 se isso não faz sentido). O problema é que `delete p` chama o destrutor Person mas não o destrutor Student, resultando em um vazamento de memória.

O problema se resolve ao fazer a seguinte mudança na classe:

```cpp
class Person
{
  public:
    Person(char* pszName) { psName = new string(pszName);}
    virtual ~Person() { delete psName; / nullptr; }

  protected:
    string* psName;
};
```

Isso faz C++ chamar o destrutor baseado no tipo atual do ponteiro (nesse caso Student*) e não seu tipo declarado (Person*).

Certo, então quando eu não deveria declarar o destrutor virtual? Declarar qualquer membro em uma classe virtual significa que C++ deve adicionar um ou dois ponteiros extras para cada objeto daquela classe para acompanhar seus membros virtuais. Assim, se você declarar muitos objetos `Person`, alguns ponteiros extras por objeto podem se tornar algo grande.

Como regra geral, se você esperar que alguém herde sua classe, então declare seu destrutor virtual. E se você tem a intenção de herdar de uma classe base existente, certifique-se que seu destrutor esteja declarado como virtual também.

Evite Herança Múltipla

Herança múltipla, como a sobrecarga de operador, acrescenta um nível de complexidade com o qual você não precisa lidar quando está no começo. Felizmente, a maioria dos relacionamentos do mundo real podem ser descritos com herança simples.

Depois que você se sentir confortável com seu nível de entendimento em C++, experimente estabelecer algumas hierarquias de herança múltipla. Dessa forma você estará pronto quando a situação incomum, que requer herança múltipla para descrevê-la, finalmente chegar.

Capítulo 30

10 Maneiras de Proteger Seus Programas dos Hackers

Neste Capítulo

- Protegendo-se de entradas de usuário
- Manipulando falhas em seu código
- Mantendo um log do programa
- Seguindo bons processos de desenvolvimento
- Praticando um bom controle de versão
- Autenticando usuários com segurança
- Administrando suas sessões
- Ofuscando seu código
- Assinando seu código
- Usando criptografia com segurança

O Capítulo 28 descreve coisas que você deveria fazer em seu código para evitar escrever programas que são vulneráveis a hackers. Ele também descreve características que você pode habilitar se seu sistema operacional suportá-las, tais como Address Space Layout Randomization (ASLR) e Prevenção da Execução de Dados (DEP). Este capítulo descreve mais passos que você pode dar como parte do processo de desenvolvimento de software para se defender de hackers.

Não Tire Conclusões sobre a Entrada de Usuário

O programador tem um exemplo em mente quando escreve um programa. Ele está pensando sobre o problema que ele está tentando resolver. Uma vez que uma pessoa só pode pensar em uma única coisa por vez, ele provavelmente não está pensando muito além do problema imediato.

O campo de visão do programador é bom durante a fase inicial do desenvolvimento. Em algum momento, entretanto, o programador (ou, ainda melhor, algum outro programador que não tinha nada a ver com o desenvolvimento do código) precisa parar e esquecer do problema imediato. Ele precisa se perguntar: "Como esse programa reagirá a entradas ilegais?"

Por exemplo, no campo para nome de usuário, suponha que alguém entre com milhares de caracteres lixo. Como o programa reagirá? Idealmente, você quer que o programa responda com uma mensagem de erro como: "O que esses milhares de caracteres estão fazendo no lugar onde eu queria um nome?" Com isso em mente, um simples "Eu não entendi o que você falou" está bom.

Na verdade, qualquer tipo de falha ou dado corrompido é aceitável. Isso porque uma falha indica uma possível intrusão de vetor que um hacker pode explorar para fazer com que seu programa faça alguma coisa que você não quer.

Nem toda a falha é explorável, mas muitas são. Na verdade, jogar muito lixo na entrada de um programa e procurar por falhas é chamado de *testar o programa* e geralmente é o primeiro passo para explorar falhas em aplicações implementadas.

Estas são algumas regras para checar a entrada:

- Não faça suposições sobre o tamanho da entrada.
- Não aceite mais entrada do que você pode ter no espaço do seu buffer de tamanho fixo (ou buffers de tamanho variável).
- Verifique a extensão de cada valor numérico para ter certeza de que ele faz sentido.
- Procure e filtre caracteres especiais que podem ser usados por um hacker para injetar código.
- Não passe uma entrada pura para outro serviço, como um servidor de banco de dados.

E execute todas as mesmas verificações nos valores retornados dos serviços remotos. O hacker pode não estar no lado da entrada, ele pode estar no lado da resposta.

Tratando Falhas com Elegância

Com isso, eu não quero dizer "Não seja um perdedor." O que eu quero dizer é que seu programa deveria responder razoavelmente a falhas que ocorrem dentro dele. Por exemplo, se sua chamada para uma função biblioteca retornar um `nullptr`, o programa deveria detectar isso e fazer algo razoável.

Razoável aqui deve ser entendido de forma bastante liberal. Eu não quero necessariamente dizer que o programa precisa bisbilhotar para descobrir por que a função não retornou um endereço razoável. Poderia ser que o pedido foi memória demais por causa de uma entrada insensata. Ou poderia ser que o construtor detectou algum tipo de entrada não permitida. Não importa. A questão é que o programa deveria restaurar seu estado da melhor maneira que puder e se preparar para o próximo bit de entrada sem falhar ou corromper estruturas de dados existentes, tal como o heap.

No geral, isso significa o seguinte:

- Verifique entrada não permitida para funções de interface e lance uma exceção quando detectá-la.
- Capture e controle exceções nos locais apropriados.

Alguns programadores são bons em verificar entradas não permitidas e lançar exceções quando problemas ocorrem, mas eles não são tão bons em capturar exceções e manipulá-las propriamente. Eu daria a esse tipo de programador um B-. Pelo menos seus programas são difíceis de explorar, mas falham com facilidade, tornando-os vulneráveis a Ataques de Negação relativamente menos perigosos.

Outra regra é a falha com segurança. Por exemplo, se você está tentando verificar a senha de alguém e utilizar 2000 caracteres de entrada repletos de instruções SQL embutidas, não somente é necessário rejeitar esse lixo, mas você também não deve aprovar essa besteira se era uma senha válida. Quando você puder capturar uma exceção, você não deveria presumir coisas sobre o estado do sistema (como o fato de que o usuário foi propriamente identificado e credenciado) que pode não ser verdade. É bem melhor exigir que o usuário reentre suas credenciais após uma grande falha, do que seria assumir que um usuário inválido já tenha sido aprovado.

Mantendo um Log do Programa

Crie e mantenha logs (registros) no tempo de execução que permitam que alguém reconstrua o que aconteceu no evento de uma falha de segurança (Na verdade, isso é verdade em qualquer tipo de falha). Por exemplo, você provavelmente quer registrar toda vez que alguém entra ou sai do seu programa. Você irá sem dúvidas querer saber quem se registrou no seu sistema quando um evento de segurança ocorreu — esse é o grupo que está em maior risco de perda de segurança e que são mais suspeitos quando procuramos por culpados. Além disso, você vai querer registrar quaisquer erros de sistemas, o que incluiria a maioria das exceções.

Um programa de produção real contém um grande número de chamadas que parecem um pouco com o seguinte:

```
log(DEBUG, "User %s entered legal password", sUser);
```

Esse é apenas um exemplo. Todo programa precisará de um tipo de função log. Ser ou não chamada de `log()` é irrelevante.

Essa chamada escreve a string `User xxx entered legal password`, em que `xxx` é substituído pelo nome contido na variável `sUser` para o programa log file quando o sistema está em modo depuração. Quando o programa não está em modo depuração, essa chamada não faz nada — isso é para evitar penalidade de performance por registrar muita informação quando tudo estava caminhando suavemente.

Funções log do sistema geralmente suportam qualquer lugar, de dois a cinco níveis de severidade, o que indica se as mensagens de log foram escritas ou não. Existem algumas falhas que sempre são escritas no arquivo log:

```
if (validate(sUser, sPassword) == true)
{
    log(DEBUG, "User %s entered legal password", sUser);
}
else
{
    log(ALWAYS, "User %s entered illegal password",
            sUser);
}
```

Aqui, o programa registra uma senha de usuário válida somente quando o sistema está em modo depuração, mas ele sempre registra uma senha inválida caso isso represente uma tentativa de invasão no sistema tentando adivinhar senhas.

Arquivos log devem ser mantidos. Geralmente, isso significa executar uma tarefa automaticamente à meia-noite ou outra hora de pouco uso que fecha o arquivo log atual, move-o para um diretório separado junto com a data do dia e abre um novo arquivo log. Isso evita que um simples arquivo log fique muito grande e difícil de se analisar. Isso também facilita o retorno a arquivos log anteriores para procurar por um evento específico.

Além disso, revisar arquivos log é chato, ingrato e, logo, um trabalho propenso a erros. Isso torna este trabalho melhor executado por computadores. A maioria dos grandes sistemas possuem programas especiais que examinam o arquivo log procurando anormalidades que podem indicar um problema. Por exemplo, uma ou duas senhas inválidas por horas provavelmente não é algo para se preocupar — pessoas digitam errado suas senhas o tempo todo. Mas algumas milhares de senhas inválidas em uma hora, são provavelmente dignas de animação. Isso pode indicar uma tentativa forçada de entrada por adivinhação de senhas com força bruta.

Um livro inteiro *Para Leigos* poderia ser escrito sobre manutenção de arquivos log. Sempre há mais sobre esse assunto do eu posso falar aqui. Arquivos log devem ter backups feitos diariamente e limpos periodicamente para que não cresçam eternamente. Além disso, alguém ou algum programa precisa monitorar esses arquivos log para detectar problemas como tentativas repetitivas de adivinhar a senha de alguém.

Manter um log de sistemas dá ao administrador material puro que ele precisa para reconstruir o que aconteceu na hipótese de algo impensável acontecer e um hacker entrar no sistema.

Siga um Bom Processo de Desenvolvimento

Todo programa deveria seguir um processo de desenvolvimento formal e bem pensado. Tal processo deveria incluir, pelo menos, os seguintes passos:

- ✓ Receber e documentar requerimentos, incluindo requerimentos de segurança.
- ✓ Revisar o design.
- ✓ Aderir a um padrão de código.
- ✓ Passar por testes de unidade.
- ✓ Conduzir testes de aceitação formais que são baseados nos requerimentos originais.

Além disso, revisões em pares deveriam ser conduzidas em pontos-chave para verificar se os requerimentos, o design, o código e os procedimentos de teste estão em alta qualidade e satisfazem os padrões da companhia.

Eu não sou contra técnicas de desenvolvimento da nova geração como desenvolvimento recursivo e ágil. Mas *ágil* não é sinônimo de *desleixado* — só porque você está usando um processo de desenvolvimento ágil, não significa que você pode pular os passos de desenvolvimento anteriores.

Eu também não sou rigoroso quanto ao processo. Os passos precedentes não precisam ser tão formais ou estendidos para um programa pequeno envolvendo um ou dois desenvolvedores como eles seriam para um projeto envolvendo dúzias de analistas de sistemas, desenvolvedores e analistas de testes. Entretanto, mesmo os pequenos programas podem conter falhas de seguranças suscetíveis a hackers, e é preciso somente um para seu computador se tornar o robô de alguém.

Implemente um Bom Controle de Versão

O controle de versão é uma coisa estranha. É natural não se preocupar com a versão 1.1 quando você está sendo pressionado para jogar a versão 1.0 porta afora e para as mãos estendidas de usuários ansiosos. Entretanto, o controle de versão é um tópico importante que deve ser discutido cedo porque deve ser construído no design inicial do programa e não surgir inesperadamente mais tarde.

Um aspecto quase trivial de controle de versão é saber qual versão do programa um usuário está utilizando. Agora isso parece meio estúpido, mas acredite em mim, não é. Quando um usuário levanta e diz: "ele faz isso quando eu clico naquilo", o serviço de assistência (*help desk*) realmente precisa saber qual versão do programa o usuário possui. Ele poderia descrever um problema em sua versão que já foi resolvido na versão atual.

Um programa deveria ter um número de versão global para ou exibir quando o programa começar ou ser facilmente recuperável pelo usuário (ou ambos). Geralmente o número da versão é exibido como parte do sistema de ajuda. No código, isso pode ser tão simples quanto manter uma variável global com um número de versão que é exibido quando o usuário seleciona Help ⇨ About. O programador é responsável por atualizar esse número de versão quando uma nova versão é levada para produção. A janela Help também deveria exibir o número de versão de qualquer serviço Web que o programa use, se possível.

Um aspecto mais perigoso do controle de versão é como transferir novas versões da aplicação para usuários. Isso inclui tanto o código em si quanto as mudanças nas estruturas de dados, como tabelas de banco de dados, que aplicação pode acessar.

O problema de transferência de código é trivial com aplicações web baseadas em navegadores — você simplesmente carrega uma nova versão no servidor e na próxima vez que o usuário clicar na sua página, ele recebe a versão nova. Entretanto, esse problema é muito mais difícil para aplicações instaladas no computador do usuário. O problema é que esse é uma grande oportunidade para hackers explorarem sua aplicação.

Suponha, por exemplo, que você planejou uma atualização muito legal na sua aplicação. O usuário clica em Atualizar Agora e a aplicação volta para o servidor e procura uma nova versão. Se a nova versão estiver disponível, a aplicação automaticamente faz download da atualização e a instala.

Se um hacker descobre o protocolo que sua aplicação usa para fazer download de atualizações e se aquele protocolo não é seguro o suficiente, um hacker pode convencer sua aplicação, em computadores de outras pessoas, a fazer download de uma versão especialmente modificada que ele criou, cheia de malwares de sua própria criação. Muito em breve sua base inteira de usuário estará infectada com algum tipo de malware que você nem conhece.

Eu não estou dizendo que atualizações automáticas não podem ser feitas de forma segura — obviamente elas podem, ou empresas como Microsoft e Apple não fariam isso. Eu só estou dizendo que se você escolher o caminho de atualização automática, você precisa ser muito cuidadoso em como você implementa a segurança.

Mesmo que você pegue o caminho antigo e leve o usuário a fazer o download de uma nova `MyApplication_Setup.exe` que instala a nova aplicação, você precisa se preocupar com a possibilidade de algum hacker ter feito upload de uma versão do seu programa com malware. A maioria dos web sites de downloads são muito cuidadosos em checar aplicações por malware. Outra abordagem é calcular uma soma de verificação (*check sum*) segura e incluí-la com o arquivo de download. O usuário pode então recalcular aquele valor no arquivo que ele fez download. Se o número que ele calcular não for o mesmo número que você fez upload, então o arquivo executável pode ter sido infectado e usuário não deveria instalar o programa. Apesar de essa abordagem ser muito segura, poucos usuários se importam.

Autentique os Usuários com Segurança

A autenticação de usuário deveria ser direta: o usuário fornece o nome de conta e uma senha e seu programa procura o nome da conta na tabela e compara as senhas. Se as senhas combinarem, o usuário é autenticado. Mas quando falamos de antihacking, nada é tão simples.

Primeiramente, nunca armazene as senhas no banco de dados. Isso é chamado armazenar *sem codificação* e é considerado uma forma muito ruim. É muito fácil para um hacker colocar suas mãos no arquivo de senha. Em vez disso, guarde uma transformação segura de senha.

Isso é conhecido como *Hash Seguro* e existem vários algoritmos definidos; os mais comuns são MD5, SHA1 e SHA256. Todas essas funções hash compartilham diversas propriedades comuns: é muito improvável que duas senhas gerem o mesmo valor hash, é virtualmente impossível descobrir a senha original do valor hash, e mesmo uma pequena mudança na senha resulta em valores hash completamente diferentes.

Infelizmente, nenhuma função hash segura é incluída na biblioteca padrão C++, mas há implementações de padrões dos algoritmos mais comuns em muitas bibliotecas de código aberto. Além disso, os algoritmos, junto com o código exemplo para cada um deles, está disponível em Wikipédia.

Na prática, tais funções hash funcionam desta maneira:

1. O usuário cria uma senha quando se registra com a aplicação.

2. A aplicação anexa uma string aleatória (conhecida como `salt`) ao início ou ao final da senha que o usuário insere.

3. A aplicação executa a string resultante por meio de seguros algoritmos hash.

Por exemplo, o algoritmo SHA256 gera um resultado de 64-dígitos hexadecimal (256-bit). A aplicação armazena esse resultado e a string `salt` no banco de dados junto com o nome do usuário.

Por que salt (sal)? Faz mal ao coração

O valor salt adiciona segurança ao processo dificultando a dedução da senha para o hacker, mesmo se ele interceptar o valor hash bisbilhotando a linha. Isso é feito de duas maneiras:

- Uma técnica bem-sucedida em adivinhar senhas é a de construir uma tabela de senhas comuns pre-hash. Isso é conhecido como Ataque de Dicionário.

- Quando a senha hash vem para a linha, o hacker procura o valor hash no dicionário — essa é uma operação muito rápida. Se for encontrada, então o hacker sabe a senha do usuário. Entretanto, essa técnica não funcionará, mesmo se o usuário escolher uma senha comum, se um valor salt aleatório foi adicionado.

- Um salt pode compensar senhas que são muito curtas.

Por exemplo, um hacker que sabe que um usuário é preguiçoso e não usa senhas com mais de seis caracteres não tem dificuldade em tentar todas as possíveis combinações de seis letras para reconstruir uma senha de sua hash. Mas uma senha de seis letras combinadas com um hash aleatório de 30 letras não pode ser calculada antecipadamente. Finalmente, um valor salt aleatório dá a dois usuários diferentes a mesma senha com valores hash diferentes.

Entretanto, salts não são mágicos. O valor salt é transmitido às claras. Se o usuário escolher uma senha suficientemente curta (digamos, quatro caracteres) e o hacker souber disso, o hacker ainda pode gerar as hashes de todas as possíveis senhas de quarto letras combinadas com a string salt e quebrar a senha do usuário preguiçoso.

Capítulo 30: 10 Maneiras de Proteger Seus Programas... 439

> Lembre-se que, para salt ser eficiente, ele precisa ter três propriedades:
> - Deve ser gerado separadamente para cada usuário — usar o mesmo valor salt várias vezes não acrescenta segurança.
> - Deve ser longo o suficiente (digamos 20 ou 30 caracteres).
> - Deve ser aleatório.

Quando o usuário faz log in, a aplicação percorre os seguintes passo para verificar a senha do usuário:

1. Usa o nome de usuário para verificar os valores `salt` e a senha com hash na tabela de usuário.
2. Adiciona a string `salt` na senha do usuário e calcula a hash segura.
3. Compara esse novo valor calculado com o valor armazenado na tabela. Se eles combinarem, então o usuário é autenticado.

Esse algoritmo tem a vantagem de que, se um hacker conseguisse a tabela de senha, ainda assim seria difícil para ele criar uma senha que combinaria com uma das hashes existentes.

Pode ser difícil mas não é impossível encontrar uma senha que combine com um valor hash dado, no entanto — o algoritmo MD5, embora popular, é particularmente suscetível a esse tipo de ataque. Se você suspeitar que a tabela de senhas tenha sido comprometida, você deve invalidar todas as contas de usuário e forçar as pessoas a seguramente se registrarem novamente com a aplicação.

Uma vez que você tenha autenticado um usuário, sua aplicação deveria designar para aquele usuário uma função que especifique os tipos de coisas que ele tem permissão de fazer na aplicação. Considere uma aplicação que reporte status semanalmente. Um usuário normal deveria apenas conseguir editar entradas que ele cria. Ele pode ou não conseguir ler entradas de outros usuários. Apenas alguns usuários com função de administradores deveriam conseguir editar tabelas, registrar novos usuários ou modificar as funções de outros usuários.

Ao manter o número de administradores no mínimo, você reduz o número de vulnerabilidades as quais sua aplicação se expõe. Por exemplo, se um hacker viola a conta de um usuário normal, ele pode fazer pouco mais que editar a informação de status daquele usuário. É ruim, mas certamente não é um desastre.

E, finalmente, sua aplicação deveria guardar estatísticas de logins de usuários. Você deveria considera desativar as contas de usuários que não usam o sistema por um longo tempo. Além disso, a aplicação deveria reagir automaticamente a repetidas tentativas de log in com a senha errada, bloqueando a conta permanentemente ou, pelo menos, temporariamente. Isso tornará muito mais difícil para um computador do outro lado da conexão percorrer milhares ou milhões de possíveis senhas tentando adivinhar uma por força bruta.

Gerencie Sessões Remotas

Você pode fazer certas presunções quando a sua aplicação inteira executar em um único computador. Uma vez que o usuário tenha se autenticado, você não precisa se preocupar com ele ser transformado em uma pessoa diferente (a não ser que sua aplicação tenha a intenção de ser executada na Escola de Magia e Bruxaria de Hogwarts). Aplicações que se comunicam com um servidor remoto não podem fazer essa suposição — um hacker que esteja escutando na linha pode esperar até que o usuário se autentique para então sequestrar a sessão.

O que um programador que esteja pensando em segurança pode fazer para evitar essa situação? Você não quer pedir ao usuário, repetidamente, sua senha só para certificar que a conexão não foi sequestrada. A solução alternativa é estabelecer e controlar uma sessão. Você faz isso fazendo o servidor enviar, para a aplicação remota, um cookie de sessão uma vez que o usuário tenha se autenticado com sucesso.

O termo *cookie* não é muito descritivo. Na verdade é uma string de dígitos ou caracteres. Um cookie pode estar em um arquivo no disco rígido, ou pode estar na RAM. Cookies de sessão geralmente são mantidos na RAM por segurança extra. Todos os navegadores modernos incluem suporte para cookies.

Um cookie pode incluir informações como um hash da senha do usuário e que horas a sessão começou. Ao longo da sessão, o servidor periodicamente desafia a aplicação remota por uma cópia do cookie. Desde que a aplicação remota apresente um cookie, o servidor pode ficar razoavelmente seguro de que a pessoa do outro lado da conexão é a mesma pessoa que entrou com a senha correta.

Se, em algum momento, a aplicação remota não puder produzir um cookie que corresponda ao cookie fornecido a ela no início da sessão, a aplicação do servidor automaticamente faz log off do usuário e se recusa a escutar a aplicação remota até que ela possa fazer log in novamente com um nome de usuário e senha válidos. Se a conexão entre o servidor e a aplicação for perdida, o servidor invalida o cookie, assim força a aplicação a se autenticar novamente. Quando o usuário faz log out, o cookie da sessão também é invalidado.

Dessa maneira, o servidor pode ficar razoavelmente seguro de que alguma aplicação abominável não conseguiu se registrar a sessão do usuário. Mas e na outra direção? Como a aplicação sabe se pode confiar no servidor? Uma forma de resolver esse problema é a aplicação remota gerar um cookie de volta para o servidor que o identifica como servidor legítimo.

Uma segunda abordagem, muito mais segura, é estabelecer uma sessão segura usando um protocolo padrão como Secure Socket Layer (SSL) ou Transport Layer Security (TLS). Apesar de os detalhes estarem muito além do escopo deste livro, estes protocolos permitem que o servidor e a aplicação remota troquem senhas de maneira segura. Essas senhas são então usadas para criptografar toda a comunicação entre os dois pelo resto da sessão. Essa criptografia evita que o hacker intercepte a sessão — sem a senha, o hacker não entende o que o servidor está dizendo e nem engana o servidor para aceitar sua saída. Além do mais, como as mensagens são criptografadas com chaves trocadas seguramente, um hacker não consegue nem entender qual informação está sendo trocada entre o servidor e a aplicação remota se ele estiver escutando na linha.

Complique Seu Código

A *ofuscação de código* é o ato de tornar a execução o mais difícil possível para um hacker entender.

Ofuscar significa tornar obscuro ou não claro.

A lógica é simples. Quanto mais fácil for para um hacker entender como seu código funciona, mais fácil será para ele descobrir vulnerabilidades.

O único e simples passo que você pode dar é certificar-se de que você sempre distribui a versão Release do seu programa que não inclui as informações de símbolos depuração (Debug). Quando você cria o arquivo de projeto, tenha certeza de selecionar que ambas as versões, Debug e Release, devem ser criadas, como mostrado na Figura 30-1. A única real diferença entre as duas é o switch do compilador: a versão Debug inclui o -gswitch, que diz ao compilador para incluir informação de tabela de símbolos no arquivo executável. Essa informação diz ao depurador onde cada linha de código está localizada dentro do executável e onde cada variável está armazenada. Essa informação é necessária para fixar pontos de quebra e exibir o valor das variáveis. Mas se essa informação estiver disponível na versão distribuída para os clientes, então o hacker receberá uma exibição azul para cada linha em seu código-fonte.

Figura 30-1:
O assistente de instalação usado para criar programas permite que você crie as versões Debug e Release dos projetos.

A versão Release de Code::Blocks não inclui o switch gcc -g, então nenhuma informação de símbolos é incluída no executável.

A versão Release também pode incluir otimizações de código melhoradas para gerar arquivos executáveis mais rápido e menores via uma das várias switches gcc-O.

Você pode adicionar a versão Release a um projeto existente em Code::Blocks selecionando Project ➪ Properties e então selecionando a aba Build Targets para revelar um novo alvo. Certifique-se que as configurações nessa caixa de diálogo correspondem com as configurações Debug (por exemplo, certifique que o tipo é Console Aplication e que o alvo executável e os diretórios de objeto estão preenchidos). Então, selecione as opções Build e certifique-se que o alvo Release não tenha configurado o compilador switch -g.

Capítulo 30: 10 Maneiras de Proteger Seus Programas... 443

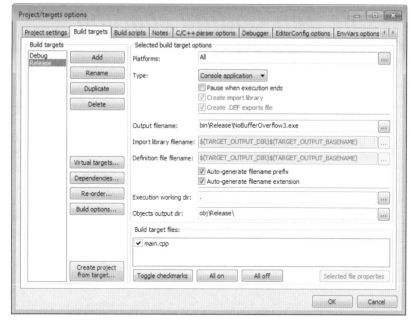

Figura 30-2: Você pode adicionar um novo alvo de construção a partir da janela Project ⇨ Properties.

Você precisará construir a versão depuração durante o Teste de Unidade e a depuração; mas antes do teste final e release, você deveria dizer a Code::Blocks para gerar a versão Release do programa selecionando Build ⇨ Select Target ⇨ Release ⇨ Build ⇨ Rebuild. Para deixar tudo certo, Code::Blocks coloca o executável Release em um diretório alvo separado.

Nunca, nunca mesmo, distribua versões da sua aplicação com informação de símbolos incluída.

Você sempre deverá tentar fazer seu código-fonte o mais simples, limpo e claro possível. Entretanto, você pode adquirir um ofuscador de código que deforma o seu programa para dificultar reversão da engenharia. Alguns ofuscadores funcionam no código da máquina e outros funcionam em nível de fonte, gerando um programa C++ a partir do seu programa C++ que até você é pressionado a seguir. O ponto crítico sobre qualquer ofuscador é que enquanto ele dificulta que um ser humano siga o código, ele não muda o significado do código em nada.

Não coloque muita fé em ofuscadores. Eles podem dificultar a reversão do código, mas ainda assim não é impossível. Dado tempo o bastante, determinado hacker pode reverter a engenharia de qualquer programa.

Assine Seu Código com um Certificado Digital

A assinatura de código funciona gerando uma hash segura do código executável e combinando-a com um certificado emitido por uma autoridade certificadora válida. O processo funciona assim: a companhia que cria o programa deve primeiro se registrar com uma das autoridades certificadoras. Vamos usar o exemplo da minha grande esperança de aposentadoria, Minha Empresa, Inc. Eu devo primeiro convencer uma das autoridades certificadoras comercialmente disponíveis que Minha Empresa, Inc., é de fato uma empresa real e não apenas um refúgio de ladrões ou algo da minha imaginação. Eu faço isso revelando seu endereço, números de telefone, nomes e endereços de seus diretores, a URL de seu web site, e por aí vai. Também pode ser que peçam que eu produza arquivos de impostos de Minha Empresa dos últimos anos para provar que essa não é uma solicitação falsa.

Uma vez que a autoridade certificadora esteja convencida que Minha Empresa é uma entidade de Software válida, ela emite um certificado. Ele é um longo número que qualquer um pode usar para verificar que o dono desse certificado é a famosa Minha Empresa de San Antonio.

Executáveis gerados por Minha Empresa podem então ser assinados com tal certificado. Assinar o executável faz duas coisas:

- Cria uma hash segura que dificultaria muito (o mais próximo possível de impossível) que um hacker modificasse o executável sem ser detectado pelo computador do usuário.
- Garante ao usuário que esse programa foi criado por uma empresa de desenvolvimento de software legítima.

Quando um usuário executa meu programa pela primeira vez, a aplicação apresenta sua combinação de certificado e hash segura para o sistema operacional. O SO primeiro calcula uma hash do executável e a compara com a hash apresentada. Se elas corresponderem, então o SO está razoavelmente certo de que o executável é o mesmo que Minha Empresa enviou de suas portas. O SO então valida o certificado para certificar que é válido e não foi revogado. Se isso corresponder, o SO apresenta uma caixa de diálogo ao usuário que declara que a aplicação é um executável válido de Minha Empresa, Inc., e pergunta se deveria continuar executando.

Use Criptografia Sempre Que Necessário

Como qualquer bom aviso, esta repreensão possui várias partes. Primeiro, "Use Criptografia Sempre Que Necessário." tende a atrair pensamentos de informação de conta em comunicação bancária pela Internet, mas você deveria pensar além disso. Dados que estão sendo comunicados, pela internet ou em um espaço menor, são conhecidos geralmente como Dados em Movimento *(Data in Motion)* e deveriam ser criptografados, a não ser que não seja de uso para um hacker.

Dados armazenados no disco são conhecidos com Dados em Repouso *(Data at Rest)*. Esses dados também deveriam ser criptografados se há uma chance do disco ser perdido, roubado, ou copiado. Rotinas de negócios criptografam os discos rígidos nos laptop das empresas no caso de um laptop ser apreendido no escâner de segurança do aeroporto ou deixado em um táxi qualquer. Pequenos aparelhos portáteis de armazenamento, como pen drives, são especialmente suscetíveis a perda de dados nesses aparelhos deveriam ser criptografados.

A criptografia não é limitada a dados — toda a sessão de comunicação deveria ser criptografada se um hacker puder persuadir sua aplicação para revelar segredos simulando a aplicação remota ou o servidor.

Mas o título desta seção diz "Use Criptografia Segura". Não crie seu próprio esquema de criptografia ou tente melhorar um esquema existente porque os resultados não serão seguros. Algoritmos de criptografia passaram por anos de teste e avaliação de experts antes de serem adotados pelo público. Não pense que você vai fazer melhorias neles sozinho. Você provavelmente vai estragá-los.

Um bom exemplo disso está no Wi-Fi do seu telefone, tablet, ou laptop. A definição original do Wi-Fi (conhecida como 802.11b) usava um algoritmo razoavelmente seguro publicado para fazer segurança de pacotes de informação enviados pelo ar. Isso foi chamado de padrão WEP (Wired Equivalent Privacy, às vezes erroneamente chamado de Wireless Encryption Protocol). Infelizmente, os designers de 802.11b não implementaram o protocolo corretamente, o que deixou 802.11b extremamente vulnerável a hackers. Em 2004, programas que estavam disponíveis na web podiam quebrar dados web criptografados em três minutos ou menos. Essa falha foi reconhecida rapidamente, e padrões subsequentes substituíram o WEP com o mais seguro WPA2 (Wi-Fi Protected Access).

Quando os buracos em WEP foram descobertos, a Wi-Fi Alliance, responsável pelo padrão 802.11, sabia que eles tinham um problema. A substituição do padrão de criptografia que eles queriam não podia ser implementada em muitos pontos de acesso Wi-Fi existentes que foram construídos para suportar WEP. Logo, a Wi-Fi Alliance decidiu lançar um padrão intermediário conhecido como WPA1. Esse protocolo implementou o algoritmo de criptografia original da forma que deveria ter sido implementado no início. Como era muito similar a WEP, WPA1 podia ser implementado em hardwares existentes com mudanças relativamente menores no firmware. Apesar disso, os reparos resultaram num aumento significante em segurança em comparação à falha implementação de WEP. Entretanto, WPA1 nunca foi destinado a ser nada além de um remendo. O padrão completamente novo WPA2 foi apresentado em 2004 e obrigatório em todos os aparelhos feitos depois de 2006. Aplicações seguras não permitem mais o uso de WEP. Por exemplo, a Indústria de Pagamento de Cartão baniu seu uso em 2008. Embora eu tenha visto suporte a WPA1 em 2010, WPA2 é a última palavra no momento desta escrita.

Índice

• A •

accumulator, 86
Adicionando Herança Virtual, 364
adicionar um argumento, 238
Adobe Acrobat, 10
ambiente
    de desenvolvimento, 10
    de domínio público, 10
Ambiguidades de Herança, 363, 371
Apresentando a Classe, 183
argumento
    de função, 97
    estabelecidos, 104
    para as funções, 123
    para os Arrays, 109
    para uma função, 96
Aritmética Binária Simples, 50
armazenar dados complexos, 183
arquivo
    fonte, 10, 341
    mytrig, 163
    do disco, 331
array, 109
    de caracteres, 117
        terminado em nulo, 119
    de ints, 323
    fixo, 118
    nValueArray, 110
    de objetos, 199
    simples, 199
assinatura, 100
Ataque de Negação, 396
    Denial of Service (DoS), 396
atributo override, 301
autodecremento, 76
avanço de linha (linefeed), 333

• B •

barras duplas (//), 28
bases virtualmente herdadas, 370
batch do MS-DOS, 10
biblioteca de C++, 320
    básica, 123
    padrão , 209
biblioteca I/O, 333
    Padrão de Gabaritos, 414
    Padrão de Gabaritos (STL), 383
bitwise, 57
bloco de memória, 137, 291
    memória chamado heap, 137
    memória extra, 137
Bolsa de Valores de Nova Iorque, 348
Boole, George, 59
botnet, 397
branch, 71
BreakDemo, 83
breakpoint, 254
breakpoint (ponto de parada), 254
buffer, 123
bug, 286
Build Message, 25

• C •

C#, 371
C++, 371
Calculando Expressões, 30
caractere de barra invertida, 43
Caracteres
    especiais, 42
    wildcard, 158
carteira de motorista, 66
classe
    abstrata, 312
    base, 290
    honesta, 312
    Abstratas, 309
    bases, 371
    de Fluxo, 337
    string, 384, 416
    Student, 289
cláusula
    default, 87
    initialization, 78
Code::Blocks, 11
Código
    a Prova de Hackers, 395
    de fim de linha, 28
    código-fonte, 151
    original, 28
    em pedaços, 91
    SQL, 400
coleção, 383
comando
    break, 83
    de controle switch(), 155
    de pré-processador, 162
    int, 29
    loop, 85
Como Funciona o Fluxo de I/O, 329
compilação, 10
    condicional, 171
compilador, 41, 324
    GCC, 12

compile-time, 298
conceito de classe abstrata, 310
conceitos fundamentais, 9
configuração de direção. *Consulte* hoshin Kanri (configuração de direção)
constantes intrínsecas, 172
Construindo seu programa, 25
   uma subclasse, 290
construtor, 226
   de cópia, 323
      Automático, 262
      padrão, 263
      (copy constructor), 259
   de movimento, 259, 269, 326
   introdutores, 257
   Padrões, 243
contagem, 37
contêiner, 383
   string, 384
Controlando formatos, 341
Controle Aninhados, 85
controle de fluxo, 71, 72
conversão do ponteiro, 147
Conversion, 24
Cópias
   Profundas, 263
   Superficiais, 263, 319
construtor de cópia, 259
Curto-circuitos e C++, 62

• D •

dados de objeto, 183
dados intrínsecos, 317
declaração
   charMyName, 119
   de array, 110
   de função, 94
   de protótipo, 103
   fn, 137

friend, 221
int sumSequence(void), 94
   Automáticas, 46
Declarando Tipos Diferentes de Variáveis, 34
Declarando Variáveis, 34
declara variáveis em C++, 36
Definindo
   uma Função, 193
   Um Membro Estático, 273
definição posterior (forward declaration), 223
delegação de construtores, 242
demotion, 45
Denial of Service (DoS), 396
depuração, 254
desenrolando a pilha (unwinding the stack), 354
destrutor, 231
Destruindo uma subclasse, 291
destrutor (destructor), 231
   C++, 247
   Virtuais, 428
Detalhes das Funções, 95
diretiva do pré-processador, 172
dividir, 49
displayExplanation(void), 94
duplex, 229

• E •

ligação prematura, 298
economia de trabalho, 307
Editor Hex, 409
elemento
   individual, 111
   de um array, 117
erro
   de arredondamento, 62
   Novo, 353

enigmático, 25
escrevendo fluxos diretamente, 339
espaço em branco, 29
especificação de exceção, 353
Estabelecendo Argumentos, 103
Estilo de Código Limpo, 424
Estourando Buffers, 401
estouro de
   buffer (overflow), 401
      Evitando, 413
   overflow, 42
Estrada do Char, 43
esvaziar o cache (flushing the cache), 343
Evitando injeção de código, 400
Evitando temporários, 268
exceção para a regra de declarações idênticas, 300
execução continua, 78
expressão
   de modo misto, 45
   equivalente, 166
   lógica, 72
extensão .EXE, 10
extrator, 330

• F •

fatoração, 305
Fazendo o loop, 74
Fim de Arquivo (End of File, 413
flexibilidade, 209
fluxo de
   Entrada/Saída, 331
   I/O, 329
   Sinalizações de I/O, 341
fluxo do arquivo, 332
fluxo padrão, 330
Formando loops, 116
Formato de uma Classe, 184

friend, 221
função, 96
   concreta, 310
   de classe base, 298
   embutida, 317
   fixa, 415
   fn(), 137
   main(), 138
   membro, 324
   membro, 187
   sumSequence(), 94
   sumSquareSequence(), 99
   Virtual, 300
      virtual pura, 310
   void, 96
funções
   de entrada e saída, 162
   externas, 218
   similares, 123
   simples, 96
   sobrecarregadas, 197

• G •

gabarito de classe, 376
   Array<T>, 380
gabarito (template), 374
Generalizando uma Função, 374
Grade Point Average, 188

• H •

hábito comum, 103
Hackeando BufferOverflow, 408
Hackers, 395
head pointer, 210
heap, 137, 207
herança, 285
   múltipla, 361
   simples, 371
   virtual, 368

Herdando construtores, 291
Hexadecimal, 65
hierarquia de classe, 361
HTML, 400

• I •

Implementando Classes Abstratas, 309
inacessível, 217
incremento, 53
indexar um array, 146
inicialização da declaração, 107
inicialização de variáveis globais, 254
inicializando um array, 114
injeção de Código, 398
injeção de SQL, 398
inline, 194
insersor (inserter), 330
instalando o Code::Blocks, 11
instância da classe, 180
instanciar, 311
instrução
   de declaração, 29
   de seleção, 72
   switch, 87
instrução void
instruções
   de entrada/saída, 30
   de seleção, 74
   em C++, 72
interface, 371
   de linha de comando, 27

• J •

Java, 371

• L •

ligação prematura (early binding), 298

limitações dos inteiros em C++, 35
linefeed, 333
linguagem
   C++, 127
   de computação, 9
   de máquina, 9
   fortemente tipada, 35
   implementar, 371
   fracamente tipadas, 35
   intermediárias, 9
   orientada a objetos (OO), 285
linhas de código, 185
LinkedListData, 211
LinkedListForward, 215
Linux, 11, 158, 331, 411
   Debian, 15
   Red Hat, 15
Lista de Contêineres, 215
   da STL, 389
lista inicializadora, 257
Lista
   Inicializadora, 380
   inteira, 392
   ligada, 210
Little Endian, 406
localização, 125
local objects, 226
loop, 71
   aninhado, 85
   count negativo, 75
   for, 77
   infinito, 80

• M •

Macintosh, 11, 411
maior ou igual a (>=), 59
Manipuladores, 347
manipuladores (manipulators), 348
manipulators, 348
matemática, 34

Mecanismo de
 exceção, 351, 354
 Herança Múltipla, 361
Médio Oriente, 85
membro de dados complexo, 245
Membro
 Estático, 273
 de Classe, 245
 de dados, 303
 de dados estáticos, 273
 de dados estáticos, 276
 de uma Classe, 185
 estático bem protegidos, 275
 protegidos, 218
 do heap, 209, 232
memória heap, 140, 325
menor ou igual a (<=), 59
menor que (<), 59
método
 alternativo, 106
 dividir e conquistar, 91
 das Classes de Fluxo, 337
MinGW Compiler Suite, 12
modelo de memória, 144
 Externo, 380
 de Classe, 376
modo
 aberto (openmode), 332
 binário, 333
momento da
 compilação (compile-time), 298
 execução (run-time), 298
Motivos dos Hackers, 395
multiplicar, 49
My Documents, 24

• *N* •

nachos funcionais, 178
não-ponteiro (non-pointer), 210

NestedDemo, 92
newline, 333
nível de abstração, 178
nome estendido, 100
Nomes de Funções, 100
nova linha (newline), 333
Novo Operador, 318
número
 de constantes de inicialização, 115
 natural ou inteiro positivo, 35
 decimal, 36
 de ponto flutuante, 36
 negativos, 84

• *O* •

Objetos
 Definidos Intrinsecamente, 172
 de fluxo padrão, 330
 de Herança Múltipla, 370
 globais (global objects), 226
 locais (local objects), 226
 múltiplos, 228
 temporário, 326
Observações Virtuais, 302
operações
 aritméticas comuns, 49
 em C++, 49
Operações
 Lógicas, 57
  Bitwise, 66
 padrão. *Consulte* trabalho padronizado
 Unárias, 52
operador, 317
 binário, 50
 bitwise, 57
operador de
 atribuição (=), 58

igualdade (==), 58
Movimento, 326
referência, 206
resolução do escopo, 191
binários aritméticos, 52
Atribuição, 54
de incremento e de decremento, 53
de inserção, 339
de Ponteiro, 129
operadores
 lógicos, 57
  simples, 57
  maior que (>), 59
operador
 ponteiro, 201
 overloading, 317
Ordem de Construção, 251
outras linguagens de programação, 127

palavra-chave
 const, 135
 new, 140
 public, 184
 static, 273
 template, 375
 typedef, 174
passagem por referência, 106
passagem por valor, 106
Passando classes abstratas, 312
Perda de precisão, 38
pixel, 85
polimorfismo, 312
ponteiro, 312
 aritmético, 146
 inicial (head pointer), 210
 para Objetos, 200
Pré-processador, 161
primeiro
 argumento, 157

Índice

programa em C++, 20
Principais Métodos da Classe string, 384
problema de escopo, 140
programa 32-bit, 26
   bancário simples, 305
programação
   funcional, 186
   orientada a objeto, 177
programa
   completo, 91
   Concatenate, 121
   Conversion, 26
   NestedDemo, 92
   principal, 105
projeto, 20
promoção (promotion), 45
promotion, 45
propriedades binárias, 66
Protótipos de Função, 102
proxy, 334

• R •

rebaixamento (demotion), 45
Reexaminando arrays, 144
referência para um objeto da subclasse, 300
relacionamento de herança, 286
repetição (loop), 71
Resolução do Escopo, 191
resultado das operações lógicas, 71
revelação total, 395
roubo de identidade (identify theft), 396

• S •

saída
   binária, 341
   em arquivos do disco, 331

seleção (branch), 71
seleção múltipla (switch), 71
sintaxe, 310
   peculiar, 317
sistema
   hexadecimal, 65
   operacional, 152, 418
Sobrecarga de
   função, 101
   operador (operator overloading), 317
Sobrecarregando o Construtor, 240
sobrescrever, 298
somar, 49
SQL Injection, 396
STL, 384
string, 40
string
   de bytes terminada em nulo, 119
   de caracteres, 118, 119
   de caractere grande, 125
   terminada em nulo, 147
Student ID, 247
subclasse, 180, 289
   stringstream, 344
substituto (proxy), 334
switch, 71

• T •

tabela da verdade, 67
Tamanho da Variável, 127
tecnologia da computação, 36
temporário, 268
Tipos de Variáveis, 39
tipos diferentes de ponteiros, 132
tipo string, 249
Trabalhando com destrutores, 232

trabalho padrão.
   Consulte trabalho padronizado
truncar (arredondar), 166
try, 351
Typedef, 174

• U •

Ubuntu, 11
Unicode Transformation Format, 44
Unix, 331
Usando membros estáticos, 274
Usando os operadores bitwise, 68
Usando uma Função, 92
Usando um construtor, 238

• V •

valor constante, 40
valores dentro das chaves, 81
valor válido, 114
Variação dos Tipos Numéricos, 42
variação limitada, 36
variáveis
   float, 36
   int, 35
   normais, 114
   ponteiro, 144
variável, 33
   chamada factor, 31
   char, 40
   contável, 111
   declarada const, 168
   do tipo bool, 59
   estática, 107, 252
   fullspeed, 29

global, 252
    simples, 274
índice, 111
local, 107, 114
nLoopCount., 75
padrão char, 43
ponteiro, 131
velocidade
    de acesso, 209
    de cálculo, 38
versão
    pósfixo, 53
    prefixo, 53
visibilidade
    de classes internas, 425
    limitada, 425
Visual Studio, 26

Windows, 10, 26, 41, 71, 158, 331, 411
    Windows 2000, 12
workspace, 24

• *X* •

Xcode, 16

CONHEÇA OUTROS LIVROS DA PARA LEIGOS!

Negócios - Nacionais - Comunicação - Guias de Viagem - Interesse Geral - Informática - Idiomas

Todas as imagens são meramente ilustrativas.

SEJA AUTOR DA ALTA BOOKS!

Envie a sua proposta para: autoria@altabooks.com.br

Visite também nosso site e nossas redes sociais para conhecer lançamentos e futuras publicações!
www.altabooks.com.br

/altabooks • /altabooks • /alta_books

ALTA BOOKS
EDITORA

ROTAPLAN
GRÁFICA E EDITORA LTDA

Rua Álvaro Seixas, 165
Engenho Novo - Rio de Janeiro
Tels.: (21) 2201-2089 / 8898
E-mail: rotaplanrio@gmail.com